प्रो. बाल आपटे
व्यक्तित्व एवं विचार

प्रो. बाल आपटे
व्यक्तित्व एवं विचार

संपादकीय मंडल

अरुण करमरकर • शरदमणि मराठे
डॉ. जाह्नवी केदारे
निर्मला (ऊर्मिला) आपटे • सविता काजरेकर
प्रो. मिलिंद मराठे

प्रभात प्रकाशन, दिल्ली
ISO 9001:2008 **प्रकाशक**

प्रकाशक • **प्रभात प्रकाशन**
4/19 आसफ अली रोड,
नई दिल्ली-110002

संस्करण • प्रथम, 2016
मुखपृष्ठ • विजयराज बोधनकर
लेआउट व आवरण • अतुल जोशी
मूल्य • छह सौ रुपए
मुद्रक • आर-टेक ऑफसेट प्रिंटर्स, दिल्ली

PROF. BAL APTE : VYAKTITVA EVAM VICHAR
Published by Prabhat Prakashan, 4/19 Asaf Ali Road, New Delhi-2
e-mail: prabhatbooks@gmail.com ISBN 978-93-5186-991-7
₹ 600.00

कार्यकर्ताओं को...

अनुक्रम

कार्यकर्ता लिखते हैं···

संस्मरण

कार्यकर्ता लिखते हैं…
स्मृति सुमन

श्रद्धांजलि

बालासाहब की कलम से...

प्रस्तावना

17 जुलाई, 2012 को बालासाहब आपटेजी ने अंतिम साँस ली। अब उनके नाम के पूर्व 'स्वर्गीय (या स्वर्गवासी)' यह शब्द जुड़ गया है। 'स्व. बालासाहब आपटेजी'। कालाय तस्मै नमः।

देश भर में फैले हुए 'अखिल भारतीय विद्यार्थी परिषद्' के कार्यकर्ताओं को आपटेजी का ऐसे असमय जाना दिल को क्षति पहुँचा गया। मानो घर की छत नहीं रही। अ.भा.वि.प. रूपी घर का मुखिया नहीं रहा। हम सभी के मानो पिताश्री नहीं रहे।

पिछले चार दशकों से बालासाहब और अ.भा.वि.प. का ऐसा एक अटूट रिश्ता (नाता) सभी ने अनुभव किया है। प्रखर देशभक्ति, राष्ट्रीय स्वयंसेवक संघ पर अपार श्रद्धा, मनःपूत कार्यमग्नता, भरपूर उद्यमशीलता ऐसे कितने सारे पहलुओं में बालासाहब महसूस किए गए। अपनी प्रखर बुद्धिमत्ता से उन्होंने अ.भा.वि.प. की वैचारिक पृष्ठभूमि तैयार करने में और उसे आगे बढ़ाने में महत्ती भूमिका अदा की। कार्यकर्ताओं की बुद्धि को उन्होंने प्रेरित किया। अ.भा.वि.प. के वैचारिक प्रवास को वे दिशा और आशय (content) देते रहे। हर एक आंदोलन में, कार्यक्रम में, अभियान में, बैठकों में, प्रवास में वे कार्यकर्ताओं के साथ रहे। बालासाहब ने अ.भा.वि.प. का औपचारिक एवं अनौपचारिक नेतृत्व किया। संघ परिवार के बाहर समाज में वे अ.भा.वि.प. का चेहरा थे।

ऐसे प्रतिभावान, बहुमुखी व्यक्तित्व के धनी, लेकिन मानवीय संबंधों की तरलता को जाननेवाले, समझनेवाले और जीनेवाले नेता का अंतरंग सभी को समझ आए, इस हेतु यह 'स्मृति-ग्रंथ'।

बालासाहब के सहकर्मी, वकील, मित्र-परिवार तथा देश भर के अ.भा.वि.प. के कार्यकर्ताओं ने उनकी यादें लिखकर भेजीं। यद्यपि हम यहाँ सभी स्मृतियों का समावेश नहीं कर पाए, किंतु उन सभी के हम आभारी हैं।

इस 'स्मृति-ग्रंथ' के संपादन-मंडल के सभी सदस्यों ने परिश्रमपूर्वक इस ग्रंथ को प्रकाशन हेतु प्रस्तुत किया, इसलिए 'विद्यार्थी निधि' की ओर से सभी के प्रति आभार। प्रभात प्रकाशन,

दिल्ली ने इस पुस्तक की छपाई का कार्य उचित और सुंदरता से किया, इसलिए उनका भी आभार। अन्य सभी, जो इस प्रक्रिया में मदद रूप सिद्ध हुए, उनका भी आभार।

इस पुस्तक में ग्रथित स्मृतियों से और उनके लेखों से स्व. बालासाहब आपटेजी पुनः हमारे मन में आएँगे, हमसे बातें करेंगे, हमें दिशा देंगे, हमें प्रेरणा देंगे। उनकी स्मृति को वंदन।

—एड. विजय वैद्य
अध्यक्ष, विद्यार्थी निधि न्यास

प्रयोजन

यादें··· ! आत्मीय व्यक्तियों की स्मृतियाँ इतिहास के पन्नों के साथ-साथ परिजनों के हृदयों में भी लिखी जाती हैं। समय के गुजरते इन स्मृतियों के अस्पष्ट होने का आभास भले क्यों न होता हो, सुअवसर मिलते ही उन स्मृतियों के पंछी पंख फड़फड़ाते हुए मुक्त विहार करने लगते हैं। गुजरे हुए व्यक्ति की योग्यता के अनुसार परिजनों का विश्व विस्तारता रहता है। स्व. बालासाहब आपटेजी के परिजनों का विस्तार बहुत ही विशाल है। जन्मग्राम खेड-राजगुरुनगर से लेकर भारतीय संसद् भवन तक इनका विस्तार फैला हुआ है। उनका सत्तर वर्षों का जीवन संगठन, समाजकारण, राजनीति, राष्ट्रकारण तथा व्यापक समाजहितकारण से परिपूर्ण रहा। स्वाभाविक ही है कि इन सभी क्षेत्रों में उनके आत्मीय जनों की संख्या विशाल है। उनका निजी आपटे परिवार तथा जिस विचार-विश्व का विहार उन्होंने किया, उसमें अनेक स्नेहीजनों से उनका आखिरी साँस तक सजीव संपर्क और संबंध रहा। उनके अचानक ही चले जाने का आघात पूरे देश में फैले अनेक लोगों को आहत करके गया। उनकी मृत्यु को अब चार साल होने जा रहे हैं, फिर भी सभी के मन में उनकी स्मृतियाँ अभी भी ताजा हैं। इन स्मृतियों के संकलन किया जाने का समाचार प्रसृत होते ही स्थान-स्थान से यादों की धारा बहने लगी। आपटे परिवार की तीन पीढ़ियाँ, आप्तस्वकीय, वकीलों की तथा न्यायजगत् की कम-से-कम दो पीढ़ियाँ, समाज-जीवन के विभिन्न क्षेत्रों का विशाल मित्रपरिवार, राजनैतिक-सामाजिक कार्यकर्ताओं का विशाल समुदाय और विशेषकर 'अखिल भारतीय विद्यार्थी परिषद्' में समय-समय पर सक्रिय रही सात-आठ पीढ़ियाँ; स्मृति जागरण का अत्यंत विस्तृत पट इन सभी की यादों ने साकार किया हुआ है। अतिव्याप्ति तथा पुनरुक्ति टालने की दृष्टि से संपादित करने के बाद भी लगभग डेढ़ सौ से भी अधिक स्मृतियों को इस पुस्तक में समाविष्ट किया गया है।

प्रवृत्ति का जन्मजात उमदापन, कर्मयोग पर अटूट श्रद्धा, सुप्त, किंतु सशक्त रसिक कलाशक्ति, अटूट तर्कनिष्ठा तथा किसी भी प्रकार से अनुशासन या औचित्य को भंग करनेवालों पर टूट पड़नेवाली प्रखरता आदि उनके व्यक्तित्व के सभी पहलू उनमें छिपे कार्यकर्ता को समृद्ध करनेवाले ही थे। प्रखर देशभक्ति, उत्कट ध्येयनिष्ठा, बुद्धिमत्ता और विद्वत्ता के वे धनी थे। 'विद्यार्थी

परिषद्' के माध्यम से विविध राष्ट्रीय समस्या और विषयों के बारे में छेड़े गए आंदोलन, आपातस्थिति के खिलाफ संघर्ष तथा कुछ कथित भ्रष्टाचारी न्यायाधीशों के खिलाफ वकीलों का निर्भीक आंदोलन···ऐसे कई संघर्षों के समय में उनके नेतृत्व गुण खिल उठे।

'विद्यार्थी परिषद्' के अभ्यासवर्ग-अधिवेशनों से लेकर राज्यसभा तक उनके द्वारा किए हुए भाषणों से उनकी वैचारिक प्रगल्भता प्रकट हुई। छात्र-युवकों के आंदोलन, संगठनशास्त्र, राष्ट्रीयता आदि महत्त्वपूर्ण विषयों के बारे में उनके द्वारा किए विश्लेषण के माध्यम से उनके व्यक्तित्व की विशुद्ध भारतीयता निखरकर सामने आती है। उनकी इस विचार और ध्येयसृष्टि की विस्तृत मीमांसा एक स्वतंत्र पुस्तक में की जा रही है। इस पुस्तक में उनके जीवन चरित्र का संक्षेप तथा उनके बारे में निकटवर्तियों की स्मृतियों का संकलन समाविष्ट किया गया है। उच्चतम न्यायालय के न्यायमूर्ति, ज्येष्ठ वकील, प्रख्यात राजनैतिक नेता, शिक्षाजगत्-साहित्य क्षेत्र आदि क्षेत्रों के वरिष्ठजन तथा विद्यार्थी दशा में परिषद् कार्य के माध्यम से बालासाहब से जुड़े कई कार्यकर्ता, जो अपने-अपने निजी जीवन में आज ऊँचे स्थान पर पहुँच चुके हैं, आदि कई व्यक्तियों ने अपनी स्मृतियों को शब्द रूप दिया है अर्थात् उन स्मृतियों द्वारा होनेवाला संस्मरणरंजन, इतना ही मर्यादित उद्देश्य इस पुस्तक निर्मिति में नहीं है। इस दृष्टि से न ही यह गौरव-ग्रंथ है और न अभिवादन स्मारिका। अभिवादन, गौरव और स्मृति संकलन के साथ ही कृतज्ञता प्रकट करने का भाव इस पुस्तक की प्रेरणा है। सामाजिक पर्यावरण की शुद्धता सिद्ध करने तथा बनाए रखने के लिए जिन्होंने अपना जीवन-कर्तृत्व समर्पित किया, ऐसे व्यक्तियों के प्रति कृतज्ञता। सशक्त, समाजनिष्ठ विचारधारा की पुष्टि के लिए बालासाहब जिए। ऐसी विचारधारा, जिसकी सतत स्वार्थमूलक आलोचना की गई। सामाजिक विचार-विमर्श में इस विचारधारा को उपेक्षा का ही स्थान दिया गया, यह दुर्भाग्पूर्ण वास्तविकता है। झूठे आरोप लादते हुए इस विचारधारा को बदनाम करने का प्रयास ही स्वतंत्र भारत में लगातार होता रहा। जहाँ विचारधारा को ही मान्यता नहीं दी गई, वहाँ उस विचार के प्रति निष्ठा रखनेवाले प्रतिभावान व्यक्तियों की उपेक्षा होना स्वाभाविक था।

इस प्रकार राष्ट्रीयतावादी विचारधारा की उपेक्षा करने के प्रयास पूरी शक्ति के साथ हो रहे हैं, वहीं सार्वजनिक जीवन के सारपन, तत्त्वनिष्ठा, स्वार्थहीनता, सांगठनिकता आदि नीतिमूल्यों का ह्रास होने की प्रक्रिया भी गतिमान है। उपभोक्तावाद की स्वतंत्रता की आड़ में स्वैराचार, अनुशासनहीनता तथा भ्रष्टाचार जैसी व्याधियों ने सार्वजनिक जीवन को प्रदूषित किया है। परिस्थिति की इस विचित्र पृष्ठभूमि में आपटेजी जैसे ध्येयासक्त, तत्त्वनिष्ठ और संगठनशरण व्यक्तित्व की स्मृतियाँ उजागर होना, अत्यंत आवश्यक और विशेष बात है। आपटेजी की मृत्यु के डेढ़ साल बाद देश के केंद्रीय शासन में महत्त्वपूर्ण परिवर्तन आया। सार्वजनिक वातावरण में फैली हुई उदासीनता के कृष्णपटल हटने के शुभ संकेत देते हुए इस परिवर्तन ने एक ओर नई आशाएँ निर्माण की हैं, वहीं दूसरी ओर शुभशक्तियों के सम्मुख चुनौतियाँ भी गहरी होती जा रही हैं। देश के सामान्यजनों में जागी नवचेतना को गलत दिशा में ले जाने के प्रयास और प्रवृत्तियाँ भी संगठित होकर समस्याएँ निर्माण करने पर उतारू होने लगी हैं। आह्वानों और चुनौतियों से भरी ऐसी परिस्थिति में कार्यकर्ताओं

का अपनी विचारधारा पर विश्वास अधिक दृढ हो, अपनी कार्यशैली और दिशा के बारे में उनके मन में संभ्रम निर्माण न तो और राष्ट्रीय पुनर्निर्माण के अपने ध्येय के प्रति वे अडिग रहें, इसलिए विशेष प्रयासों की आवश्यकता निर्माण हुई है। ऐसे में आपटेजी जैसे कार्यकर्ताओं के जीवन चरित्र का स्मरण अपनी विशेष भूमिका निभाने की क्षमता रखता है। इसी विश्वास के साथ इस पुस्तक का निर्माण हो रहा है।

मुखपृष्ठ की कलात्मक रचना तथा पुस्तक के मुल रचना का आलेख श्री अजुल जोशीजी के किया। स्मृतीयों के इस संकलन तथा संपादन के कार्य में शशीकांत सावंत, सरोज पोतदार आदि कार्यकर्ताओं ने महत्त्वपूर्ण योगदान दिया। इन सभी के प्रती हृदयपूर्वक कृतज्ञता व्यक्त करते हैं।

—संपादकीय समिति

चरित्र

महाराष्ट्र में सिंधुदुर्ग जिले के 'खारेपाटण' तालुका में पहाड़ की गोद में बसा हुआ एक गाँव है 'मालपे'। 'आपटे' खानदान का मूलग्राम यही है। पिछले सौ-डेढ़ सौ सालों में कोकण नामक इस इलाके से बहुत से परिवार अपने जीवन-यापन हेतु महाराष्ट्र के विभिन्न स्थानों में जाकर बस गए। आपटे परिवार भी उन्हीं में से एक है। आपटेजी के पूर्वज श्रीमान सखाराम आपटे सन् 1829 में 'मालपे' ग्राम से 'पुणे' के नजदीक 'चाकण' गाँव में आए।

धर्मपरायणता, विद्वत्ता तथा ज्ञानसाधना, यह तो आपटे खानदान की धरोहर है। श्रीमान सखाराम आपटेजी ने वकालत की शिक्षा प्राप्त की और 'चाकण' में ही वकालत करने लगे। विशेष बात यह है कि तब से लेकर आज की पीढ़ी तक आपटे खानदान की हर पीढ़ी के किसी-न-किसी सदस्य ने न्यायदान के क्षेत्र में अपना उल्लेखनीय सहयोग दिया है। इसी कारणवश प्रख्यात एडवोकेट्स की सूची में 'आपटे' नाम पिछले 187 वर्षों से लगातार प्रकाशमान होता रहा है। 'चाकण' और 'खेड' नामक गाँवों में गौरवान्वित हुई न्यायदान की इस धरोहर को सन् 1962 में मुंबई उच्च न्यायालय में स्थापित करने का श्रेय जाता है, एडवोकेट बलवंत परशुराम तथा बालासाहब आपटेजी को। बालासाहब आपटेजी के बड़े भाई श्रीमान शांताराम आपटे डॉक्टर बने। अपना छोटा भाई एल.एल.एम. तक पढ़कर न्यायदान के क्षेत्र में अधिवक्ता के नाते खूब नाम कमाए, यह उनका सपना था। बालासाहब आपटेजी ने अपने बड़े भैया का यह सपना पूरा किया। केवल न्यायदान के क्षेत्र में ही नहीं, बल्कि राष्ट्रकार्य के व्यापक क्षेत्र में भी बहुत आदरणीय स्थान प्राप्त किया।

बालासाहबजी के जीवन कार्य में उनके परिवार की आध्यात्मिक मानसिकता, धार्मिक संस्कार तथा समाजहित के विचारों का आत्यंतिक प्रभाव दिखाई देता है। बालासाहबजी की प्रपितामही (great grandmother) वैद्या थीं। आस-पास के इलाके के मरीजों को निःशुल्क दवाइयाँ देना, उनका सहजभाव था। बालासाहबजी के पिताजी श्रीमान परशुरामपंत आपटेजी का जीवन तो 'समाजहितैषी जीवन' का एक उत्कृष्ट आदर्श रहा है। वकालत के अपने व्यवसाय में अत्यंत व्यस्त होने के बावजूद अनेक सामाजिक गतिविधियों में उनका सातत्यपूर्ण और परिणामकारक

सहभाग रहा। 'खेड' नामक गाँव में वे रहते थे। इस पूरे गाँव को बिजली और पानी की सप्लाई होती रहे, इसलिए उन्होंने दीर्घकालीन प्रयास किए। गाँव में चौथी कक्षा तक पढ़ने के बाद छात्रों को आगे की पढ़ाई के लिए 'जुन्नर' नामक दूसरे गाँव में जाना पड़ता था। परिणामस्वरूप अनेक की, विशेषत: लड़कियों की पढ़ाई वहीं रुक जाती थी। इसीलिए बालासाहबजी के पिताजी श्रीमान परशुरामपंतजी गाँव में माध्यमिक (सेकेंडरी) स्कूल शुरू करने के प्रयासों में अग्रसर रहे। 'खेड एजुकेशन सोसाइटी' नामक संस्था की स्थापना की। सन् 1938 में खेड में अंग्रेजी की पाँचवीं तथा छठी कक्षा में शुरुआत हुई। आपटेजी की वास्तु में दो क्लास तथा पड़ोसी देशपांडेजी की वास्तु में दो क्लास ली जाती थी। चार साल बाद स्कूल की इमारत बनी, तब तक यह सिलसिला चलता रहा। 1938 से 1954 तक, यानी लगभग सोलह सालों तक श्रीमान परशुरामपंतजी स्कूल के मानद सचिव (Honarary Secretary) रहे।

उन्होंने 'खेड अर्बन को-ऑप. बैंक' की भी स्थापना की। आपटेजी की वास्तु में ही बैंक के कामकाज के लिए जगह बनाई गई। इस वास्तु में एक साथ तीन 'डेस्क' पर काम शुरू हो गया था। एक वकालत की डेस्क, दूसरी स्कूल की और तीसरी बैंक की। इसके साथ ही परशुरामपंतजी बहुत से देवालयों के भी विश्वस्त थे। एक विश्वस्त के नाते इन सभी के व्यवहारों को उन्होंने अपनी प्रामाणिकता से पारदर्शी तथा विश्वासपरक रखा।

समाजहित के कार्यों में अग्रसर रहे परशुरामजी देश के स्वातंत्र्य संग्राम से अलिप्त रहें, यह संभव ही न था। क्रांतिवीर राजगुरु इनके हमउम्र, इनके ही इलाके में रहनेवाले। परशुरामजी कांग्रेस में सक्रिय थे। श्रीमान काकासाहेब गाडगिलजी से उनके अच्छे संबंध थे। महायुद्ध के काल में गाँव की ग्रामपंचायत का काम ठप्प हो गया था। परशुरामजी ने उसे पुनर्जीवित किया। उसके बाद लगातार पाँच सालों तक वे गाँव के सरपंच रहे। पंचायत के सभी कर्मचारियों को हर महीने की पहली तारीख को तनख्वाह मिले, यह उनका आग्रह था। कभी ग्रामपंचायत में पर्याप्त निधि उपलब्ध न हो तो वे खुद अपनी जेब से पैसों की व्यवस्था करते और निर्धारित समय पर ही सबकी तनख्वाह मिल जाती। कांग्रेस के जो कार्यकर्ता कारागृह में होते, उनके परिवारों की सहायता करने में परशुरामजी हमेशा आगे रहते थे।

'खेड' यह उनका गाँव अब 'राजगुरु नगर' नाम से जाना जाता है। उनका स्वर्गवास हुए अब तीस साल बीत गए, लेकिन आज भी राजगुरु नगर में उनका नाम सम्मानपूर्वक लिया जाता है।

अत्यंत धर्मपरायण, निरालस एवं समर्पण भाव से जीवन व्यतीत करने की महान् परंपरा को चलानेवाले परिवार में 18 जनवरी, 1939 को बलवंत परशुराम आपटे का जन्म हुआ। परिवार में उनकी पाँच बहनें तथा एक भाई थे। बलवंतजी, यानी बालासाहब आपटे सबसे छोटे, अत: सबके लाडले भी। उनके वरिष्ठ बंधु श्रीमान शांताराम आपटेजी को परिवार में 'भाऊ' नाम से संबोधित किया जाता है। बालासाहबजी के जन्म के समय वे 8-9 साल के थे। अपने छोटे भाई के आगमन की वार्ता से आनंदित हुए 'भाऊ' को, उस समय की रीतियों के अनुसार अपने भाई को गोद में लेने के लिए ग्यारह दिन तक राह देखनी पड़ी। बड़े प्यार से 'भाऊ' ने 'बाल' को अपनी गोद में लिया

और यह आत्मीयता दोनों ने जीवन भर जोड़े रखी। बालासाहबजी के व्यक्तित्व को बनाने में 'भाऊ' का सहयोग प्रमुख तथा महत्त्वपूर्ण रहा।

बचपन से ही दोनों भाई संघशाखा में जाने लगे। 12 साल के 'भाऊ' और 4 साल के 'बाल' साथ-साथ संघ की शाखा में जाते थे। इन दोनों के चचेरे दादाजी श्रीमान नागेश आपटेजी स्वातंत्र्यवीर सावरकरजी के परमभक्त थे। उन्होंने ही 1937 में 'खेड' में राष्ट्रीय स्वयंसेवक संघ की शाखा शुरू की थी। वे स्वतंत्रता आंदोलन के दिन थे। शाखा में गीत, भाषण, खेल आदि के माध्यम से राष्ट्रभक्ति के ही संस्कारों का संचारण हो रहा था। बढ़ती उम्र के साथ इसे बुद्धि, तर्क व चिंतन का जोड़ मिलता गया। जन्म से लेकर सन् 1954 तक अर्थात् 15 साल की उम्र तक बालासाहब खेड राजगुरु नगर में ही रहते थे। स्कूली शिक्षा के साथ घर की वेदपठन की नित्य परंपरा, पिताजी के सामाजिक कार्य का विस्तार, उनकी वकालत, सच्चाई आदि का उनके मन पर गहरा प्रभाव रहा। बचपन से ही उन्हें पुस्तकों में इतनी रुचि रही कि वे एक ही दिन में दो-दो किताबें पढ़ लेते थे। उम्र के बारहवें साल में ही 'साहित्य प्राज्ञ' यह परीक्षा, जिसे बी.ए. (ऑनर्स) के समकक्ष माना जाता था, आसानी से उत्तीर्ण कर लिये।

खेड राजगुरु नगर से दूर

मैट्रिक की परीक्षा उत्तीर्ण करके आगे की पढ़ाई के लिए बालासाहब 'पुणे' आए। तब तक उनके वरिष्ठ बंधु 'भाऊ' एम.बी.बी.एस. तक की शिक्षा पूरी कर चुके थे और चाहते थे कि बालासाहब एल.एल.एम. की पदवी हासिल करें। बालासाहबजी को भी साहित्य में रुचि थी। अत: पुणे के फर्गसन कॉलेज में उनकी महाविद्यालयीन शिक्षा शुरू हो गई। तब वे हॉस्टल में रहते थे। 'भाऊ' चाहते थे कि इंटर आर्ट्स के लिए बालासाहब 'गणित' विषय का चयन करें और बालासाहबजी को 'गणित' में नहीं, बल्कि 'तर्कशास्त्र' विषय में रुचि थी। 'भाऊ' के आग्रह के कारण बालासाहब ने 'गणित' विषय चुना, लेकिन उसमें अनुत्तीर्ण रहे। बाद में 'लॉजिक' विषय लेकर 1957 में इंटर आर्ट्स की परीक्षा उत्तीर्ण की और उच्च शिक्षा हेतु 'मुंबई' के लिए प्रस्थान किया।

उस समय 'ठाणे' इस मुंबई के निकटतम शहर में 'भाऊ' अपने परिवार के साथ रहते थे। बालासाहब वहीं रहते थे और मुंबई के रुइया कॉलेज में जूनियर बी.ए. का अध्ययन करते थे। इस दौरान मो.दि. पराड़कर, रा.शं. वालिंबे, श्री पु.भागवत, मंगेश पाडगावकर जैसे विद्वान् साहित्यिकों से मार्गदर्शन पाने का भाग्य बालासाहब को प्राप्त हुआ। मनोहर जोशी, जो आगे चलकर संसद् के अध्यक्ष बने, मुरलीधर गोडे, विष्णु रत्नपारखी, अशोक चिटणीस (बाद में एक स्कूल के मुख्याध्यापक बने) ये सारे बालासाहब के सहपाठी थे। केवल सहपाठी नहीं, बल्कि बहुत अच्छे दोस्त भी। 'भाऊ' आपटे और वसुंधरा भाभी के आतिथ्यशील घर में इन दोस्तों की बातों की, चर्चाओं की महफिल बार-बार सजती रहे, यह तो स्वाभाविक था। त्योहारों के दिनों में तो ये सारे दोस्त भोजन के लिए इनके घर आते। 'भाऊ' सभी से खुलकर बातें करते और 'उत्तर रामायण' से लेकर 'किंग लियर' तक विविध विषयों पर प्रश्न पूछते। इस पर मनोहर जोशीजी हँसी-मजाक में कहते,

''भोजन के समय ऐसे प्रश्नों की बौछार हो, तो न पकौड़े तीखे लगते हैं और न हलवा मीठा¨।'' डॉ. भाऊ आपटेजी का घर और बालासाहब का शैक्षिक परिवार एक आंतरिक स्नेहबंध से जुड़ गए थे। सारे दोस्त बी.ए. (फाइनल) की परीक्षा उत्तीर्ण हो गए। बालासाहब ने तो प्रथम श्रेणी में प्रथम क्रमांक प्राप्त किया। इस खुशी में डॉ. भाऊ आपटेजी ने घर में सत्यनारायणजी की पूजा का आयोजन किया। सबको भोजन के लिए आग्रहपूर्वक आमंत्रित किया गया। सारे दोस्त तो उपस्थित थे ही, मो.दि. पराडकर, रा.शं. वालिंबे, मंगेश पाडगावकर, श्री पु. भागवत ऐसे विद्वतजनों से, प्राध्यापकों का समूह भी अत्यंत आस्थापूर्वक उपस्थित रहा।

बी.ए. पदवी प्राप्त करने के बाद बालासाहबजी ने तुरंत ही एम.ए. और एल.एल.बी. इन दोनों पाठ्यक्रमों का अध्ययन शुरू किया। 1961 में एम.ए. तथा 1962 में एल.एल.बी. परीक्षा उत्तीर्ण कर वे 'एड. बालासाहब आपटे—एम.ए.,एल.एल.बी.' इस नामाभिधान के अधिकारी बने। आपटे खानदान में पिछली छह पीढ़ियों से चलती आई वकालत की परंपरा को सातवीं पीढ़ी में उच्च न्यायालय तक पहुँचाने का काम एडवोकेट बालासाहब आपटेजी ने किया। बालासाहब एल.एल.एम. की पदवी भी हासिल करें, यह डॉ. भाऊ आपटेजी की मनीषा थी, जिसे बालासाहबजी ने 1964 में ही पूरा किया। यह पढ़ाई उन्होंने मुंबई विश्वविद्यालय के हॉस्टल में रहकर उच्च न्यायालय में काम करते-करते पूरी की। श्रीमान विजय टिपणीस, जो आगे जाकर न्यायमूर्ति बने, श्रीमान अरविंद सावंत, जो बाद में महाराष्ट्र के एडवोकेट जनरल और तत्पश्चात् हाईकोर्ट जज बने, ऐसे महानुभाव बालासाहबजी के सहपाठी थे।

अ.भा.वि.प. में प्रवेश

सन् 1963 में श्रीकांत धारप और सुरेश मोडक ये 'विद्यार्थी परिषद्' के सक्रिय कार्यकर्ता, बालासाहब, वि.प. के कार्य में सम्मिलित हों, इसलिए प्रयास कर रहे थे। उनसे संपर्क करने हेतु उनके हॉस्टल जाते थे। उस समय प्रा. यशवंतराव केलकर विद्यार्थी परिषद के प्रमुख थे। श्रीकांत धारप, निर्मला धारप, पद्मनाभ आचार्य, दिलीप परांजपे, अरुण साठे, सुलभा देवधर (पर्वते), सुरेश मोडक, अरविंद वैशंपायन आदि 10-12 कार्यकर्ताओं का ग्रुप अत्यंत लगन से और उत्साह से परिषद् के कार्य में सक्रिय था। बालासाहब भी इस ग्रुप में शामिल हो गए।

'विद्यार्थी परिषद्' में बालासाहब का प्रवेश एक आंदोलन के माध्यम से हुआ। 1963 में एस.एन.डी.टी. विश्वविद्यालय ने परीक्षा फीस 50 रुपए से बढ़ाकर 125 रुपए की। इस बढ़ौती के खिलाफ S.N.D.T. की छात्राओं ने आंदोलन छेड़ा। अ.भा.वि.प. इस आंदोलन का नेतृत्व कर रही थी। तीन सप्ताह तक चला यह आंदोलन संपूर्णत: यशस्वी रहा। फीस में की गई बढ़ोतरी रद्द कर दी गई। वि.प. का मुंबई में हुआ यह पहला ही आंदोलन था। इस आंदोलन में अन्य कार्यकर्ताओं के साथ बालासाहब भी सक्रिय थे। तब से उनके मन में परिषद् के काम के प्रति दिलचस्पी बढ़ती गई। प्रा. यशवंतराव केलकर, सुरेशराव मोडक, पद्मनाभ आचार्य, अरविंद वैशंपायन, प्रभाकर देसाई आदि कार्यकर्ता उस समय मुंबई में अ.भा.वि.प. के कार्य में सक्रिय थे। 'विद्यार्थी परिषद्' का काम तब तक एक मंच जैसा था। 'विद्यार्थी परिषद्' को शुद्ध वैचारिक अधिष्ठान पर संगठनात्मक

सुनियोजित कार्य में प्रस्थापित करने के इस ग्रुप के द्वारा चले प्रयासों में बालासाहब सहजता से शामिल हुए। एक विशुद्ध छात्र आंदोलन (A genuine student movement) के नाते अ.भा.वि.प. की पहचान होने लगी, जिसमें बालासाहब आपटेजी का महत्त्वपूर्ण योगदान रहा।

सन् 1965 में पद्मनाभ आचार्य और दिलीप परांजपे, ये दोनों कार्यकर्ता पूर्वोत्तर भारत में प्रवास करने गए। वहाँ के छात्रों का और भारत के अन्य राज्यों के छात्रों का एक-दूसरे से संवाद, जान-पहचान होने की आवश्यकता इन्होंने महसूस की। परिणामस्वरूप राष्ट्रीय एकात्मता की दृष्टि से महत्त्वपूर्ण अभिनव योजना उनके मन में आई और उसे तुरंत क्रियान्वित करने का विचार अ.भा.वि.प. ने किया। पूर्वोत्तर भारत से छात्र मुंबई आए, मुंबई के परिवारों में रहे, इन परिवारों से तथा समवयस्क छात्रों से स्नेह संबंध प्रस्थापित हो, सांस्कृतिक आदान-प्रदान हो, छात्र यहाँ के प्रेक्षणीय स्थानों को भेंट दें तथा इन सब गतिविधियों के दौरान पूर्वोत्तर भारत के छात्र एवं मुंबई के छात्र एकात्मता का अनुभव करें। यह इस योजना का उद्देश्य था। सन् 1966 में यह कार्यक्रम क्रियान्वित हुआ। '80 छात्रों को लेकर हम आ रहे हैं, उनकी व्यवस्था करनी है।' यह संदेश मुंबई के कार्यकर्ताओं के लिए अनपेक्षित था। ऐसी आव्हानात्मक स्थिति में आपटेजी का कुशल आयोजन कारगर साबित हुआ। मुंबई, ठाणे, कल्याण, इन शहरों में उचित घरों का चयन करना, उन सभी को उपक्रम का स्वरूप तथा महत्त्व समझाना और पूर्वोत्तर भारत के विविधतापूर्ण माहौल में रहनेवाले 80 छात्रों की सभी तरह की व्यवस्था करने का कठिन काम आपटेजी ने अपने सहयोगी कार्यकर्ताओं के साथ मिलकर कर दिखाया। इस अनोखे उपक्रम की सफलता के साथ ही एक अनूठे स्थायी प्रकल्प की नींव रखी गई। साल भर में ही 'आंतरराज्य छात्र जीवन-दर्शन' (Students' Experience in Interstate Living) नामक एक राष्ट्रीय प्रकल्प की शुरुआत हो गई। फुटीरतावादी तत्त्वों से ग्रस्त पूर्वांचल के विभिन्न भागों में राष्ट्रीय विचार तथा राष्ट्रीय एकता को बढ़ावा देने के लिए यह प्रकल्प महत्त्वपूर्ण साबित हुआ। विगत् 40-42 सालों में पूर्वांचल के हजारों छात्र महाराष्ट्र और देश के विभिन्न भागों में रहकर सांस्कृतिक समन्वय और भावात्मक एकात्मता का अनुभव लेकर अपने क्षेत्र में गए। वे वहाँ के सामाजिक जीवन के विभिन्न क्षेत्रों में उच्च स्थान प्राप्त कर वहाँ राष्ट्रीयता का भाव बनाए रखने में महत्त्वपूर्ण भूमिका अदा कर रहे हैं।

बालासाहबजी 'विद्यार्थी परिषद्' के काम में महत्त्वपूर्ण योगदान दे रहे थे, धीरे-धीरे मुंबई उच्च न्यायालय में वकालत भी शुरू की थी और न्यू लॉ कॉलेज में अंशकालीन अध्यापक के नाते अध्यापन भी करते थे। सन् 1961 से निर्मला धारप अपने बंधु श्रीकांत धारपजी के साथ 'विद्यार्थी परिषद्' के कार्य में सम्मिलित हुई थीं। उनके ज्येष्ठ बंधु अण्णा डॉक्टर, दूसरे बंधु विजय इंजीनियर तथा तीसरे बंधु श्रीकांत एडवोकेट, इन तीनों भाइयों के साथ मुंबई में दादर में रहते हुए निर्मलाजी की कीर्ति कॉलेज में पढ़ाई जारी थी। ज्येष्ठ बंधु डॉ. आण्णा चाहते थे कि निर्मलाजी 'मेडिकल' के लिए प्रवेश प्राप्त करें, लेकिन निर्मलाजी को 'गणित' विषय में रुचि थी। 1965 में निर्मलाजी बी.एससी. की परीक्षा प्रथम श्रेणी में उत्तीर्ण हुईं। पदार्थविज्ञान विषय में प्रथम क्रमांक तथा 'गणित' विषय में द्वितीय क्रमांक प्राप्त किया। निर्मला धारप और बालासाहब आपटे; इनमें गहरी दोस्ती थी। 28 फरवरी, 1967 को निर्मला-बालासाहब का विवाह संपन्न हुआ। निर्मला धारप अब

उर्मिला आपटे हो गईं।

बालासाहबजी के बड़े भाई डॉ. भाऊ आपटेजी के ठाणे स्थित घर में उनके पारिवारिक जीवन की शुरुआत हुई। बालासाहबजी ने वकालत शुरू की थी, लेकिन उनका ज्यादातर ध्यान 'विद्यार्थी परिषद्' के काम की ओर था। उनकी समय-सारणी में परिषद् के काम को ही सर्वाधिक प्राथमिकता रहती थी। सन् 1967 से 1970 ये तीन साल आपटे दंपती ठाणे में डॉ. भाऊ आपटेजी के घर में ही रहती थी। निर्मला आपटेजी को बी.एससी. में मिले अच्छे अंकों के आधार पर फेलोशिप मिली थी। इस वजह से रुइया महाविद्यालय में उन्हें ट्यूटरशिप प्राप्त हुई। बालासाहबजी को न्यू लॉ कॉलेज में अध्यापन करने की एवज में 250 रुपए का मासिक वेतन मिलता था, लेकिन वकालत से मिलनेवाले पैसों की प्राप्ति शुरू होना बाकी था। कुल मिलाकर आर्थिक स्तर पर यह दौर कठिनतम था। इस दौरान उनकी कन्या जाह्नवी का जन्म हुआ। ऐसे तनाव के समय में ही निर्मलाजी ने अपनी एम.एससी. की परीक्षा दी। उसमें उन्हें सफलता मिली, लेकिन आज तक अच्छे अंकों से उत्तीर्ण होने का खुद का रिकॉर्ड बरकरार न रख पाने का दुःख था, तथापि प्रोफेसर होने के लिए आवश्यक पात्रता उन्होंने हासिल की थी। जाह्नवी भी अब दो साल की हो चुकी थी। इन सभी बातों को देखते हुए बालासाहबजी ने ठाणे से मुंबई में स्थानांतरण करने का निर्णय लिया। वर्ष 1970 में नया शैक्षिक सत्र शुरू होने से पहले, अप्रैल माह में बालासाहब-निर्मला-जाह्नवी का त्रिकोणी परिवार मुंबई स्थित माहिम में रहने लगा। निर्मला आपटेजी अब सारा समय पारिवारिक जिम्मेदारियों में व्यस्त रहने लगीं। उन्होंने एस.आई.ई.एस. कॉलेज और रूपारेल कॉलेज में 'लीव वेकेंसी' पर प्रोफेसर की नौकरी भी की। इससे उनकी अध्यापन की इच्छा भी पूरी होने लगी और परिवार की मासिक आय में भी बढ़ोतरी हुई। उनका परिषद् कार्य में सहयोग न के बराबर हो गया, लेकिन बालासाहबजी का अधिक-से-अधिक समय परिषद् के कार्य में ही व्यतीत होने लगा।

एक हेतुपूर्ण, ध्येयनिष्ठ संगठन के नाते अ.भा.वि.प. के संगठनात्मक तथा वैचारिक आधार मजबूत करने के प्रयास उन दिनों शुरू हुए थे। महाराष्ट्र प्रदेश के प्रमुख तथा अभिभावक की जिम्मेदारी सँभालनेवाले प्रो. यशवंतराव केलकरजी के मार्गदर्शन में मुंबई के कार्यकर्ताओं की टीम इन प्रयासों को नियोजनबद्ध आकार देने में व्यस्त थी। विश्वविद्यालय के कार्यक्षेत्र के अनुसार महाराष्ट्र के चार विभाग बनाए गए। मराठवाड़ा विभाग की जिम्मेदारी पद्मनाभ आचार्य को तथा कोल्हापुर (शिवाजी विश्वविद्यालय) विभाग की जिम्मेदारी अरविंद वैशंपायन को सौंपी गई। मुंबई संगठनमंत्री पद के साथ ही पुणे विश्वविद्यालय विभाग की जिम्मेदारी बालासाहब आपटेजी को सौंपी गई, लेकिन उनका पूरा ध्यान प्रमुखतः मुंबई पर केंद्रित था। धोरणात्मक निर्णयों में तथा सैद्धांतिक रचना में उनका योगदान महत्त्वपूर्ण था।

नियमित रूप से होनेवाली नगरपरिषद् उस समय संगठनात्मक कार्यक्रम का प्रमुख हिस्सा थी। कार्यकारिणी स्तर पर नीतिगत निर्णय होते थे। इन निर्णयों की चर्चा तथा प्रक्रिया में साप्ताहिक बैठक के सूत्र संचालक बालासाहब आपटेजी की प्रमुख भूमिका होती थी। लिये गए निर्णय तथा उस पर आधारित कार्यक्रमों की विस्तृत जानकारी नगरपरिषद् के माध्यम से कार्यकर्ताओं तक पहुँचाई जाती थी। इन नगरपरिषदों में बालासाहबजी की महत्त्वपूर्ण भूमिका रहती थी। हर तीन-

चार महीने में एक बार होनेवाली नगरपरिषद् की बैठक में आपटेजी का भाषण सभी कार्यकर्ताओं के लिए प्रमुख आकर्षण होता था। साल भर सतत सक्रिय रहनेवाले छात्र संगठन का ऐसा स्वरूप अ.भा.वि.प. को इस दौरान प्राप्त हुआ।

शैक्षिक परिवार की संकल्पना, दलीय राजनीति से दूर, लेकिन राष्ट्रकार्य के लिए जागरूकता, 'सुसंस्कारित छात्रशक्ति-राष्ट्रशक्ति' यह घोषणा तथा इस घोषणा के अनुरूप छात्र-शक्ति एकत्रित करने का प्रयास आदि इस समय में परिषद् के प्रमुख स्तंभ रहे। छात्रवर्ग को आकर्षित करनेवाले कार्यक्रम आयोजित करने में पद्मनाभ आचार्य जैसे कार्यकर्ता प्रमुख थे। 'साहचर्य संध्या एवं सांस्कृतिक सभा' जैसा कार्यक्रम उस वक्त काफी मशहूर था। इस तरह के कार्यक्रम में जुटनेवाले छात्रवर्ग को कार्यकर्ता बनने की ओर प्रोत्साहित करना, उनकी सामाजिक समझ को और विस्तृत बनाना तथा इसको पूरक माहौल संगठन में बरकरार रखना आदि बातों की ओर प्रो. यशवंतराव केलकर जैसे जानकार कार्यकर्ता विशेष ध्यान देते थे। संगठन तैयार करने में तथा महाराष्ट्र व महाराष्ट्र से बाहर उसका विस्तार करने में मदनदास देवी, सुरेशराव मोडक और प्रो. बापू केंदूरकर काफी ध्यान देते थे। कुल मिलाकर वह 'विद्यार्थी परिषद्' के विकास का काल था।

सामाजिक परिवर्तनशीलता तथा गतिमानता को संदर्भ में रखते हुए 'आज का छात्र, आज का नागरिक' यह कालसुसंगत, तर्कसुसंगत भूमिका परिषद् ने प्रस्तुत की। सामाजिक परिवर्तन की प्रक्रिया में छात्रों का सहभाग, विश्वविद्यालय के प्रबंधन में छात्रों का प्रतिनिधित्व जैसी संकल्पनाओं को सिद्धांत रूप में पेश करना बालासाहब आपटेजी के कार्य का, व्यक्तित्व का एक विशेष पहलू था। उत्साह, उम्मीद तथा उद्यमशीलता ये गुण छात्रवर्ग में विशेष रूप से दिखाई देते हैं। महाविद्यालयीन छात्रों की स्वाभाविक संवेदनशीलता, निहित स्वार्थ से अलिप्तता, संस्कार क्षमता इन गुणों के कारण छात्रसमूह में सुदृढ परिवर्तनशीलता रहती है। इसी कारण सामाजिक परिवर्तन का प्रभावी वाहक बनने की क्षमता नैसर्गिक रूप से ही इस समूह में होती है; यह यथार्थ भूमिका 'विद्यार्थी परिषद्' ने रखी। इन विचारों से साकार हुई 'सैद्धांतिक भूमिका' 'विद्यार्थी परिषद्' की वैचारिक नींव साबित हुई। राष्ट्रीयता की सुस्पष्ट संकल्पना, नित्य उपक्रमशीलता एवं निश्चित ध्येयवाद के साथ नियोजनबद्धता से परिषद् का संगठनात्मक विकास रथ आगे बढ़ता रहा। प्रो. यशवंतराव केलकरजी के मार्गदर्शन में संगठन के सर्वंकष विस्तार के प्रयास हो रहे थे। इन प्रयासों को सही दिशा में तथा सही गति से सफलता की ओर ले जाने का जिम्मा उठाया था बालासाहब आपटे और मदनदास देवी जैसे महानुभावों ने।

1970 के दशक में देश के सामाजिक, राजकीय वातावरण में असंतोष था। बांग्लादेश युद्ध हो चुका था। सरकार में बढ़े आत्यंतिक भ्रष्टाचार के कारण जनता की प्रक्षुब्धता बढ़ रही थी। इंदिरा गांधी पार्टी तथा सरकार में तानाशाही करने पर तुली थीं और बाकी सारे कांग्रेसियों में उनकी मर्जी के अनुसार कार्य करने की होड़ लगी थी। उनकी मर्जी सँभालकर अपनी कुरसी मजबूत करने में जुटे ये नेता दिन-ब-दिन बेदरकार बनते जा रहे थे। गुजरात में चिमणभाई पटेल तथा बिहार में गफूर खाँ इन बातों में अग्रणी थे।

गुजरात में एक छात्रावास में हुए भ्रष्टाचार के खिलाफ छात्र आंदोलन खड़ा हो गया। इसमें

'विद्यार्थी परिषद्' अग्रणी थी। देखते-ही-देखते इस आंदोलन ने राज्यव्यापी 'भ्रष्टाचार विरोधी आंदोलन' का रूप धारण कर लिया। यह आंदोलन 'नवनिर्माण' आंदोलन के नाम से पहचाना जाने लगा। बिहार में भी गफूर सरकार के भ्रष्टाचार के विरोध में तीव्र आंदोलन छिड़ गया था। छात्र-युवा समूह ही इस आंदोलन का सूत्रधार था। स्वाभाविक था कि 'विद्यार्थी परिषद्' के कार्यकर्ता इस आंदोलन के नेतृत्व समूह का महत्त्वपूर्ण हिस्सा थे। जयप्रकाश नारायणजी के नेतृत्व में यह आंदोलन चले, ऐसा भरसक प्रयास इन कार्यकर्ताओं ने किया। इस आंदोलन ने 'सर्वरूपेण परिवर्तन' तथा 'संपूर्ण क्रांति' का नारा बुलंद किया। यह आंदोलन देश भर में फैल गया। 'विद्यार्थी परिषद्' जैसे जाग्रत् संगठन का इस आंदोलन में अग्रणी होना स्वाभाविक था।

एक ओर संगठन का देश भर में विस्तार होने लगा तथा दूसरी ओर राष्ट्रहितैषी छात्रशक्ति के नाते विभिन्न विचारों से प्रेरित छात्रवर्ग बड़ी मात्रा में देशकारण में सक्रिय हो रहा था। सन् 1974 में 'विद्यार्थी परिषद्' के कार्य को 25 साल पूरे हो रहे थे। यह पूरा वर्ष 'रजत जयंती वर्ष' के रूप में मनाने का फैसला हुआ। उस साल का राष्ट्रीय अधिवेशन मुंबई में करने का निर्णय हुआ। इसके साथ ही शिक्षा पद्धति के विविध पहलुओं पर विस्तृत विचारमंथन करने हेतु राष्ट्रीय परिचर्चा के कार्यक्रम देश भर में आयोजित किए गए। इस विषय के चिंतन तथा आयोजन में बालासाहब आपटेजी का महत्त्वपूर्ण सहभाग रहा। मुंबई के माटुंगा-दादर परिसर में (राजा शिवाजी विद्यालय में) नवंबर, 1974 में तब तक का सबसे बड़ा राष्ट्रीय अधिवेशन अत्यंत उत्साहपूर्ण वातावरण में संपन्न हुआ। इस अधिवेशन में देश के विभिन्न भागों से पाँच हजार से भी अधिक छात्र सम्मिलित हुए थे। अधिवेशन का उद्घाटन प्रख्यात विधिज्ञ नानी पालखीवाला के हाथों हुआ। इसी अधिवेशन में प्रो. बालासाहब आपटेजी परिषद् के राष्ट्रीय अध्यक्ष चुने गए।

गुजरात-बिहार राज्यों के भ्रष्ट मुख्यमंत्रियों को छात्र आंदोलन के चलते इस्तीफा देना पड़ा। इस सफलता में सर्वाधिक हिस्सा 'विद्यार्थी परिषद्' का था। कार्यकर्ताओं का यह उत्साह रजत जयंती वर्ष में हुए अधिवेशन में प्रतिबिंबित हुआ था। देशकारण के फलक पर 'अ.भा.वि.प.' का नारा जगमगाने लगा। राष्ट्रीय अध्यक्ष बालासाहब आपटेजी तथा राष्ट्रीय महामंत्री पिराटला वेंकटेश्वरलू के प्रभावी नेतृत्व में राष्ट्रशक्ति के सामने खड़ी सभी चुनौतियों का सामना करने के लिए छात्रशक्ति संगठित होने लगी। अब चुनौतियाँ भी कठिनतम बनने लगीं। जयप्रकाश नारायणजी का आंदोलन अपने चरम पर था, तभी पूर्व प्रधानमंत्री इंदिरा गांधीजी के रायबरेली चुनावक्षेत्र का चुनाव खारिज करने का ऐतिहासिक निर्णय इलाहाबाद उच्च न्यायालय ने किया (12 जून, 1975)। इससे देश भर में माहौल और भी उत्तेजित हो गया। चुनाव प्रचार के दौरान अवैध तरीकों का इस्तेमाल करने का आरोप इंदिरा गांधी पर था। न्यायालय ने भी इस पर सहमति दर्शाई। स्वाभाविकता से उनके इस्तीफे की माँग जोर पकड़ने लगी। 22 जून, 1975 को दिल्ली के बोटक्लब पर रैली हुई। 'सिंहासन खाली करो, जनता आई है।' यह उस रैली की घोषणा थी। इंदिराजी का व्यक्तित्व, उनकी महत्त्वाकांक्षा आदि को ध्यान में लें तो उनका शांत रहना या हालात के सामने झुकना संभव नहीं था। दलीय संगठन पर उनकी एकतरफा पकड़ थी। विसंवादी सुर निकालनेवाले नेताओं को उन्होंने पहले ही बाहर का रास्ता दिखाया था, जिनमें थे—चंद्रशेखर, मोहन धारिया, कृष्णकांत,

मोरारजी देसाई। संसद् में उनका भारी बहुमत था ही। ऐसी स्थिति में सत्ता में बने रहने के बीच आनेवाले, विपक्ष द्वारा एकत्रित किया गया जनमत और न्यायालय, इन दोनों रुकावटों को लाँघने की उन्होंने ठान ली। भारतीय संविधान की धारा 356 के अनुसार अपवादात्मक स्थिति में किए जानेवाली व्यवस्था का उपयोग करने का दु:साहस उन्होंने बहुत ही बेरहमी से किया। जयप्रकाश नारायणजी और उनके नेतृत्व में संगठित हुए आंदोलन पर लगभग देशद्रोह का आरोप लगाकर उन्होंने देश में 'आपात्काल' लागू किया। 25 जून, 1975 की रात को तत्कालीन राष्ट्रपति फखरुद्दीन अली अहमदजी के हस्ताक्षर प्राप्त किए। आपातकाल विषयगत व्यवस्था का लाभ लेते हुए मीडिया पर कठोर सेंसरशिप लादी गई। एक हफ्ते के भीतर ही 27 संगठन एवं राजनीतिक दलों पर प्रतिबंध लगाया गया और देश भर के कुछ हजार नेता-कार्यकर्ताओं को मीसा (Maintainance of Internal Security Act–MISA) के तहत अनिश्चितकाल के लिए, बिना पूछताछ किए ही, स्थानबद्ध कर दिया गया। सारा देश मानो जेल में रूपांतरित हो गया था। सिर्फ आम जनता ही नहीं, बल्कि बड़े-बड़े नेता-विचारक भी अचंभित हो गए। 'अनुशासन पर्व' के नाम पर कठोर अनुशासन के जाल में सारा जन-जीवन जकड़ गया था। सारा देश डर से आतंकित हो उठा। लोकतांत्रिक आजादी पर हमला बोला गया। बहुत से निर्दोष देशभक्त नागरिकों को अनिश्चितकाल के लिए जेल में डाला गया। जयप्रकाश नारायण व मोरारजी देसाई जैसे बुजुर्ग नेताओं का भी इनमें से छूटना संभव नहीं था। राष्ट्रीय स्वयंसेवक संघ जैसे देशभक्त संगठन पर भी पाबंदी लगाई गई। देश में एक काले अध्याय की शुरुआत हो गई थी।

26 जून को आपातकाल की घोषणा हुई, 4 जुलाई को रा.स्व. संघ सहित 27 संगठनों पर प्रतिबंध लगाया गया। मीसा के नाम पर लोगों की धर-पकड़ और अखबारों पर सेंसरशिप के साथ जनता के मूलभूत अधिकारों पर भी रोक लगा दी गई। इस पृष्ठभूमि पर उस वर्ष की परिषद् के अभ्यासवर्ग का आयोजन मुंबई के पोदार महाविद्यालय में किया गया था। 9 जुलाई को इस अभ्यासवर्ग में बालाआपटे का 'सद्यस्थिति और विद्यार्थी परिषद्' विषय पर भाषण हुआ। उस समय की स्थिति को देखते हुए उनका वह भाषण नीति की दृष्टि से अत्यंत महत्त्वपूर्ण था। किसी भी विषय का वस्तुनिष्ठ व तर्कशुद्ध विश्लेषण आपटेजी की विशेषता थी। वह भाषण भी उनकी इस विशेषता का ही उदाहरण था। आपातकाल की घोषणा होने के बाद कम-से-कम पहले कुछ दिनों में तो परिस्थिति का और उसके विभिन्न पहलुओं का आकलन ज्येष्ठ श्रेष्ठों को नहीं हुआ था। एक तरफ आपातकाल की घोषणा करके लोकतांत्रिक मूल्यों को रौंद दिया गया, व्यक्ति स्वातंत्र्य का संकोच किया गया, तो दूसरी तरफ सरकार के नियोजनबद्ध प्रचार द्वारा यह बताने की कोशिश हो रही थी कि सरकार अनुशासन व प्रशासनिक कठोरता के माध्यम से आम जनता को सुशासन और सुरक्षा देने का प्रयास कर रही है। कामबंद, हड़ताल जैसे अस्थिरता पैदा करनेवाले आंदोलन भी तालाबंद हो गए थे। इसलिए आम जनता में भी कहीं-कहीं सरकार की प्रशंसा होती थी। जिस तथाकथित प्रबुद्ध वर्ग को आपात्काल में आगे आनेवाला धोखा दिखाई दे रहा था, उनमें से ज्यादातर लोग घबराहट से मौन रखनेवाले थे। आमतौर पर संघर्ष, लड़ाई जैसी आकर्षक भाषा का प्रयोग करनेवाले भी डर के मारे शांत थे। ऐसी स्थिति में आपात्काल का असली स्वरूप,

उससे पैदा हुई विकट चुनौती और उस चुनौती का मुकाबला करने की जरूरत बालासाहब आपटेजी ने बड़े ही सीधे शब्दों में रखी—''यह सिद्धांतों की लड़ाई है, यह दीर्घकालीन लड़ाई है। (It's a long ideological battle, a war of nerves.)।''

तानाशाही सरकार हमारे समाज को हजम न होनेवाली व्यवस्था है, वह समाजहित की भी नहीं, लेकिन उससे लड़ना आसान नहीं है। लोकतंत्र में आस्था रखनेवाली सारी शक्ति-प्रवृत्तियों को एकजुट होकर उसका ठोस विरोध करना आवश्यक है। एक तरफ सर्वशक्तिमान शासनकर्ता, तो दूसरी तरफ संगठित जनशक्ति इनके बीच का यह संघर्ष है। ''कौन पहले हार मानता है, इस पर इस संघर्ष का परिणाम निर्भर है।'' इस प्रकार आपटेजी ने आपात्काल की समग्र तस्वीर कार्यकर्ताओं के सामने रखी। उसके साथ ही दृढ निश्चय, दीर्घकालीन निग्रह, संयम और समर्पण करने की तैयारी, इनके आधार पर संघर्ष के लिए सज्ज होने के संकेत भी उन्होंने अपने भाषण में दिए। यह संकेत कितना यथार्थ था, यह अगले डेढ़-दो साल में घटी घटनाओं ने स्पष्ट कर दिया।

बौखलाए हुए नेताओं व कार्यकर्ताओं को सँभालने में थोड़ा वक्त लगना लाजमी था, साथ ही दलों के एवं संगठनों के लगभग सारे प्रमुख नेता जेल में थे, इसलिए विचार-विनिमय करना, नीति बनाना आदि प्रक्रिया मुश्किल हो गई थी। जो कार्यकर्ता खुलेआम घूम रहे थे, उन पर खुफिया पुलिस की नजर थी। पत्र, पत्रक एवं प्रचार-प्रसार पर प्रतिबंध था। इन सबमें अलग थी राष्ट्रीय स्वयंसेवक संघ और संघप्रणीत संगठनों (इनमें अ.भा.वि.प. भी शामिल है) के प्रचारक—पूर्णकालिक कार्यकर्ताओं की कार्यप्रणाली। जॉर्ज फर्नांडिस, दत्तोपंत ठेंगड़ी जैसे कुछ गिने-चुने वरिष्ठ नेता गिरफ्तार होने से पहले भूमिगत हो गए। इन सभी ने मिलकर धीरे-धीरे एक गुप्त, लेकिन प्रभावी संपर्क-सूत्र बनाया। प्रचारक देश भर में शांति से काम कर रहे थे। जहाँ जरूरत थी, वहाँ भेष बदलकर, नाम बदलकर यह गुट संवाद-संपर्क करने लगा। जेल में नेताओं से संपर्क और विचारों का लेन-देन करने की व्यवस्था तैयार की गई। दबी हुई, छुपी हुई जानकारी गुप्त पत्रों के माध्यम से लोगों तक पहुँचाना, पकड़े गए कार्यकर्ताओं के परिवारों से संपर्क तथा उनकी सहायता करने की व्यवस्था, जनप्रबोधन, कार्यकर्ताओं का मनोबल बढ़ाना आदि काम होने लगे। प्राथमिक झटके से उबरकर चुनौती का सामना करने की मानसिकता बढ़ने लगी। संघ के कार्यकर्ता और उनके मार्गदर्शन में अ.भा.वि.प. और अन्य संगठनों के कार्यकर्ता यह उस सारी सिद्धता की रीढ़ थी, ऐसा कहा जाए तो ज्यादती नहीं होगी। 'लोक संघर्ष समिति' के नाम से गाँव-गाँव में कार्यकर्ता संगठित हो रहे थे। सत्यनारायण की पूजा जैसे निरुपद्रवी कार्यक्रमों के जरिए कार्यकर्ता एकजुट होने लगे, बैठकें होने लगीं। 'सेंसर्ड' खबर, जानकारी का लेन-देन, पत्रक वितरण की व्यवस्था, संदेशों का लेन-देन, बंधक बनाए गए कार्यकर्ताओं के परिवार के लिए मदद इकट्ठा करना और पहुँचाना और जितनी संभव हो, उतनी आपात्काल के खिलाफ लोगों में जागरूकता फैलाना, यह बैठक का एजेंडा होता था।

जुलाई से सितंबर 1975 तक, ये दो-तीन माह इस तरह से प्रारंभिक काम में बीत जाने के बाद 'आपातकाल-विरोधी' सत्याग्रह खड़ा करने का निर्णय लिया गया। सार्वजनिक स्थान पर इकट्ठा होकर नारे लगाना ('आपात्काल हटाने' की माँग) करना, पत्रक बाँटना, नुक्कड़ सभा

(Corner meetings), ऐसा सत्याग्रह का स्वरूप तय हुआ था। नवंबर-दिसंबर 1975 और जनवरी 1976 ऐसे तीन महीने का कार्यकाल सत्याग्रह के लिए निश्चित किया गया था। एक रोमहर्षक पर्व की शुरुआत हुई और अ.भा.वि.प. के अध्यक्ष के नाते बाल आपटेजी ने 1 दिसंबर, 1975 को इस सत्याग्रह में खुद को झोंक दिया। मुंबई विश्वविद्यालय (फोर्ट कैंपस) में उन्होंने सत्याग्रह किया। उनकी भतीजी, यानी डॉ. भाऊ आपटेजी की ज्येष्ठ कन्या विदुला भी उनके सत्याग्रही गुट में शामिल हो गई। इस गुट के सत्याग्रहियों को पंद्रह दिन की जेल हुई, लेकिन बालासाहब आपटेजी के लिए, तो सत्याग्रह में शामिल होना, यानी मीसा के तहत गिरफ्तार होने का आमंत्रण ही था। पारिवारिक स्तर पर स्थिति दबाव की ही थी। उनकी कन्या जाह्नवी सिर्फ सात-आठ साल की थी। परिवार की नींव मजबूत करने को प्राथमिकता देने के वे दिन थे, तो दूसरी तरफ सत्याग्रह, मीसा कानून के तहत गिरफ्तारी, यह सारी स्थिति अनिश्चितता की तरफ जानेवाली ही थी। ऐसी स्थिति ही मनोबल की, मनोनिग्रह की और ध्येय-निष्ठा की कसौटी होती है। बालासाहब आपटे, पत्नी निर्मलाजी, कन्या जाह्नवी—ये सारे इस कसौटी पर खरे उतरे। एक मुश्किल और जोखिम भरे समय का खुद सामना करने का निर्णय उन्होंने लिया और उस निर्णय का स्वाभाविक परिणाम एडवोकेट बालासाहब आपटेजी की मीसा के तहत गिरफ्तारी और नासिक रोड जेल में जाने में हुआ।

येरवड़ा (पुणे), नासिक रोड, ठाणे आदि सभी जेलों में सत्याग्रही ठूँस-ठूँसकर भरे गए। देशभक्तों को ऐसा कारावास गुलामी के दिनों में भी नहीं हुआ था। देश-विरोधी कारवाई का आरोप, बिना पूछताछ, बिना जाँच-पड़ताल गिरफ्तारी, कानूनी प्रक्रिया की अनुमति नहीं और सजा कितने दिनों की, इसका भी कोई अनुमान नहीं। स्मगलर्स, डाकू, गुनहगार और निरपराध कार्यकर्ताओं को एक ही नजर से देखा जा रहा था। देश भर में जेल सदृश माहौल, खौफ, आतंक छाया हुआ था। ऐसी स्थिति में देशप्रेमी, लोकतंत्र से प्रेम करनेवाले लोगों का मनोबल बनाए रखना मुश्किल बन गया था। जेल के मीसाबंदियों के बारे में तो यह और भी कठिन कार्य था। भविष्य के प्रति अनिश्चितता, परिवार की चिंता, काल कोठरी में बेहाली के माहौल में फँसकर और भी अस्वस्थ होना स्वाभाविक था, लेकिन यह परिस्थिति ज्यादा दिनों तक टिकी नहीं, संघ के कार्यकर्ताओं ने वह टिकने नहीं दी। कारागार के बाहर के कार्यकर्ता भूमिगत होकर गुप्त तरीके से, लेकिन सशक्त रूप से हिम्मत और उमंग बनाए रखने के लिए जी-जान से कोशिश कर रहे थे, तो इधर कारागार में भी बंदीजनों का प्रबोधन और उनका हौसला बनाए रखने का उपक्रम शुरू हो गया। इस काम में बालासाहब अग्रणी थे।

बंदी बनाए गए कार्यकर्ताओं की मानसिकता और निष्ठा बनी रहनी चाहिए, इसके लिए नासिक रोड जेल में अलग-अलग कार्यक्रमों का आयोजन होने लगा। इन कार्यक्रमों की योजना बनाने के लिए 4-5 लोगों की समिति गठित की गई थी। बालासाहब उनमें से एक प्रमुख सदस्य थे। 'सत्ता लालसा विरुद्ध राष्ट्रहित, ऐसा यह वैचारिक संघर्ष है, दीर्घकालीन लड़ाई है, हिटलरशाही जैसा दमन-चक्र चलाया जाएगा, लड़ना होगा' ऐसे विवेचन के द्वारा उन्होंने कार्यकर्ताओं की वैचारिक सिद्धता मजबूत की, तो दूसरी तरफ उन्हें कड़े संघर्ष के लिए प्रेरित किया। सर्वशक्तिमान

समझी जानेवाली सत्ता के सामने कार्यकर्ताधिष्ठित जनसंगठन प्रभावी तरीके से खड़ा रह सकता है, यह एहसास और विश्वास निर्माण करने में बालासाहबजी का योगदान महत्त्वपूर्ण था। वे खुद तो असरदार तरीके से अपनी बात रखते ही थे, लेकिन इसके साथ ही इस विचार प्रस्तुति के विभिन्न आयाम प्रभावी ढंग से सामने लाने के लिए 20–25 कार्यकर्ताओं का गुट भी उन्होंने खड़ा किया था। 30–35 कार्यकर्ताओं की एक नियमित बैठक भी उन्होंने शुरू की थी। इसमें ज्यादातर 'विद्यार्थी परिषद्' के कार्यकर्ता थे। राजनीतिक परिस्थिति, युवकों का सामाजिक सहभाग, आगामी चुनौतियाँ, संघर्ष की परिभाषा और व्यूह-रचना आदि विषयों पर बैठक में चर्चा होती थी। 'विद्यार्थी परिषद्' का 'दलगत राजनीति से अलिप्त' यह सैद्धांतिक आग्रह और राष्ट्र कार्य की भूमिका से तत्कालीन आपात्काल की परिस्थिति में आपद्धर्म बने राजनीतिक आंदोलन में प्रत्यक्ष सहभाग की नीति, इन सभी मुद्दों का संतुलन उनकी बातों से तर्कशुद्ध तरीके से सामने आता था। आगे चलकर चुनाव की घोषणा हुई और जनता पार्टी के माध्यम से प्रत्यक्ष राजनीतिक प्रचार का काम करने का वक्त आया। उस समय परिषद् के कार्यकर्ता बिना किसी संकोच के और स्पष्ट वैचारिक भूमिका से सक्रिय हुए।

कारागार में भी बालासाहब आपटेजी के आस्थापूर्ण आचरण का अनुभव बहुत से लोगों ने लिया। कार्यकर्ताओं का मनोबल गिरने न देना, सुख-दुःख और निराशा को समझना, उनकी आत्मीय पूछताछ, उनका स्वास्थ्य, उनकी पारिवारिक स्थिति आदि बातों की जानकारी लेकर आवश्यक और हर संभव वह सारी सहायता करने की व्यवस्था करना, इस प्रकार के शांतिपूर्ण रीति से चल रहे काम में प्रो. यशवंतराव केलकर, प्रह्लादजी अभ्यंकर, एडवोकेट भाऊसाहब जागीरदार आदि दिग्गजों के साथ बालासाहब आपटेजी भी अग्रसर थे। आयु, ग्रामीण-शहरी तथा परिचित-अपरिचित ऐसी कोई भी रुकावट उनके सौहार्दपूर्ण आचरण में खलल नहीं डाल सकती थी, इसलिए राजबंदियों के मन में उनके प्रति आदर की भावना थी। जेल में बहुत से लोगों से स्नेह निर्माण हुआ। यह स्नेह आगे जीवन भर बना रहा। कारावास की और एक महत्त्वपूर्ण बात यह कि 'Edudcational change' यह किताब इसी दौरान बालासाहबजी ने लिखी। एक छात्र आंदोलन तथा शिक्षा क्षेत्र का एक संगठन इस नाते 'विद्यार्थी परिषद्' के काम के माध्यम से शिक्षा में परिवर्तन के संदर्भ में समय-समय पर जो चिंतन हुआ, उसके आधार पर यह किताब लिखी गई है। ऐसा और भी मौलिक लेखन बालासाहबजी के हाथों होना चाहिए था, लेकिन सार्वजनिक कार्यों में अति व्यस्तता से वह न हो सका। इस बात का खेद उनके बहुत से सहयोगी कार्यकर्ता आज भी जताते हैं। जो भी स्थिति हो, लेकिन बालासाहबजी ऐसी किताब लिखने के लिए कभी उत्सुक नहीं रहते थे। बहुत सारे भाषणों की वजह से उन्होंने कई टिप्पणियाँ मात्र लिखकर रखीं, विभिन्न मूलभूत और प्रासंगिक विषयों पर पेपर्स उन्होंने तैयार किए।

18–19 महीनों के बाद चुनाव के माध्यम से अपनी एकाधिकारशाही पर जन-समर्थन की मुहर लगाने की इच्छा इंदिरा गांधी के मन में आई। आपातकाल के बंधनों में थोड़ी ढील देकर उन्होंने राजबंदियों को 'पैरोल' पर रिहा किया। चुनाव घोषित हुए। देश भर के माहौल में उत्सुकता और उत्तेजना सिर चढ़कर बोल रही थी। जनतांत्रिक और आपातकाल-विरोधी संगठनों तथा दलों

का बहुत ही तेजी से ध्रुवीकरण हुआ। भारतीय क्रांति दल, संगठन कांग्रेस, भारतीय जनसंघ और समाजवादी दल—ये चार प्रमुख विपक्ष एक साथ जुड़ गए। अपने-अपने दलीय संगठन विलीन करके उन्होंने 'जनता पार्टी' बनाई। उसी समय जगजीवन राम ने 'इंदिरा कांग्रेस' से बाहर निकलकर 'लोकतांत्रिक कांग्रेस' पार्टी बनाई। उन्होंने स्वतंत्र गुट निर्माण करके उसकी शक्ति भी 'जनता पार्टी' को दी। वामपंथी पार्टियों ने भी अपने-अपने दल बनाए रखे, लेकिन 'जनता पार्टी' को समर्थन देने का निर्णय लिया। देश भर में 'इंदिरा कांग्रेस' के सामने एकजुट विपक्ष की चुनौती खड़ी हो गई। ऐसी स्थिति में 'विद्यार्थी परिषद्' ने भी आपद्धर्म का पालन करते हुए जनता पार्टी के प्रचार में पूरी ताकत के साथ शामिल होने का निर्णय लिया। मात्र इस विचार और व्यवहार का अवलंब परिषद् के महानुभावों ने (जिसमें प्रा. यशवंतराव केलकर, मदनदासजी आदि के साथ बालासाहब आपटेजी भी शामिल थे।) सिर्फ भावुकता से नहीं, बल्कि स्थिर मन से किया। इसलिए प्रचार में कार्यकर्ताओं ने खुद को झोंक दिया। बहुत से लोग जेल से पैरोल पर छूटने के बाद भी घर न जाते हुए कार्यक्षेत्र में उतर गए। नौकरी-उद्योग का पुनरारंभ भी बहुत से लोगों ने चुनाव के बाद ही किया, लेकिन चुनाव उम्मीदवारी से 'विद्यार्थी परिषद्' सर्वथा अलिप्त रही। बालासाहब भी सांसद का चुनाव लड़ें, ऐसा आग्रह हुआ, लेकिन उन्होंने स्पष्ट रूप से इनकार कर दिया।

चुनाव के बाद 'जनता पार्टी' सत्ता में आई। आपात्काल को, मीसा कानून को संसदीय प्रक्रिया द्वारा विधिवत् पूर्ण विराम दिया गया। भारत के लोगों ने वोटों के जरिए 'मूक क्रांति' का एक अभूतपूर्ण उदाहरण दुनिया के सामने प्रस्तुत किया। इस सारी प्रक्रिया में राष्ट्रीय स्वयंसेवक संघ, 'विद्यार्थी परिषद्' और जिन्हें संघ परिवार का घटक माना जाता है, ऐसे सभी संगठनों का योगदान अत्यंत स्पष्टता से (सबसे अधिक स्पष्टता से कहा जाए, तो भी अप्रस्तुत नहीं होगा) रहा, लेकिन अपनी मूल संकल्पना 'राज नहीं, समाज बदलना है', इस वैचारिक भूमिका को नजरअंदाज नहीं किया, बल्कि विवेकपूर्णता से वह और भी ठोस तरीके से पुन:प्रस्थापित की गई।

'एकजुट होकर संघर्ष' यह अनुभव राजनीतिक (और केवल राजनीतिक ही) परिभाषा में वास्तव में लाने की बातें होने लगीं। राजनीतिक दलों की तरह विद्यार्थी परिषद् जैसे संगठन को भी खुद को 'जनता पार्टी' में विलीन करना चाहिए, ऐसा आग्रह शुरू हुआ। जयप्रकाश नारायणजी के आंदोलन के दौरान जिन युवा संगठनों ने एक साथ आकर 'छात्र युवा संघर्ष वाहिनी' मंच का निर्माण किया, उन सभी को 'जनता पार्टी' के युवा संगठन में विलीन होना चाहिए, ऐसा दबाव बनाने का प्रयास शुरू हुआ। इसी का यह परिणाम रहा कि सारनाथ में उन सभी युवा संगठनों की एक साथ बैठक बुलाई गई। बैठक का उद्देश्य यही था कि वहाँ सभी को अपनी-अपनी पहचान भुलाकर युवा-जनता या जनता पार्टी के युवक संगठन में विलीन होने की घोषणा करनी चाहिए। इस संदर्भ में भी 'विद्यार्थी परिषद्' तथाकथित 'Popular Wave' के साथ बहकर नहीं गई। 'राजनीतिक सत्ता परिवर्तन हुआ, लेकिन समाज परिवर्तन का काम उससे विराट है। राजनीति समाज जीवन का सर्वस्व नहीं, बल्कि अनेक अंगों में से एक अंग है। सत्ता-शक्ति पर समाज का प्रभावी अंकुश रखने का काम बगैर राजनीतिक स्वायत्तता प्राप्त सामाजिक संगठनों का है और

अ.भा.वि.प. उस पर विश्वास रखनेवाला संगठन है,' ऐसी सुस्पष्ट भूमिका लेकर परिषद् ने विलीनीकरण से साफ इनकार किया। अपनी दलगत राजनीति से परे रहकर शिक्षा क्षेत्र में सुसंस्कारित छात्र-शक्ति निर्मिति के मूल काम में फिर से अग्रणी होने की भूमिका परिषद् ने ली। 'जनता पार्टी' की सरकार के शिक्षा मंत्री प्रकाश चंद्र के सामने शिक्षा विषयक माँग-पत्र पेश करना, देश भर के छात्रों का हस्ताक्षर के माध्यम से इसमें सहयोग प्राप्त करना, संसद् के सामने मोरचा लेकर शैक्षिक परिवर्तन का आग्रह बुलंद करना, इस प्रकार के कार्यक्रमों द्वारा परिषद् ने अपनी भूमिका को व्यवहार में भी प्रकट किया। वर्ष 1978 में 'जनता पार्टी' सरकार का एक साल पूरा हुआ, तब परिषद् ने देश भर में 'चेतावनी दिवस' मनाया। जनता की आकांक्षाओं को सबसे ज्यादा अहमियत देना, इस सरकार का कर्तव्य था, इसका स्मरण जगानेवाला 'चेतावनी दिवस'। 'पक्षांतर नहीं करूँगा, लोगों का विश्वास नहीं तोड़ूँगा' जैसे प्रतिज्ञा-पत्र इस उपक्रम के माध्यम से सरकार के मंत्रियों से लिखवाए गए।

छात्रों ने सामाजिक सहभाग दिखाया—'छात्र कल का नहीं, आज का ही नागरिक है' ऐसी जो भूमिका बालासाहबजी के नेतृत्व में 'विद्यार्थी परिषद्' पिछले 8-10 सालों से निभा रही थी, उसी का प्रत्यंतर राष्ट्रीय घटनाक्रम से आ रहा था। एक प्रमुख कार्यकर्ता, मुंबई संगठन मंत्री और 1974 के राष्ट्रीय अधिवेशन से अखिल भारतीय अध्यक्ष के नाते प्रो. बालासाहब आपटेजी इस सारी प्रक्रिया का नेतृत्व करने में शामिल थे। असम में घुसपैठियों के खिलाफ आंदोलन, केरल-आंध्र में वामपंथी उग्रवाद के खिलाफ प्रत्यक्ष संघर्ष, जम्मू-कश्मीर में आतंकवाद के खिलाफ खड़े होकर राष्ट्रध्वज के सम्मान के लिए निकला हुआ मोरचा, ऐसे बहुत से उदाहरणों से 'छात्रशक्ति-राष्ट्रशक्ति' इस घोषणा को सार्थकता प्रदान करने के राष्ट्रीय पुनर्निर्माण के काम में संगठित व संस्कारित छात्रशक्ति के संयोजन में परिषद् अग्रणी रही। इस तरह प्रत्येक आंदोलन में वक्त आने पर जोखिम उठाकर भी, बालासाहब आपटेजी आगे रहकर नेतृत्व कर रहे थे।

महाविद्यालय, विश्वविद्यालय यह छात्र आंदोलन का प्रमुख कार्यक्षेत्र था। वहाँ राष्ट्रनिष्ठा के विचारों का प्रभाव निर्माण हो, छात्रशक्ति अब राष्ट्रनिर्माण की रचना के काम में अधिक-से-अधिक सक्रिय हो, संगठन व्यापक-सर्वव्यापी हो, इस दृष्टि से आग्रहों की त्रिसूत्री—(1) रचनात्मक कार्य (2) सर्वस्पर्शी कार्य (3) क्षेत्र में प्रभाव—कार्यकर्ताओं के सामने रखी गई। कालसंगत और भविष्यवेधी उद्दिष्टों का अधिष्ठान 'विद्यार्थी परिषद्' में विचार-व्यवहार के लिए होना चाहिए, इस पर दिया गया जोर परिषद् की एक आद्य और स्पृहणीय विशेषता कहनी होगी। संगठन की परवरिश के प्रारंभिक काल में ही इन विशेषताओं की नींव विस्तृत और मजबूत करने के लिए यशवंतराव केलकरजी, मदनदासजी, बालासाहब आपटेजी जैसे कार्यकर्ताओं ने जो ध्यान केंद्रित किया था, उसी के अच्छे परिणाम अब दिखाई दे रहे हैं।

संगठन की व्यापक प्रगति

काल और परिस्थिति के अनुरूप नए-नए कार्यक्रम-उपक्रमों की रचना और समस्याओं के रूप में कदम-कदम पर खड़ी रही चुनौतियों का सामना करने को तत्परता से परिषद् का संगठन

हमेशा उत्साहित और विकसित होता गया। किशोरावस्था के छात्र-छात्राओं में छुपे साहित्यिक गुणों को व्यापकता देनेवाला, उनमें रुचि बढ़ानेवाला 'प्रतिभा-संगम' (विद्यार्थी साहित्य सम्मेलन) जैसा उपक्रम या अभियांत्रिकी शाखा के छात्रों में अनुसंधान-शोध की प्रतिभा को जगानेवाला, उनकी सर्जनशीलता उद्योगपतियों के सामने रखनेवाला 'डिपेक्स' उपक्रम परिषद् की जिंदादिली का प्रमुख उदाहरण है। स्वातंत्र्यवीर सावरकरजी के जन्मशताब्दी वर्ष में (1982-83) परिषद् द्वारा 'सावरकर समता ज्योति यात्रा' का संपूर्ण महाराष्ट्र में आयोजन करके सावरकरजी के सामाजिक सुधार और समता प्रस्थापित करने के अर्थपूर्ण प्रयास को सम्मानित किया गया तथा उनके कार्य से प्रेरणा प्राप्त की। सभी जिलों में 300 से ज्यादा गाँवों से जाते हुए यह यात्रा सावरकरजी के सामाजिक समता के संदेश को पहुँचाने में सफल रही। रत्नागिरी के पतित पावन मंदिर से इस यात्रा का शुभारंभ हुआ। इस समारोह के लिए ज्येष्ठ साहित्यिक-जलगाँव के 'अखिल भारतीय मराठी साहित्य सम्मेलन' के अध्यक्ष और मराठवाड़ा विश्वविद्यालय के कुलगुरु शंकरराव खरात, ज्येष्ठ विचारक दाजी पणशीकर तथा प्रो. बालासाहब आपटे उपस्थित थे। यात्रा का समापन मुंबई में चैत्यभूमि पर ज्येष्ठ साहित्यिक द.मा. मिरासदार और राष्ट्रीय स्वयंसेवक संघ के प्रांत संघचालक प्रह्लादजी अभ्यंकरजी की मौजूदगी में हुआ। कवि कुसुमाग्रज, प्रो. केशव मेश्राम, दया पवार, जयदेव गायकवाड़, प्रकाश अंबेडकर, प्राचार्य राजाराम राठौड़ जैसे अनेक महानुभावों ने यात्रा का गाँव-गाँव में स्वागत किया। ऐसी ही एक यात्रा 'युवा ज्योति यात्रा' 1984 में 'अंतरराष्ट्रीय युवक वर्ष' के अवसर पर आयोजित की गई थी। इस दौरान 1985 में 'विश्व विद्यार्थी संगठन' वैश्विक मंच की स्थापना परिषद् के माध्यम से की गई थी। वंशवाद के खिलाफ अभियान खड़ा करने में मंच ने अहम् भूमिका निभाई।

इस तरह से वैविध्यपूर्ण रचनात्मक और सृजनात्मक कार्यक्रमों का उचित आयोजन करते हुए राष्ट्रीय समस्याओं के खिलाफ व्यापक संघर्ष खड़ा करने की महत्त्वपूर्ण भूमिका परिषद् ने अदा की। भारत के नागरिक न होते हुए भी असम की मतदाता सूची में स्थान प्राप्त करनेवाले अवैध मतदाताओं की समस्या से खड़े हुए 'घुसपैठ-विरोधी आंदोलन' में भी परिषद् ने अपनी प्रभावी भूमिका निभाई। यह केवल असम या पूर्वांचल तक सीमित प्रश्न न होकर एक राष्ट्रीय समस्या है, इसका सार्वत्रिक एहसास भी 'विद्यार्थी परिषद्' ने जगाया। घुसपैठ और उसका अराष्ट्रीय स्वरूप; इस विषय में जन-जागरण करनेवाला अभियान देश भर में चलाया गया और 2 अक्तूबर को महात्मा गांधी की जयंती के दिन देश भर के 10,000 से ज्यादा छात्र-छात्राओं ने गुवाहाटी में सत्याग्रह-आंदोलन किया। इस सत्याग्रह के द्वारा घुसपैठियों के खिलाफ राष्ट्र-जागरण और छात्रशक्ति के राष्ट्रीय कार्य में संयोजन ऐसे दो कार्य परिषद् ने संपन्न किए। इसी तरह से आगे 1992 में आंध्र में नक्सलवादी हिंसा के खिलाफ संगठित किया गया विराट् मोर्चा, जम्मू-कश्मीर में आतंकवाद के सामने जमकर खड़े रहकर राष्ट्रध्वज के सम्मान के लिए देश भर के लगभग 11,000 छात्रों ने श्रीनगर के 'लाल चौक' की दिशा में बढ़ाए कदम, बोफोर्स तोपों की खरीदारी में हुए भ्रष्टाचार के खिलाफ आंदोलन, शिक्षा विषयक माँगों के लिए हर प्रांत की राजधानी में निकाले गए 'महामोरचे' (मुंबई में निकला हुआ मोरचा अब तक के इतिहास का सबसे विराट, सवा लाख से ज्यादा छात्रों

का मोरचा था), केवल विद्यार्थी संगठन नहीं, बल्कि किसी भी संगठन का इतना विशाल, फिर भी अनुशासनबद्ध मोरचा मुंबई ने नहीं देखा। इन सारी घटनाओं से यह स्पष्ट होता है कि परिषद् के आंदोलन मजबूत होते गए।

वर्ष 1989 में डॉ. हेडगेवार जन्म-शताब्दी और 1990 में डॉ. बाबासाहब अंबेडकर जन्म-शताब्दी देश भर में मनाई गई। दोनों उपक्रमों में 'विद्यार्थी परिषद्' का सहभाग महत्त्वपूर्ण था। डॉ. बाबासाहेब अंबेडकरजी के जन्म-शताब्दी वर्ष में ही औरंगाबाद के विश्वविद्यालय को 'बाबासाहब अंबेडकर' का नाम देने का, दीर्घकाल (12-13 साल) से उलझा हुआ विषय सुलझ गया। सन् 1978 में इस विषय पर मराठवाड़ा क्षेत्र में हुए तीव्र आंदोलन के दिनों में परिषद् के कार्यकर्ता नामांतर के पक्ष में सक्रिय थे। उसके लिए हुए सत्याग्रह में भी कार्यकर्ता सक्रिय रूप से शामिल हुए थे। विधिमंडल के दोनों सदनों में एकमत से पारित हुए प्रस्ताव की काररवाई मात्र नामांतर के तीव्र विरोध की वजह से पूर्ण नहीं हो पाई थी। महाराष्ट्र के 'मराठवाड़ा' इलाके में तथा पूरे महाराष्ट्र में भी सामाजिक वातावरण में हलचल मची हुई थी। जाति-विद्वेष उछलकर सामने आया था। राजनीतिक दल भी विवश थे। हिंसक दंगों से दलित समाज में, आंबेडकर समर्थकों में वैफल्य और असंतोष की भावना बढ़ी। परिषद् के, संघ के कार्यकर्ताओं की स्थिति, इस आंदोलन में दोनों तरफ से घिरे हुए, जैसी हो गई थी। एक तरफ नामांतर को समर्थन देने के कारण तथाकथित सवर्ण समाज के बड़े वर्ग की नाराजगी थी तो दूसरी तरफ संघ के विरोधी गुट द्वारा इस घड़ी में भी संघ परिवार पर नामांतर विरोध का बिल्कुल झूठा सिक्का मारकर चलाया हुआ बदनामी का मतलबी प्रयास।

'विद्यार्थी परिषद्' ने इस नाराजगी और बदनामी की चिंता न करते हुए नामांतर समर्थन की अपनी भूमिका बरकरार रखी। सन् 1991 में इस समस्या का समाधान करने का प्रयास सरकार ने शुरू किया। उसी समय परिषद् ने अपनी भूमिका कायम रखते हुए समर्थन किया। फिर से समाज दो हिस्सों में न बँटे, नामविस्तार पर एकमत हो और विशेष बात; मराठवाड़ा की आम जनता भी उत्तेजित न होते हुए शांति व भाईचारा बनाए रखे, इस दृष्टि से प्रयास करने का निश्चित किया गया। मराठवाड़ा के सभी जिलों में परिषद् कार्यकर्ताओं के 'संवाद-दल' पहुँचे। लगभग 1,000 कार्यकर्ताओं ने 225 गाँवों में जाकर गाँववालों से नामविस्तार के बारे में संवाद किया और विश्वविद्यालय के नामविस्तार का स्वागतशीलता से स्वीकार हो, इसलिए वातावरण निर्मिति में इन्होंने महत्त्वपूर्ण भूमिका अदा की। सामाजिक-राजनीतिक उथल-पुथल के इस सारे माहौल में 'विद्यार्थी परिषद्' के कार्यकर्ता स्पष्ट भूमिका, योग्य धारणा और समझदारीपूर्ण सक्रियता के आधार पर कार्यरत थे। बालासाहब आपटेजी इन सारे क्रिया-कलापों में कुशल मार्गदर्शक के नाते, हमेशा की तरह, 'प्रथम पुरुषी एकवचनी' मनोधारणा से शामिल थे। असम व कश्मीर के मोर्चे में तो उन्होंने अग्रस्थान पर रहकर सत्याग्रह का नेतृत्व किया। इसके साथ ही सामाजिक जीवन के अन्य क्षेत्रों में भी महत्त्वपूर्ण भूमिका निभाने का दायित्व उन पर आता गया, वह भी उन्होंने जिम्मेदारी व निष्ठा से निभाया।

सन् 1990-91 में ही बालासाहब आपटेजी की 'एडवोकेट एसोसिएशन ऑफ वेस्टर्न इंडिया'

के अध्यक्ष पद पर नियुक्ति हुई। 'शिक्षण प्रसारक मंडली' जैसी प्रतिष्ठित शिक्षा संस्था, 'सावरकर दर्शन प्रतिष्ठान' जैसे मान्यता प्राप्त संस्थानों में भी उनका प्रमुख योगदान रहा। वकालत के क्षेत्र में उनके नाम को महत्त्व प्राप्त हुआ ही था। बहुत ही ईमानदारी से और ज्ञानसंपन्नता से उन्होंने वकालत का व्यवसाय किया। न्यायदान के क्षेत्र में प्रवेश करनेवाली छोटी-बड़ी सारी दुष्प्रथाओं को पूरी तरह से दरकिनार करके उन्होंने वकालत की। इसी वजह से न्यायाधीशों के भ्रष्टाचार के खिलाफ उनके नेतृत्व में एसोसिएशन ने ठोस भूमिका लेकर आंदोलन किया। इस आंदोलन से बालासाहबजी की निस्पृह व लड़ाकू वृत्ति, नेतृत्व क्षमता आदि गुणों का परिचय हुआ। इस आंदोलन से उनके नाम को एक नई गरिमा प्राप्त हुई।

वकालत के प्रारंभिक दिनों में बालासाहब, प्रथिनयश एडवोकेट का.ज. अभ्यंकरजी के साथ उनके जूनियर के नाते काम करते थे। उस समय एड. अभ्यंकरजी प्रमुख केस बालासाहबजी को सौंपते थे। एक तरफ शनिवार-रविवार को (परिषद् के काम को प्राथमिकता देने की वजह से) आपटेजी कार्यालय में नहीं आते, इस बात की नाराजगी प्रकट करते हुए भी अभ्यंकरजी बालासाहब के प्रति गहरा विश्वास रखते थे। आपातकाल के बाद तुरंत ही बालासाहब ने 'गिरीश' इमारत में अपने निवास-स्थान में ही अपना वकालत का कार्यालय शुरू किया। डेढ़-दो साल बाद वर्ष 1980 में उनका भतीजा एडवोकेट राम आपटे कार्यालय में पहले जूनियर वकील के नाते काम करने लगा। आगे विनायक (राजू.) दीक्षित, विनय नवरे, सुहास ओक्, नील-अंजली हेलेकर आदि युवा वकील उनके कार्यालय में आने लगे (आज वे सभी उच्च न्यायालय और उच्चतम न्यायालय में सक्षमता से वकालत कर रहे हैं)। आपटेजी द्वारा कार्यालय में बनाई हुई व्यवस्था वैशिष्ट्यपूर्ण थी। मामूली फीस लेने का एडवोकेट अभ्यंकरजी का तरीका ही उन्होंने अपनाया। प्राप्त की गई फीस का ही नहीं, बल्कि कुल कार्यालयीन आय-व्यय का हिसाब बारीकी से रखने पर उनका जोर था। आपटेजी अपने जूनियर्स को भी सभी कामों में आत्मनिर्भर, स्वयंपूर्ण और कुशल बनाना चाहते थे। व्यवसाय में, पूर्व तैयारी में, केस के संदर्भ में कानून का गहन अभ्यास सभी को करना चाहिए, यह उनका आग्रह था। उसमें जरा भी भूल या गलती हुई तो वे कड़े बोल सुनाते थे, लेकिन उसके पीछे कटुता न होकर सहयोगियों की प्रगति की आस्था होती थी। दूसरी तरफ व्यवसाय बढ़ाने के लिए पार्टीज का आयोजन करना, किसी अवसर पर गिफ्ट देना, कॅम्पेन-लॉबिंग आदि रूढ़ बातें उन्होंने कभी की नहीं, बल्कि इस तरह का 'सेटलमेंट' का प्रस्ताव निजी तौर पर देनेवाले एक वकील को उन्होंने जिन शब्दों में कड़े बोल सुनाए थे, उससे उनके मन में ऐसी 'प्रैक्टिसेस' के प्रति कितनी नफरत की भावना थी, यह सामने आया। Administrative law, यह बालासाहबजी का बलस्थान था, इसलिए उनके समर्थता से और सफलता से सुलझाए गए मामलों में सबसे ज्यादा मामले शिक्षा संस्था और अध्यापक-प्राध्यापकों की सेवा के संदर्भ में थे। आपात्काल के बाद अनगिनत राजबंदियों के इस तरह के अनेक केसेस उन्होंने लड़े और जीते। महाराष्ट्र में भाजपा-शिवसेना गठबंधन सरकार सत्ता में आई, उसके बाद महाराष्ट्र के एडिशनल एडवोकेट जनरल पद पर उनकी नियुक्ति की गई। सरकारी पद ग्रहण करने से पहले उन्होंने परिषद् के अपने सहयोगी (मदनदासजी आदि) से विस्तार से चर्चा की। अब तक के

जीवन में पद-प्रतिष्ठा और तथाकथित सत्ता-शक्ति से पूर्णतः निरपेक्ष रहकर सामाजिक काम में पूरी ताकत से, तन्मयता से शामिल होने की उनकी आदत थी।

न्यायालय से संबंधित उच्च पदस्थों ने उनसे न्यायाधीश बनने का भी आग्रह किया था। उस समय घर में पत्नी और बेटी से विस्तृत चर्चा करके उन्होंने इस आग्रह पर विनम्रता से इनकार किया था। इसलिए सरकारी प्रणाली में ये सम्मान के पद को स्वीकार करें या नहीं, इस पर मन में संभ्रम था। सभी सहयोगियों ने कहा, "आप इस पद का उचित उपयोग करके पद की प्रतिष्ठा और बढ़ाएँगे।" ऐसा विश्वास जताकर उसे स्वीकार करने के लिए उन्हें राजी किया। बालासाहबजी महाराष्ट्र सरकार के एडिशनल एडवोकेट जनरल बने, लेकिन प्रत्यक्ष में वहाँ रहकर इच्छित काम प्रभावी ढंग से नहीं कर सकते, यह अनुभव होने पर उन्होंने बड़ी सहजता से उससे अलिप्त होने का निर्णय ले लिया। 'राजनीति समाज जीवन के अनेक अंगों में से केवल एक अंग है, सबकुछ नहीं, सामाजिक परिवर्तन का वह एकमात्र या अपरिहार्य साधन नहीं'—इस विचार पर अपार विश्वास व श्रद्धा 'विद्यार्थी परिषद्' की एक खास विशेषता है और उस विचार से बालासाहब जैसे कार्यकर्ता का बेजोड़ रिश्ता। इसीलिए हाथ में आए सरकारी सत्ता-स्थान से स्वयं अलिप्त होने का दुर्लभ उदाहरण उन्होंने साकार किया।

जैसा प्रतिपादन वैसा ही आचरण, उक्ति और कृति, विचार और व्यवहार, यूँ कहें तो कथनी और करनी में फर्क न करना, ये 'विद्यार्थी परिषद्' के विचार विश्व की एक दृढ निष्ठा का पहलू है और बालासाहब आपटेजी ने अपने व्यक्तिगत जीवन में भी इस पहलू का नैष्ठिक अंगीकार किया। सामाजिक काम, वकालत, इसके साथ ही उनके पारिवारिक व्यवहार में भी इसका स्पष्ट दर्शन होता है। अपनी बहुत ही व्यस्त दिनचर्या में भी घरेलू रिश्तों को सँभालने में उनका ज्यादा ध्यान रहता था। मनुष्य जीवन के जो कानून संगठन में सिखाए गए, जिनका बीज बोया गया था, उन्हें आपसी रिश्तों को सँवारने में भी बालासाहबजी उपयोग में लाते थे। भाई-बहनों के इस विशाल परिवार में सभी छोटे-बड़े रिश्तेदारों की बुनियाद को उन्होंने सँवारे रखा। शादी समारोह से लेकर श्राद्ध-पक्ष तक के सभी पारिवारिक कार्यक्रमों में वे उपस्थित होते थे। भाईदूज के दिन बहनों से मिलने का सिलसिला उन्होंने बरकरार रखा था। उनका परिवार तीन सदस्यों का था, पर घर में हमेशा लोगों का ताँता लगा रहता था। पढ़ाई करने आए हुए किसी-न-किसी का उनके घर बसेरा होता था। वसंत धारप, प्रफुल्ल गोखले, कौस्तुभ गोखले, विदुला-अरुंधति-अदिति आपटे ये सब भानजे-भतीजे आपटेजी के घर में रह चुके हैं। परिषद् के अन्य लोगों का तो मानो दूसरा आश्रय-स्थल ही था उनका घर।

मदनदासजी, सदाशिव देवधरजी जैसे कार्यकर्ता, जो हमेशा परिषद् कार्य के लिए सफर करते रहते थे, उन सभी की देखभाल इनके घर में की जाती थी। न केवल संगठनात्मक तथा परिषद् की नीति-संबंधी चर्चाओं में, बल्कि कार्यकर्ताओं के निजी जीवन में भी बालासाहब आपटेजी उनके सखा व मार्गदर्शक थे। आपटे परिवार का यह वैशिष्ट्यपूर्ण विलोभनीय दर्शन हुआ देश में लगे आपात्काल के समय। खुद बालासाहब 'मीसा' के बंदी थे, बहुत सारे प्रचारक उन दिनों भूमिगत रहकर कार्य कर रहे थे। उन सभी के बारे में खुफिया पुलिस बहुत निगरानी से और

कठोरता से तहकीकात करती थी। मोरोपंत पिंगलेजी भूमिगत प्रचारक कार्यकर्ताओं में से एक थे। वे आपातकाल-विरोधी आंदोलन के शीर्ष नेतृत्व में थे, इसी कारण उनका नाम पुलिस रिकॉर्ड में 'वांटेड' लिस्ट में था। मोरोपंतजी आपटेजी की इमारत में ही चौथी मंजिल पर रहते थे। इतना ही नहीं, बल्कि कारावास में जो प्रमुख कार्यकर्ता थे, उनको गुप्त संदेश देकर उसका वापसी जवाब मोरोपंतजी तक भेजने का काम आपटेजी की पत्नी किया करती थीं। प्रारंभ में महीने में एक बार और आगे 15 दिनों बाद परिवार के सदस्यों से मिलने की इजाजत मीसाबंदियों को मिलती थी। उसी वक्त चिट्ठियों का आदान-प्रदान निर्मला भाभी करती थीं। पुलिस प्रशासन को ही नहीं, बल्कि संघ परिवार के कुछ चुनिंदा कार्यकर्ताओं को छोड़ किसी को इसकी खबर तक न थी। आपटे परिवार निष्ठा और प्रेरणादायी स्वरूप से इसी कार्य-प्रणाली में शामिल हो गए थे। जाह्नवी के विवाह-विषयक निर्णय में भी यह प्रतिबिंबित हुआ।

जाह्नवी की एम.बी.बी.एस. तक पढ़ाई पूरी होने के तुरंत बाद ही वह 'विद्यार्थी परिषद्' की पूर्णकालिक कार्यकर्ता बनकर कार्य करने लगी। परिवार में छोटी उम्र से ही सामाजिक कार्य के प्रति सजगता और आस्था जाह्नवी के मन में बस गई थी। इसी कारण उसने कॉलेज की शिक्षा प्रारंभ करते ही अ.भा.वि.प. के काम में भाग लेना शुरू कर दिया था। चिकित्सा शिक्षा की डिग्री के बाद आगे उच्चतम शिक्षा प्राप्त करे और उसके बाद पूर्णकालिक कार्यकर्ता के नाते परिषद् के काम के लिए बाहर जाए, ऐसा उसके माता-पिता चाहते थे, पर जाह्नवी का कहना था, ''मैं पहले दो साल तक परिषद् में काम करूँगी और बाद में शिक्षा पूरी करूँगी।'' बाकी कोई व्यावहारिक या तात्त्विक विरोध की बात नहीं थी, बल्कि बेटी के इस निर्णय को सराहा गया और उन्होंने अनुमति दे दी। जाह्नवी पूर्णकालिक कार्यकर्ता के रूप में 'कोल्हापुर' चली गई। उसने दो साल तक पूर्णकालिक कार्यकर्ता के नाते कार्य किया। उन दो सालों के आखिरी छह महीने उसने ठाणे में भी काम किया। घर लौटने के बाद उसने मनोविकार शास्त्र (साइकिएट्री) विषय में एम.डी. की डिग्री प्राप्त की और 'डिप्लोमा इन साइकोलॉजिकल मेडिसिन' की परीक्षा भी पास की। फिर मुंबई के जी.एस. मेडिकल कॉलेज में प्राध्यापक-डॉक्टर की नौकरी करने लगी। अब उसकी शादी की बात जोर पकड़ने लगी। इस संदर्भ में प्रयास करने से पहले ही परिषद् के कार्यकर्ताओं से एक प्रस्ताव मिला। बालासाहबजी की इस प्रस्ताव पर स्वाभाविक प्रतिक्रिया यह थी कि इस बारे में जाह्नवी के मन को अधिकतम प्रमुखता दी जाएगी, इसलिए उसकी बात पहले सुनी जाएगी। उसी की पसंद से ही बात आगे बढ़ेगी। जाह्नवी ने प्रस्ताव पर स्वीकृति दर्शाई और बात आगे बढ़ी। शिरीष केदारे आई.आई.टी. से उत्तीर्ण हुआ था। परिषद् का पूर्णकालिक कार्यकर्ता रह चुका था। नौकरी-उदीम में स्थिरता प्राप्त नहीं हुई थी, पर उसकी बुद्धिमत्ता, कर्तृत्व और ज्ञान के बारे में पूरा विश्वास था और बालासाहबजी की दृष्टि से इतना काफी था। जाति भिन्नता की बात किसी ने निकाली, पर बालासाहबजी ने फिर भी उसे सहजता से अनदेखा कर दिया और अप्रैल 1995 में शिरीष व जाह्नवी का विवाह संपन्न हुआ।

इससे लगभग 7 बरस पहले वर्ष 1988 में, 'भारतीय स्त्री शक्ति' इस संगठन की शुरुआत हो गई थी। निर्मलाजी इस संगठन की स्थापना में अग्रणी थीं। सामाजिक जीवन के सभी क्षेत्रों में

महिलाओं के योगदान का आग्रह हो रहा था। एक तरफ महिलाओं की ओर देखने का प्रतिगामी दृष्टिकोण तो दूसरी तरफ स्त्री-मुक्ति का नारा देकर स्वैराचार को बढ़ावा देनेवाला पश्चिमी देशों के आंदोलनों से प्रभावित दृष्टिकोण, ऐसे दो बिल्कुल ही भिन्न दिशाओं में जानेवाले दृष्टिकोण समाज में दिखाई दे रहे थे। ऐसे समय में स्त्री-पुरुष दोनों से बना हुआ यह समाज, स्त्री-पुरुष समानता के विचारों को लेकर आगे बढ़े, सुदृढ-समृद्ध समाज जीवन में महिलाओं का सम्मान हो और राष्ट्र के पुनर्निर्माण में उनका उल्लेखनीय योगदान हो, इसलिए 'भारतीय स्त्री शक्ति' संगठन द्वारा प्रयास शुरू हो गए। संघ परिवार के सभी संगठनों में इन विषयों पर चर्चा होती थी। सभी क्षेत्रों में काम करनेवाली महिला कार्यकर्ताओं के समन्वय से विचारों के आदान-प्रदान की प्रक्रिया शुरू हो गई थी। सन् 1989 में मुंबई के रुइया महाविद्यालय में ऐसी ही एक परिचर्चा का आयोजन हुआ था। संगठन की स्थापना, उसका वैचारिक अधिष्ठान और संगठनात्मक विस्तार इन सारी प्रक्रियाओं का नेतृत्व निर्मला आपटेजी कर रही थीं। बालासाहबजी भी इस काम में उनका साथ देते थे, लेकिन वे किसी प्रकार का हस्तक्षेप नहीं करते थे। शादी के बाद निर्मलाजी को घर-परिवार में रहना पड़ा, यह बात उनके मन को चुभती थी। इसलिए अब स्त्री-शक्ति के कामकाज से निर्मलाजी को फिर सामाजिक कार्य का अवसर मिलेगा, इसकी प्रसन्नता उन्हें थी। इसी कारण अपनी ओर से जितना सहयोग हो सकता था, वे करते। आवश्यकता अनुसार अपनी दिनचर्या भी बदल देते थे।

स्त्री-शक्ति के कामकाज से निर्मलाजी की महाराष्ट्र के अलग-अलग क्षेत्रों में यात्रा शुरू हुई थी। बालासाहबजी की यात्रा तो देश के विभिन्न प्रांतों में पहले से ही शुरू थी, लेकिन पहले की तुलना में यात्रा अब थोड़ी कम होने लगी। फिर भी, संघ परिवार की नीतियों संबंधी विचारमंथन में उनका ज्यादातर सहभाग हो, ऐसी अपेक्षा बढ़ गई थी। ऐसी विचार प्रक्रिया की जो केंद्रीय संरचना थी, उसमें भी उनका हमेशा सहयोग रहता था। 'विद्यार्थी परिषद्' की केंद्रीय टीम के सभी कार्यकर्ताओं की यात्रा का सुसूत्रीकरण, संगठनात्मक विचारों की नियमित प्रक्रिया, इनमें व्यस्त होते हुए भी पूर्णकालिक कार्यकर्ताओं का एक अभिभावक के नाते खयाल रखते थे। (विशेषत: मदनजी, दत्तात्रेयजी, गीता गुंडे, चंद्रकांत पाटिल वैसे ही पूर्वांचल व उत्तरांचल के दूर के क्षेत्र में कार्यरत सतीश वेलणकर, महेंद्र कुमार, हरेंद्र कुमार, दक्षिण के गौरीशंकर इत्यादि कार्यकर्ता)। विद्यार्थी निधि, आंतरराज्य छात्र जीवन-दर्शन जैसे उपक्रमों के संदर्भ में भी उनसे परामर्श लिया जाता।

राजनीति के दौर में

इसी समय मदनदासजी के कार्यक्षेत्र में बदलाव करने का महत्त्वपूर्ण निर्णय हो गया। राष्ट्रीय स्वयंसेवक संघ के सह-सरकार्यवाह की जिम्मेदारी उनपर आ गई। दत्तात्रेय होसबळे परिषद् के अखिल भारतीय संगठन मंत्री बन गए। (अपितु संगठनात्मक जीवन के संदर्भ में हो या निजी बात हो, उसे बताने के विश्वास के स्थान पर मदनजी की दृष्टि से हमेशा बालासाहब ही रहे, आखिर तक…।) परिषद् के संगठनात्मक ढाँचे में समयानुसार बदलाव आते गए। नई पीढ़ी अपने हाथों में बागडोर सँभाल रही थी और बालासाहबजी साक्षी भाव से अपने इस बड़े परिवार के प्रमुख का दायित्व सँभाल रहे थे। राष्ट्रीय राजनीति में भी बदलाव हो रहे थे। नरसिंह राव सरकार का

कार्यकाल खत्म होते ही हुए चुनाव में केंद्र की सत्ता में बड़ा परिवर्तन हो गया। प्रथम 13 दिन, उसके बाद 13 महीने और अंत में 5 वर्ष का पूरा कार्यकाल (चुनाव जल्द हो जाने के कारण वह साढ़े चार साल का कार्यकाल था) श्री अटल बिहारी वाजपेयीजी के नेतृत्व में 'राष्ट्रीय जनतांत्रिक गठबंधन' की सरकार ने केंद्र में सत्ता स्थापित की। इस सरकार में भारतीय जनता पार्टी प्रमुख सहयोगी दल थी और बालासाहब आपटेजी के कार्य का लाभ अब भाजपा को चाहिए था।

वर्ष 2000 में उनसे राज्यसभा का सदस्य होने की अपेक्षा की गई। अ.भा.वि.प., संघ तथा स्वयं बालासाहब आपटेजी, इन सभी के लिए यह सनसनीखेज कहलानेवाली बात थी। 'विद्यार्थी परिषद्' के कार्यकर्ताओं को विविध कारणों से यह निर्णय पसंद नहीं था और यह स्वाभाविक भी था। उनके वैचारिक मार्गदर्शन की, कृतिशील नेतृत्व की परिषद् को आदत पड़ गई थी। लगातार बत्तीस वर्ष परिषद् में वे अत्यंत महत्त्वपूर्ण भूमिका निभाते रहे। बावजूद इसके 'दलीय राजनीति से परे' होने का परिषद् का नियम उनके विरोध का कारण था। आपटे परिवार में भी इस निर्णय को स्वीकार करने की स्थिति नहीं थी। दूसरी ओर उनका बुद्धि-वैभव, सार्वजनिक कार्य का दीर्घ अनुभव देश के वरिष्ठतम सभागृह में कार्य करने के लिए उचित था। संघ के वरिष्ठ व्यक्तित्वों ने इस निर्णय को अनुकूलता दिखाई, परिणामस्वरूप सभी स्तरों में विचार-मंथन होने के पश्चात् यह निर्णय हुआ कि आपटेजी राज्यसभा सदस्यता के लिए उम्मीदवार बन जाएँ। वर्ष 2000 से राज्यसभा के सांसद के नाते उनके राजनीतिक सफर की शुरुआत हुई। यह सफर आगे 12 वर्षों तक रहा। इन 12 सालों में उनके द्वारा किए गए अच्छे कार्यों के कारण यह निर्णय उचित साबित हुआ।

वर्ष 2000 से 2012 तक, बालासाहब आपटेजी राज्यसभा के सदस्य रहे। इन 12 वर्षों में संसद् के वरिष्ठ सभागृह के सदस्य के नाते उनका कार्य उल्लेखनीय रहा। पार्टी संगठन में भी उनका महत्त्वपूर्ण योगदान रहा। सरकारी समितियों के सदस्य के नाते प्रशासनिक कामकाज में उन्होंने महत्त्वपूर्ण भूमिका अदा की, इन समितियों तथा अन्य विविध सरकारी विदेश यात्राओं में उन्होंने भारत का कुशल नेतृत्व किया। सांसद् के नाते उपलब्ध होनेवाली विकास निधि का भी उन्होंने सही तथा कारगर प्रयोग किया। अनेक शिक्षा संस्थाएँ, स्वयंसेवी संस्थाएँ, सामाजिक प्रकल्प तथा उपक्रमों के लिए उन्होंने विकास निधि उपलब्ध कराई। ग्रामीण क्षेत्र में रास्ते, चिकित्सा सुविधाएँ, पेयजल व्यवस्था, स्वच्छता—ऐसे सार्वजनिक हितों के काम को उन्होंने प्राथमिकता दी। अनाथालय, 'स्नेहालय' जैसी पीड़ित महिलाओं तथा उनके बच्चों के पुनर्वास का काम करनेवाली संस्थाएँ, घुमंतू समाज के विकास हेतु चलाए जानेवाले प्रकल्प, मेलघाट जैसे आदिवासी क्षेत्र के कुपोषण व गरीबी दूर करने के लिए कार्य करनेवाली संस्थाओं को आपटेजी ने सांसद विकास निधि से सहयोग दिया।

एक और महत्त्वपूर्ण बात पर यहाँ प्रकाश डालना उचित होगा। निधि का व्यय स्थानीय जिलाधिकारी कार्यालय द्वारा किया जाता है। सरकारी ठेकेदारों से सरकारी खर्चे से आवश्यक काम पूरा करने के रूप में इस निधि का वितरण लाभधारक संस्था को किया जाता है। इसमें दुर्व्यवहार हो सकता है। कभी जनप्रतिनिधि इसमें लिप्त होते हैं, या हो रहे गलत व्यवहार को अनदेखा करते हैं। परिणामतः कागज पर दिखाई गई निधि के व्यय का बहुत कम हिस्सा प्रत्यक्ष विकास कार्यों के

लिए प्रयोग में लाया जाता है, लेकिन आपटेजी अपनी सांसद निधि के बारे में बहुत ही आग्रही रहते थे। जिस क्षेत्र का कार्य करते, वहाँ के कार्यकर्ताओं को उस पर नजर रखने को कहते। एक भी पैसे का दुरुपयोग न हो पाए, इस बात पर वे अटल थे। इस वजह से उनके मंजूर किए करोड़ों रुपयों का शत-प्रतिशत विकास निधि का रुपया अपेक्षाकृत कामों के लिए ही खर्च हुआ, तभी अनेक विकास कार्य पूरे हुए। पक्की सड़कें तैयार हुईं, पानी वितरण योजनाएँ शुरू हुईं, स्कूलों की इमारतें बनकर तैयार हुईं।

नासिक स्थित सिक्योरिटी प्रेस में नोटों की छपाई के लिए तैयार किए जानेवाले नमूने का (specimen note) दुरुपयोग होने की बात आपटेजी के करीबी ने उनकी नजर में लाई। इस विषय को आपटेजी ने गंभीरता से लेते हुए मुद्रण से जुड़े कानून तथा नियमों का हवाला देकर ऐसी घटनाओं पर कड़ी नजर रखने के लिए तत्कालीन वित्त मंत्री को पत्र लिखा। मंत्रालय तथा प्रशासन ने उस पत्र का संज्ञान लेते हुए इस भ्रष्टाचार में लिप्त कर्मचारियों एवं अधिकारियों पर काररवाई की।

भारतीय नागरिकों का सोमालिया के समुद्री लुटेरों द्वारा अपहरण करके इनको छह महीनों तक बंदी बनाए रखा था। इस संदर्भ में मंत्रालय को पत्र लिखकर, समय-समय पर याद दिलाकर, उन्होंने इन भारतीय नागरिकों को छुड़ाने में महत्त्वपूर्ण भूमिका अदा की। तेलगी स्टांप घोटाले के कारण आम स्टांप वेंडरों पर संकट के बादल मँडरा रहे थे, उनको अपना व्यवहार करने में कठिनाई हो रही थी। उनके प्रश्नों को लेकर बालासाहबजी ने मंत्रालय को खत लिखा। परिणामस्वरूप उन्हें न्याय मिला। 12 साल के अपने संसदीय कार्यकाल में आपटेजी ने ऐसे अनेक प्रश्नों के संदर्भ में महत्त्वपूर्ण भूमिका अदा की।

वर्ष 2002 में बालासाहबजी पर पार्टी के राष्ट्रीय उपाध्यक्ष पद की जिम्मेदारी आई। वे अगले 10 साल तक उपाध्यक्ष बने रहे। इन 10 सालों में उन्होंने जनप्रतिनिधि तथा पार्टी पदाधिकारी का काम बखूबी निभाया। संगठन को मजबूत बनाने की बजाय चुनकर आनेवाले जनप्रतिनिधियों की संख्या से पार्टी बढ़ती है, ऐसे वातावरण का प्रभाव आजकल दिखाई देता है। इससे पार्टी पदाधिकारी होने की बजाय पार्षद, विधायक, सांसद बनने की होड़ कार्यकर्ताओं में बढ़ रही है। आपटेजी ने उपाध्यक्ष के नाते पार्टी संगठन सँभालने पर ज्यादा जोर दिया। कार्यकर्ताओं का वैचारिक प्रबोधन-प्रशिक्षण इत्यादि विषयों की ओर विशेष ध्यान दिया। इन कामों से प्रसिद्धि नहीं मिलती, बल्कि कभी कष्ट, अप्रियता का भी सामना करना पड़ता है। ऐसे में आपटेजी का मुख्य उद्देश्य पार्टी में वैचारिक निष्ठा और संगठन के नियम लागू करने का रहा है। इसीलिए नेतागीरी करने की बजाय पार्टी संगठन की गुणवत्ता को विकसित करने पर उन्होंने विशेष ध्यान केंद्रित किया। पार्टी के कार्यकर्ताओं, पदाधिकारियों के प्रशिक्षण वर्ग आयोजित करने में वे आगे रहे। ऐसे प्रशिक्षण की ओर ध्यान देनेवाले कार्यकर्ताओं की एक टीम उन्होंने विकसित की। राज्य स्तर पर भी प्रशिक्षण वर्ग हो, यह उनका आग्रह रहा। ऐसे वर्गों के लिए विविध विषयों पर प्रारूप तैयार करने का महत्त्वपूर्ण काम भी उन्होंने किया। आज पार्टी कार्यकर्ताओं के प्रशिक्षण का जो रचना पक्ष संघटन में है, उसका श्रेय बालासाहबजी को जाता है। संगठन में युवा, ऊर्जावान् तथा क्षमता से

पूर्ण कार्यकर्ताओं को उन्होंने हमेशा प्रोत्साहित किया। हरेंद्र कुमार, ओमप्रकाश धनकड़, जगत् प्रसाद नड्डा, धर्मेंद्र प्रधान जैसे अनेक युवा कार्यकर्ताओं को पार्टी के राष्ट्रीय मंत्री (चिटणीस) बनाने में उनका बड़ा सहयोग रहा है। संगठनात्मक विचार विनिमय के लिए संगठन मंत्री, महामंत्री ऐसे विविध समूहों में नियमितता से बैठक हो, यह उनका आग्रह था। उन्होंने प्रत्यक्ष तौर पर बैठक से पूर्व इन समूहों में पर्याप्त पुनर्विचार, चिंतन हो और सर्व सहमति से निर्णय हो, ऐसी कार्यशैली विकसित की। इसी वजह से वे महामंत्री न होते हुए भी महामंत्रियों की बैठक में हमेशा अपेक्षित और उपस्थित रहते थे।

राष्ट्रीय स्वयंसेवक संघ के ज्येष्ठ कार्यकर्ताओं से, सामाजिक जीवन के विभिन्न क्षेत्रों में संघ विचारों से प्रेरित होकर काम करनेवाली अनेक संस्थाओं से समन्वय और संपर्क बनाए रखना उनका विशेष उद्देश्य रहता था। 'विद्यार्थी परिषद्' में उनके साथ, उनके मार्गदर्शन में काम करनेवाले और आगे चलकर पार्टी में कार्य करनेवाले कार्यकर्ताओं की संख्या बड़ी थी, और है। ऐसे कार्यकर्ता पार्टी में काम करते समय स्वाभाविकता से बालासाहबजी की राय हमेशा लेते रहते थे। मात्र 'विद्यार्थी परिषद्' के पूर्व कार्यकर्ताओं ने पार्टी में आने के बाद अपना अलग सा गुट नहीं बनाना है, कार्य करते समय वही पुराना शुद्ध भाव रखना है और पार्टी के सभी कार्यकर्ताओं के साथ एकजुट होकर कार्य में हिस्सा लेना है।' यही उनका स्पष्ट संदेश था। पार्टी की ठोस और स्पष्ट वैचारिक भूमिका प्रकट करने की परिस्थितियाँ बारंबार आती हैं। ऐसी परिस्थितियों में पार्टी के अधिकारीगण जनप्रतिनिधि सभी से चर्चा करके एक योग्य तथा समयोचित भूमिका पर सहमति निर्माण करना महत्त्वपूर्ण होता है। इसमें भी बालासाहबजी का योगदान महत्त्वपूर्ण रहा।

अन्ना हजारे का आंदोलन, लोकपाल विधेयक, महिला आरक्षण की भूमिका, परमाणु समझौता, एफ.डी.आई. क्षेत्र, विदेशी निवेश—इन जैसे अनेक विषयों पर मतभेद होना स्वाभाविक था। इन सभी में एकजुटता से पक्ष की अधिकृत भूमिका को विकसित करने में आपटेजी की कोशिश हमेशा महत्त्वपूर्ण रही और इनमें वे हमेशा सफल भी रहे हैं। पक्ष संगठन की रचना और व्यवस्था के अंतर्गत इनमें आवश्यक मजबूती निर्माण करने के बारे में वे विशेष आग्रही थे। नेताओं को घर से पार्टी मुख्यालय तक वाहन व्यवस्था, उनके पक्ष निधि पर पक्ष का पूर्ण नियंत्रण इन सब चीजों से लेकर अखिल भारतीय स्तर से बूथ स्तर तक की संगठनात्मक रचना पर उन्होंने बड़ी ही बखूबी से विचार किया था। सहसंगठन मंत्रियों की नियुक्ति, इसके लिए पार्टी के संविधान में आवश्यक संशोधन, राष्ट्रीय अध्यक्ष बूथ स्तर पर क़ाम करनेवाले कार्यकर्ताओं से फोन पर संपर्क बनाए रखे और गतिविधियों की जानकारी ले ऐसे कार्यक्रमों की शुरुआत की। पूर्णकालिक कार्यकर्ताओं के खर्च के लिए उन्होंने एक स्वतंत्र 'भारतीय लोक कल्याण न्यास' की स्थापना करने हेतु महत्त्वपवूर्ण कदम उठाए। वे इस न्यास के अध्यक्ष थे। 'श्यामाप्रसाद मुकर्जी रिसर्च फाउंडेशन', 'श्यामाप्रसाद मुकर्जी न्यास' जैसी संस्था का निर्माण करने में उनकी प्रमुख भूमिका थी। किसी भी स्वीकृत कार्य तथा दायित्व को पूर्णत: समझना और अत्यंत प्रामाणिकता से दायित्व को निभाना यह बालासाहबजी की विशेषता रही है। उनके कार्य से उनकी यह विशेषता राजनैतिक क्षेत्र में भी हमें अत्यंत प्रभावी रूप से दिखाई देती है।

वैसे चुनाव की राजनीति का उन्हें इतना अनुभव नहीं था, लेकिन पार्टी संगठक की जिम्मेदारी आने पर उन्होंने पार्टी की शास्त्रानुसार रचना करने तथा यह रचना कार्यकर्ताधिष्ठित होने हेतु भरसक प्रयास किया। उम्मीदवार के चयन से लेकर प्रचार-पद्धति तक एक विशिष्ट प्रणाली बनाने की उन्होंने कोशिश की। कॉन्ट्रेक्ट देकर किए हुए सर्वेक्षण पर उनका विश्वास नहीं था तथा पार्टी के चुनाव विषयक निर्णय इस पर आधारित नहीं होने चाहिए, ऐसा उनका मानना था। लोकसभा चुनाव क्षेत्र की स्थिति वहाँ के कार्यकर्ताओं से समझकर, राजनीतिक प्रयासों की योजना बनानी चाहिए, ऐसा उनका सुझाव थ। इसीलिए उन्होंने केंद्रीय स्तर पर लगभग 40 प्रमुख कार्यकर्ताओं की एक समिति गठित की। उन्होंने लोकसभा चुनाव क्षेत्र का कार्य आपस में बाँटने की योजना भी बनाई। उत्तर प्रदेश के इलाहाबाद, फूलपुर, मिर्जापुर, वाराणसी इत्यादि चुनाव क्षेत्र में वे प्रत्यक्ष गए, लेकिन प्रत्यक्ष प्रचार और चुनाव की राजनीति में उनका मन नहीं लगा।

सभी को जनप्रतिनिधि बनने का अवसर प्राप्त नहीं होता, लेकिन पार्टी कार्यकर्ताओं को अन्य योजनाओं के माध्यम से सम्मान दिया जा सकता है, यह बात उन्होंने सबके सामने रखी और ऐसी कुछ योजनाओं को यशस्वी बनाया। आम जनता को रोजमर्रा के कामों में, जैसे कि तहसील कार्यालय, अदालत, सरकारी अस्पताल, पुलिस थाना आदि स्थानों पर मदद की जरूरत होती है। यहाँ पर कार्यकर्ताओं द्वारा संपर्क प्रकोष्ठ बनाकर उनकी समस्याओं का समाधान किया जा सकता है। इससे कार्यकर्ताओं को जनता के बीच जाकर काम करने की आदत भी हो जाएगी और जनता के मन में पार्टी के कार्यकर्ताओं के प्रति सम्मान की भावना भी निर्माण हो सकती है। ऐसी आपटेजी की धारणा थी।

राज्यसभा सदस्य के रूप में पहला कार्यकाल वर्ष 2006 में पूरा हुआ। पार्टी ने उन्हें फिर से उम्मीदवार बनाया, लेकिन दूसरी बार सांसद बनने को वे इच्छुक नहीं थे। महाराष्ट्र राज्य के पार्टी कार्यकर्ताओं की बैठक में जब राज्यसभा उम्मीदवार चुनने का वक्त आया, तब वे बैठक से बाहर चले गए। अन्य सभी नेताओं को खुलकर चर्चा व विचार-विनिमय करना आसान हो सके, इसलिए उनका अनुपस्थित रहना उचित था, ऐसा उनका कहना था। उन्हीं को उम्मीदवार बनाने का सभी का निर्णय जानने के बाद उन्होंने मान्य किया, परंतु सन् 2012 में उम्मीदवार न बनने का अपना निर्णय उसी समय स्पष्ट रूप से बता दिया।

पार्टी के हर कार्य में उनकी प्रमुख भूमिका रही है, जैसे कि संकट के समय में सही निर्णय लेना और उसमें सफल होना। पार्टी को सर्वश्रेष्ठ और उम्रदराज एवं अनुभव-संपन्न नेता श्री लालकृष्ण आडवाणी, जिनके मोहम्मद अली जिन्ना के संदर्भ में दिए हुए बयान ने पार्टी और देश में भी खलबली मचा दी। इस कठिन परिस्थिति में पार्टी के सभी नेताओं से विचार-विनिमय करना और सबके विचार समझना, इस विकट परिस्थिति में मध्यम मार्ग निकालना, इन सभी बातों में आपटेजी की भूमिका शांत व संयमित थी। खुद अटलजी से चर्चा करने का स्नेहपूर्ण अधिकार उन्होंने प्राप्त किया था। पार्टी के उत्कर्ष में उनकी मुख्य निर्मल ध्येय-दृष्टि, निडरता और मुसीबतों से घबराकर पीछे न हटना तथा सदा ही आगे बढ़ते समय अपने ध्येय को बरकरार रखना उनका मुख्य उद्‌देश्य होता। अप्रिय चीजों के मामले में जाँच करते समय वे संपूर्ण न्यायपूर्ण दृष्टिकोण

रखते थे। संसद् में प्रश्न पूछने के लिए पैसे लेनेवाले भाजपा के चार सांसदों को पकड़ा गया था। इस संदर्भ में पार्टी द्वारा गठित जाँच समिति के वे अध्यक्ष थे। इस मामले में संबंधित सांसदों से चर्चा करके उनको भी अपने विचार रखने का अवसर दिया। आडवाणी, सुषमा स्वराज और अन्य वरिष्ठ नेताओं से खुलकर चर्चा करके उन सांसदों की संसद् सदस्यता रद्द करने की सिफारिश की। उमा भारती, संजय जोशी, कल्याण सिंह पर अनुशासनहीनता की कारवाई और उन्हें पद से मुक्त करना, कुछ समय बाद उनकी पार्टी में वापसी होना, इन सभी प्रक्रियाओं में आपटेजी की भूमिका तर्कशुद्धता और अनुशासन-संपन्नता का परिचय देती है। उनकी निःस्पृहता, अनुशासन और न्याय के प्रति निष्ठा पार्टी स्तर पर सबको भली-भाँति पता थी। उनके प्रति विश्वास होने की वजह से ही कठिन समय में उनके मत को ठुकराने जैसा विचार किसी के मन में नहीं आता था। आपटेजी कार्यकर्ताओं को अपनी गलती सुधारने का मौका भी देते थे।

वर्ष 2004 और 2009 के चुनाव में भी पार्टी को अपेक्षित यश नहीं मिला। सत्ता चली गई, उसे पराजय झेलनी पड़ी। इस पराजय पर विचार करने के लिए मुंबई में एक चिंतन बैठक हुई। उस बैठक में विफलता के मुद्दों पर चर्चा के लिए एक प्रारूप श्री बालासाहब ने तैयार किया। उन मुद्दों पर गहरी चर्चा और विचार-मंथन हुआ। राष्ट्रीय कार्यकारिणी की बैठक में उच्च स्तर पर विचार-विमर्श हुआ और इस चिंतन प्रक्रिया के बाद बालासाहबजी ने Task Ahead नाम से एक प्रारूप में आगामी नीति का दिग्दर्शन किया। वर्ष 2009 के आम चुनाव में हुई पराजय के कारण उन्होंने सन् 2004 के आम चुनाव में हुई पार्टी की हार से कुछ सबक नहीं सीखा, ऐसा स्पष्ट बयान अपनी रिपोर्ट में दिया।

हर समस्या की जड़ तक जाना, समस्या के विश्लेषण हेतु आवश्यक कठोर परिश्रम करना और समस्या के प्रभावी समाधान का स्पष्ट दिग्दर्शन करके आवश्यक Follow up का आग्रह रखना, यह उनका स्वभाव था। जायज क्या है, यह देखने की बजाय समझौता करने को ही प्राथमिकता देना, दीर्घकालीन परिणामों की चिंता न करते हुए तत्कालीन समाधान ढूँढ़ना, ऐसी मानसिकता का राजनैतिक वातावरण में प्रभाव था, ऐसे काल में भी आपटेजी ने अपने स्वभावगत तत्त्वों से कभी समझौता नहीं किया।

एक व्यक्ति और एक कार्यकर्ता के नाते बालासाहब आपटेजी का दिल्ली का कार्यकाल अनोखा और यादगार रहा। दिल्ली के उनके निवास स्थान पर सभी कार्यकर्ताओं का स्वागत था। अ.भा.वि.प., स्त्री-शक्ति, महिला समन्वय, रामभाऊ म्हालगी प्रबोधिनी, रा.स्व.संघ आदि सर्व संस्था-संगठनों की बैठकों के लिए उनका निवास स्थान हमेशा उपलब्ध होता था। दिल्ली में हर बुधवार को होनेवाली संसद् सदस्यों की साप्ताहिक शाखा का स्थान भी वहीं था। विभिन्न कार्यों के लिए दिल्ली में आनेवाले कार्यकर्ताओं की वे हर संभव मदद करते। बैनर्स, पोस्टर्स, होर्डिंग्ज, पुतला, इन साधनों से उन्हें सख्त नफरत थी। प्रसिद्धि से वे हमेशा दूर रहते थे। उनके निजी सचिव, बावर्ची, ड्राइवर आदि के साथ उन्होंने अपने परिवार के सदस्यों जैसा ही बरताव किया। इस प्रकार उनका व्यक्ति, सामाजिक और सार्वजनिक जीवन अत्यंत सात्त्विक तथा समृद्ध रहा।

वर्ष 2010 के आस-पास उनकी तबीयत की कुछ शिकायतें शुरू हो गईं। तब तक इतने

सालों में कार्यक्रमों के लिए, बैठकों के लिए देर रात तक जागना, देश भर में प्रवास करते रहना, हमेशा ही कार्य में व्यस्त रहना, इसमें कभी कठिनाइयाँ नहीं आई थीं। अस्वास्थ्य के कारण दिनक्रम में अवरोध आया हो, ऐसा कभी हुआ नहीं था। मात्र जुलाई 2010 से थकान महसूस हो रही थी। इलाज जारी था, लेकिन जनवरी 2011 में शिकायतें कुछ बढ़ गईं। अप्रैल 2012 में उनके सांसद पद का कार्यकाल भी पूरा हो गया था। 2 अप्रैल से 4 अप्रैल इस दो दिन की अवधि में ही उन्होंने दिल्ली का सरकारी निवास स्थान खाली कर दिया। ज्येष्ठ कार्यकर्ता डॉ. मुकुंद तापकीरजी के षष्ठब्दिपूर्ति निमित्त हुए कार्यक्रम में बालासाहबजी उपस्थित रहे। उस समारंभ में उन्होंने भाषण भी किया।

जून महीने के आखिर में बालासाहबजी की तबीयत और बिगड़ती गई। इलाज जारी था, लेकिन उसका असर नहीं दिखाई दे रहा था। हिंदुजा हॉस्पिटल में एडमिट किया गया। डॉक्टरों के प्रयास और स्नेहीजनों की प्रार्थना सफल नहीं हुई। मंगलवार 17 जुलाई, 2012 को एडवोकेट बालासाहब आपटेजी का दु:खद निधन हुआ।

□

व्यक्तित्व एवं विचार

सुहृद लिखते हैं...

अपनी दिनचर्या में सामाजिक कार्य को प्राथमिकता देने पर बालासाहब ने हमेशा ही ध्यान दिया; लेकिन पारिवारिक संबंधों पर भी वे उतना ही ध्यान देते थे। मूलतया विशाल परिवार और पीढ़ी-दर-पीढ़ी उसका होता विस्तार समझकर बालासाहब रिश्तेदारी भी सँभालते थे। बहनें, बहनोई, जमाई, भतीजे; तीन पीढ़ी के सभी सदस्यों से बालसाहब का गहरा रिश्ता था। भतीजों की पढ़ाई, व्यावसायिक जिंदगी, उनके शौक आदि में वे उतने ही घुल-मिल जाते। निश्चित ही इन रिश्तेदारों के मन में भी उनके प्रति अपार प्रेम है।

वैसे ही खेड-राजगुरु नगर के बचपन के दोस्तों से लेकर, कॉलेज की शिक्षा और सामाजिक कार्य के सहयोगियों तक ऐसा बालासाहब आपटे का विस्तृत मित्र परिवार था। बहुत व्यस्त और बड़े ही भाग-दौड़ भरे अपने जीवनकाल में सबसे दोस्ती का रिश्ता उन्होंने जिंदगी भर बरकरार रखा। राजनीति, शिक्षा, साहित्य, कला आदि विभिन्न क्षेत्रों में अपने काम से अपना मुकाम बनानेवाले यह सब मित्र परिवार हमेशा एक-दूसरे के संपर्क में रहता था। मजबूत वैचारिक आधार और अनौपचारिक स्नेह का बढ़िया संतुलन उन सबकी दोस्ती से बना हुआ था। उन रिश्तेदारों ने और दोस्तों ने अपनी यादों को फिर से उजागर किया।

पुत्र चले पिता से पहले...

—डॉ. शांताराम पं. आपटे

यादों में बसे मेरे छोटे भाई 'बाल' के बारे में लिखना पड़ेगा, यह सोचा न था। उसकी और मेरी उम्र में लगभग नौ साल का अंतर—तीन बड़ी बहनों के बाद मैं और मेरे बाद दो बहनें और उनके बाद मेरा भाई 'बाल'। इस वजह से उनके जन्म से लेकर उसका बढ़ना, विकसित होना मैं देख रहा हूँ। उसे ही पहले विदा करना कैसे सहूँ? 'नियति के सामने किसी की नहीं चलती, सारे रास्ते बंद हो जाते हैं।' यह सारी बातें कहना बहुत आसान है, लेकिन प्रत्यक्ष जब वाकया सामने आता है, वह भी छोटे भाई के देहांत का, तब वह सहा नहीं जाता। निवृत्तिनाथ जैसे निर्मोही पुरुष भी ऐसा आघात नहीं सह पाए। जब उनके शिष्य तथा छोटे भाई ज्ञानेश्वर ने समाधि लेने की अनुमति माँगी, तब निवृत्तिनाथ हिल गए।

'शिष्य माँगे समाधि, पुत्र चले पिता से पहले,
क्या कहें इस भोग को, गंगा उलटी बहे।'

ऐसे अभूतपूर्व सवाल से वे घिरे थे। एक ओर अध्यात्म के स्तर पर ज्ञानेश्वर द्वारा प्राप्त योग्यता अतुलनीय थी तो दूसरी ओर अपने प्यारे अनुज को खोने की अपरिहार्यता भी सामने थी। आँखों के सामने छोटा भाई समाधि ले रहा हो, यह देखकर निवृत्तिनाथ को कितनी पीड़ा हो रही होगी, यह प्रत्यक्ष अनुभव मानो मैं 'बाल' के अंत्यविधि के समय कर रहा था।

उसका सारा बचपन 'खेड' में बीता और हम दोनों ने ज्यादा समय एक-दूसरे के साथ गुजारा। संघ की शाखा में साथ ही आते-जाते थे। आगे चलकर ठाणे के घर में उसका विवाह होने के बाद लगभग तीन साल तक हम साथ ही रहे, फिर जीवनभर हम सभी भाई-बहनों ने तथा उनके परिवार ने अपने रिश्ते को सँजोए रखा। प्रगति के पथ पर आगे जाते हुए 'बाल' हम सब से बहुत आगे चला गया, लेकिन हमारे रिश्ते पर इस बात से कोई भी प्रभाव नहीं पड़ा। बल्कि बाल के अनेक करीबी दोस्तों का हमारे परिवार में समावेश होने से इस परिवार का आकार बढ़ता गया। मो.दि. पराडकर, मंगेश पाडशावकर, रा.शं. वाळिंबे, श्री.पु. भागवत आदि विद्वान् लेखक—साहित्यिक बाल के महाविद्यालय के अध्यापक, ये सभी महानुभाव मेरे घर भोजन के लिए पधारे थे—निमित्त था, 'बाल' बी.ए. की परीक्षा में अच्छे अंकों से उत्तीर्ण होने पर आयोजित पूजा का। मनोहर जोशी,

अशोक चिटणीस, विष्णु रत्नपारखी, मुरलीधर गोडे आदि मित्रों का तो हमेशा से ही घर आना-जाना था। मदनदास, सदाशिव देवधर और बहुत से परिषद् कार्यकर्ता तो हमारे परिवार के सदस्य ही बन गए थे। इन सबका हमारे घर से जुड़ने का कारण 'बाल' ही था और इस संपर्क व नित्य व्यवहार के परिणामस्वरूप हमारे बच्चों पर देशभक्ति, कर्मनिष्ठा आदि के संस्कार होते रहे। इतना ही नहीं, बल्कि नित्य पठन, संगीत, चित्रपट, नाट्य आदि विविध कला-संस्कृति के सभी पहलुओं में बच्चों के मन में रुचि बढ़ गई।

इस समय 'बाल' की पत्नी निर्मला के बारे में कुछ कहना है। नित्य धार्मिक कार्य और व्रत की आदत से पूरे वातावरण से वह हमारे घर आई थी, लेकिन उसने हमारे घर के सभी अनुशासन का पालन करना समझ लिया। मेरी पत्नी का अचानक देहांत होने के बाद भी, घर की धार्मिक परंपराओं का चयन बखूबी एक जिम्मेदार गृहलक्ष्मी की तरह किया।

आज 'बाल' हमारे बीच नहीं हैं, यह भावना ही मन को स्वीकार नहीं होती। फिर भी, मानसिक रूप से हमारे स्मृति-पटल से उनका अस्तित्व कभी ओझल नहीं हो सकता। 'बाल' के मित्र उसके स्मृतिग्रंथ का प्रकाशन कर रहे हैं। पुस्तक स्वरूप उसका जीवन-कार्य 'अक्षर' हो रहा है, यह बात मन को तसल्ली देती है। उन सबको धन्यवाद और 'बाल' की यादों को प्रणाम।

(अध्यक्ष, सुर वाणी,
अध्यक्ष, वामनराव ओक, रक्तपेढी)

□

चाचा ही नहीं, गॉड फादर

—एडवोकेट रामचंद्र आपटे

समझदारी की उम्र से याद है, ज़िंदगी के हर मोड़ पर चाचाजी (मेरे काका) का साथ मुझे मिला। मेरे बचपन की उम्र में कागज की कश्तियाँ बनानेवाले, 'कोई हमदम न रहा' जैसे पुरानी फिल्मी धुनें गुनगुनानेवाले, सिनेमाघरों में सिनेमा देखते समय जब नींद आती थी, तो हमें गोद में उठाकर घर तक ले जानेवाले चाचाजी। पाठशाला में (जैसे कि शिशु उत्कर्ष विद्या मंदिर/सरस्वती मंदिर और मो.ह. विद्यालय) दाखिला दिलाने के लिए वे ही साथ आए थे। पढ़ाई, संगीत, सिनेमा इन सबमें उनको अभिरुचि थी। इतिहासकार बाबासाहब पुरंदरे की 'राजा शिव छत्रपति' पुस्तक का विमोचन होते ही पुस्तक घर लाए और कहा, "यह पुस्तक जो सबसे पहले पढ़कर पूरी करेगा, उसका नाम इस पुस्तक पर लिखेंगे।" उन दिनों मैं सातवीं या आठवीं कक्षा में पढ़ता था। मैंने 10 दिनों में पुस्तक पढ़कर पूरी की। चाचाजी ने उस पुस्तक पर मेरा नाम लिखा। वह पुस्तक आज भी मैंने सँभालकर रखी है। उसके साथ ही मैंने महाभारत, दूसरा महायुद्ध जैसी किताबें भी उसी उम्र में पढ़ीं। इसका मन पर हमेशा प्रभाव रहा।

मैट्रिक की परीक्षा पास करने के बाद मुंबई के 'रुइया कॉलेज' में दाखिला लेते समय भी चाचाजी मेरे साथ थे। अ.भा.वि.प. से हमारी पहचान तो पाठशाला जाने की उम्र से ही चाचाजी ने करवाई थी। परिषद् का 'साहचर्य संध्या' का कार्यक्रम होता था। 'फन फेयर' सदृश इस कार्यक्रम में चाचाजी मुझे ले जाते थे। परिषद् के काम के माध्यम से देश भर में उनका जन-संपर्क होने के कारण हमारें परिवार को उसका लाभ ही मिलता था। मुझे मेडिकल लाइन में जाना चाहिए, यह पिताजी की इच्छा थी। उसी सिलसिले में मुझे एंट्रंस टेस्ट के लिए मुजफ्फरपुर (बिहार) जाना पड़ा। परीक्षा हुई और उसी समय सन् 1973 में देश भर में रेल की हड़ताल शुरू हो गई। मेरी वापसी मुश्किल हो गई। पटना में चाचाजी के दोस्त और परिषद् के कार्यकर्ता प्रो. रवींद्र प्रताप केसरीजी के घर में तीन हफ्तों तक रहा। परिषद् का और सामाजिक कार्य का मूलमंत्र हमें घर से ही मिला। उसमें लगातार 14 वर्ष तक हमारे साथ रहनेवाले चाचाजी का स्थान जीवन में उच्चतम है। दैवयोग से वकालत की शिक्षा और पेशे में चाचाजी का मजबूत सहारा हमेशा मिलता गया।

23 अप्रैल, 1979 को मैंने वकालत की डिग्री हासिल की चाचाजी के मार्गदर्शन से सीनियर एडवोकेट का.ज. अभ्यंकर के कनिष्ठ सहयोगी के नाते मुंबई हाईकोर्ट में वकालत शुरू की, पर

न्यायालय में वकील-कक्ष में पहले दिन से मेरी बैठक का प्रबंध चाचाजी ने करवाया। अब 34 वर्षों से मैं उसी स्थान पर बैठता हूँ। उच्च न्यायालय में वकील-कक्ष (Bar Room) में बैठने की व्यवस्था होना बड़ा अमूल्य कार्य है। चाचाजी ने वह सहज कर दिखाया। इतना ही नहीं, बल्कि कामकाज की पूर्व तैयारी, गिरगाँव के दांडेकर टेलर से कोट गाउन सिलाकर लेने का काम करवाया और पहले ही दिन उच्च न्यायालय के मुख्य न्यायाधीश बी.एम. देशमुख के सामने अधिवक्ता के नाते एक दावे में मेरी स्वाक्षरी करवा ली। वर्ष 1980 में चाचाजी के कार्यालय में मैं पूरे समय के लिए काम करने लगा और 18 साल तक उनके साथ काम करते-करते मेरा अनुभव विश्व दिन-ब-दिन समृद्ध होता गया।

चाचाजी की कड़ी डाँट-डपट, स्पष्ट स्वभाव, निःस्पृह मनोवृत्ति, सहृदयता और बुद्धिमत्ता का दर्शन देनेवाली कई घटनाएँ आज भी मेरे मन में व्याप्त हैं। सौंपे गए काम सभी को दिल से करने चाहिए, इस पर वे अटल थे। इस पर हम सब कनिष्ठ वकीलों ने बड़ी डाँट सुनी है, पर उसी कारण हम पूरी कार्यक्षमता से और ईमानदारी से वकालत के व्यवसाय में कार्यरत हो गए। न्यायालय में केवल वकील वर्ग में ही नहीं, बल्कि न्यायाधीशों में भी एडवोकेट बाल आपटे के लिए खास सम्मान था। नीति-मूल्यों के प्रति आस्था तथा इन मूल्यों का खंडन करनेवाली चीजें देखकर मन में क्रोध पैदा होना, यह भी हमने चाचाजी से ही सीखा है। आज इस व्यवसाय में हमें जो स्थान मिला हे, उसके लिए केवल चाचाजी का ही आशीर्वाद है। पहला एक साल छोड़कर (एड.का.ज. अभ्यंकर के साथ काम करना) लगभग बत्तीस बरसों से भी अधिक समय तक मुझे बाल आपटे की वकालत पेशे की अनुभूति नजदीक से मिली। तर्कशुद्ध और न्यायप्रिय भूमिका में उन्होंने किसी और की बात नहीं सुनी। कई बार तो न्यायाधीश की भी नहीं। ऐसी कितनी घटनाएँ हुईं, जिसे हमने अनुभव किया और उन्हीं घटनाओं में न्यायाधीशों ने उनका कहना माना है।

एक दावे में आपनी तरफ से सुनवाई में कमी आने से एक वरिष्ठ सॉलिसिटर ने आपस में मामला निपटाने का प्रस्ताव रख दिया। यह सुनते ही बाला साहब ने तुरंत जवाब दिया, ''इस बार तो सुन ले रहा हूँ, अगली बार दूसरी मंजिल से उठा के फेंक दूँगा।'' यह सुनकर सॉलिसिटर का क्या हाल हुआ होगा, इसकी कल्पना भी असंभव है। जब चाचाजी 'एडवोकेट एसोसिएशन ऑफ इंडिया' के अध्यक्ष पद पर थे, तब उच्च न्यायालय के चार न्यायाधीशों पर भ्रष्टाचार के आरोप काफी चर्चा में थे। इसी समय सभी वकीलों को चाचाजी की नैतिक वृत्ति और दमदार भूमिका का प्रदर्शन देखने को मिला। वह बात इतिहास में लिखी जाएगी। वकीलों द्वारा न्यायाधीशों के खिलाफ आंदोलन छेड़ने की घटना देश में पहली बार हुई। आगे उच्चतम न्यायालय के न्यायाधीश मुंबई आए। वकीलों के समूह में उन्होंने आपटेजी पर शायद न्यायाधीश के खिलाफ जाने के रुख से नाराज होकर बड़ी हीनता की टिप्पणी की। इसी समय कुछ क्षण बाद बाला साहब ने कहा, ''ये बात आपको शोभा नहीं देती और इसकी मैं अनदेखी नहीं करूँगा।'' उस माननीय न्यायाधीश को तुरंत सबके सामने माफी माँगनी पड़ी और 'क्षमस्व' कहना पड़ा। एक दावे में न्यायाधीश ने उपहासपूर्वक कहा, "Do you know something like International Law?" चाचाजी इस पर बोले, "Let me mention that this counsel was teaching and was examiner of

International Law to the students of L.L.M. in Mumbai University." चाचाजी के आत्मविश्वासपूर्ण स्पष्ट कथन के ऐसे बहुत से किस्से हैं।

हम सब जूनियर्स के लिए उनका काम करने का तरीका, आत्मविश्वास, दृष्टिकोण यह सब एक आदर्श वस्तुपाठ रहा है। 'चलता है', इस वृत्ति को उन्होंने कभी सहन नहीं किया। इसी वजह से हमें भी अपना काम सही तरीके से और सुनिश्चित रूप में करने की आदत पड़ गई। हमने उनकी बहुत डाँट सुनी, पर हममें से किसी को भी कोई परेशानी हो, तो वे अपनी सारी विद्वत्ता को दाँव पर लगाकर हमारे सपोर्ट में खड़े होते थे। सन् 1982 में मैंने एक किसान की जमीन का मुकदमा चलाया। उसी समय उसी प्रांत के दूसरे किसान का भी दावा मेरे पास था। इस बात को गैर तरीके से सामने रखकर मेरे विरोध में न्यायपालिका की अवमानना का आरोप रखकर मुझ पर दबाव डालने की कोशिश की गई, तब चाचाजी ने कहा, "एडवोकेट राम आपटे पर ऐसा आरोप लगाकर तो देखो, मैं उनकी तरफ से लड़ूँगा।" उस समय न्यायमूर्तिजी ने तुरंत कहा, "आप चिंता न करे, ऐसा कुछ नहीं होगा। आप शांत हो जाइए।" वकील के लिए ऐसा ऊँचा स्थान प्राप्त करना कितना मुश्किल है, यह आज समझ में आता है। और एक प्रसंग तो बताना ही पड़ेगा। इसमें चाचाजी की दुर्दम्य ध्येयनिष्ठा तथा वैचारिक दृढता प्रकट होती है। एक शासकीय अधिकारी को सरकारी सेवा में उसका अधिकार न मिलने के उस दावे में सरकारी पक्ष ने प्रतिज्ञा-पत्र दिया था कि वह राष्ट्रीय स्वयंसेवक संघ से संबंध रखता है, इसलिए उसे यह अधिकार नहीं मिलेंगे। यह समझते ही चाचाजी अपने पक्षकार से बोले, "अब यह दावा सिर्फ तुम्हारा ही नहीं, मेरा भी है।" संघ का इस तरह से संदर्भ देना और कानून का कोई भी आधार न होते हुए इस बात को प्रतिज्ञा-पत्र में शामिल करना, यह देखकर उनके अंदर का 'स्वयंसेवक' जाग गया और उस दावे में अंतिमत: प्रतिपक्ष को शरणागति लेनी पड़ी। चाचाजी का पक्षकार दावा जीत गया। Intelligence, Industry and Integrity इन तीनों मूल्यों को जतन करते हुए वकालत कैसे करें, इसका चाचाजी द्वारा स्थापित किया हुआ आदर्श वस्तुपाठ न्यायदान के क्षेत्र के लिए एक भूषण है।

कौटुंबिक स्तर की चाचाजी के अनुभव संबंधी भावनाएँ कैसे व्यक्त करूँ? डॉ. भाऊ आपटे मेरे पिताजी, तो एडवोकेट बालासाहब आपटे मेरे गॉडफादर। इस बड़े परिवार में सभी पीढ़ियों के सभी सदस्यों के मन में चाचाजी का स्थान अनन्य असाधारण है। मेरी बेटी गायत्री शादी के बाद लंदन में बस गई। 10 जुलाई, 2012 को उसने एक पुत्र को जन्म दिया। यह खुशी की बात मुझे चाचाजी को अस्पताल में ही बतानी पड़ी। चाचाजी की बीमारी की हालात में भी उन्होंने मेरे पिताजी से कहा, "भाऊ, अब तो आपको लंदन जाना ही होगा।" बेटे के नामकरण में चाचाजी जरूर आएँगे, ऐसा गायत्री को पूरा विश्वास था, लेकिन ऐसा हुआ नहीं। 17 जुलाई को बालासाहबजी का देहांत हो गया।

घर के नन्हे-मुन्नों को बहुत लाड़-प्यार करते। मेरी सबसे छोटी बेटी मैत्रेयी 6-7 वर्ष की थी, तब से पड़ोस में गाना सीखने जाती थी। हारमोनियम पर गाना सीखने के लिए, "माँ, मुझे हारमोनियम ला दो" की रट लगाकर बैठी थी। मेरी पत्नी उसे समझाती और कहती कि 'ठाणे' में हारमोनियम नहीं मिलता। बेटी का जवाब था, "काका आजोबा (यानी बालासाहबजी) को बोलो

न, मुंबई से लाएँगे।'' ये बातें चाचाजी तक पहुँचते ही चाचा-चाची ग्रांटरोड जाकर हारमोनियम लेकर आए। तीन-चार वर्ष पहले गायत्री परीक्षा के कारण दिल्ली आई थी। अचानक वैष्णो देवी के दर्शन के लिए जाने का निर्णय हुआ। चाचाजी ने हमारी वैष्णो देवी यात्रा का प्रबंध दो दिन में बढ़िया तरीके से करवा दिया, पर उन्हें स्वयं ऐसा मौका नहीं मिला।

बरसों से चाचाजी का जो साथ मिला, उसमें मैंने निजी जीवन के, संगठन के, वकालात के जो भी अनुभव उनसे पाए हैं, इससे स्थूल विचारधारा से आगे बढ़ते हुए स्पष्ट विचारों की तरफ जाने की प्रक्रिया शुरू हो गई।

उनकी भूमिका स्पष्ट होती थी और कोई भी प्रसंग गंभीरता और महत्त्व की परख करके ही बरता जाता था, लेकिन कोई बात छूट गई है, ऐसा सुझाव देते ही वे उसे स्वीकार भी करते थे। चाचाजी के मामाजी का वर्ष 2010 में देहांत हो गया। चाचाजी उन्हीं दिनों दिल्ली में थे। वे अंतिम संस्कार में नहीं पहुँच सकते थे। मैंने बाद में कहा, ''आपको कुछ भी करके आना चाहिए था।'' उनका जवाब था, ''तुम ठीक कहते हो। तुम्हें जब भी ऐसा कुछ लगे, तो बताते जाना।'' यह उनका बड़प्पन था।

मैंने वकालत के क्षेत्र में कदम रखा ही था कि कुछ कारण से न्यायमूर्ति चंद्रशेखर धर्माधिकारीजी से मिलने हम दोनों भी गए थे। मेरी तरफ देखकर उन्होंने कहा, ''यह आपका बेटा है क्या?'' चाचाजी बोले, ''सच तो यह है कि यह मेरा भतीजा है, पर मेरे बेटे जैसा ही है। मेरा अंतिम संस्कार भी यही करेगा।'' 30-32 वर्षों पहले उनकी सहजता से कही यह बात अंततः सच हो गई। इस बात को लेकर खुद को धन्य समझूँ या खेद महसूस करूँ, यह उलझन जिंदगी भर मुझे सताती रहेगी।

(Designated Senior Advocate मुंबई उच्च न्यायालय,
अखिल भारतीय अधिवक्ता, कोंकण प्रांत, अध्यक्ष)

□

मेरे पिताजी

—डॉ. जाह्नवी केदारे

पायजामा और झब्बा पहनकर, हाथ में डायरी लेकर मीटिंग के लिए निकले हुए पिताजी। सफेद चमकती शर्ट-पैंट और काले जूते पहनकर कोर्ट में जाने के लिए निकले पिताजी। हाथ में सूटकेस लेकर, पैर में चप्पल पहनकर गणपति को नमस्कार करके 'राम' कहकर यात्रा के लिए निकलनेवाले पिताजी। सांसद बनने के बाद धोती, झब्बा पहने और हाथ ऊपर करके भाषण करते पिताजी। छुट्टी के दिन रसोईघर में नीचे बैठकर हाथ में अखबार और साथ में चाय का कप, कटोरी में मूँगफली और मिर्च लेकर शांति भरे कुछ पलों का अनुभव करते हुए पिताजी। 'विद्यार्थी परिषद्' के दोस्त घर में इकट्‌ठा होने के बाद बातों का अड्डा, चाय के कप, कुछ खाना और हँसी के ठहाके। पिताजी के सारे भाई-बहन, मेरी बुआ के बेटे, चचेरे भाई-बहन सम्मिलित होने के बाद सजी हुई हँसी-मजाक की महफिल।

कोई अच्छा सिनेमा देखने गाना, सुनने के बाद निकला हुआ 'वाह' का उच्चारण।

पिताजी के ऐसे विभिन्न रूपों से ही उनके व्यक्तित्व का दर्शन होता है।

पिताजी हमेशा व्यस्त रहते थे। हमेशा भाग-दौड़—कोर्ट की भाग-दौड़, सप्ताह में दो-तीन बार देर रात तक चलनेवाली मीटिंग और लगभग हर शनिवार-रविवार परिषद् कार्य के लिए अन्य स्थानों की यात्रा। कोर्ट की बड़ी छुट्टियों में भी सात-आठ दिन की यात्रा निश्‍चित ही होती थी। इसके साथ ही घर में क्लाइंट्स, रिश्तेदार, कार्यकर्ताओं का आना-जाना लगातार रहता था। बच्चों के लिए समय निकालना चाहिए, ऐसा आज का बालमानस शास्त्र कहता है। बच्चों के साथ 'क्वालिटी टाइम' बिताना चाहिए। पिताजी की व्यस्तता के बावजूद, जो भी समय हमने उनके साथ बिताया, वह गुणात्मक ही था।

रसोईघर में काम कर रही माँ को 'टाइम्स ऑफ इंडिया' या 'इंडिया टुडे' के लेखों के महत्त्वपूर्ण अनुच्छेद वे पढ़कर सुनाते थे। किसी भी मीटिंग या सम्मेलन से आने के बाद उसके कामकाज का विस्तार से कथन वे करते थे। इतना ही नहीं, रोज कोर्ट से आने के बाद रोज के काम की रिपोर्टिंग करते थे। न्यायाधीश, वकील और पक्षकार सभी इस माध्यम से हमारे परिचित हो जाते थे। हाईकोर्ट के बाररूम की टेबल पर होनेवाले हँसी-मजाक के किस्से भी हम तक पहुँच जाते थे।

ऐसे माहौल में घर का हर सदस्य दिन भर हुई घटनाओं को खुले दिल से एक-दूसरे के

साथ बाँटता है। इससे सलाह लेना, निर्णय लेना बड़ी सहजता से होता रहता है। बचपन से ही घर के छोटे से फैसले से लेकर गाड़ी लेनी है या नहीं, ऐसे फैसले तक या फिर पिताजी को एडिशनल एडवोकेट जनरल या सांसद बनना चाहिए या नहीं, ऐसे महत्त्वपूर्ण फैसलों में भी मुझे मेरी राय बताने का अवसर जरूर मिलता था।

घर में अलग-अलग प्रकार के लोग आते थे, गाँव-गाँव से पक्षकार आते थे। पिताजी का ऑफिस भी घर में ही होने से उनकी बातें सुनाई पड़ती थीं। स्टेनोग्राफर को दिया डिक्टेशन सुनाई देता था। परिषद् के आए हुए कार्यकर्ताओं से भी वे बातें करते थे। शिरीष मिलने आता, तो उससे सौर-ऊर्जा के व्यवसाय के बारे में और आई.आई.टी. के बारे में पूछते थे। उनकी इस पूछताछ में सुनिश्चितता होती थी। घर आए रिश्तेदारों से भी ऐसे ही पूछताछ करते थे। सुस्पष्ट सवाल पूछकर सामनेवाले को सही और सटीक जवाब देने के लिए बाध्य करने का हुनर उनके पास था। इस तरह के सवालों से लोगों की उचित और पर्याप्त जानकारी प्राप्त कर लेते। सही जानकारी न देने पर या बातें छुपाने की कोशिश करने पर उनके गुस्से का सामना करना पड़ता था। जिस पारदर्शकता की अपेक्षा उन्होंने दूसरों से की, वह उनके संपूर्ण व्यवहार में होती थी। उसूलों में, नियत में और बरताव में कड़ी ईमानदारी थी। इसी कारण सत्य की चाह और असत्य के प्रति घृणा होती थी।

ऐसा होते हुए भी मेरे साथ-साथ बहुत लोगों की छोटी-बड़ी गलतियाँ माफ करने का बड़प्पन उन्होंने दिखाया। दूसरों के प्रति उनके मन में संवेदनशीलता थी। क्षमा करके गलतियाँ सुधारने का मौका देने के लिए वे हमेशा तैयार रहते थे। (इसका मतलब यह नहीं कि की हुई गलती भूल जाएँ, बल्कि उस व्यक्ति को ठीक से पहचानकर उसके साथ उसके अनुरूप अपना बरताव रखते।)

आस-पास के सभी रिश्तेदारों से, दोस्तों से, कार्यकर्ताओं से उनका बरताव देखकर मुझे एक बात समझ में आई कि उनका इनसान की भलाई पर विश्वास था। इस दुनिया में बहुत सारे अच्छे लोग हैं, ऐसा उन्हें पूरा विश्वास था। यही विश्वास वे दूसरों को भी देते थे। कोई समस्या से घिरा व्यक्ति उनके पास आए तो वे कहते थे, "देखते हैं, करेंगे कुछ।" उनके इसी हौसला देने की मनोवृत्ति से मुझे कभी चिंता नहीं हुई कि कैसे करें, कैसे होगा? पिताजी अपने साथ ही होंगे, ऐसा विश्वास हमेशा मन में रहता था। दादर का अपना घर बेचकर नया घर लेने का हमने फैसला किया। घर पर्याप्त बड़ा होना चाहिए, ऐसी उनकी चाहत थी। बहुत बड़ी रकम की जरूरत थी, लेकिन फिर "देखते हैं, करते हैं कुछ" ऐसा हौसला उन्होंने दिया।

पैसा कमाना, जीवन में स्थिर होना, इस विषय में उनका नजरिया विश्वास का था। शिक्षा प्राप्त की हो और कर्तृत्व हो तो धनप्राप्ति होती है, ऐसा उनका पूरा विश्वास था। दूसरी तरफ से पैसा कितना कमाना चाहिए, इसका बंधन भी उन्होंने अपने आप पर लगाया था—"कहीं भी टैक्सी से जा सकें, इतना पैसा जेब में चाहिए।" बस, यही उनकी चैन से जीने की कल्पना थी। अपने पास कितना बचा है, मेरे लिए पर्याप्त है या नहीं, मेरा अपना-मेरा निजी—ऐसा किसी भी प्रकार का लोभ नहीं था। सहजता से, किसी को अच्छा लगा, इसलिए, घड़ी, वॉलैट, ऐसी चीजें दे देते थे। एक बार दे दी तो दे दी। क्यों रे, मेरी दी हुई चीज इस्तेमाल कर रहे हो न? ऐसे पूछते भी नहीं थे। दूसरों के प्रति अपना प्रेम व्यक्त करने का यह उनका तरीका था। मेरी बेटी ऋतजा उनकी लाडली

नातिन। घर में लाया गया अच्छे से अच्छा कैमरा, पेन, डायरी, लिखने के लिए कागज और वह जो भी कहती, वे उसे दे देते थे। वे ऋतजा के लिए चीन से सुंदर लाल कोट, जिनेवा से सुंदर सी माला, ऐसी चीजें बड़े प्यार से लाए थे और ऋतजा ने भी बड़ी खुशी से इन चीजों का उपयोग किया। अपने नानाजी से हक से माँग सकते हैं, यह उसे पता था। नाना-नातिन की अच्छी दोस्ती थी। अपनी पढ़ाई करते समय संस्कृत सुभाषित का मतलब समझ में न आया हो, तो ऐसी परेशानी के लिए भी नानाजी से फोन द्वारा बात करके अपने प्रश्नों का समाधान ऋतजा पा लेती थी।

घर के सभी रिश्तों-नातों का पिताजी की नजर में बड़ा महत्त्व था। अपने माता-पिता के प्रति उनके मन में अपार श्रद्धा थी। उनके पिताजी यानी ती. दादा जो भी बताते, उनके लिए प्रमाण था। उनकी धार्मिक प्रेरणा के स्रोत भी ती. दादाजी के संस्कार, धार्मिक आचरण और ऋषितुल्य व्यक्तित्व था। मेरे तायाजी, यानी पिताजी के बड़े भाई, जिन्हें परिवार में सब 'भाऊ' कहते हैं, उनकी आज्ञा का पालन करने के लिए हमेशा तैयार, ऐसा ही पिताजी का आचरण मैंने हमेशा देखा है। इस तरह दो भाई और पाँच बहनों के एक-दूसरे के प्रति निर्मल प्रेम ने हमारे सारे घर को बाँधकर रखा।

हमारा गाँव पुणे के नजदीक बसा खेड़, राजगुरुनगर। पिताजी का और सभी परिवारजनों का खेड़ से प्यार, खेड़ का हमारा घर, मतलब आपटे वाडा से बहुत लगाव था। उनके बचपन की बहुत सारी यादें खेड़ से जुड़ी हुई हैं। अपने जीवन की सबसे महत्त्वपूर्ण जगह से सबका परिचय हो, इसलिए 'विद्यार्थी परिषद्' की एक बैठक खेड़ के आपटे वाडा में संपन्न हुई। खेड़ के घर, आँगन, भीमा नदी, केदारेश्वर मंदिर देखकर सब लोग खुश हो गए। उनके ऐसे वैशिष्ट्यपूर्ण रवैए के कारण बहुत से लोग हमारे घर के ही हो गए। सबके साथ नजदीकी रिश्ते बनते गए। वे अपने सहयोगी कार्यकर्ताओं का हमेशा खयाल रखते थे। उत्तर की तरफ यात्रा के लिए निकले कार्यकर्ताओं को वे बताते थे, "ठंड से झगड़ना नहीं। स्वेटर लेकर जाओ, खुद को सँभालो।" बहुत से कार्यकर्ताओं से उनकी निजी दोस्ती थी। उनसे विभिन्न विषयों पर गहराई से चर्चा होती थी। आदरणीय मदनजी, महेश जी शर्मा, गोविंदाचार्यजी, हरेंद्र कुमारजी, दत्तात्रेयजी, चंद्रकांत दादा पाटील, विनोद तावडे ऐसी बहुत बड़ी सूची बन जाएगी। सारी चर्चा घर में चाय या फिर भोजन के समय होती थी। कोर्ट से घर आने के बाद ऑफिस में पक्षकारों से मिलना, दूसरे दिन के काम की तैयारी करना, इतना ही नहीं, बल्कि रात का खाना होने के बाद वे फिर से ऑफिस में जाते थे। भारतीय विचारधारा, वेद, पुराण, भगवद्गीता, ज्ञानेश्वरी, गीतारहस्य, दास बोध ऐसे बहुत सारे ग्रंथों का अध्ययन, विश्व का इतिहास और संस्कृति, राजनीति-न्यायशास्त्र के नए ग्रंथ और इसके साथ ही ललित कथा, कविता, उपन्यास और दुनिया में हो रहे बदलाव के बारे में जानकारी देनेवाली पुस्तकें, मैगजीन, सभी का वे चौतरफा अध्ययन करते थे। देर रात तक पढ़ते और पढ़ते-पढ़ते ही नोट्स लिखने की उनकी आदत थी। पूरा भाषण लिख लिया हो, ऐसा शायद ही कभी हुआ होगा। ज्यादातर उनका भाषण उत्स्फूर्त होता था। हर भाषण में विभिन्न संदर्भों का उपयोग होता था। विषय का अभ्यासपूर्ण विवेचन होने के कारण विचार और अभिव्यक्ति में कमाल की स्पष्टता होती थी, इसीलिए उनके भाषण से दिशा-निर्देशन होता था। उन्होंने इन सारी प्रक्रियाओं में समय-समय पर मुझे भी शामिल कर लिया।

भाषण का प्रारूप या 'विद्यार्थी परिषद्' के अधिवेशन के प्रस्ताव का प्रारूप जब उन्हें तैयार

करना होता था, तो उसे लिखकर तैयार रखने के लिए माँ उन्हें बार-बार याद दिलाती थी और फिर एक रात देर तक बैठकर वे एक ही समय में उनके सुंदर हस्ताक्षर में प्रारूप लिखकर पूरा कर देते थे। लिखते ही माँ को पढ़कर सुनाने का उनका नियम था। मुझे भी वे शब्द सुनाई देते थे। (कितना समझ में आता था, पता नहीं।)

उनके लेखन से, भाषण से, व्यवहार से हमेशा मुझे जो महसूस हुआ है और जिसकी प्रेरणा मिली है, वह है उनका उत्कट देश-प्रेम। रोज की पूजा-अर्चना, घर के धार्मिक नियम, इतना ही नहीं, घर में भोजन का टेबल न होना, नीचे बैठकर भोजन करना, घर में आने से पहले अपने चप्पल-जूते निकालकर आना; ऐसी छोटी-बड़ी बातें हमेशा हमें अपनी संस्कृति के निर्देशक के तौर पर बताई गईं। अपनी संस्कृति का जनन हो, इसलिए मातृभाषा में शिक्षा, संस्कृत भाषा का अध्ययन, श्लोक-स्तोत्र याद करना, ये सब उनके आग्रह के विषय थे। अपनी वेशभूषा-केशभूषा भी अपनी संस्कृति दर्शानेवाली होनी चाहिए, ऐसा उनका मानना था।

उनका अपनी संस्कृति का ज्ञान-प्रगल्भ था, स्मरण-शक्ति प्रबल थी। भाषा का ज्ञान होने के कारण उच्चारण एवं उसका अर्थ समझ में आता था। इस प्रकार से मन में उत्पन्न हुई श्रद्धा साधार और अर्थपूर्ण होती है। जातिभेद, महिलाओं के अधिकार, इन विषयों के प्रति गलत और भ्रमित कल्पनाएँ फिर रहती नहीं। शिवाजी महाराज, स्वातंत्र्यवीर सावरकर, इनको पिताजी आदर्श पुरुष मानते थे। अखंड भारत, अपने देश का विकास, स्वदेशी चीजें इस्तेमाल करने का आग्रह, इमरजेंसी में तानाशाही के खिलाफ 'विद्यार्थी परिषद्' की कड़ी भूमिका, उनके इन विचारों से उनकी देश के प्रति निष्ठा मेरे मन पर छाई हुई है।

पिताजी का स्वयं अनुशासन भी तारीफ के काबिल था। उनके बैग में दाहिने कोने में हाथ डालकर क्या मिलेगा, यह आँख बंद करके भी बता सकते थे। उनकी सभी चीजें सही जगह पर ही होती थी। ऑफिस में ब्रीफ्स रखने का सुनिश्चित तरीका था। डायरी में कारकून कैसे रजिस्ट्री करें, इसका नियम था। कमरे के दोनों तरफ की दीवारों को जमीन से छत तक किताबों की अलमारी में सिर्फ वकालत की ही किताबें नहीं थीं, बल्कि विभिन्न विषयों की भी अनेक किताबें थीं। सारी किताबें रखने का एक तरीका था और एक ही पल में कोई भी किताब खोजी जा सकेगी, यह उनके मन में सुनिश्चित होता था। उनकी सारी सोच में, आचरण में अनुशासन था।

एक परिपूर्ण कार्यकर्ता का जीवन जीनेवाले मेरे पिताजी बहुत ही रसिक थे। अच्छी कविता, अच्छी किताबें, अच्छे गाने, सिनेमा उन्हें बहुत पसंद थे। पिताजी को थोड़ी फुरसत मिली कि हम रात में भाग-दौड़ करके नाटक-सिनेमा देखने जाते थे। Sound of Music, My Fair Lady ये अंग्रेजी फिल्में मैंने शुरुआत में देखी थीं। प्रभात चित्र कंपनी की फिल्मों का महोत्सव प्लाजा थियेटर में था, तब हमने एक के बाद एक तीन-चार फिल्में देखीं। 'लेकुरे उदंड जाहली', 'त्या समोरच्या घरात' ऐसे नाटक भी हमने एक के बाद एक लगातार देखे थे। सुबह आकाशवाणी के विविधभारती पर गाने सुनना उन्हें पसंद था। उन्हें वे गीत पूरे याद थे। पहला टेपरिकॉर्डर लिया, तब 'बरसात की एक रात', 'श्री 420', 'आवारा' ऐसे कुछ कैसेट्स हम शुरुआत में लाए थे। धुन सुनते ही वे संगीतकार पहचानते थे और उनकी खास बातें बताते थे। मराठी साहित्य में पिताजी को बड़ी रुचि थी और

समझ भी थी। वर्ष 1956 में 'फर्ग्युसन कॉलेज' की मैगजीन में छपा, मराठी नाटक की समीक्षा करनेवाला उनका लेख मुझे हाल ही में मिला, तब मैं आश्चर्यचकित हो गई। पु.शि. रेगे उनके पसंदीदा कवि। केशवसुत, विंदा करंदीकर, बालकवि, कुसुमाग्रज, इनकी बहुत सारी कविताएँ उन्हें जुबानी याद थीं। उन्होंने कभी मेरे साथ बैठकर मेरी पढ़ाई में सहयोग नहीं दिया, वह काम मेरी माँ का था, लेकिन मराठी, अंग्रेजी, इतिहास इन विषयों पर मुझसे बातें करते थे। कविवर बा.सी. मर्ढेकरजी की 'गणपतवाणी' यह कविता मेरे पाठ्यपुस्तक में है, यह जानने के बाद वे उनकी 'पिंपात मेले उंदीर' कविता कहकर सुनाते थे और मर्ढेकरजी की कविता की शब्दरचना से वास्तविकता का चित्रण किस प्रकार होता है, यह समझाते थे।

मेरे आठवीं कक्षा में जाने के बाद उन्होंने कहा था, "अब अंग्रेजी पढ़ने लगो, फिर अंग्रेजी बोलने का विश्वास आ जाएगा।" 'टाइम्स ऑफ इंडिया' के एडिटोरियल पढ़ो, ऐसा न बताते हुए उन्होंने मुझे पेरी मेसन के उपन्यास पढ़ने के लिए कहा। हर मई महीने की छुट्टी में हम पुणे के मैजेस्टिक की दुकान में जाते थे। जितनी चाहो, उतनी किताबें लेकर आते थे। उनके कुछ पसंदीदा वाक्य थे—'चिंता मत करो, सावधानी बरतो।' किसी समस्या की परिस्थिति में वे कहते, "We will cross the bridge when we reach it." उनका हमेशा के लिए एक संदेश था, "जो सर्वोत्तम है, वही करो।" 'There is always room at the top.' प्रयत्नों की पराकाष्ठा करनी चाहिए, अपने क्षेत्र में परिपूर्ण बनने की कोशिश करनी चाहिए, ऐसा उनका आग्रह था। मेरी शादी के बाद और खासकर उनके सांसद बनने के बाद रोज का संपर्क कम हुआ। रोजाना की बातें दुर्लभ हो गईं, तब भी वे दूर गए हैं, ऐसा नहीं लगता था। उनकी बीमारी के दिनों में मैं उन्हें बहुत बार अपने घर लेकर आई। फिर से उनके साथ बातें शुरू हो गई थीं। संसदीय कार्यकाल खत्म होने के बाद मुंबई वापस आने पर वकालत का पेशा, सामाजिक कार्य के लिए यात्रा करना, इसके बारे में उनके मन में कुछ योजनाएँ थीं। इस विषय पर भी हमारी बातें और हँसी-मजाक होता था, लेकिन वह सब अधूरा रह गया। देश भर के अनेक कार्यकर्ता, रिश्तेदार, पिताजी के नजदीकी दोस्तों की यादें इस किताब में इकट्ठा देखकर बहुत आनंद हुआ। अपने ही घर के व्यक्ति के गुणविशेष दूसरे लोगों ने बताए, तो वे और भी गहराई में पहुँच जाते हैं और मन भर आता है—

यादें मिलाकर, यादें बुनकर
यादों के शब्दचित्र, यादों के रेखाचित्र
यादों को उजागर करते हुए, खुशबू सर्वथा फैली हुई।

(सहयोगी प्राध्यापक, मनोविकृति शास्त्र विभाग,
टी.एन. मेडीकल कॉलेज, मुंबई,
सदस्य, समतोल फाउंडेशन, पूर्व अभाविप कार्यकर्ता)

□

शिल्पकार

—डॉ. मनोहर जोशी

जीवन में सफल होने के लिए 3 बातों की आवश्यकता होती है। पहली शिक्षा, दूसरी पैसा और तीसरी सबसे महत्त्वपूर्ण बात है कि जीवन में ऐसा कुछ करना, जिससे लोग हमें हमेशा के लिए याद करते रहें। एक बार पर्याप्त शिक्षा ग्रहण करने के बाद बाकी की दोनों बातें अर्जित की जा सकती हैं। शिक्षा की राह पर मेरी और बाल आपटे की मुलाकात हुई। बी.ए. प्रथम वर्ष में हमारी पहचान हुई। 1955 में मैं एस.एससी. उत्तीर्ण हुआ और मुंबई आ गया। 1956 और 1957 इन पहले दो सालों में मैंने अलग-अलग कॉलेजों में शिक्षा ग्रहण की, कभी कीर्ति कॉलेज में, तो कभी सिद्धार्थ कॉलेज में पढ़ाई की। इसके बाद मैं रुइया कॉलेज में गया। उस समय मैं महानगर पालिका में नौकरी कर रहा था। महापालिका में अकसर मेरा तबादला होता रहता था। जहाँ-जहाँ मुझे बदली पर भेजा जाता था, उस क्षेत्र के कॉलेज में जाकर मैं पढ़ाई करता था। एक बार अचानक मेरी बदली धारावी में हुई। धारावी के पास रुइया कॉलेज होने के कारण मैं रुइया कॉलेज में गया।

रुइया कॉलेज में ही मुझे मेरे मित्र मिले। हमारा चार मित्रों का ग्रुप था—बाल आपटे, अशोक चिटणीस, मुरलीधर गोड़े और मैं। हमारे ग्रुप का नेतृत्व बाल किया करता था। हम लोग पढ़ाई के साथ ही एक-दूसरे से प्रतियोगिता भी करते थे। मैं पढ़ाई के मामले में काफी होशियार था। मेरी मुख्य प्रतियोगिता बाल से थी, लेकिन मैं कभी भी बाल से आगे नहीं निकल सका। बाकी के दोनों मित्रों से मैं सदैव आगे रहता था। मैं घंटे के हिसाब से पढ़ाई करता था। इसलिए मेरे पढ़ाई का समय निर्धारित हुआ करता था। बी.ए. में मैंने 500 घंटे पढ़ाई की थी और एम.ए. में 1000 घंटे। मेरे पढ़ाई का तरीका देखकर अशोक मेरा मजाक उड़ाता और कहता, अरे! घंटों के हिसाब से कोई पढ़ाई करता है क्या? ऐसे पढ़ाई करोगे, तो कभी सफलता नहीं मिलेगी। लेकिन मैं अपने तरीके पर अडिग था और समय से पढ़ाई करता था। बी.ए. ऑनर्स और एम.ए. में सेकंड क्लास से पास हुआ था। मुझे भी कभी-कभी आश्चर्य लगता था कि इतने अंक जुटाने के लिए मुझे 500 घंटे और 1000 घंटे पढ़ाई करनी पड़ी थी, लेकिन सबसे बड़ा आश्चर्य यह था कि बाल कभी भी पढ़ाई नहीं करता था, लेकिन उसके मुझसे भी ज्यादा मार्क्स आते थे। बी.ए. में वह फर्स्ट क्लास से पास हुआ था। एम.ए. में भी उसे अच्छे मार्क्स आए थे।

हमारा विषय मराठी था। मराठी के साथ ही हमने संस्कृत विषय भी लिया था। मेरी नौकरी

के कारण मैंने कभी भी सभी चार पीरियड अटेंड नहीं किए थे, लेकिन फिर भी मुझे अच्छे मार्क्स मिले थे। इसका सबसे बड़ा कारण था बाल आपटे। वह स्वप्रकाशित व्यक्ति था और हम परप्रकाशित। संस्कृत में हमें 'बाणभट्ट' का उपन्यास था। बाल बहुत ही होशियार और बुद्धिमान् था। उसे एक बार पढ़ा हुआ याद रहता था, जबकि मुझे दो बार पढ़ना पड़ता था। रुइया कॉलेज के सामने एक बिल्डिंग थी। इस बिल्डिंग में एक सीढ़ी थी। इन सीढ़ियों पर बैठकर ही हमने पढ़ाई की थी। बाल हमारा शिक्षक था और हम उसके विद्यार्थी। उसके साथ पढ़ाई करते हमें सदैव आनंद का अनुभव होता था यानी आनंद के साथ विद्यार्जन कैसे किया जाए, यह हमने बाल से सीखा था। हम लोगों में वे सभी बातें होती थीं, जो कॉलेज के विद्यार्थी किया करते थे। बाल कभी भी किसी भी विषय में पीछे नहीं था। हर विषय पर चर्चा करने में वह सदैव आगे ही रहता था। कई बार हम उसे चिढ़ाते भी थे। मैं बाल से कहता, "अरे यार, भगवान् ने तुझे इतनी अच्छी बुद्धि दी है, जिससे तुझे अच्छे मार्क्स मिलते हैं। हमें भी भगवान् ने ऐसी बुद्धि दी होती, तो हम तुझसे भी ज्यादा मार्क्स लाते।" हमारी इन बातों पर बाल हँस देता था और हमारी ऐसी बातों के मजे लेता था।

मेरे विचार से शिक्षा के बाद सफल होने के लिए दूसरी महत्त्वपूर्ण बात थी, पैसा। जीवन यदि आनंदमय बनाना हो, तो भरपूर पैसा कमाना चाहिए, लेकिन बाल मेरे इस विचार से कभी भी सहमत नहीं था। वह कभी भी पैसों के पीछे नहीं भागा। वह काफी ईमानदार था, उसे पैसों का कदापि मोह नहीं था, लेकिन बाल के विपरीत मैंने भरपूर पैसा कमाने का निश्चय किया था। इसके पीछे एक महत्त्वपूर्ण कारण भी था। मेरा बचपन काफी गरीबी में गुजरा था। मेरी पढ़ाई भी इसी कारण टुकड़ों में हुई थी। मेरे माता-पिता ने भी गरीबी में ही दिन गुजारे थे। पिता ने व्यापार में अपना नसीब आजमाया, लेकिन हर बार असफलता ही उनके हाथ लगी थी। मैं बचपन से ही भिक्षा माँगता था। मुझे सत्यनारायण की कथा आती थी, इसलिए किसी के घर में सत्यनारायण की कथा करनी होती थी, तो कई बार मुझे बुलाया जाता था, इसके साथ शादी कराना, जनेऊ कराना, तुलसी की शादी आदि पूजा-पाठ के कर्म मैं करता था। इस कारण व्यापार कर्म करना मेरी आदत में शुमार था। व्यापार में मेरे पिता को भले ही असफलता मिली हो, लेकिन मुझे सफलता मिल रही थी। इसलिए मेरे मन में गरीबी से बदला लेने की भावना जाग्रत् हो गई थी, लेकिन मेरे परममित्र बाल का ऐसा कुछ नहीं था। वह एक सुखी व्यक्ति और सुखी मित्र था।

पैसे कमाने के साथ ही सफल होने के लिए मेरे दृष्टिकोण से एक और बात महत्त्वपूर्ण थी। सफल इनसान का नाम उसके द्वारा किए कर्मों के कारण गूँजता है। ऐसा कर्म किया जाए, जिससे लोग आपका नाम सदैव लेते रहें और आपको याद करते रहें, तभी जीवन की सफलता है। बात को आसान करने के लिए यहाँ पर मैं एक बार फिर बाल और खुद की तुलना करना उचित समझता हूँ। बाल और मुझमें जो एक कॉमन बात थी, वह यह कि हम दोनों को पढ़ाई करना काफी पसंद था। मेरे जीवन में बाल नाम के दो व्यक्ति थे। एक बाल वह, जो सदैव पढ़ने में लगा रहता था और दूसरा बाल, सदैव राजनीति के लिए समर्पित था। पाँच साल नौकरी करने के बाद मैंने स्वयं का धंधा शुरू किया। आज भी वही कर रहा हूँ। हकीकत यह है कि व्यापार करना मुझे अच्छा लगता है, यह मेरा जुनून भी है। व्यापार करते हुए मैं करोड़पति बना, लेकिन व्यापार करने का मेरा जुनून

कभी कम नहीं हुआ। इसके विपरीत बाल ने कभी भी करोड़पति बनने का सपना नहीं देखा था। उसकी दृष्टि में पैसा कभी महत्त्वपूर्ण था ही नहीं। बाल ने अपना जीवन विद्यार्थी संगठन को समर्पित कर दिया था। 'विद्यार्थी परिषद्' का काम करना और उसके निमित्त देश भर घूमना ही उसका शौक बन गया था। मैंने राजनीति में अपना संपूर्ण जीवन व्यतीत किया था। राजनीति भी मेरा एक शौक था। इसके साथ ही मुझे क्रिकेट भी पसंद था। कुछ विशेष करने, कुछ अलग करने के उद्देश्य से मैं क्रिकेट के क्षेत्र में गया। चार बार मैं मुंबई क्रिकेट एसोसिएशन का अध्यक्ष बना।

बाल के जीवन का एक अविभाज्य अंग यानी उसका घर था। मुझे भी उसका घर बहुत पसंद था। इतना अच्छा घर मैंने अपने जीवन में आज तक नहीं देखा था। एक बार मैं उसके गाँव खेड़ गया, उस समय का एक किस्सा है। बाल, मैं और शायद उस समय अशोक हमारे साथ था, हम तीनों शाम के समय ऐसे ही बैठे थे। अचानक बाल ने कहा, चलो रामरक्षा पढ़ने। मैंने कहा, यह क्या तरीका है। मेहमानों को रामरक्षा पढ़ने के लिए कह रहे हो, लेकिन बाल ने मेरी बात को अनसुना कर दिया और वह पूरी श्रद्धा के साथ रामरक्षा स्रोत का पाठ करने लगा। मैं भी उसके पास बैठ गया। फिर हम खाना खाने बैठे।

"मनोहर, चित्राहुति दे, अरे! मेहमानों को आदेश नहीं दिया जाता।" फिर चित्राहुति दी गई। दूसरे दिन सुबह फिर संध्या करने बैठो! इन सब बातों से मैं आश्चर्यचकित था। यह सब करना काफी मुश्किल था, लेकिन मैंने किया। और आज मैं दावे के साथ कह सकता हूँ कि जिन्हें हम संस्कार कहते हैं, वह संस्कारपूर्ण घर यानी बाल आपटे का घर था।

संस्कारों से परिपूर्ण घर आजकल देखने को मिलते ही नहीं। यहाँ मैं बाल के बड़े भाई, जिन्हें भाऊ कहकर संबोधित किया जाता था, का उल्लेख करना जरूरी समझता हूँ। भाऊ की पत्नी यानी हम सबकी भाभी। भाऊ को मेरे प्रति कुछ ज्यादा ही स्नेह था।

मैं स्वयं को भाग्यवान् समझता हूँ कि मुझे बाल आपटे जैसा मित्र मिला था, जिसके कारण मैं कुछ बन सका था। उसी के कारण मैं जीवनपर्यंत निर्व्यसनी रहा। बाल को किसी भी प्रकार का कोई व्यसन नहीं था और मैं ग्रामीण क्षेत्र का, टुकड़ों में वार के हिसाब से पढ़ाई करनेवाला लड़का, ये मित्र यदि मुझे न मिले होते, तो शायद मेरा जीवन कुछ और होता। राजनीति में मुझे एक के बाद एक उच्च पद मिलता गया। ये सभी राजकीय पद थे। मुंबई का महापौर बना। विधिमंडल में 50 वर्ष गुजारे। स्व. बालासाहब ठाकरे की कृपा से चुनाव के टिकट मिले, चुनकर आया। उन्होंने मुझे अपना भरपूर स्नेह दिया। मुझे आगे लाने का प्रयास किया। महाराष्ट्र विधानसभा में गया, वहाँ मुख्यमंत्री जैसा उच्च पद मिला। मुख्यमंत्री पद छोड़ने के बाद केंद्र में दिल्ली गया। वहाँ जाते ही मंत्री पद मिला। भारी उद्योग मंत्री की जिम्मेदारी मुझे सौंपी गई और उसके बाद बड़े ही सम्मानजनक तरीके से लोकसभा अध्यक्ष का पद मुझे दिया गया। मेरे जीवन की इन सभी घटनाओं का साक्षीदार बाल था। एक और विशेष बात मैं आपको बताना चाहता हूँ कि मैं राज्यसभा में गया, लेकिन बाल आपटे मुझसे पहले सांसद बनकर वहाँ पहुँच चुका था। कहने का तात्पर्य यह कि बाल सदैव ही मुझसे पहले नंबर पर था। उसने कभी भी अपना पहला नंबर छोड़ा नहीं था। ऐसा लगता था कि पहला नंबर पाना, उसकी फितरत ही बन गई थी। वहाँ भी हम दोनों बैठकर गप्पें लड़ाते थे। एक बेंच पर

बैठते थे। संसद् में बाल कम ही बोलते थ, लेकिन जब बाल बोलना शुरू करते थे, तो सभागृह स्तब्ध होकर उनकी बात सुनता था। मुझे गर्व होता था कि बाल मेरा परम मित्र है। बाल बहुत ही संतुलित, मधुर और प्रभावशाली वक्ता था। उसकी अंग्रेजी भी काफी अच्छी थी। वह अंग्रेजी में संबोधन करता था। आगे चलकर मैंने भी अंग्रेजी में भी भाषण की शुरुआत की। राज्यसभा में मैं 6 वर्ष रहा। संपूर्ण 6 साल मैंने अंग्रेजी में ही भाषण दिया था।

जीवन में कुछ चीजें नसीब से मिलती है, तो कुछ चीजों को हासिल करने के लिए हमें कर्म करना पड़ता है। इसलिए यदि कोई मुझसे पूछे, तो मैं उसे बताता हूँ कि 49 प्रतिशत व्यक्ति अपने कर्म से बनता है और 51 प्रतिशत उसे उसका नसीब साथ देता है। अच्छे मित्र मिलना, यह भी किस्मत की बात है, लेकिन उन अच्छे मित्रों को अपना बनाकर रखना, यह हमारे कर्म की परीक्षा है। बाल और मेरी, अशोक की, मुरलीधर गोडे की कॉलेज के जमाने से हुई हमारी मित्रता कायम रही, लेकिन फिर भी मैं कहूँगा कि बाल आपटे जैसा मित्र मिला, यह माँ अंबेजोगाई की कृपा ही है। हमारी कुछ महिला मित्र भी हैं। हम सब साथ रहे, क्योंकि हम सभी में कुछ कर गुजरने की ललक थी और हमें इस बात का गर्व है कि हम सब मित्र हैं। हमारे मित्रों को हमारे कर्म विशेष प्रतीत हुए, क्योंकि राजनीति में जो पद हमें मिले, वे उच्च पद थे। मेरे मित्रों को सदैव मुझ पर गर्व होता था। मेरे हर दुःख-सुख में बाल आपटे मेरे साथ रहे थे। इसलिए मैं अपने जीवन में बाल आपटे को कभी भी भूल ही नहीं सकता। हम चार मित्रों ने अपने जीवन का लक्ष्य निर्धारित किया और उसे पाने के लिए कड़ा परिश्रम किया और उसे प्राप्त किया। बाल आपटे का मुझे, हम सभी को काफी अभिमान है, यही इस अवसर पर मैं कहूँगा।

(ज्येष्ठ नेता, शिवसेना, पूर्व सांसद राज्यसभा,
पूर्व सभापति, लोकसभा)

□

खास दोस्त

—श्री अशोक चिटणीस

मैंने चरित्रात्मक व व्यक्ति चित्रणात्मक अनेक पुस्तकें व लेख लिखे हैं, लेकिन बाल आपटे और अपनी 55 वर्ष की घनिष्ठ मित्रता को शब्द रूप देते समय मेरी लेखनी न जाने क्यों लड़खड़ा जाती है। वह बीच महफिल से उठकर चला गया, इस पर अभी तक मुझे विश्वास नहीं हो रहा। बाल और मेरी मुलाकात 1957 में रुइया कॉलेज में हुई थी। बी.ए. के दो साल और एम.ए. के दो साल, इस तरह कुल 4 साल हम सतत एक-दूसरे के साथ थे। हम दोनों के घर के बीच की दूरी सिर्फ पाँच मिनट थी, इस कारण हमारा एक-दूसरे के घर रोज का ही आना-जाना था। बाल के बड़े भाई डॉ. शांताराम आपटे और उनकी जीवन संगिनी डॉ. श्रीमती वसुंधरा आपटे के साथ हमारा भाभी का रिश्ता आज भी अनवरत जड़ता के साथ सक्रिय है। उन दिनों बाल के घर रात-रात भर जागकर पढ़ाई करना, रात-बेरात भाभी को जगाकर अधिकार से चाय-कॉफी बनाने के लिए कहना। हम कभी भी भाभी को नाश्ता-भोजन के लिए कष्ट देते थे और भाभी भी अपने देवर की तरह ही हमारा मान रखते हुए हमारे लिए नाश्ता-भोजन बनाती थी। प्रभात टॉकिज में देखी गई वह पहली फिल्म, इन सब बातों को भुलाना मुश्किल ही नहीं, बल्कि असंभव है। वे मेरे जीवन की मधुर-स्मृतियाँ हैं। बाल के परिवार में मैं पूरी तरह से घुल-मिल गया था। बाल का घर यानी हिंदुत्वनिष्ठा का घर, साथ ही धार्मिक भी था, रोज नित्य नियम से संध्या, पूजा-अर्चना, एकादशी पर उपवास इस घर-परिवार की आदत में शुमार था। मंदिर में पत्थर की मूर्ति में भगवान् होता है या नहीं, इस पर मेरा अधिक विश्वास नहीं है, लेकिन बाल की निष्ठा, उसका कट्टर शाकाहारी होना हमारी मित्रता के कभी आड़े नहीं आया था। कैंटीन में उसके पास में बैठकर में ऑमलेट खाता था, लेकिन बाल ने कभी आपत्ति नहीं दिखाई।

बाल, मनोहर जोशी, मुरलीधर गोड़े, विष्णु रत्नपारखी, मैं, उषा टाकलकर, सरोज पोतदार, सरला आरोसकर, उषा असुंडी ऐसा हमारा घनिष्ठ मित्रों का ग्रुप था। आज भी हम उतने ही घनिष्ठ हैं। हमारे बीच सबसे बुद्धिमान बाल था। बाणभट्ट का उपन्यास उसने हमें इतनी अच्छी तरह से समझाया था कि हमें वह आज भी पूरी तरह से याद है। श्री पु. भागवत, डॉ. रा.शं. वालिंबे, ल.ग. जोग, शंकर वैद्य जैसे उस समय के दिग्गज प्राध्यापकों का दीर्घकालीन स्नेह हमें मिला था।

बाल की स्मरणशक्ति काफी अच्छी थी। अपने मनपसंद कवि की कविता की पंक्तियाँ वह

इतनी सुंदरता से पढ़ता था कि कविता में रुचि न रखनेवाले को भी कविता से प्यार हो जाता था। मेरी स्वयं की कविताएँ भी मुझे कभी पूर्ण रूप से याद नहीं रहती थीं, लेकिन बाल को वह पूरी तरह से कंठस्थ रहती थीं। हम जब मिलते थे या फिर मैं जब कोई कार्यक्रम आयोजित करता था, तब वह मेरी ही कविताओं को बड़ी सुंदरता से पढ़कर सुनाता था। मेरी कविताओं, मेरे लिखे पहले उपन्यास की समीक्षा बाल ने ही की थी। कभी-कभी वह मेरी लेखनी का मजाक भी उड़ाता था। बाल बी.ए. और एम.ए. में प्रथम आया था, लेकिन स्वर्ण पदक उषा को मिला था। कोई और होता, तो उसके मन में अभाव आ सकता था, लेकिन बाल के मन में कभी भी उषा के प्रति अभाव निर्माण नहीं हुआ था। बाल पारिवारिक विचारधारा का था। घर के सभी लोगों, दादा-माई से लेकर बहन-जीजाजी, भाँजे-भतीजों का असीम प्रेम बाल को मिला था। उसके खेड़ के घर में, उसके पुणे के घर में उसकी बहन के घर रहकर मैंने इस बात का अनुभव किया था।

अ.भा.वि.प. को बाल ने महत्त्वपूर्ण और समर्पित योगदान दिया था। वह निष्ठावान, देशभक्त, रा.स्व. संघ का कट्टर कार्यकर्ता था। भ्रष्टाचार से उसे सख्त नफरत थी। सभी राजनीतिक दलों में भ्रष्टाचार की दलदल में धँसे जन-प्रतिनिधियों को देखकर बाल काफी चिंतित रहता था। वह काफी स्पष्टवादी और तार्किक था। वह सदैव विचारपूर्वक व निश्चयपूर्वक बोलता था। उसके आचार-विचार में कहीं भी भिन्नता नहीं थी। बाल ने चरित्र संपन्न जीवन जिया। दूसरों से प्रेम करने की उसकी शक्ति अद्वितीय थी। मुझे और मेरी पत्नी शुभा को लिखने का काफी शौक था। इस कारण विभिन्न क्षेत्रों के लोगों के साथ हमारा मिलना-जुलना था। कई लोगों के साथ हमारी घनिष्ठता भी होती थी। इस बात पर वह आश्चर्य व्यक्त करते हुए कहता था कि हमारा अशोक बहुत ही भोला-भाला है। उससे मिलनेवाला हर व्यक्ति उसे अच्छा ही लगता है। पहले वह मकरसंक्रांति पर एक कविता लिखकर हम मित्रों को भेजता था, जो कि संस्कृत में लिखी होती थी। सीधी, सुबोध भाषा में लिखना उसे जैसे पता ही नहीं था।

इमरजेंसी के समय बाल को गिरफ्तार कर नासिक की जेल में रखा गया था। तब मैं और निर्मला उससे मिलने गए थे। उसे देखकर ही मेरी आँखों में आँसू आ गए थे, लेकिन वह पूरी तरह से कठोर बना रहा। उसकी आँखों में कहीं भी आँसू नहीं थे। बोलते समय उसके स्वर में कोई भावुकता नहीं थी। निर्मला ने अपने जूतों में छिपाकर लाई चिट्ठी उसे दी। उस समय तो मैं घबरा ही गया था।

मेरी बेटी स्व. मुग्धा के नाम से स्थापित प्रतिष्ठान का वह विश्वस्त था। उसके 16वें स्मृति दिवस पर आयोजित कार्यक्रम में वह आया था, लेकिन कार्यक्रम खत्म होने से पहले ही वह भाषण दिए बिना मंच से उतरा और बिना किसी से कुछ कहे, चला गया। मुझे बहुत बुरा लगा। इसके बाद मैंने उसे पत्र लिखकर उससे माफी माँगी। इस पत्र के जवाब में जो पत्र उसने लिखा, वह हमारे अटूट मित्र प्रेम का सबसे बड़ा प्रमाण था। उसने लिखा…

प्रिय अशोक,

काफी दिनों से तुम्हें पत्र लिखने का विचार कर रहा था। दिनांक 1 मई के कार्यक्रम के संदर्भ में लिखा गया तुम्हारा पत्र मिला। मैं नाराज हुआ, ऐसा तुम्हें लगता है? यह सच है कि मुग्धा के कार्यक्रम के बीच से मैं चला गया, लेकिन मित्र, मेरी मजबूरी थी कि मुझे जाना पड़ा। वहाँ चार घंटे बैठने की मेरी शक्ति नहीं थी। हम सभी अब वृद्ध हो गए हैं, यह बात तुम्हें अब समझनी चाहिए। हमारी मित्रता इतनी मजबूत, शाश्वत और समृद्ध है कि उसमें कभी कोई कमी आना संभव ही नहीं है।

तुम्हारी कविताएँ मुझे अभी तक कंठस्थ हैं। तुम्हारी उन्हीं कविताओं ने हमारे रिश्ते को मजबूत बनाए रखा है।

तुमने लिखा है कि मैंने तुम्हारे साथ अन्याय किया है। अरे मित्र! हमारे बीच औपचारिकता का स्थान ही कहाँ है? यह सच है कि मैंने तुम्हारे कार्यक्रम में भाषण नहीं दिया, लेकिन जरा सोचो कि मैं वहाँ भाषण में क्या कहता? यही न कि आज के जमाने में स्व केंद्रित गतिमानता में हम दो मूल्यों को खोते जा रहे हैं—एक, आत्मीयता व दूसरा, श्रद्धा, लेकिन मेरे मित्र, इन दोनों मूल्यों का आधार तो तुम ही हो न? और मेरे लिए यही महत्त्वपूर्ण है।

मैं इसी दृष्टिकोण से तुम्हें देखता हूँ। तो अपने दिमाग से इस गलतफहमी को निकाल दो कि मैं तुमसे नाराज हूँ। हमारी मित्रता पहले की तरह ही घनिष्ठ, संपूर्ण, सघन व निरंतर है। इस बात में किसी तरह की शंका मत रखो, बाकी सब ठीक है। जल्दी ही मुलाकात होगी। कितने दिनों के बाद पत्र लिख रहा हूँ। अच्छा लगा।

भाभी को मेरा नमस्कार कहना।

तुम्हारा
बाल

(प्रतिष्ठित लेखक, पूर्व प्रधानाचार्य, बेडेकर विद्यामंदिर, ठाणे)

□

मिसाल

—श्रीराम खेडकर

1857 के स्वतंत्रता संग्राम को 150 वर्ष हो चुके थे। स्वतंत्रता आंदोलन में बलिदान करनेवालों के स्मारक बनाने के लिए कुछ किया जाए, इसलिए केंद्र सरकार के पास तब तक कोई आर्थिक तजवीज नहीं की गई थी। केंद्र सरकार ने इसलिए एक समिति गठित की, जिसके बालासाहब सदस्य थे। उन्होंने 'हुतात्मा स्मारक' के लिए कितना खर्चा होगा, इसका गहराई से अंदाजा लगाकर संसद् में इस 'हुतात्मा निधि' के लिए 1800 करोड़ रुपए मंजूर करवाए। परिणामस्वरूप सिर्फ 'खेड' में ही नहीं, देश भर में विविध जगहों पर 1857 से 1947 की कालावधि में बलिदान करनेवाले क्रांतिकारियों के स्मारक बनने लगे। मिसाल के तौर पर खेड में राजगुरु, चंद्रशेखर आजाद के स्मारक हैं।

एक बार संघ के काम के लिए निधि संकलन हो रहा था। बालासाहब को भी पत्र भेजा गया था। उन्हें पत्र मिला या नहीं मिला, हम सोच रहे थे। इतने में मुंबई से फोन आया। मुझे आज भी उनका वाक्य याद है, "पत्र देरी से पहुँचा, इसके कारण पूर्ति करने में देर हो गई। वह मैं अब कर रहा हूँ।" देर के लिए खेद प्रदर्शित करने के साथ एक चेक भी उन्होंने भेजा था।

(उद्योजक, पूर्व सदस्य, राजगुरु नगर, ग्राम पंचायत)

□

हमेशा मददगार

—**सुरेखा श्रोत्रिय**

हमारे खेड (राजगुरुनगर) के आस-पास के अनेक छोटे ग्रामों में महिलाओं के स्व-सहायता गुट 'चैतन्य संस्था' द्वारा कुछ वर्षों से चलाए जाते हैं। सहभागी महिलाओं के विकास के लिए हमारा 'चैतन्य ट्रेनिंग सेंटर' कार्यरत है। आपटेजी खुद सेंटर देखने आए और हमारे काम का उन्होंने गौरव किया। बाद में वे जहाँ-जहाँ जाते थे, वहाँ हमारे इस काम का जिक्र जरूर करते थे। यह गौरव ही हमें आगे काम करने के लिए प्रेरणा देता रहा। अच्छे काम करनेवालों की आपटेजी हमेशा मदद करते थे। वे कौन हैं, कहाँ के हैं, कौन से विचारों के हैं? इन सब बातों से अधिक वह काम देशहित के लिए है, इसका ही विचार उनके मन में रहता था।

'चैतन्य' के हम कुछ लोग लवादा (मेलघाट, महाराष्ट्र) गए थे, वहाँ श्री सुनीलजी और निरूपमा देशपांडजी का 'संपूर्ण बांबू केंद्र' था, जिसके माध्यम से वे वनवासी लोगों का प्रशिक्षण करते थे। इस केंद्र के निर्माण के लिए भी आपटेजी ने निधि दी थी। इतनी दूर तक उनकी दृष्टि हमेशा पहुँचती थी।

'चैतन्य' की प्रमुख डॉ. सुधाताई कोठारी 'पार्लियामेंट ग्रंथालय' देखना चाहती थीं। आपटेजी ने दिल्ली में उसकी भी व्यवस्था की।

अपने खुद के लाभ के बारे में उन्होंने कभी सोचा नहीं। राजगुरु नगर के विकास में उनका बहुत योगदान रहा। इस पुराने गाँव में अच्छी सड़कें बनें, पानी की कमी न रहे, विद्यालयों में नए जमाने की कंप्यूटर ट्रेनिंग मिले, भीमा नदी की सुरक्षा की दीवार बने, इतनी ही नहीं श्मशान घाट पर भी सामान्य व्यक्ति को अच्छी सुविधा रहे, इसलिए उन्होंने निधि की पूरी व्यवस्था तो की, मगर उसके साथ ये सभी काम त्वरित पूरे होने के लिए आग्रह रखा। इसके बावजूद उनकी कभी यह अपेक्षा नहीं रही कि कहीं अपने नाम का बोर्ड लगे, रास्ते को खुद का नाम दिया जाए आदि। सिर्फ कर्तव्य बुद्धि और अपनेपन से कोई भी मदद की जाती थी।

(सदस्य, नगर परिषद्, राजगुरु नगर,
पूर्व उपसरपंच, राजगुरु नगर, ग्राम पंचायत)

□

व्यक्तित्व एवं विचार

श्रद्धेय पिताजी
परशुराम भगीरथ आपटे

जन्मग्राम राजगुरुनगर के विकास कार्य

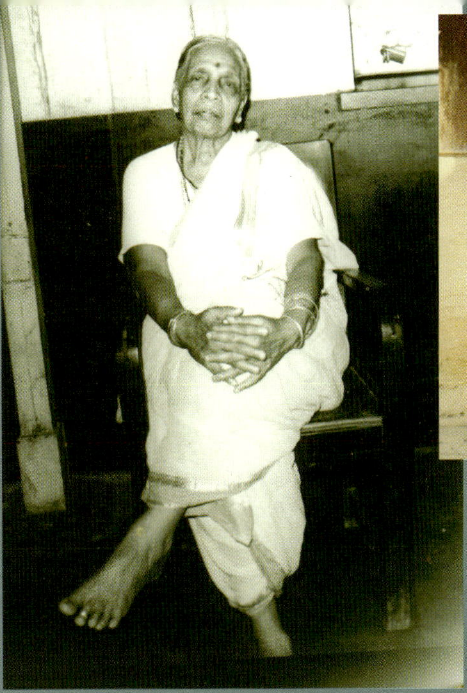

भाई-बहनों के साथ

श्रद्धेय माताजी सीताबाई

आपटेजी और निर्मलाताई

निर्मलाताई के परिवार के साथ

प्रतिष्ठित अधिवक्ता

दामाद शिरीष और नातिन ऋताजा के साथ

पुत्री जाह्नवी के साथ

व्यक्तित्व एवं विचार

भावमुद्रा

भावमुद्रा

तत्परता

—मधुकर गिलबिले गुरुजी

'हुतात्मा राजगुरु जन्मभूमि स्मारक' निर्माण हो और उनकी जन्म-शताब्दी का राष्ट्रीय स्तर पर कार्यक्रम किया जाए, इसलिए आपटेजी ने केंद्र के स्तर पर पूर्ण कोशिश की। जन्म-शताब्दी के बारे में देश भर में विज्ञापन दिए गए। हुतात्मा राजगुरु का विशेष डाक का टिकट (Postal Stamp) निकाला जाए, इसलिए सूचना एवं प्रसारण मंत्रालय में इस काम का लगातार तकाजा किया और उसमें सफलता मिली। हम राजगुरु नगरवासियों के स्मरण में यह काररवाई हमेशा रहेगी।

हुतात्मा राजगुरु जन्म-शताब्दी के कार्यक्रम के एक दिन पहले अचानक भ्रमणध्वनि में गंभीर शब्द सुनाई दिए, "हैलो, गिलबिले गुरुजी, मैं दिल्ली से बाल आपटे बात कर रहा हूँ।" उसके बाद 2-3 मिनट तक कार्यक्रम के बारे में बातें हुईं। अपना पद, कर्तृत्व, इसका जरा भी अभिमान न करनेवाले, हमेशा कार्यमग्न रहनेवाले आपटे साहब का व्यक्तित्व देश के स्वयंसेवकों और कार्यकर्ताओं को निरंतर प्रेरणा देता रहेगा।

(सामाजिक कार्यकर्ता, राजगुरु नगर)

□

व्यक्तित्व एवं विचार

सहयोगी लिखते हैं…

एक तार्किक, प्रामाणिक, तत्त्वनिष्ठ और निष्णात वकील के तौर पर बालासाहब आपटे प्रसिद्ध थे। न्यायाधीश के सामने अपनी बात रखने के लिए जब वे खड़े होते थे तो उनके आत्मविश्वास, प्रखर बुद्धि और तथ्यात्मक कौशल का दर्शन होता था। किसी भी न्यायाधीश के सामने खड़े रहते हुए वे कतराते नहीं थे और उन्हें उनकी गलती दिखाने में भी वे आगे-पीछे नहीं देखते थे। लेकिन फिर भी सभी जजों के साथ वे आदरपूर्वक व्यवहार करते थे, इसलिए उनके सभी के साथ स्नेहपूर्ण संबंध थे।

Memoires

—**Justice Vijay Tipnis**

I knew Bal Apte from his early days in Ruia College (1959-60) when we were both students there.

I have fond memories of time spent at the University's Law department for LLM (1964) and the University Students' hostel at Churchgate.

Apte was already an activist by then, both of us did not spend much time with our books and still managed to write our exams well. Apte's roommate in the hostel was one Shah. One day ho found us both betraying pangs of guilt because we had hardly studied through the year. We were both discussing what our parents would think if we got poor marks. Then Shah said, 'Your problem is that door,' indicating to the door of Apte's room. 'If you can manage to shut it (and stay inside), your problem is solved." Shah said. Apte's door could hardly ever be closed. Though I had been allotted a separate room, I was mostly in his room. So many friends and intimate ones at that, were always in and out of there, but we both did quite respectably in the exams.

According to him, while most students then were attracted to Marxism and Communism, and he too had reservations about Apte's chosen ideology, it never came in the way of his forging close friendships.

Apte was full of life, ever a romantic. At LLM we had classrooms with ascending benches at the University. One recently-engaged couple would sit on the bench ahead of me and Apte.

One day the young woman wrote on her notebook,' What is the programme for Sharad Poornima?

To which her fiancé wrote: "When is it?"

Apte's comment: "What does it matter when it is?'

Whenever I remember this I can't s top laughing.

I am a CKP and he was a Brahmin. We would have continuous banter about that also, including about the way we used our diction. I would call a matchbox 'kande peti' while he would call it "kade peti" and neither of us ever changed despite trying to correct each other.

Apte was completely committed to ethics in work and life. We would often discuss that greatness and success in life are two different things. Apte was not one to support or tolerate corruption, at any cost. But neither would he deny a corrupt man his brilliance or his capability.

Apte was very dignified in his approach to things—professional or personal. After I became a judge in 1987, he would appear in my court but started to keep a distance socially. He was very proper about how he would conduct himself.

(Former Justice, Bombay Highcourt)

□

Memoires

—Justice Arvind Sawant

I had the good fortune of sharing a room with Shri Balasaheb Apte in the University Hostel at Churchgate, when we were studying for LL.M. Despite his busy schedule as an active worker of Akhil Bharatiya Vidyarthi Parishad, Shri balasaheb Apte made his mark as a disciplined and brilliant studentwith sharp intellect and analytical mind. He was ready to solve any difficulty faced by any student in the LL. M. batch. If he read the statute or the section once, he would be ready with his interpretation and the social philosophy behind the legislation.

In our room in the hostel I had the good fortune of watching his daily routine at very close quarters .right from his reciting the Gayatri mantra while doing the Suryanamaskars, which was his daily exercise in spite of his hectic schedule.He was required to travel a lot in connection with the work of ABVP, but he took very little time to catch up with the studies and was always up to date and well informed.

As a lawyer I appeared against him in many matters in the High Court and later, I had the pleasure of hearing him when he appeared in front of me when I was the Judge in the Bombay High Court. As the Additional Advocate General for the State of Maharashtra, Shri Balasaheb Apte believed in the maxim that the Crown Counsel or the Government Pleader never wins a case but he sees to it that justice was done in the matter. That was his objectivity and concern for justice eeven appearing as the Additional Advocate General.

In recent years, when he was in the Rajya Sabha, we used to meet in the Supreme Court and appear in some matters and it was always a pleasure to hear Balasaheb's analytical arguments, brief and precise to the point. After he finished his Court work he did not believe in indulging in gossip in the Bar because he had so much constructive work to do all over the country. The moment he finished his Court work, he would leave the Court premises for something equally important elsewhere.

(Former Chief Justice, Kerala Highcourt, Former Justice, Bombay Highcourt Former, Advocate General, Mahar...

Memoires

—Adv. Vasudeo A. Gangal

Bal Apte and I were friends from 1960. From 1966 we shared the same lunch table in the High Court's Bar Association, and most often the same lunch also. When he went to jail during the emergency I collected money from friends to personally reach it to his family through my sister-in-law. Our families were really close.

White he was a very powerful opponent in court, outside the courtroom, he was the greatest of friends, and we could talk about anything under the sun. Apte had a passion for the First Principles of Law and for upholding the law. Once I was arguing in front of a Division Bench and the Hon'ble judges asked me if I had any authorities to cite for the First Principles. I said it was not necessary. Apte was in court for another matter. The judges then asked him to assist. He always felt that even if a decision was not available, the Constitution had cast a duty upon judges to decide matters in keeping with the First Principles of Law and that they could not shy away from it.

An important contribution of Bal Apte was the resolution moved by him in 1989 at the special meeting called by the Advocates' Association of Western India (AAWI) to express the bar's lack of confidence in judges of the Bombay High Court. This was after the High Court had been rocked by allegations of cash found in the toilet of a judge's chambers. In that resolution Adv. Apte had said, "The integrity of the judicial system is more important than the people who do it, and if necessary, the people will have to go.'' That resolution made history of sorts for the Bombay High Court. On the passage of the resolution the then Chief Justice, Chittatosh Mukarjee, stopped assigning any judicial work to the four judges targeted by the resolution.Two of them were transferred to other High Courts while two retired in due course without deciding any matters thereafter.

Ideologically I am close to Congress, but when Adv. Apte became the president of the Bar Council of Maharashtra and Goa I canvassed for him and when I contested the Bar Council election in 1999 he canvassed for me, our ideologies notwithstanding. Adv. Apte was often an adversary in court, a great friend from 52 years and an activist-leader on the other end of the political spectrum.

(Senior Counsel with over five Decades of Legal Practice.)

□

Memoires

—**Adv. Rajiv Patil**

It is another sad day for all of us to assemble here to mourn sad demise of our leader of the Bar, a parliamentarian and a great human being, late Shri. Balwant Parshuram Apte. A staunch leader, a legal eagle, a social activist and legendary president of AAWI passed away on 17th July 2012 at Mumbai. Mr. Apte was popularly known as Balasaheb.

Balasaheb entered the corridors of this Honorable High Court of Bombay in the year 1962 through the chambers of late Shri. K.J. Abhyankar, a renowned Senior Advocate.

Within a short span of devilling, Balasaheb earned his recognition and became authority in Civil Law. He conducted matters after matters

concerning personal laws, property laws and torts. He was not only good advocate but he was also a good teacher. He taught law at New Law College for LL.B. and in University of Mumbai for LL.M. for long twelve years. His command over the language, guiding voice and his discipline made him the best popular faculty. In a true sense he was friend, philosopher and guide. His commitment to the society and common man is incomparable.

On the other side he was the most active worker of Akhil Bhartiya Vidyarthi Parishad for 38 years and was also a National President of the organization. He was also an integral part of national politics till his death. He was All India Vice President of Bhartiya Janata Party. A parliamentarian, who, followed his all the principles throughout his life without any permutations, combinations, reservations and apprehensions.

I was introduced to him by one of his junior colleagues Shri Vinayak Dixit, Senior Advocate, sometime in the year 1968. A group of junior advocates was thinking of entering managing committee of AAWI with a goal to have better facilities for juniors. At that time we were apprehensive about support from senior members of the Bar. We were trying to see who will be sympathetic to us and thus we met Balasaheb and other senior advocates like V.T. Walawalkar, PD. Kamerkar,

Nari Gursahani, Dada Naik, M.L. Dudhat, Vilas Kadam and many others.

Considering our group formation Balasaheb laughed at us. We were from different areas of Maharashtra; everybody had different background, different trends, different ideas and ideology and Balasaheb was really amazed to see our unity. Balasaheb was concerned about junior advocates, their problems and their upbringing and therefore he along with Senior Colleagues supported us to introduce new ideas in AAWI. We wanted to have drasic changes in system. Balasaheb asked us what are those revolutionary changes and we tried to explain to him. After few meetings he brought us down to earth and told us, boys you can't change the society overnight. A clear uncolored advice, telling us, take your time. We wanted to have State Level Junior Advocates' Conference at Mumbai. We wanted to do it on our own under the banner of AAWI. We ha great spirit and enthusiasm and we collected all our resources and planned State Level

Junior Advocates Conference at Taj Mahal Hotel in Mumbai. It was the year 1989-90. It was first of its kind and we received a mass response from throughout the State. Till date nobody ever organized Junior Advocates Conference at State Level. It was a hard work of Sadashiv Deshmukh, Prasad Dhakephalkar, Rajendra Raghuvanshi, Pravin Hushing, Ranjana Desai, Seema Sarnaik, Suhas Mutalik and many others. Balasaheb stood behind us like a wall. Since then he became everybody's idol. We saw a Senior who was empowering juniors to stand on their own to enhance the status of AAWI.

There was another incident which is recorded in the history of the Bombay High Court and it is only because of AAWI. Balasaheb was President of AAWI and there was much of a discussion about corruption in Bombay High Court. Many juniors were of the opinion why to talk about only one who is going to be retired when there are others. Juniors were not appreciated as the others were yet to retire. They had a long term. Ultimately a motion was initiated to pass resolution against four judges of Bombay High Court. Balasaheb proved his true leadership and with a firm hand over the situation, without succumbing to any high level pressures, led the AAWI to raise the voice against corruption. This leadership is the guiding example to all his successors.

Many people feel that Balasaheb was a politician a lot and an advocate a less. But me and my contemporaries have seen him, engaged him and learnt from him the lessons of advocacy. In my personal experience he was a good senior who never allowed to give excuse for appearance because of his busy schedule. He appeared for me for long time for a Mohomadean Trust having litigation with Muslim Personal Law. While dealing with this case Balasaheb asked me to get the copy of Koran. I was bit puzzled and so was my client. After receipt of Koran we met again when he asked the client and a priest to interpret the relevant couplets and thereafter we decided the line of arguments. My client expressed his gratitude to Balasaheb for reading and understanding couplets of Koran. The said copy of Koran is still in Balasaheb's library.

Friends, we have lost our great leader, we shall not fail him from his expectations and therefore let us assure his soul that we at AAWI will be the best organization and best advocates serving common man. We shall remember his guidance and shall make endeavor to prove as best of advocates.

(Designated Senior Advocate, Bombay Highcourt Ex. President A.A.W.I., Member Bar Council of Maharashtra)

□

अभिभावक, मार्गदर्शक

—एड. विनायक दीक्षित

मुंबई उच्च न्यायालय में पहली मंजिल के रूम क्र. 36 में एक दिन दोपहर मैं एड. बालासाहब आपटेजी से मिला और उन्हें कहा, "मैं आपके मार्गदर्शन में वकालत करना चाहता हूँ।" थोड़ा सा पूर्व परिचय था, उन्होंने बिना विलंब मान्यता दी और मैं उनके कार्यालय में 'जूनियर' बन गया। 1981 में उनके कार्यालय से जुड़ गया और कुछ ही दिनों में आपटे परिवार का ही सदस्य बन गया। उनके मार्गदर्शन के कारण ही मैं आज अपने जीवन में समर्थ बनकर खड़ा हूँ।

उनका स्वभाव और व्यक्तित्व के बारे में जो सुना था, उसके कारण शुरुआती दिनों में कुछ दबाव सा था मुझ पर, लेकिन कुछ ही दिनों में ध्यान में आया कि वह मेरे लिए केवल एक 'सीनियर' ही नहीं रहे, बल्कि सही अर्थों में मेरे गुरु और पालक बन गए। मुंबई जैसे महानगर में स्थिर होने के लिए आवश्यक आर्थिक एवं अन्य सभी बातों में मुझे उन्होंने सहायता करके समर्थ बनाया। ज्ञान तो मिला ही, उसी के साथ ज्ञान सतत खोजते रहने की इच्छा भी उन्हीं ने जगाई।

1981 से 1988 तक मैं मुंबई में रहा, 1988 में औरंगाबाद में आया, परंतु मेरा उनका संपर्क, स्नेह और सहयोग निरंतर रहा। मुंबई में मुझे कभी अकेलापन महसूस नहीं हुआ। नए वकील के नाते तरह-तरह के अनुभव आने थे, कई बार अपमान सहना पड़ता था, कभी-कभी न्यायमूर्तियों से उपेक्षा होती, तो कभी आर्थिक तंगी अस्वस्थ करती। ऐसे सभी क्षणों में मुझे बालासाहब, श्रीमती निर्मलाताई, बड़े बंधु डॉ. शांताराम (भाऊ) आपटे; इन सभी ने पुत्रवत प्रेम से सँवारा, सहारा दिया। वकालत के व्यवसाय में सीनियर-जूनियर का रिश्ता भी संगीत क्षेत्र के गुरु-शिष्य जैसा ही रहता है। प्रत्यक्ष मार्गदर्शन के साथ ही गुरु का संपूर्ण निरीक्षण और अनुकरण भी ज्ञान देता रहता है, मैंने वैसे ही बालासाहब की शागिर्दी करने का प्रयास किया। आज व्यवसाय में जिस यशस्वी पड़ाव पर मैं पहुँचा हूँ, वह केवल और केवल बालासाहब की देन है।

इस व्यवसाय में स्टेनो, ड्राफ्टिंग, डिक्टेशन आदि बातें बहुत महत्त्व रखती हैं। पहले ही दिनों में एक 'केस' के बारे में उसकी तैयारी हमारे कार्यालय के स्टेनो के सहयोग से करने को उन्होंने कहा। मैं मुश्किल में पड़ गया। कार्यालय के स्टेनो सीनियर तथा कुशल थे। उन्होंने मेरी सहायता की और पूरी तैयारी के साथ ड्राफ्ट टाइप करके मुझे दे दिया। मैंने वैसा ही वह ड्राफ्ट आपटेजी को

दिया। दूसरे दिन यही हुआ, स्टेनो ने ही सबकुछ किया। इस समय आपटेजी ने सीधा सवाल किया, ''यह ड्राफ्ट किसने दिया है?'' मैंने कहा, ''मुझे अंग्रेजी में डिक्टेशन देना आता नहीं, इसलिए स्टेनो मेरा डिक्टेशन ले नहीं पाता।'' बालासाहब ने मुझे डाँटा। कहा, ''तुम आगे बहुत बड़े वकील बननेवाले हो न! उस समय बहुत व्यस्तता रहेगी, सार्वजनिक कार्यक्रमों में भी जाना पड़ेगा, पक्षकारों की भी भीड़ रहेगी। ऐसी स्थिति में समय का नियोजन और काम में आवश्यक कुशलता तो अर्जित करनी ही होगी। स्टेनों पर निर्भर नहीं रहना चाहिए। विश्वास के साथ उन्हें डिक्टेशन देना आज ही प्रारंभ करो।''

महाराष्ट्र के सभी क्षेत्रों से उनके पास न्याय के प्रकरण आते रहते थे। ऐसे सभी केसों का कार्यक्षम नियोजन करने का पाठ अच्छी तरह से मुझे प्राप्त हुआ। हर एक केस के सभी पहलुओं का ठीक अभ्यास करना और सही समय में उसे न्यायालय में प्रस्तुत करना कितना कठिन होता है, इसकी कामना करना आम आदमी की समझ से परे है। कई बार ऐसे कामों में शीघ्रता बरतना आवश्यक रहता है। ठीक से उस केस की फाइल तैयार करना, टाइपिंग करना, कोर्ट रजिस्ट्रीर में उसे ठीक से दाखिल करना, न्यायालय के सामने उसे समय पर और प्रभावी रूप में प्रस्तुत करना, उसे चलाना और न्यायालय का निर्णय पक्षकार तक समय पर पहुँचाना, ये सब बातें शीघ्र गति करना आदि प्रक्रिया वकील के लिए जटिल भी रहती हैं और आवश्यक भी। इस पूरी प्रक्रिया का प्रशिक्षण मैंने आपटेजी से पाया।

लगभग हर हफ्ते शनिवार-रविवार उनका प्रवास रहता था, परंतु सोमवार की सुबह थककर लौटने के बाद भी वे न्यायालय में समय पर उपस्थित होते थे। न्यायालय से अगली तारीख माँगने के वे हमेशा खिलाफ रहते थे। प्रकरण न्यायालय में उपस्थित हुआ और एड. बालासाहब उस विषय में तैयार नहीं हैं, ऐसा उदाहरण मैंने कभी देखा नहीं। काम करने की तड़प, लगन तथा कुशलता सराहनीय थी। हर पहलू पर उनकी बारीकी से दृष्टि रहती थी। वकालत के व्यवसाय में पूर्णत: प्रामाणिक रहते हुए भी उत्तुंग यश प्राप्त हो सकता है, इसका दर्शन उन्हीं से मुझे प्राप्त हुआ है।

बालासाहब के पूरे परिवार से मुझे भरपूर प्रेम मिला। ज्ञान भी मिला तथा जीवन के बारे में एक नई दृष्टि भी। मेरे निजी परिवार के किसी भी कार्यक्रम में भी वे अवश्य उपस्थित रहते थे। मैं हाईकोर्ट बार एसोसिशन का अध्यक्ष बना, तब हुए कार्यक्रम में तत्कालीन मुख्य न्यायाधीश बी.पी. सिंह, तत्कालीन मुख्यमंत्री विलासराव देशमुख, गृहमंत्री शिवराज पाटिल, एडवोकेट जनरल गुलाम वाहनवती, अरविंद बोबडे आदि कई मान्यवर उपस्थित थे। मात्र, सबसे उत्साहवर्धक उपस्थिति बालासाहब की थी। उनके अब न रहने से कुछ निराधार सा महसूस होने लगा है।

डॉ. भाऊ आपटे, एड. राम आपटे, निर्मलाताई और सभी आपटे परिवार का मैं ऋणी हूँ।

(Designated Senior Advocate मुंबई उच्च न्यायालय, उच्चतम न्यायालय, केंद्रीय अध्यक्ष, अखिल भारतीय अधिवक्ता परिषद्, पूर्व अ.भा.वि.प. कार्यकर्ता)

□

व्यक्तित्व एवं विचार

कार्यकर्ता लिखते हैं...

संस्मरण

अ.भा.वि.प., देश भर की परिषद् के कार्यकर्ता, उनके परिवारजनों ने बालासाहब के दिल का, मन का और समूचे जीवन का सबसे बड़ा हिस्सा व्याप्त किया था। जहाँ-जहाँ पुराने-नए कार्यकर्ता इकट्ठा होते थे। वहाँ एक अनोखी आस्था से बालासाहब उपस्थित रहते थे और वक्त भूलकर मेले में रँग जाते थे। सहयोगी कार्यकर्ता, अलग-अलग पीढ़ी के युवा कार्यकर्ता और खासकर पूर्ण समय देकर काम करनेवाले कार्यकर्ताओं की सभी प्रकार की चिंता बालासाहब के मन में हमेशा होती थी। अनेक कार्यकताओं ने अनेक प्रकार के अनगिनत दृश्यों का अनुभव किया है। काम के प्रति कर्तव्यबोध और औचित्य का कड़ा आग्रह रखनेवाले बालासाहब कार्यकर्ताओं के व्यक्तिगत सुख-दुःख के प्रति भी उतने ही भावुक थे।

आत्मीय सखा

—मदनदास

लगभग पाँच दशक के लंबे समय तक मेरी बालासाहब आपटे से करीबी दोस्ती रही। वर्ष 1964 के जून महीने में मुंबई में 'विद्यार्थी परिषद्', महाराष्ट्र प्रदेश का अभ्यासवर्ग था। उस वर्ग का नियंत्रक मैं था और कार्यक्रम प्रमुख थे बालासाहब। (अभ्यास वर्ग, कार्यक्रम प्रमुख, नियंत्रक आदि संज्ञाओं का विशिष्ट अर्थ परिषद् कार्यकर्ताओं को अच्छी तरह ज्ञात है।) चर्चा के विषय निश्चित होने के बाद, प्रारूप लिखना व साइक्लोस्टाइल करना आदि काम हम रात में जागकर करते थे। परिणामस्वरूप दिन में नींद आती थी। फिर भी रात को जागते रहने में एक अलग किस्म का आनंद मिलता था। बालासाहब मुंबई के संगठन मंत्री थे। उनके स्थान पर मुझे संगठन मंत्री और सुरेश साठे को मंत्री नियुक्त किया गया। उन दिनों लगभग हर महीने 'नगर परिषद्' की बैठक होती थी। एक सौ कार्यकर्ता उसमें उपस्थित रहते थे। इस अच्छी उपस्थिति का प्रमुख कारण यह था कि छात्रों के, कार्यकर्ताओं के घर जाकर हम संपर्क करते थे और इस काम में बालासाहब का उत्साह उछालें मारता था। 'नगर परिषद्' में प्रमुख भाषण उनका ही होता था और हम सबकी दृष्टि से वह आकर्षण का विषय था। एक अलग ही मस्ती में हम काम करते थे। हमारी कुछ लोगों की एक 'बेसन चावल टोली' थी। जब किसी कार्यकर्ता की माँ या भाभी दूसरे गाँव जाती थी, तो हमारी यह टोली उस कार्यकर्ता के घर पहुँच जाती थी। हम मिलकर बेसन-चावल पकाकर हँसते-मुस्कराते साथ में भोजन करते थे।

बालासाहब तब हाईकोर्ट में वकालत करने लगे थे। वहाँ उनका कार्य-कौशल विकसित भी होने लगा था, लेकिन फिर भी न्यायालय का सुबह का सत्र खत्म होने के बाद बालासाहब और श्रीकांत धारप बाहर निकलते थे। कार्यक्रम की तैयारी के लिए, कार्यकर्ताओं से मिलने के लिए, तो कभी एक साथ सिनेमा देखने के लिए। अनौपचारिक दोस्ती जोड़ना, घंटों तक साथ में रहना, रात को देर तक जागकर पोस्टर चिपकाने जैसे काम सामूहिक रूप से करना, इनमें बालासाहब की विशेष रुचि थी और ऐसे ही एक साथ रहने से दोस्ती और भी गहरी होती गई, संगठन मजबूत बनता गया। (आज के जैसे पोस्टर्स लगाने के लिए ठेका देने का प्रचलन उस समय नहीं था। 1966 में पद्मनाभ आचार्य, दिलीप परांजपे पूर्वांचल गए। आते समय उन्होंने SEIL (Students' Experience in Interstate Living) की योजना बनाई और वहाँ से 80 छात्र मुंबई लाने की कल्पना

लेकर वे मुंबई आए। उसके बाद मुंबई की बैठक में यशवंतराव व अन्य सभी कार्यकर्ताओं ने मिलकर इस योजना को स्वीकार किया और इस योजना को अच्छी प्रकार से सफल बनाना है, यह तय किया। कोलाबा से लेकर थाना तक 80 परिवार खोजने का कार्य रिकॉर्ड समय में पूरा किया और उन 80 छात्रों को घर लाने के लिए इन परिवारों के लोग स्टेशन पर मौजूद थे। इस सारी योजना में बाल आपटेजी का प्रमुख सहभाग था।

वर्ष 1965 में परिषद् का 'राष्ट्र की सुरक्षा' विषय को प्राथमिकता देनेवाला तेरहवाँ अधिवेशन हुआ। जनरल थोरात के हाथों इसका उद्घाटन हुआ। उस अधिवेशन में मलेशिया के राजदूत जेतुल बिन इब्राहीम उपस्थित थे। इस अधिवेशन में भी बालासाहब कार्यक्रम प्रमुख और मैं नियंत्रक, यही जोड़ी थी। वर्ष 1966 के कानपुर में हुए अधिवेशन में जनरल करिअप्पा प्रमुख अतिथि थे। SEIL प्रोजेक्ट के तहत पूर्वांचल जाकर आए कार्यकर्ताओं की हाजिरी उस अधिवेशन की विशेषता थी। इसी दरम्यान 'छात्र कल का नहीं, आज का नागरिक' यह संकल्पना उजागर हुई। कुल मिलाकर परिषद् के वैचारिक मार्गक्रमण में तेजी आई। छात्र-समूह के 'सामाजिक सहभागिता की भूमिका' इस विषय पर मुंबई के प्रांत अधिवेशन में 17 गुटों में चर्चा का आयोजन किया गया। उस चर्चा का प्रारूप आपटेजी ने ही लिखा था, अर्थात् यशवंतराव केलकर जैसे कार्यकर्ता से विचार-विमर्श करके ही।

वर्ष 1969-70 में त्रिवेंद्रम में परिषद् का 'अखिल भारतीय अधिवेशन' हुआ था। इस अधिवेशन के बाद अखिल भारतीय संगठन मंत्री पद का दायित्व मुझे सौंपा गया और यहीं से मेरे व बालासाहब के बीच रहा स्नेह और गहरा होता गया। गुजरात और बिहार में शुरू हुए भ्रष्टाचार एवं महँगाई के खिलाफ आंदोलन, विद्यार्थी समूह की सामाजिक सहभागिता की भूमिका को प्राप्त हुआ व्यापक आयाम, आंदोलन में परिषद् की अग्रणी भूमिका, आपातकाल-विरोधी देशव्यापी आंदोलन, आपटे-केलकर जैसे प्रमुख कार्यकर्ताओं को लंबा कारावास, ऐसा बहुत ही प्रक्षुब्ध कालखंड। केलकर और आपटे ने जेल में भी अत्यंत प्रभावशाली भूमिका निभाई। डेढ़ साल की जेल में उन्होंने एक बार भी पैरोल की माँग नहीं की। देशव्यापी आंदोलन के विषय से संबंधित अनेक वर्किंग पेपर्स (प्रारूप) जेल में ही तैयार हुए। आनेवाले समय का आगाज लेनेवाला, उस समय में अपने दायित्व को समझानेवाला मार्गदर्शन उन पेपर्स में था। आपातकाल समाप्त होने के बाद भी राजनीतिक पार्टी में शामिल न होते हुए, राष्ट्र-निर्माण का अपना काम, राजनीति से ऊपर उठकर करते रहने का फैसला परिषद् ने किया। जब विश्वविद्यालयों के चुनाव में सभी जगह सफलता मिल रही थी, तभी उससे दूर जाकर रचनात्मक कार्य में अधिक सक्रिय होने का निर्णय लिया गया। आज बताने में कोई दिक्कत नहीं, इन चुनावों में शामिल होकर छात्रों को नेतृत्व प्रदान करना परिषद् की प्रकृति में है, यह बालासाहब आपटे और यशवंतराव केलकर का मानना था, लेकिन बाकी सभी कार्यकर्ताओं का चुनाव से मुक्त होने का आग्रह था। स्वयं की व्यक्तिगत राय को अलग रखकर सामूहिक निर्णय पर मन से विश्वास रखने का अनूठा पाठ आपटे और केलकर ने उस वक्त साकार किया। (आगे के कार्यकाल में छात्रसंघ चुनाव में फिर से शामिल होने का फैसला परिषद् ने लिया।) असम में विदेशी घुसपैठियों के खिलाफ आंदोलन, जम्मू-कश्मीर में आतंकवाद-विरोधी मोर्चा (इन दोनों

सत्याग्रहों में परिषद् के माध्यम से देश भर से लगभग 10,000 छात्र शामिल हुए थे।) ऐसे अत्यंत ऐतिहासिक आंदोलनों में बालासाहब ने आगे रहकर छात्र-समूह का नेतृत्व किया।

इस सब भाग-दौड़ के समय में लगातार तीस साल बालासाहब से, उनके परिवार से और उनके जीवन व्यवहार से मेरा जो रिश्ता जुड़ गया, उसका वर्णन करने के लिए शब्द कम पड़ेंगे। ऋजुता, स्नेह, आस्था, अपनेपन का अनोखा दर्शन उनके सान्निध्य में मुझे हुआ। वैचारिक स्पष्टता, निर्भयता और देशहित में संपूर्ण समर्पण, इन सारी बातों का सर्वोच्च आदर्श, ऐसा ही उनके जीवन का वर्णन करना होगा। उनकी पत्नी निर्मलाजी ने महिला विषयक आंदोलन 'स्त्री-शक्ति' में लंबे समय तक काम किया और आज भी कर रही हैं। पुत्री जाह्नवी ने वैद्यकीय शिक्षा हासिल करने के बाद दो साल तक परिषद् की पूर्णकालिक कार्यकर्ता के नाते काम किया।

अंतरराष्ट्रीय स्थिति का ज्ञान, राष्ट्रीय परिस्थिति के आधार पर संघ की भूमिका, परिषद् की क्या भूमिका होनी चाहिए, इस संदर्भ में सूक्ष्म, स्पष्ट और सुयोग्य चिंतन, संगठन की कार्य-प्रणाली एवं संस्कृति; इस संदर्भ में हमेशा सतर्क, 12 साल राज्यसभा सदस्य के नाते भाजपा में काम करते हुए उस कार्य-प्रणाली के विकास में खामियाँ होने की व्यथा—आपटेजी के इन्हीं सभी गुणों का मुझे बहुत ही करीब से दर्शन हुआ है।

जिस प्रकार से उनकी मृत्यु हुई, वह सर्वथा अकल्पित था। केवल दस दिनों के काल में, अच्छे वैद्यकीय उपचारों के बावजूद, आपटे हमें छोड़कर चले गए। उनका ऐसे अचानक जाना यह विचारधारा, संगठन, पार्टी, इन सबके लिए बहुत बड़ा आघात है। व्यक्तिगत रूप से मेरे लिए, दत्तात्रेयजी जैसे अनेक कार्यकर्ताओं के लिए उनकी गैर-मौजूदगी कितनी दुःखद है, इसका वर्णन नहीं किया जा सकता। जीवन के हर क्षण में, सभी प्रकार के निर्णयों में उनके आत्मीय साथ की मुझे सालों से आदत है। यात्रा कैसे करूँ, घर जाऊँ या नहीं, इससे लेकर शरीर-मन के स्वास्थ्य से संबंधित सभी सवालों का जवाब मैं उनकी मदद से ही प्राप्त करता आया हूँ। अब ऐसे सवाल पूछने के लिए बालासाहब आपटे उपलब्ध नहीं हैं, यह कल्पना ही सबसे ज्यादा वेदना देनेवाली है।

(पूर्व सहसरकार्यवाह, राष्ट्रीय स्वयंसेवक संघ,
पूर्व राष्ट्रीय संगठन मंत्री, अ.भा.वि.प.)

□

तत्वनिष्ठ एवं संगठन कुशल

—प्रो. राजकुमार भाटिया

किसी भी देश व समाज के सार्वजनिक जीवन में महत्त्वपूर्ण भूमिका निभानेवाले थोड़े ही लोग होते हैं। उनमें से प्रत्येक का कुछ विशिष्ट योगदान होता है, जिसके कारण समाज-जीवन में वह व्यक्ति अपनी छाप छोड़ जाता है। श्री बालासाहब आपटे भी भारत के राष्ट्रीय जीवन में ऐसे ही विशिष्ट योगदान करनेवाले व्यक्तियों में से एक थे। राष्ट्रीय स्वयंसेवक संघ के स्वयंसेवक के नाते प्रथमतः उन्होंने भारत के अद्वितीय छात्र संगठन 'अखिल भारतीय विद्यार्थी परिषद्' (अ.भा.वि.प.) के निर्माण में मुख्य भूमिका निभाई एवं तत्पश्चात् भारतीय राजनीति के एक शीर्ष दल भारतीय जनता पार्टी में विशेष भूमिका निभाई। यद्यपि अ.भा.वि.प. की स्थापना 1948 में हुई थी, पर व्यवस्थित एवं नियमित रूप से उसका कार्य 1957-58 में प्रारंभ हुआ, जब प्राध्यापक यशवंतराव केलकर ने उसमें कार्य करना प्रारंभ किया। यशवंतराव को इस कार्य में जिन दो व्यक्तियों का सर्वाधिक सहयोग मिला, वे थे श्री मदनदास (इन दिनों राष्ट्रीय स्वयंसेवक संघ के वरिष्ठ प्रचारक) एवं श्री बालासाहब आपटे। इन तीनों लोगों के कुशल नेतृत्व एवं संगठन क्षमता से भारत को 'विद्यार्थी परिषद्' जैसा छात्र संगठन मिला, जो छात्र संगठन के रूप में भारत में अपना विशिष्ट योगदान करते हुए छाप छोड़ रहा है।

जब 1987 में यशवंतराव का निधन हो गया एवं 1991 में श्री मदनदास रा.स्व. संघ के कार्य में चले गए, तब श्री मदनदास के दो सहयोगियों—श्री दत्तात्रेय होसबाले (इस समय रा.स्व. संघ के सह सरकार्यवाह) एवं श्री सदाशिव देवधर (इस समय वनवासी कल्याण आश्रम में कार्यरत) के साथ श्री बालासाहब आपटे ने अ.भा.वि.प. का नेतृत्व सँभाला, जिसका निर्वाह उन्होंने सन् 2000 तक किया।

सन् 2000 में भा.ज.पा. सांसद बनने से पूर्व आपटेजी के जीवन के करीब चार दशक अ.भा.वि.प. में व्यतीत हुए थे। पहले विद्यार्थी व बाद में वकील एवं अंशकालिक प्राध्यापक के नाते उन्होंने अ.भा.वि.प. रूपी भवन के निर्माण में मुख्य भूमिका निभाई थी। प्रो. यशवंतराव के मार्गदर्शन में व संगठन मंत्री श्री मदनदास के सहकारी के रूप में अ.भा.वि.प. को एक उद्देश्यपूर्ण, स्वतंत्र, स्वायत्त, अद्वितीय एवं संपूर्ण छात्र संगठन बनाने में उन्होंने तन-मन-धन से योगदान दिया। श्री यशवंतराव उनके घर मुंबई में थे और अ.भा.वि.प. का मुख्यालय भी मुंबई में था, इसलिए मुंबई से ही अ.भा.वि.प.

का संचालन होता था। कालक्रम में श्री यशवंत राव के मार्गदर्शन से प्रवाहमान छात्र समुदाय के एक स्थायी एवं उद्देश्यपूर्ण संगठन के रूप में अ.भा.वि.प. देश के सार्वजनिक जीवन में स्थापित हुआ। एक संगठन मनुष्यों से बनता है और उसकी नींव में कार्यकर्ता होते हैं। उद्देश्यपूर्ण संगठन का कार्यकर्ता कैसा होना चाहिए, इसका बहुत बारीकी से अध्ययन एवं प्रतिपादन यशवंतराव ने किया एवं कार्यकर्ता निर्माण की एक सशक्त परंपरा अ.भा.वि.प. में विकसित हुई। श्री मदनदास एवं आपटेजी यशवंतराव द्वारा अ.भा.वि.प. हेतु तैयार किए गए 'प्रथम दो' कार्यकर्ता थे।

अ.भा.वि.प. में बिताए अपने चार दशकों में व्यावसायिक एवं पारिवारिक जीवन में से आपटेजी अधिकतम समय निकालते थे, जिसे वे मुंबई, महाराष्ट्र व पूरे देश में अ.भा.वि.प. का कार्य फैलाने में व्यय करते थे। खूब प्रवास करना और जेब से भी खूब खर्च करना उनकी शैली थी। जब अ.भा.वि.प. के पास मुंबई में पर्याप्त व्यवस्था नहीं थी, तब अ.भा.वि.प. के प्रमुख लोगों को प्रवास के दौरान वे अपने छोटे से घर में ठहराते भी थे और उन्हें पूर्ण आतिथ्य प्रदान करते थे। आयु में वे मदनदासजी से भी बड़े थे और प्रा. यशवंतराव के पश्चात् अ.भा.वि.प. में अनेक कार्यकर्ताओं के पालक व अभिभावक का कार्य भी वे करते थे। कार्यकर्ताओं की आर्थिक मदद करने में वे सदा उदारता बरतते थे। ज्यों-ज्यों अ.भा.वि.प. पुरानी होती गई, त्यों-त्यों उसमें पूर्व कार्यकर्ताओं का एक वर्ग भी तैयार होता गया तथा ऐसे कार्यकर्ताओं के पालकत्व का विषय भी महत्त्वपूर्ण बनता गया। आपटेजी पालक की वे भूमिका भी निभाते थे। आज बड़ी संख्या में भा.ज.पा. में भी ऐसे पूर्व कार्यकर्ता कार्यरत हैं। राजनीतिक क्षेत्र के कार्यकर्ता को मार्गदर्शन एवं अभिभावक की अधिक आवश्यकता पड़ती है। भा.ज.पा. में जाने के पश्चात् आपटेजी ने इस आवश्यकता को भी पूरा किया।

अ.भा.वि.प. के निर्माण व विकास के कई पहलू थे, जैसे, उसकी सैद्धांतिक भूमिका तय होना, कार्यपद्धति, संगठन तंत्र व गतिविधियाँ विकसित होना आदि। ऐसे सभी विषयों में आपटेजी का भरपूर योगदान रहा। चिंतन-मनन हो अथवा लेखन या फिर प्रतिपादन, सभी में उनकी बौद्धिक व वक्तृत्व क्षमता प्रगट होती थी। विविध विषयों के प्रारूप बनने हों या प्रस्ताव या फिर साहित्य लेखन होना हो अथवा कार्यकर्ताओं या समाज के सम्मुख परिषद् संबंधी विचारों की अभिव्यक्ति होनी हो, सभी में आपटेजी की क्षमताओं का लाभ परिषद् को मिलता था।

बीसवीं सदी के सत्तर के दशक के प्रारंभ में आधुनिक काल में राष्ट्र जीवन में विद्यार्थियों की भूमिका संबंधी एक मौलिक प्रतिपादन अ.भा.वि.प. ने किया कि 'छात्र कल का नहीं, आज का नागरिक है।' अ.भा.वि.प. का यह प्रतिपादन अनेक देशों व भारत में निभाई जा रही विद्यार्थियों की भूमिका एवं परिषद् के अपने अनुभवों पर आधारित था। अ.भा. वि.प. के इस प्रतिपादन में भी आपटेजी की बौद्धिक क्षमता की बड़ी भूमिका थी।

अ.भा.वि.प. की स्थापना की रजत जयंती के अवसर पर मुंबई में 1974 में आयोजित विशाल राष्ट्रीय अधिवेशन में आपटेजी अ.भा.वि.प. के अध्यक्ष बने थे। 5 वर्ष अध्यक्ष रहने के पश्चात् 1979 से 2000 तक परिषद् की उन्होंने वैसी ही चिंता की, जैसे अध्यक्ष रहते हुए की थी। वास्तव में अ.भा.वि.प. में कार्यकर्ताओं को बिना पद पर रहते हुए कार्य करने का भरपूर संस्कार मिलता है। उसी अनुरूप आपटेजी ने भी कार्य किया।

आपटेजी की राष्ट्रीय, सामाजिक प्रतिबद्धता केवल उन तक सीमित नहीं थी। उनका पूरा परिवार ही सामाजिक कार्यकर्ताओं का परिवार है। दो अविवाहित अ.भा.वि.प. कार्यकर्ता विवाह के पश्चात् पति-पत्नी (बालासाहब आपटे व निर्मला आपटे) के रूप में कार्यकर्ता बने रहे। अनेक वर्षों पश्चात् निर्मला आपटेजी ने भारतीय स्त्री शक्ति नामक स्त्री संगठन प्रारंभ किया, जिसमें वे आज भी कार्यरत हैं। दोनों की बेटी व एकमात्र संतान डॉ. जाह्नवी विद्यार्थी काल में अ.भा.वि.प. की कार्यकर्ता बन गई, पढ़ाई के पश्चात् दो वर्ष वह अ.भा.वि.प. की पूर्णकालिक सदस्य रही व अभी भी वह अ.भा.वि.प. कार्यकर्ता है। आपटे दंपती ने दामाद के रूप में शिरीष केदारे को चुना, जो छात्र जीवन में अ.भा.वि.प. का कार्यकर्ता था, बाद में परिषद् का पूर्णकालिक सदस्य था और तत्पश्चात् सामाजिक प्रतिबद्धता से व्यवसाय करता है।

चार दशकों तक अ.भा.वि.प. का कार्य करने के पश्चात् आपटेजी ने जब 60 वर्ष की आयु पार कर ली, तब भा.ज.पा. के एक वरिष्ठ नेता ने उन्हें भा.ज.पा. में आमंत्रित किया और राज्यसभा की सदस्यता के लिए उनकी स्वीकृति चाही। आपटेजी को लगा कि आयु के कारण अ.भा.वि.प. से तो उन्हें मुक्त होना चाहिए, पर राज्यसभा के लिए उन्हें उचित स्तर से अनुमति लेनी चाहिए। अनुमति मिलने के पश्चात् ही उन्होंने राज्यसभा सदस्य बनने की स्वीकृति दी। तत्पश्चात् वे दो बार राज्यसभा सदस्य बने व भा.ज.पा. के वरिष्ठ पदों पर भी नियुक्त हुए।

आपटेजी सदा ही सिद्धांतनिष्ठ व सांगठनिक मूल्यों के आग्रही रहे। स्पष्टवादिता उनका स्वभाव था। विचारधारा व संगठन के हित में कटु लगनेवाली बातें भी वे दृढता से बोलते थे। कभी-कभी क्रोधित हो जाना भी उनके व्यक्तित्व में था, परंतु वे जो भी करते अथवा कहते थे, उसमें उनका स्वार्थ नहीं होता था। अपने उपरोक्त व्यक्ति वैशिष्ट्य के अनुरूप जो वे दूसरों से अपेक्षा करते थे, उसे वे खुद पर लागू करते थे। वे चाहते तो उच्च न्यायालय के न्यायाधीश बन सकते थे। वकील के नाते उन्हें इसके लिए आमंत्रित किया गया था। उच्च न्यायालय में न्यायाधीश बनते तो सर्वोच्च न्यायालय के न्यायाधीश बनने का मार्ग भी प्रशस्त हो सकता था, पर संगठन हित में सामाजिक प्रतिष्ठा देनेवाले इस पर्याय का उन्होंने वरण नहीं किया। संगठन हित व संगठन का अनुशासन आपटेजी के लिए सर्वोपरि रहता था। 1978 में अ.भा.वि.प. में जब छात्र संघ चुनाव हुए, उस समय न लड़ने का निर्णय लिया जा रहा था, तब वे और मैं भी इससे सहमत नहीं थे, पर कुछ वरिष्ठ कार्यकर्ताओं के आग्रह के कारण वह निर्णय लिये जाने की स्थिति बनी। आपटेजी ने वह निर्णय स्वीकार किया और मुझे भी उसके लिए तैयार किया।

निजी आचरण के सभी मापदंडों पर वे खरे उतरते थे। 1999 में जनवरी में जब उनका षष्ठीपूर्ति दिन आनेवाला था, तब हमने उसे जोर-शोर से मनाना चाहा, पर वे अड़ गए। केवल परिषद् के पूर्व व वर्तमान कार्यकर्ताओं के सहभोज के लिए वे तैयार हुए। कोई भाषण, वक्तव्य नहीं। सहभोज का व्यय भी उन्होंने स्वयं वहन किया। धन कमाने व संपत्ति बनाने का मोह उन्हें कभी नहीं हुआ। मुंबई की एक सोसाइटी के एक छोटे फ्लैट को एक बार घर बनाया, तो अंत तक उसी में रहे। राज्यसभा की सदस्यता समाप्त हुई, तो समय सीमा से पूर्व ही सरकारी घर छोड़ दिया।

अ.भा.वि.प. में मेरा प्रवेश 1967 में हुआ। आपटेजी उस समय परिषद् में पूर्ण सक्रिय थे।

प्रारंभ से ही हमारा परिचय हो गया। 1970 में मेरे महामंत्री बनने के बाद उनसे निकटता होने लगी, जो बढ़ती ही गई। निकटता बढ़ानेवाले दो प्रसंग उल्लेखनीय हैं—

(1) 1990 में आपटेजी के कारण मेरी प्रथम हवाई यात्रा हुई। दिल्ली से हमें हैदराबाद जाना था। वे वायुयान से जानेवाले थे और मैं रेल से। उन्होंने मेरा रेल टिकट रद्द कराया और वायुयान से मुझे साथ ले गए।

(2) मैं मुंबई जाता था तो वे मुझे अपने घर पर ठहराते। वे दिल्ली आते तो उन्हें मैं स्टेशन पर या एयरपोर्ट से लाता था और वे मेरे घर पर रहते।

गत अनेक वर्षों में हमारे संबंध मित्रोंवाले हो गए थे। कुछ विषयों में वे मुझसे राय करते तो कुछ राय मैं स्वयं उन्हें देता था।

आपटेजी का स्वास्थ्य सदा अच्छा रहता था। रोग से ग्रस्त होकर उनका शीघ्र चले जाना बिल्कुल अनपेक्षित घटना थी। राज्यसभा के उनके कार्यकाल के समाप्त होने के 3 महीने पश्चात् ही उनका निधन हो गया। राज्यसभा सदस्यता के पश्चात् सामाजिक जीवन में उनकी भूमिका का नया अध्याय शुरू होनेवाला था, जिसकी रूपरेखा अभी बननी थी। उसी भूमिका हेतु उन्हें शुभकामनाएँ देने के लिए 3 अप्रैल, 2012 को दिल्ली में एक गरिमापूर्ण कार्यक्रम आयोजित किया गया था, जिसमें श्री लालकृष्ण आडवाणी एवं श्री सुरेश सोनी सहित संघ परिवार के अनेक प्रमुख व्यक्ति सम्मिलित हुए थे।

पर विधि का विधान कुछ और ही था
उनकी स्मृति को मेरा शत्-शत् नमन्।

(अ.भा.वि.प. वरिष्ठ कार्यकर्ता, पूर्व राष्ट्रीय अध्यक्ष एवं महामंत्री, अ.भा.वि.प.)

□

Leading Light

—**P.V. Krishna Bhatt**

I think it was in 1967 that I saw Bal Apte for the first time at the National Conference of ABVP, Indore. Our close interaction started from February 1969 or so. He was one of the prominent persons in the central team and Prof. Yeshwantarao Kelkar and Bal Apte were the two leading lights at that time.

One incident I remember very clearly. I think it was in 1973 perhaps the State Conference of ABVP of Karnataka was held. Bal Apte also came for the conference. We had invited Dr. Subramaniam Swami also to be a speaker, but he was unable to come and he intimated that he would not be able to attend in the eleventh hour. There was an article written by him on the subject. We were thinking who would read out that article, which was of about 22 pages. There was no sufficient time to read the article and we were searching for options. Few people suggested that I should speak, but I was hesitating as I was not at all prepared. Then, Bal Apte came into the scene. He arrived that morning only. We requested him to read out the article. Instead, he made his own speech. His speech was so impressive, so talented, so thought- provoking that everybody was impressed. Without any preparation how hard it was to talk. Only just one hour ago, we had requested him and, in that short period of time, he was able to collect his thoughts and present it in such a coherent manner. He was very young at that time, but because of the way he presented, his fluency in the language and clarity in thoughts, everybody was very much impressed.

Then onwards, we used to meet regularly. After his education, he enrolled as an advocate and he devoted most of his time for ABVP. Looking back now, if he had devoted his time for his profession, probably he would have reached to very great heights. Of course, there were offers of making him a Judge of the Bombay High Court (new Mumbai High Court). But he did not take up that assignment. For him, the priority was ABVP work. He arranged for everything, Land reduced his practice to that extent, so that he spent most of his time for the organisation.

After I became the National President of ABVP in 1979 at the Jaipur Conference, I think, in 1980 I went to Mimbai for the first time. ABVP workers had organised a big welcome for me at the railway station. Among the workers, who had assembled there, Bal Apte was also holding a flag in his hand and running from one end to the other. I was spell bound to see him. He was the former national president of the organisation. Still he was running from one end of the platform to the other to receive the present president like an ordinary worker. That is how he set a model example to the workers.

Bal Apte has played a very prominent role in the ideological foundation of the organisation. ABVP was described as an organisation of the educational community, non-political organisation. In one of the Chintan Baithaks, Bal Apteji clarified this basic concept. He said that it was wrong to describe ABVP as an organisation of the educational community. It was essentially a student organisation and believed in the concept of educational community. So, right from the basic ideological concepts like educational community or the organisation of the educational community, it was he who first clearly stated these points. Similarly, many people used to say that ABVP was a non-political organisation. There would be a discussion on this as we used to take up several political issues. Once again, Bal Apte said it was not a non-political organisation because the students were very much part of the present-day society. They were involved in real political issues. Therefore, he said that we were an organisation which was above partisan politics.

At that time, people used to say students were citizens of tomorrow. They were not citizens of today and they had to concentrate on their studies. But, Bal Apteji said that students were very much citizens of today because they would also have to face the present conflict, present issues and problems. So, they had to prepare themselves for tomorrow.

In this way, starting from many of these basic ideological concepts from time to time, ABVP started such series of Vichar Baithaks in 1982 at Mount Abu. It was in that Baithak some of these basic ideological concepts were clarified. It is Bal Apte who had prepared that paper. ABVP had emerged in the country as a student organisation with distinct identity and ideological approach. Much of the contribution towards this was made by Bal Apte. It was the time when most of the student organisations in the country were working as a students' wing for the political parties. It was while working with the Vidyarthi Parishad. We felt that it is not a wing of any political party. The founders of the organisation. in 1949 itself had made it clear that ABVP would not be a wing of any political party. Even then, to clarify many of these ideological issues, subsequent discussions were organised, in which Bal Apte played a very important role.

Bal Apte was a brilliant advocate. He was teaching in a law college only to establish legitimacy to work for ABVP. Apart from his ideological depth and clarity, the way in which he interacted with the workers of ABVP was also worth emulating and memorable. His house was always open for workers. We used to go there. Every worker was welcomed. He was a friend and guide to every worker. It was the team of Yeshwantarao Kelkar and Bal Apte which played the most important role in building this organisation. If Vidyarthi Parishad today has emerged as an organisation with the distinct features, these two personalities have played a very important role. From 1966 perhaps up to almost 2000, he played a very important role in the development of the organisation.

When the offer came to him from BJP that he would be nominated to Rajya Sabha and BJP also wanted him for party work, he was in a great dilemma whether to accept this offer or not. He discussed the matter with every one of us. His thought process went for some time and, ultimately, he agreed to go there but as it was pointed out earlier, in his innings in political party, he too was not very happy. The ideological discussion and Abhyas Varga, which started there afterwards, he was mainly responsible for preparing the content of those classes. He felt somewhat uneasy in politics.

His first choice was ABVP. He devoted his time, energy and talent for building up of this organisation. If ABVP has carved out a niche for itself, a distinct position among the student organisation in the country, the role of Bal Apte is of utmost importance, and a most crucial one.

*(अध्यक्ष, विद्यार्थी शिक्षण सेवा न्यास बंगलुरू, पूर्व विधान परिषद्
सदस्य कर्नाटक एवं पूर्व राष्ट्रीय अध्यक्ष, अ.भा.वि.प.)*

□

विवेकरक्षक

—गीताताई गुंडे

वर्ष 1967 से एक ज्येष्ठ हित-चिंतक के रूप में मुझे बालासाहब का साथ मिला। शुरुआत की कुछ वर्षों तक 'विद्यार्थी परिषद्', उसके बाद विशेषत: आपात्काल के बाद कुछ वर्षों तक अंतरराष्ट्रीय सहयोग परिषद्, 1984-1994 के बाद पुन: 'विद्यार्थी परिषद्' और पिछले 4-5 वर्षों से 'अखिल भारतीय महिला समन्वय' का काम। इस तरह से मेरा सामाजिक जीवन का स्वरूप रहा। कार्यक्षेत्र चाहे जो भी हो, कार्य के विषय में व्यक्तिगत निवेदन नियमित रूप से बालासाहब को ही किया जाता था। उनसे बात करके काम के लिए आवश्यक स्फूर्ति और वैचारिक मार्गदर्शन प्राप्त होता था। सभी संभ्रम दूर हो जाते थे। जीवन का असीम ज्ञान, छोटी-छोटी बातों में जीवन का आनंद लेने की मनोवृत्ति, अनुशासन का कठोर आग्रह, वेदों का ज्ञान, संपूर्ण संगठनशरणता, पारदर्शिता, उदारता, वैचारिक स्पष्टता का आग्रह, परिवार के सदस्यों के प्रति श्रद्धा, उनके स्वभाव की ये विशेषताएँ अनेक प्रसंगों में प्रतीत होती थीं। सारे कार्यकर्ताओं के साथ मानसिक रूप से वे बड़ी सहजता से जुड़ जाते थे। उनके सुख-दु:ख में हमेशा उनके साथ रहते थे। पूर्णकालिक कार्यकर्ता के नाते काम शुरू करने से कुछ दिन पहले मैं बहुत बीमार थी। बीमारी से उबरने के बाद भारी वजन उठाना मना था। बालासाहब इसके बारे में जानते थे और इसका पूरा ध्यान रखते थे कि मैं वजन न उठाऊँ। बैठक के बाद घर लौटते समय वे स्वयं मेरा बैग उठाते थे।

न्यायालय से घर आने के बाद सामूहिक जलपान का एक विशिष्ट कार्यक्रम उनके घर पर होता था। घर के सारे लोग, घर आए कार्यकर्ता, उनके जूनियर एडवोकेट्स, सभी मिलकर चाय का आनंद लेते। उस समय खुलकर चर्चा होती तथा हास्य-विनोद होते थे। बिलकुल अनौपचारिक। मुझे वे जलपान सदैव याद रहेंगे।

सामाजिक तथा व्यक्तिगत जीवन के प्रत्येक चरण पर मुझे उनके रूप में एक 'विवेकरक्षक' मिला (Conscience Keeper)। यह लाभ सिर्फ मुझे ही नहीं, बल्कि मेरे जैसे बहुत से कार्यकर्ताओं को मिला है। महिला समन्वय का काम करते हुए सामने आनेवाली अनेक समस्याओं के विषय में उनसे चर्चा के बाद ऐसा लगता था कि उन्हें पूरी जानकारी है, लेकिन कुछ महत्त्वपूर्ण सुझाव देने के अलावा हमारे काम में दखलअंदाजी लगे, ऐसी प्रतिक्रियाएँ उन्होंने कभी नहीं दीं।

जनकल्याण सहकारी बैंक के संचालक मंडल के चुनावों में मुझे उम्मीदवार बनाने का निर्णय

लिया गया। इस संदर्भ में भी मेरे मन में संभ्रम था। उम्मीदवार को चुनाव के खर्चे के लिए कुछ पैसे देने थे। मैं तो पूर्णकालिक कार्यकर्ता, इसलिए मेरे पैसों की जिम्मेदारी वेदप्रकाश गोयलजी ने उठाई, लेकिन उनके पैसे लेना मुझे उचित नहीं लगा। मैं सोच रही थी कि मेरे घर से मुझे पैसे लाने चाहिए। इस संदर्भ में बालासाहब से बात करने के बाद मन का संभ्रम दूर हो गया। ऐसा ही और एक बार मन संभ्रमित हुआ। बैंक के संचालक मंडल की मीटिंग में बैंक के कार्य के लिए यात्रा करने की प्राथमिकता थी। इसलिए संचालक मंडल की मीटिंगों में मेरी हाजिरी बहुत ही कम थी। इसलिए 'आप विमान से यात्रा करें, बैंक खर्चा उठाएगा।' ऐसा बताया गया। मेरे मन में सवाल उठा, क्या ऐसा करना उचित होगा। इन विचारों में भी स्पष्टता आई बालासाहबजी से बातें करने के बाद। 'सही किया आपने' या 'आपका कहना उचित है।' ऐसे उनके शब्द आश्वासक होते थे, स्पष्ट रूप से मार्गदर्शक होते थे।

(वरिष्ठ सामाजिक कार्यकर्ता, पूर्व राष्ट्रीय उपाध्यक्षा अ.भा.वि.प.,
अखिल भारतीय महिला समन्वय प्रमुख, रा.स्व. संघ)

□

प्रो. बाल आपटे एक ध्येय बांधवी अंतरंगता

—डॉ. महेश चंद्र शर्मा

आदरणीय बालासाहब आपटेजी हम लोगों के सखा, मित्र एवं मार्गदर्शक थे। विद्यार्थी परिषद् में आपातकाल के बाद जो राष्ट्रीय टीम विकसित हुई, उस टीम के हर सदस्य को लगता था कि इस टीम की धुरी में तीन व्यक्ति हैं—प्रथम यशवंत राव केलकर, द्वितीय श्री बालासाहब आपटे तथा तृतीय श्री मदनदास। केलकरजी, मदनदासजी तथा आपटेजी परस्पर इतने संपूरक थे कि लगता है, इन तीन शरीरों का मिलकर एक विरल व्यक्तित्व बन गया है। उनकी विरलता को टीम में हर कार्यकर्ता महसूस करता था। मुझे लगता है ये तीनों एक-दूसरे के बिना अधूरे थे।

केलकरजी के निधन से यह व्यक्तित्व खंडित हो गया। केलकरजी चले गए, मदनदासजी संघ के प्रचारक थे, अतः उन्हें 'विद्यार्थी परिषद्' के स्थान पर सीधा रा.स्व. संघ के सह-सरकार्यवाह का दायित्व आ गया, बिना केलकरजी, बिना मदनदासजी, आपटेजी अकेले 'विद्यार्थी परिषद्' में रहें, यह कठिन कार्य था। चूँकि आपटेजी तो आपटेजी थे, उन्होंने निभाया। इस निभाने में असहजताएँ भी आईं, लेकिन उन्होंने निभाया। उनके साथ राजकुमारजी व दत्तात्रेयजी आए, आपटेजी, राजजी तथा दत्तात्रेयजी भी गए। केलकरजी, मदनदासजी तथा आपटेजी की त्रयी का विकल्प नहीं था।

अंततः आपटेजी 'विद्यार्थी परिषद्' से विदा हुए, 2000 में उनका निर्वाचन राज्यसभा के लिए हो गया। वे भा.ज.पा. में आ गए। 'विद्यार्थी परिषद्' के कार्य की एक विशेषता है कि यहाँ कोई कार्यकर्ता कभी भी परिषद् से पूर्णतः मुक्त नहीं होता, क्योंकि 'विद्यार्थी परिषद्' में पुराने या पूर्व कार्यकर्ताओं के सम्मेलन, समागम एवं बैठकें होती रहती हैं। (1983 में मैं विद्यार्थी परिषद् से औपचारिक रूप से मुक्त हो गया। मुझ पर उत्तर पश्चिमांचल क्षेत्र का संगठन मंत्री के नाते उत्तरदायित्व था।) आपातकाल के बाद मुझ पर 1977 में परिषद् का राजस्थान प्रदेश संगठन मंत्री का दायित्व आया। 1978 में ही मैं 'अखिल भारतीय टीम' का सदस्य बन गया, तभी से बालासाहब आपटेजी का निकट सान्निध्य प्राप्त होना प्रारंभ हुआ, हालाँकि उनसे मेरा साधारण परिचय पुराना था। 1969-70 में मैं पहली बार चूरू से परिषद् के राष्ट्रीय अधिवेशन के लिए त्रिवेंद्रम गया था। आपटेजी को वहाँ देखा, अगले वर्ष कलकत्ता अधिवेशन में भी मैं गया था, आपटेजी को उसमें सुना। दिल्ली अधिवेशन में पुनः किंचित अनुल्लेखनीय मुलाकात हुई, तब मैं 'राजस्थान विद्यार्थी

परिषद्' का प्रदेश मंत्री था। 1970-71 एवं 1971-72 में मैं लक्ष्मणगढ़ में प्राध्यापक हो गया, मुझे संघ का दायित्व मिला, परिषद् से औपचारिक संबंध टूट गया। आपटेजी को देखना-सुनना भी बंद हो गया। 1973 में प.पू. श्री गुरुजी का स्वर्गवास हुआ, मुझे राजस्थान में सीकर जिला में संघ प्रचारक बना दिया गया था। आपातकाल में जेल में तथा 1977 में पुनः 'विद्यार्थी परिषद्' में आ गया। सातवें दशक में देखे-सुने आपटेजी का आठवें दशक के अंत में पुनः मिलन हुआ, यह मिलन संजीदगी एवं आनंद भरा था, जिसकी मैंने इस आलेख के प्रारंभ में चर्चा की है, उसके साथ काम करने का एक स्वर्णिम अध्याय जीवन में जुड़ गया।

यह सान्निध्य केवल 5 वर्षों का है, लेकिन स्वयंसेवक के नाते इससे पूर्व के 29 वर्षों में जितना सीखा था, वह इन 5 वर्षों की शिक्षा के समक्ष बौना था। 5 वर्षों का यह औपचारिक संबंध अटूट बन गया, लेकिन 1983 में मैं सब दायित्वों से मुक्त होकर अनुसंधान के लिए लौट गया था, आपटेजी से मिलना कम हो गया था। 1986 में मुझे दीनदयाल शोध संस्थान का दायित्व मिला। 10 वर्षों तक इस दायित्व पर रहा, जब भी मुंबई आता, आपटेजी से अवश्य मिलता था। उनसे मिलना एक आत्मीय उष्मा का एहसास करवाता था, हम जिस विचार परिवार के साथ एवं ध्येय बंधु थे, इस नाते कुछ उन्मुक्त चर्चा का भी यह मिलन अवसर होता था। परिवार में उन्मुक्त चर्चाओं के सिकुड़ते दायरे को भी यदा-कदा हम चिह्नित करते थे। 1996 में मैं राज्यसभा में आ गया, चार वर्ष बाद आपटेजी भी राज्यसभा में आ गए, राजनीति के क्षेत्र में अपने अग्रज का स्वागत करने का आनंद, बखान योग्य नहीं है, पर मजा आ गया। 1983 से विरल होता संपर्क 1998 से पुनः सघन हो गया। आपटेजी पहले राज्यसभा, बाद में पार्टी के उपाध्यक्ष तथा बाद में संसदीय बोर्ड के सदस्य बने, वहीं पार्टी की सर्वोच्च नीति निर्मात्री निकाय के अंग बने। अच्छा तो बहुत लगा, मुझे व्यक्तिशः बहुत सहारा मिला, पर यहाँ वह बात न थी, जो 1978 से लेकर 1983 के काल में थी। कारण तो शायद अनेक थे, लेकिन एक बड़ा कारण था, वह त्रयी टूट गई थी।

राज्यसभा सांसद के नाते ही भा.ज.पा. में उनसे सान्निध्य की शुरुआत हुई। मुझ पर मुख्य सचेतक का दायित्व था, हम लोग सत्तारूढ़ दल में थे। कैबिनेट से विधेयक स्वीकृत होकर आते थे, सदन में उन्हें पारित होना होता था। सदन में किसी विषय पर कौन बोलेगा, यह तय करना मेरा काम था। सी.आर.पी.सी. में एक संशोधन का विधेयक आया था। आपटेजी विचित्र थे। मैंने उनसे बोलने का आग्रह किया तथा विधेयक की प्रति उन्हें दी। रात में उन्होंने विधेयक पढ़ा, प्रातःकाल सदन में आते ही उन्होंने कहा, "क्यों महेश! शाखाएँ अब बंद करनी हैं क्या?" मैं कुछ समझा नहीं, वे बोले, "यह विधेयक कहता है कि सार्वजनिक स्थानों-पार्कों आदि में योग-व्यायाम, ड्रिल व लाठी-काठी आदि करना वर्जित होंगे।" मैं चौंका, ऐसा कैसे हो सकता है? हम दोनों तब के गृहमंत्री मा. आडवाणीजी के पास गए, उन्हें बताया। उन्हें भी बात समझ में आई, विधेयक सदन में प्रस्तुत नहीं किया गया। वस्तुतः हुआ यह था कि वह कोई 1994 का पुराना विधेयक था, जो किसी प्रकार मंत्रिमंडल से पुनः स्वीकृत होकर प्रक्रिया में आ गया। यदि मैंने वह विधेयक आपटेजी को न देकर किसी और को दिया होता, तो क्या होता? सामान्यतः क्योंकि विधेयक मंत्रिमंडल से स्वीकृत होकर आते हैं, बहुमत के आधार पर वे पारित हो जाते हैं। सदन

में बोलना एक औपचारिक भर रह जाता है। यदि वह विधेयक पारित हो जाता, तो हम बड़े संकट में पड़ जाते, समाज में हमारी जग-हँसाई होती। आपटेजी ने बचा लिया। घटनाएँ बहुत हैं। आपटेजी अंतरंगता के प्रतिनिधि थे, जो बहिरंग में दिखते नहीं हैं। कितना मुश्किल होता है अंतरंगताओं को लिपिबद्ध करना। अतः बस।

(अध्यक्ष, एकात्म मानव दर्शन, अनुसंधान एवं विकास प्रतिष्ठान,
पूर्व राज्यसभा एवं क्षेत्रीय संगठन मंत्री अ.भा.वि.प.)

□

जैसा मैंने देखा-समझा

—रामबहादुर राय

बात ज्यादा नहीं, 13 साल पुरानी है। एक दिन हम श्री राजकुमार भाटिया के घर से लौट रहे थे। रास्ते में मैंने मदन दासजी से कहा कि बालाजी (इसी संक्षिप्त संबोधन से हम प्रोफेसर बलवंत परशुराम आपटे को जानते-पहचानते रहे हैं।) को राज्यसभा में भेजना चाहिए। यह बात अनायास नहीं कही, सोच-समझकर बोला। पूरी बात कहने के बाद मैं मदनदासजी की प्रतिक्रिया का इंतजार करने लगा। उन्होंने छूटते ही सहज ढंग से कहा कि कुछ दिन पहले श्री प्रमोद महाजन का बालाजी को फोन गया। उसमें सूचना थी कि आपको राज्यसभा में भेजने का निर्णय हो रहा है। आपकी सहमति चाहिए। उन्हें बालाजी ने कहा कि मैं संघ के पदाधिकारियों से बात कर बताऊँगा। उन्हीं दिनों संघ के कार्यकारी मंडल की बैठक नागपुर में होनेवाली थी।

हम जानते हैं कि वे उसी साल निर्वाचित होकर राज्यसभा में आए। अपने लिए जो लोग गरदन बार-बार ऊँचीकर राज्यसभा की वरमाला के लिए आकुल-व्याकुल रहते हैं, उनमें बालासाहब आपटे तो बिल्कुल नहीं थे। वे अगर ऐसे होते तो बहुत पहले राज्यसभा में पहुँच जाते। वहाँ पहुँचकर वे अन्यों की तरह धन्य नहीं हुए। नई जिम्मेदारी का भाव जरूर अनुभव किया, लेकिन उसके बोझ तले दबे नहीं और संसद् के रंग में रँगे भी नहीं। तटस्थ और स्थितप्रज्ञ बने रहे। गीतापाठी जो थे। हम जानते हैं कि गीता हो या कोई दूसरा धर्मग्रंथ, उसे पढ़ा नहीं जाता, उसका पाठ किया जाता है। इसी सनातन विधि से उस ग्रंथ को आत्मसात किया जाता है। बालाजी ने अपने जीवन को गीता की सिखावन पर ढाला था। इसकी पुष्टि श्री नितीन गडकरी ने दिल्ली की शोकसभा में की, जब उन्होंने यह बताया कि राज्यसभा में इस बार उन्हें नहीं भेजा जा रहा है, तो इस सूचना से ये कतई विचलित नहीं हुए। उनके लिए राज्यसभा में होना और न होना कोई मायने नहीं रखता था।

बालाजी निर्वाचित होकर दिल्ली आए। उनके साथ निर्मलाजी भी थीं। महाराष्ट्र सदन में ठहरे। उनसे मिलने गया। वे तो पहले जैसे ही मिले, लेकिन रहस्य खोला निर्मलाजी ने। कहा, ‘‘आपटेजी को लगता है कि आप इस निर्णय के विरोध में होंगे।’’ मैंने सिर्फ सुन लिया। उनके वे शब्द मुझे अब भी याद हैं। महाराष्ट्र सदन के उस कोनेवाले कमरे को भुलाना कठिन है, जहाँ आपटे दंपति ठहरे हुए थे।

एक-दो बातें और हैं, जिनका संबंध राज्यसभा के सांसद बनने से ही है। वे स्वर्ण जयंती

अपार्टमेंट में रहने लगे थे। राज्यसभा पूल में कोठियाँ ज्यादा हैं। नया सदस्य भी उनमें से एक कोठी के लिए जमीन-आसमान एक करता है, क्योंकि उससे उसकी हैसियत मानी जाती है, लेकिन बालासाहब आपटे ऐसी माया से दूर थे। उन्हें सहज ही जो फ्लैट मिला, उसमें रहने आ गए और कभी बदला भी नहीं। जब उन्होंने अपना डेरा-डंडा जमा लिया, तब एक दिन मैं गया और बहुत देर तक उनसे यह कहता रहा कि किन विषयों में उनको सांसद के नाते रुचि लेनी चाहिए। वे सुनते रहे। फिर धीरे से कहा कि ठेंगड़ीजी (दिवंगत दत्तोपंत ठेंगड़ी) की राय अलग है। वे चाहते हैं कि मैं सांसदपन में ज्यादा न उलझूँ। साफ है कि वे उसी सलाह पर चले।

किसी के आग्रह पर एक दिन मैंने बालाजी से जम्मू-कश्मीर संबंधी उनकी रिपोर्ट माँगी। वह गोपनीय थी। उन्होंने बिना लाग-लपेट के अपने स्वभाव के अनुसार कहा कि रिपोर्ट पत्रकारों के लिए नहीं है। मैं समझ गया और यह भी नहीं कोशिश की कि उनसे कहूँ कि दिखा दीजिए। जम्मू-कश्मीर पर वह रिपोर्ट अगर दूसरे ने बनाई होती, तो मुझे पाने में किसी तरह की अड़चन नहीं रहती। उस रिपोर्ट के वे ही वेदव्यास थे। आमतौर पर राजनीतिक नेता रिपोर्ट दे देते हैं और एक हिदायत भी कर देते हैं कि उनका नाम न आए। प्रोफेसर बालासाहब आपटे किसी पत्रकार के 'सोर्स बन जानेवाले राजनीतिक प्राणी नहीं थे।' उनकी कथनी-करनी एक थी। विचार और व्यवहार में एकरसता थी, उनके जीवन का एक प्रयोजन था। उसी के आंतरिक अनुशासन से वे संचालित होते थे। उस अनुशासन का पाठ उन्होंने जिससे सीखा, उस प्रोफेसर यशवंत राव केलकर की एक तस्वीर उनके कमरे में टँगी हुई थी, जो हर आने-जानेवाले का ध्यान बरबस अपनी ओर खींचती थी।

मैंने पाया कि व्यक्तियों के बारे में उनका आकलन बहुत सटीक होता था। यही बात घटनाओं के बारे में भी है। इससे कोई फर्क नहीं पड़ता था कोई सहमत हो या न हो। उनका मन स्थिर रहता था। किसी भी बात को लेकर अपने विचार व्यक्त करते थे। इस कारण कभी-कभी यह भ्रम भी हो जाता था कि वे अहंकारी हैं। निर्णय प्रक्रिया के दौरान वे अपना विचार तो रखते थे, लेकिन उचित निर्णय पर अपनी सहमति जताकर उसे मान लेते थे। ऐसा था उनका आत्मानुशासन।

इसे एक बड़ी घटना के विवरण से समझना संभव है। वह जनता शासन की है। इमरजेंसी के बाद जनता पार्टी शासन में आई थी। उसमें चार दलों का घालमेल था, जिसमें जनसंघ भी शामिल था। जनसंघ के एक सूत्रधार नानाजी देशमुख थे। जनसंघ के नेताओं का तब पूरा प्रयास रहता था कि उनके पक्ष से एकता में कहीं कोई दरार न आए। इससे संघ के संगठनों की उन दिनों वैचारिक और व्यावहारिक समस्याएँ बढ़ गई थीं। ऐसी ही एक समस्या का जिक्र करने जा रहा हूँ। समाजवादी समूह के उन दिनों प्रवक्ता मधु लिमटो होते थे। उन्होंने एक लाइन चला दी कि हर पार्टी की युवा शाखा का उसी तरह विलय हो जाना चाहिए जैसे जनता पार्टी में उन दलों का हुआ है। इस चपेट में 'अखिल भारतीय विद्यार्थी परिषद्' भी आया। नानाजी देशमुख ने जनता पार्टी के नेताओं को आश्वासन दे दिया कि वे जनता युवा मोर्चा में 'अखिल भारतीय विद्यार्थी परिषद्' का विलय करवा देंगे। इस वादे को पूरा करवाने के लिए वे सीधे नागपुर पहुँचे और सरसंघ चालक बालासाहब देवरस से मिले। चूँकि उनकी भेंट पूर्व निर्धारित थी और उसका संबंध 'अखिल भारतीय विद्यार्थी परिषद्'

से था, इसलिए वहाँ मदन दास और प्रो. बालासाहब आपटे को भी बुला लिया गया था।

तब मदनदासजी परिषद् के संगठन मंत्री थे। वहाँ इन दोनों ने स्पष्ट किया कि अ.भा.वि.प. जनसंघ का छात्र संगठन नहीं है। परिषद् की सैद्धांतिक और व्यावहारिक भूमिका को खासतौर पर बालाजी ने वहाँ रखा और साफ-साफ कहा कि परिषद् के जनता युवा मोर्चा में विलय का कोई प्रश्न नहीं उठता, क्योंकि यह स्वतंत्र छात्र संगठन है। इस विचार से बालासाहब ने भी सहमति जताई। वे दिन परिषद् के लिए हर तरह से परीक्षा के थे, जिसमें वह इसलिए भी सफल हुई, क्योंकि नेतृत्व में प्रो. बालासाहब आपटे जैसे व्यक्ति उसे मिले थे। उनकी वैचारिक दृढता और व्यक्तियों के प्रति तटस्थता के कारण भी परिषद् उस झंझावात में बची रही, नहीं तो जनता पार्टी ने जिस तरह दूसरे छात्र-संगठनों का बेड़ा गर्क किया, वैसा परिषद् का भी हो जाता।

उन्हीं दिनों कई कारणों से 'विद्यार्थी परिषद्' को एक अभिनव निर्णय करना पड़ा। उनके कारणों का उल्लेख यहाँ प्रासंगिक नहीं है। यह बताना जरूरी है कि पहले परिषद् की टीम में और फिर कार्य समिति में यह सवाल आया कि क्यों न 'विद्यार्थी परिषद्' छात्र संघ के चुनावों से दूर हो जाए और प्रयोग के तौर पर कुछ साल चुनावों से दूर हो जाए और प्रयोग के तौर पर कुछ साल चुनाव न लड़े। इस विचार के मेरे अलावा दो समर्थक और थे, मदनदासजी और श्री गोविंदाचार्य। यह यहाँ स्पष्ट करना जरूरी है कि तीनों के तर्क अलग-अलग थे, लेकिन उन अलग-अलग तर्कों के निर्णय में मेल था। इसके ठीक विपरीत प्रो. बालासाहब आपटे और प्रो. यशवंत राव केलकर के तर्क थे। वे इस विचार के विपरीत खड़े थे कि छात्र संघ चुनावों से परिषद् को भले ही कुछ सालों के लिए सही, पर अलग नहीं होना चाहिए। यह विषय जहाँ 'विद्यार्थी परिषद्' में गंभीर बहस का मुद्दा बना हुआ था, वहीं नानाजी देशमुख और संघ की भी इसमें दिलचस्पी थी। आखिरकार निर्णय हुआ कि परिषद् को कुछ साल के लिए छात्र संघ का मैदान खाली कर देना चाहिए और परिषद् अपनी ताकत रचनात्मक कामों में लगाए। उन दिनों एक प्रोजेक्ट हाथ में परिषद् ने लिया। वह था—चलो ग्राम की ओर। परिषद् ने जो निर्णय लिया, उससे नानाजी देशमुख को आंशिक संतोष हुआ होगा। यह एक संयोग था। यहाँ बताना यह है कि प्रो. बालासाहब आपटे उस निर्णय प्रक्रिया में कहाँ खड़े थे। उनके तीन तर्क थे। एक, कि विश्वविद्यालय का क्षेत्र 'विद्यार्थी परिषद्' का है। दो, कि परिषद् चुनाव न भी लड़े तो उससे छात्र संघ के चुनाव नहीं रुकेंगे। तीन, कि परिषद् के खाली किए गए मैदान पर जनता युवा मोर्चा के उम्मीदवार चुनाव लड़ेंगे और परिषद् के कार्यकर्ताओं को उनका काम करना पड़ेगा। ये तीनों बातें घटित हुईं। कहना यह है कि प्रो. बालासाहब आपटे सही थे। जब ठीक-ठीक ऐसा ही होने लगा तो दो साल के अंदर ही परिषद् ने अपना निर्णय बदला और चुनाव में हिस्सेदारी का सिलसिला शुरू हुआ। बालाजी ने अपनी बात मजबूती से रखी। निर्णय विपरीत हुआ तो चेतावनी जरूरी दी कि गलत फैसला हो रहा है। फिर भी निर्णय हो जाने पर उसे माना। न नाराजगी दिखाई और न निष्क्रिय हुए।

मैंने उस निर्णय के बाद पत्रकारिता की पगडंडी पकड़ी। हिंदुस्तान समाचार के संवाददाता के रूप में इटानगर पहुँचा। कुछ महीने बाद एक दिन अचानक बालाजी और वी. सतीश आए। कुछ दिन रहे और फिर वापस गए। यह सोचकर वह राह ली कि छात्र राजनीति में जो कुछ करता

रहा, उसका निर्वाह पत्रकारिता में हो सकता है। इस बारे में मैंने किसी से सलाह नहीं ली। मुझे याद है कि बालाजी इटानगर निष्प्रयोजन ही आए। मुंबई से इटानगर आने का प्रयोजन सिर्फ इतना ही था कि वे अपने इस साथी को यूँ ही छोड़ देना नहीं चाहते थे। यह घटना है तो तैंतीस साल पुरानी, लेकिन मेरे लिए जैसे कल ही बात हो। इसकी याद आते ही मेरे सामने प्रो. बालासाहब आपटे सजीव और साक्षात उपस्थित हो जाते हैं।

(अध्यक्ष, इंदिरा गांधी राष्ट्रीय कला केंद्र,
सांस्कृतिक मंत्रालय भारत सरकार, वरिष्ठ पत्रकार, पूर्व संपादक,
जनसत्ता, पूर्व राष्ट्रीय महामंत्री अ.भा.वि.प.)

□

आपटेजी और अ.भा.वि.प. की विकास प्रक्रिया

—डॉ. अशोक मोडक

आज स्व. बालासाहब आपटेजी की स्मृतियाँ लिखते हुए मन व्याकुल है। अपना विद्यार्थी-जीवन समाप्त कर मैं 1963 में चालीसगाव (महाराष्ट्र) में प्राध्यापक बना। उन दिनों में ज्ञान, अनुभव तथा आयु में मुझसे श्रेष्ठ प्रो. यशवंतराव केलकर और उनके कुछ सहयोगी कार्यकर्ता महाराष्ट्र में विविध स्थानों पर संगठन के प्रसार हेतु प्रवास करते थे। उसी प्रक्रिया में 1964 से मैं 'विद्यार्थी परिषद्' के कार्य से जुड़ गया था। बीच-बीच में मुंबई में आकर बैठकों में सम्मिलित होता था। तभी से 'बाल आपटे' इस व्यक्तित्व का प्रभाव मैंने महसूस किया। आज उनके बारे में लिखते हुए 51 वर्षों की प्रदीर्घ कालावधि याद आ रही है। रा.स्व. संघ तथा संघ-प्रेरित सभी संगठनों के लिए उन दिनों में बहुत ही प्रतिकूल वातावरण था। प्रागतिक कहलानेवालों की दृष्टि से ये सभी संगठन मानो अछूत थे, परंतु कार्यकर्ताओं का साहस और निष्ठा अटूट थी। आज उपेक्षा सहनेवाले हम कल गौरव और अभिमान के धनी होनेवाले हैं, इसके बारे में दृढविश्वास था। यशवंतराव जैसे कार्यकर्ता संघ विचार का सही प्रस्तुतिकरण करते हुए इस विश्वास को अधिक दृढ़ बनाते थे। नासिक में हुए पश्चिमांचल क्षेत्र के एक अधिवेशन में कर्मवीर भाऊराव गायकवाड़ जैसे महानुभाव उपस्थित हुए थे। उसी प्रकार विविध महाविद्यालयों के प्राचार्य कहीं-न-कहीं कार्यक्रमों में आकर परिषद् के कार्य की सराहना करते, तब हम कार्यकर्ता आनंद से फूले न समाते। अंग्रेजी महाकवि वर्डस्वर्थ की काव्य पंक्तियाँ इस संदर्भ में याद आती हैं—

Bliss it was to be alive then
But to be young was very heaven!

(उन दिनों में जन्म लेना यह सद्भाग्य था, किंतु ऐसे वातावरण में युवावस्था का प्राप्त होना यह तो स्वर्गिक अनुभव था)...ऐसे स्वर्गिक अनुभवों की स्मृतियाँ उजागर करते समय बालासाहब हमारे बीच में नहीं हैं, यह बात अत्यधिक वेदनादायक है।

बैठकों में भी बालासाहब के बुद्धि-वैभव का दर्शन होता था। 'अपनी संस्कृति समन्वय में विश्वास रखनेवाली है' ऐसा कोई कहे, तब बालासाहब कहते, ''शंकराचार्य की प्रज्ञा और गौतम

बुद्ध की करुणा तथा पूरब की चिंतनशीलता और पश्चिम की कर्मशीलता इन बातों में समन्वय तो उचित ही है, किंतु न्याय का पक्षधर और अन्याय करनेवाला, जुल्म करनेवाला इनमें भी समन्वय रखने की सलाह अपनी संस्कृति कभी मंजूर नहीं करती!'' किसी महाविद्यालय के प्राचार्य छात्रों के प्रति अन्यायपरक भूमिका निभा रहे हों, तो वे भले ही रा.स्व. संघ के हिंतचिंतक हों, उनके खिलाफ आंदोलन छेड़ने में हिचकिचाहट न करने की ही उनकी सलाह रहती थी। अधिवेशन जैसे बड़े कार्यक्रम की तैयारी में स्थानीय परिषद् कार्यकर्ता की जो ताकत है, उसी पर निर्भर रहने का, सर्वथा स्वयंपूर्ण होने का ही उनका आग्रह रहता था। परिषद् राष्ट्रीय पुनर्निर्माण के कार्य में मग्न रहे, किसी राजनैतिक दल का छात्र मोर्चा न बने और विशुद्ध छात्र-आंदोलन के नाते अपनी अलग पहचान बनाए, इस भूमिका पर वे सदैव अडिग थे। संगठन-व्यवहार में अनुशासन तथा विधि-निषेधों का पालन कठोरता के साथ होता रहे, यह उनका आग्रह रहता था।

संपूर्ण क्षमता, उत्साह और प्रसन्नता के साथ दिन भर कार्यरत रहने की उनकी क्षमता भी अनोखी थी। पूरा दिन न्यायालयीन कार्य में व्यस्त रहने के बाद शाम को परिषद् की बैठक में सहभागिता, देर रात तक कार्यकर्ताओं के साथ गहन विचार-विमर्श के बाद घर लौटना, उसके बाद दूसरे दिन के कामकाज की पूर्व तैयारी करना और उसके बाद सोना, ऐसा गहरा, व्यस्त दिनक्रम वह सहजता से निभाते। छुट्टी के दिनों में देश भर में परिषद् कार्य के लिए प्रवास चलता था। देश भर के कार्यकर्ताओं के वह आत्मीय अभिभावक बने थे। अपनी व्यक्तिगत कठिनाइयों के विषय भी कार्यकर्ता उनसे बोलते और बालासाहब भी उन सभी को आश्वस्त करने में कुछ कमी नहीं रखते।

कुछ मात्रा में उनके स्वभाव में उग्रता थी। बैठकों में किसी कार्यकर्ता को चर्चा की प्रक्रिया में कठोर भाषा में वे सुनाते और वातावरण तनावभरा हो जाता था। ऐसे समय में उन्होंने अपने मन का संतुलन कभी खोया नहीं। जिस कार्यकर्ता के साथ बहस हुई, उसी के साथ सुसंवाद करने में वे आगे बढ़ते थे। व्यक्तिगत-पारिवारिक स्तर पर कठिनाइयों से जूझते हुए भी कार्यरत रहनेवाले कार्यकर्ता की कदर और ऐसे कार्यकर्ता पर आत्मीयता का बर्षाव् यह बालासाहब की खासियत थी। यही विशेषता उन्होंने आपतकालीन कारावास में भी सहयोगी बंदियों के संबंध में अपनाई। मदनजी, बालासाहब और यशवंतराव, यह त्रिमूर्ति परिषद् की सांगठनिक, सैद्धांतिक और व्यावहारिक प्रगति के चिंतन में सदैव अग्रसर थी। मुझे याद है, एक बार मैं और बालासाहब परिषद् की कुछ सामग्री लेकर माटुंगा के लंबे जेड-ब्रिज से जा रहे थे। सामान का बोझ कुछ ज्यादा ही भारी था। हम दोनों ने 'यशवंतराव केलकर जिंदाबाद' का नारा दिया और हमने सहजता से दूर का फासला तय किया। 'हर-हर महादेव' का नारा जिस तरह से छत्रपति शिवाजी के साथियों को प्रेरणा देता, उसी तरह से 'यशवंतराव केलकर जिंदाबाद' यह उद्घोष हमारे लिए था।

पुणे में मैं पढ़ता था, उसी समय से 1962 से ही मेरी मदनजी से मित्रता थी। उन पर परिषद् का दायित्व आया, वे देश भर में भ्रमण करने लगे। हर स्थल पर कार्यकर्ताओं की 'टीम' विकसित हो, परंतु विधिवत चुनी हुई कार्यकारिणी पर निर्णय के विषय में टीम हावी न हो, खुली चर्चा में बिल्कुल बाधा न आए, यह संतुलन बनाए रखने के काम में बालासाहब की भूमिका महत्त्वपूर्ण

रहती थी। मनुष्य स्वभाव के वैविध्य के चलते बहस-वाद होना स्वाभाविक बात रहती है। ऐसे प्रसंगों में बालासाहब का मार्गदर्शन उपयोगी सिद्ध होता था।

बालासाहब की इस गुण-संपदा के कारण ही कै. भाऊरावजी देवरस ने जनसंघ-भाजपा की विचार बैठकों में तथा निर्णय प्रक्रिया में उन्हें सम्मानपूर्वक समाविष्ट करने की सूचना जनसंघ के कार्यकर्ताओं को दी थी। परिषद् के साथ-साथ संघ, जनसंघ के कार्यकर्ता भी विचार-विनिमय के लिए उनके पास आने लगे। उनके समय, शक्ति और व्यस्तता पर अधिक आक्रमण होने लगा। परंतु बालासाहब उसी प्रसन्नता और तत्परता से उसको झेलते रहे। कभी किसी को दिए हुए समय में वह चूके नहीं, किसी जिम्मेदारी को उन्होंने टाला नहीं और कोई भी भाषण casual या निरर्थक नहीं हुआ।

आखिरी दिनों की बीमारी की स्थिति में भी अपने स्वीकृत उत्तरदायित्व के बारे में उनकी समझदारी और सजगता में कोई कमी नहीं आई। जल्द-से-जल्द तद्नुरूप होकर फिर से कार्यरत होने के लिए वे उत्सुक थे, किंतु नियति की योजना कुछ और ही थी।

अब 51 वर्षों की स्मृतियों के साथ ही हम सभी को आगे बढ़ना होगा।

(National Research Professor के पद पर
भारत सरकार द्वारा नियुक्त पूर्व राष्ट्रीय अध्यक्ष, अ.भा.वि.प.)

□

जेल में बालासाहब

—प्राचार्य अनिरुद्ध देशपांडे

आपातकाल की घोषणा हो चुकी थी। बालासाहब ने मुंबई विश्वविद्यालय में सत्याग्रह किया। मीसा के अंतर्गत गिरफ्तारी हुई और उन्हें नासिक रोड जेल में लाया गया। दिसंबर, 1975 से फरवरी, 1977 ऐसे 16-17 महीनों के लिए वे जेल में थे। यशवंतराव केलकर, सतीश मराठे, प्रकाश पाठक, राजाभाऊ धाट और मैं उसी जेल में थे। कुल मिलाकर 1200 लोग नासिक रोड जेल में थे। जनवरी, 1976 के आस-पास यह ध्यान में आया कि शायद यह कारावास लंबे समय तक सहना पड़ेगा। बंदी बनाए गए कार्यकर्ता भिन्न-भिन्न माहौल से आए थे, कुछ बहुत समय से संघ का काम करनेवाले, तो कुछ बिल्कुल नए थे, कुछ जानते थे कि हम गिरफ्तार हो सकते हैं, तो कुछ लोगों को समझ में ही नहीं आ रहा था कि ज्यादा कुछ संबंध न होते हुए भी उन्हें क्यों गिरफ्तार किया गया। लोगों की मानसिक स्थिति भिन्न-भिन्न थी। जेल की ऐसी विपरीत स्थिति में सभी का मनोबल बना रहे, कार्य के प्रति निष्ठा कायम रहे, इसलिए जो भी प्रयास किए गए, इनमें बालासाहब का सहयोग, initiative बहुत ही महत्त्वपूर्ण तथा विशेष उल्लेखनीय रहा। जेल में विविध कार्यक्रमों का आयोजन करने का काम बालासाहब के जिम्मे था। वहाँ हर रोज शाम को शाखा चलती थी। ध्वज के बिना ही प्रार्थना होती थी। भिन्न-भिन्न विषयों पर चर्चा होती थी।

उन दिनों में बालासाहब ने एक विचार कार्यकर्ताओं के सामने रखा। वे कहते थे, "एक बड़े cause के लिए हमारी लड़ाई है। सत्तावाद, राष्ट्रवाद, ऐसा यह संघर्ष है। It is a battle of ideology. यह संघर्ष लंबे समय तक चलेगा।"

जेल में भाऊसाहब जागीरदार, रामदास नायक, अनंतराव देशपांडे, मैं और ऐसे ही कुछ 8-10 जनों का गुट था। दोपहर में हमारी बैठकें होती थीं। इनमें कुछ पत्रों के बारे में, बाहर की परिस्थिति के बारे में तथा आगे क्या करना है, इसके बारे में चर्चा होती थी। प्राप्त जानकारी का आदान-प्रदान होता था। इस सारी प्रक्रिया में बालासाहब की भूमिका महत्त्वपूर्ण थी।

उस समय बालासाहब 'शिक्षण प्रसारक मंडली' इस संस्था के सदस्य थे। यह सदस्यता रद्द की जाने की आशंका थी। शोलापुर के पंचांगकर्ता श्रीमान दाते भी येरवडा जेल में थे, वे भी इस संस्था के सदस्य थे। इस संबंध में कानूनी पत्र-व्यवहार भी बालासाहब करते थे। स्थिर चित्तवृत्ति

से एक साथ बहुत सारे विषयों पर काम करना, यह तो उनकी खूबी थी।

उन्होंने Political Participation की संकल्पना रखी। चुनाव घोषित हो चुका था। 'विचारधाराएँ अलग-अलग होने के बावजूद आपातकाल का विरोध करनेवाले सभी को एकत्रित होकर लड़ना होगा। समाजवादी हो या और कोई, जिनमें मोहन धारिया, चंद्रशेखर आदि भी थे, उनका समर्थन करना होगा।' यह विचार बालासाहबजी ने सबके सामने रखा। पहले आपातकाल को समाप्त करना होगा, जनता की सरकार बननी चाहिए, इसलिए 'cadre based organisation with mass following' यह विचार बालासाहबजी ने रखे।

जो लोग जेल से पहले रिहा हो जाएँ, वे घर जाएँ, लेकिन अपने कामकाज पर हाजिर न हों, बल्कि चुनाव का काम करें, ऐसा निर्णय लिया गया यानी जेल से रिहा होने को 'मुक्ति' न समझना, बल्कि समझना की 'पैरोल' पर हैं। यह सारा विचार बालासाहब ने ठीक से समझाया, इसलिए मैं भी 26 जनवरी को रिहा हो गया, लेकिन 15 मार्च को नौकरी के स्थान पर उपस्थित हो गया। 16 मार्च को वोटिंग का दिन था, बाद में निर्णय हुआ, सत्ता परिवर्तन हुआ।

जेल के दिनों में एक पल के लिए भी मन में चिंता उत्पन्न नहीं हुई, इस कार्य को न करें, ऐसा विचार भी मन में नहीं आया। जेल से बाहर आने के बाद क्या होगा, कौन क्या करेगा, ऐसे विचारों से कभी भयभीत नहीं हुए, बल्कि बालासाहब के साथ रहने से कार्य के प्रति जो निष्ठा थी, वह और भी दृढ हो गई। अधिक निग्रहपूर्वक काम करने की प्रेरणा मिली। व्यक्तिगत संबंध और भी दृढ हो गए। घर से आई हुई चिट्ठियों के बारे में बातें, पुस्तकें पढ़ना, हँसी-मजाक इन सबके कारण हम और भी नजदीक आ गए।

आपातकाल के बाद 'विद्यार्थी परिषद्' के काम का दायरा और भी विस्तृत होता गया। छात्र केवल campus की समस्याओं से लड़नेवाला नहीं, बल्कि 'आज का यह छात्र आज का ही नागरिक है' इस बात को अधोरेखित किया गया। बालासाहब कहते, छात्र के नाते उसकी जिम्मेदारियाँ हैं ही, लेकिन साथ ही political, social, participation आवश्यक है। जयप्रकाशजी कहते, 'पढ़ाई छोड़कर लड़ाई', लेकिन बालासाहब ने कहा, 'पढ़ाई के साथ लड़ाई'। यह तो निश्चित है कि छात्र सामाजिक समस्याओं से अलग नहीं रह सकता। आज महसूस होता है कि बालासाहब बड़ी दूर की सोचते थे, उनके चिंतन में दूरदृष्टि थी। 'विद्यार्थी परिषद्' के वर्किंग पेपर्स के माध्यम से उन्होंने यह विषय रखा। परिषद् की हर चिंतन बैठक में पहला प्रारूप उन्हीं का होता था। 1978-79 में वडोदरा में हुई बैठक, आगाखान पैलेस में, श्रीरंगपट्टणम् में हुई बैठकें आदि सारी बैठकों में प्रारूप तैयार करने की जिम्मेदारी बालासाहब की ही थी। इन सारे प्रारूपों का भी संकलन होना चाहिए।

यशवंतराव केलकर और बालासाहब साथ में बैठकर निर्णय करते थे। आपातकाल के बाद निर्णय लेना आसान हो गया। दोनों की idential thinking थी। इसलिए बालासाहब तर्कशुद्ध विचार रखते थे और यशवंतरावजी कार्यान्वयन करते थे। साथ रहने से उनके विचारों में इतनी एकरूपता आ गई थी। खयाल भले ही अलग-अलग हों, लेकिन निर्णय एक—ऐसी एकरूपता। फिर भी बालासाहब ने यशवंतरावजी को दिखाए बगैर कभी कुछ Final नहीं किया।

परिवार से जुड़ी बहुत सी यादें भी उजागर होती हैं। मेरी शादी से पहले हम 7-8 दोस्त एक

मकान में साथ-साथ रहते थे। पुणे में बालासाहब की बहन का घर था, फिर भी हमारे घर जरूर आते। हमारे साथ रहते। बहुत सी बातें होतीं। हम भी मुंबईवालों के घर जाते थे। उस समय बहुत आगत-स्वागत होता था। बालासाहब दिल खोलकर बातें करते। उन दिनों 'पुणे' के काम में समन्वय का थोड़ा अभाव था। उस समय सुरेशराव मोडक और बालासाहब, हम पुणे के कार्यकर्ताओं से यानी मैं, मुकुंद तापकीर, सुभाष देशपांडे; इनसे संपर्क करते और बताते रहते कि हमें क्या काम करना चाहिए, किस तरह ध्यान देना चाहिए। तब से हमारा उनसे मिलने-जुलने का सिलसिला जारी रहा। काम करनेवाले, अपना समय देनेवाले कार्यकर्ताओं के प्रति उनके मन में बहुत ही अपनापन था। केवल बातें बनानेवाले कार्यकर्ताओं को वे झट से पहचानते थे। ऐसे लोगों की तरफ कभी ध्यान नहीं देते थे। किसकी कितनी क्षमता है, वे सहज ही समझ जाते थे। वे ऐसे ही इधर-उधर की बातें नहीं करते, चयनात्मक थे।

पुणे में धन-संकलन हेतु बालासाहब के साथ कुछ लोगों से मिलने का अवसर मुझे प्राप्त हुआ। इस दौरान हमने उनसे बहुत कुछ सीखा। 1972 में पुणे के लॉ-कॉलेज में 700-750 छात्रों का एक प्रांत अधिवेशन हुआ, जिसमें डॉ. शंकरराव खरात, डॉ. शिवाजीराव भोसले, ग.दि. माडगूलकर आदि महानुभाव उपस्थित थे। उस समय बालासाहब के साथ हम शंतनुराव किर्लोस्कर, चंद्रकांत किर्लोस्कर, बाबूराव पारखे, आबासाहब गरवारे, नवलमल फिरोदिया जैसे उद्योग जगत् के बड़े लोगों से मिले। बातचीत के दौरान बालासाहब सिर्फ अधिवेशन के बारे में नहीं, बल्कि परिषद् की अन्य गतिविधियों के बारे में भी जानकारी देते थे। To the point, precise बोलते थे। सीधे-सीधे पैसों की माँग नहीं करते थे, कहते, "...तो इतना खर्चा है। छात्र-संगठन को लोगों की सहायता की आवश्यकता है। हमारा काम गैर-राजनीतिक है।" इस अधिवेशन के लिए बड़ी धनराशि मिली।

बालासाहब एक अच्छे वक्ता थे, लेकिन इधर-उधर भाषण देने जाना, उन्हें पसंद नहीं था। इस व्याख्यानमाला में भाषण दिया, उस व्याख्यानमाला में व्याख्यान दिया, ऐसा वे नहीं करते, लेकिन छोटे गाँवों में व्याख्यान देने अवश्य जाते। "आप काम के लिए समय निकालते हो, आप औरों के लिए, समाज के लिए कुछ करते हो क्या?" इस तरह के सवाल वे कभी नहीं पूछते, लेकिन लगन से काम करनेवाले सामान्य कार्यकर्ता को कभी नहीं भूलते। "कैसा चल रहा है काम, आगे और कितने दिन तक, कब तक काम करोगे?" इस प्रकार की पूछताछ पूर्णकालिक कार्यकर्ता से भी नहीं करते थे। चर्चा नहीं, लेकिन देवधरजी के इस प्रकार काम के प्रति तथा कार्यकर्ता को प्रणाली में बनाए रखनेवाली कार्य-पद्धति के प्रति उन्हें बड़ा आदरभाव था। उदाहरण ही बताना हो, तो सुरेशराव मोडक सामान्य परिस्थिति, सीमित आमदनी, माध्यमिक अध्यापक थे, पर काम के संदर्भ में कभी भी शिकायत नहीं, काम से विचलित होना नहीं। यह मैंने भी अनुभव किया है। सुरेशराव मोडकजी के प्रति बालासाहब को बहुत आदर था। मदनजी बालासाहब के करीबी दोस्त थे—a friend by heart. भावनिकता और लोगों का मूल्यांकन, इनमें मदनजी एकदम उत्तम थे, हैं। इसलिए tallying the notes effectively इस पर दोनों का विश्वास था। 'मेरा ही दृष्टिकोण सही'। ऐसा बालासाहब का कभी कहना नहीं था। अगर कुछ गलती है, अपने मन में परिवर्तन लाने की जरूरत है, तो वे हमेशा तैयार रहते थे। संगठन के वैचारिक विकास का संगठनात्मक कार्य का जरा सा भी अभिनिवेश बालासाहब के वर्तन में नहीं दिखाई दिया। 'केवल वैचारिकता से कुछ नहीं होगा, संगठन

भी आवश्यक है' इसी विचार से चलनेवाले बालासाहब के जीवन में संगठन का वैचारिक विकास व संगठनात्मक कार्य का अच्छा मेल-जोल दिखाई देता है। इसीलिए जिनको उनके साथ काम करने का अवसर मिला, उन सभी को बहुत कुछ सीखने को मिला।

एक वकील के नाते भी बालासाहब अतीव आदरणीय थे। हमारे कॉलेज के केस के संदर्भ में मैंने इसका अनुभव किया है। कोर्ट में Highly respected थे।

(अखिल भारतीय संपर्क प्रमुख, राष्ट्रीय स्वयंसेवक संघ,
पूर्व प्रदेश अध्यक्ष अ.भा.वि.प., महाराष्ट्र)

□

बहुजन सहभागिता का आग्रह

—रवींद्र पवार

1960 के दशक में 'विद्यार्थी परिषद्' में प्रो. यशवंतराव केलकर, बालासाहब आपटे, सुरेशराव मोडक, डॉ. पुणतांबेकर ये सारे ज्येष्ठ कार्यकर्ता थे और मैं इन सबसे जूनियर था। उस समय मैं सही मायने में 'विद्यार्थी परिषद्' का काम करने लगा, इसकी वजह हैं, बालासाहब आपटे। पता नहीं क्यों, लेकिन हम दोनों के दिल के तार जुड़ गए।

ऐसा महसूस होता है कि 'विद्यार्थी परिषद्' के संगठनात्मक निर्माण में बाल आपटेजी ने विशेष ध्यान दिया था। उस समय मुंबई में काम थोड़ा कम था, तो कॉलेजों में काम था ही नहीं। फिर बाल आपटेजी ने एक योजना बनाई। लगातार तीन वर्षों तक मैं उस योजना में सहभागी रहा। परिषद् की इस योजना का नाम था—'प्रसार योजना'। हम 25-30 कार्यकर्ता एक निवास स्थान में रहते थे और शाम को 6-7 बजे सत्र इत्यादि शुरू होते थे। दिन भर हम अलग-अलग समूह बनाकर रसीद-बुक लेकर पंजीकरण करने के लिए अलग-अलग कॉलेजों में जाते थे। मैं और बालासाहब एक ही समूह में थे। कॉलेजों में जाने के बाद स्वागत होता था, लोगों के लिए 'विद्यार्थी परिषद्' नई थी। फिर हम जोर-शोर से परिषद् के नारे लगाते। इससे लोगों के मन में स्वाभाविक प्रश्न उठते कि यह सब क्या है और सभी विद्यार्थी इकट्ठा हो जाते। वहाँ लोगों से परिचय हो जाता था और भविष्य में संपर्क के लिए उन छात्रों का नाम-पता हम लिख लेते थे।

इस प्रकार कॉलेजों में हमारा छात्रों से संपर्क हुआ और हमने अपना काम शुरू किया। मुंबई में परिषद् के काम का प्रसार करने में बालासाहब का बड़ा योगदान रहा। वे उस समय वकालत कर रहे थे, परंतु इस संपर्क योजना के चलते वे कोर्ट नहीं गए। इस दौरान वे प्राचार्यों से मिले। प्राचार्य उनसे पूछते, ''आप क्या करते हैं, आपने कहाँ तक शिक्षा प्राप्त की है?'' फिर बालासाहब बताते, ''मैं एम.ए. हूँ। एल.एल.एम. भी किया है और बी.ए. में मुझे प्रथम स्थान प्राप्त हुआ है।'' प्राचार्य थोड़ा आश्चर्य दिखाते, ''अपने कॅरियर में यह क्या कर रहे हैं?'' बालासाहब बताते, ''यह राष्ट्रीय कर्तव्य है, जो मैं कर रहा हूँ; छात्रों को संगठित कर रहा हूँ।''

शुरुआत में हमारी 'विद्यार्थी परिषद्' के कार्यकर्ता, जिसमें अधिकतर नाम लेने से पता चलेगा—आपटे, मोडक आदि महानुभाव होते थे, लेकिन बालासाहब का मानना था कि सभी जातियों के कार्यकर्ता परिषद् में होने चाहिए। फिर उन्होंने कुछ कार्यकर्ताओं की ओर ध्यान दिया। हरेश्वर

नाईक मछुआरा परिवार से थे, माहिम झुग्गी में रहनेवाले। बालासाहब उनके घर जाते थे। प्रदीप राणे और लाल बाग में रहनेवाले चंद्रकांत चव्हाण के घर भी वे जाते थे। इस प्रकार हमारी एक टीम तैयार हुई। इस दृष्टिकोण के बिना 'विद्यार्थी परिषद्' को व्यापक रूप देने का कार्य नहीं हो सकता था और यह दृष्टिकोण बालासाहब आपटेजी का था। उनके प्रयास सफल हुए और विद्यार्थी परिषद् एक सर्वसमावेशक छात्र-आंदोलन की दिशा में बढ़ती गई।

'विद्यार्थी परिषद्' के अलग-अलग कार्यक्रम होते थे। 'फेलोशिप नाइट' नाम का भी एक कार्यक्रम था। इसमें सभी विद्यार्थी एकत्रित होते थे और कुछ 'खेल' खेलते थे। बालासाहब ने इन खेलों को नया रूप दिया था। उदाहरण के लिए, एक गेम था—'डॉट्र्स गेम' यह एक सीधा-सादा खेल था। हमने एक नक्शा लिया। उसमें भारत की राजधानी दिल्ली, कलकत्ता और जहाँ-जहाँ 'विद्यार्थी परिषद्' का काम था, उन स्थानों को नक्शे पर दिखाया। दिल्ली कहने पर दिल्ली के बिंदु पर डॉर्ट फेंकना था, मुंबई कहने पर मुंबई तथा जो भी स्थान बताया जाए, उस स्थान पर डॉर्ट मारना था। वे अखिल भारतीय नक्शा इतनी सहजता से बना लेते कि वह करते समय सहभागी को आसानी से अपने देश का नक्शा समझ आ जाता था। उस निशानेबाजी के खेल को यह रूप देने की कल्पना बालासाहब की ही थी।

और एक खेल था—मोमबत्ती जलाना। यह प्रमुख रूप से लड़कियों के लिए था, लेकिन बालासाहब ने इसे सभी के लिए रखा। इस खेल में जमीन पर नक्शा बनाकर उस नक्शे के बॉर्डर पर मोमबत्ती लगाने से अखिल भारतीय नक्शा तैयार होता। माचिस की एक या दो तीली में वह पूरा करना होता था, जिससे पूरा भारत देश समझा जा सके, देश की सीमाएँ समझ आ सकें, यही हेतु था। इससे लोग तैयार होते गए और विचारों से जुड़ते गए। छात्रों की परिषद् से जुड़ने की यह बात केवल मुंबई तक ही नहीं रही, बल्कि पूरे महाराष्ट्र में यही हो रहा था। परिषद् कार्य के लिए बालासाहब महाराष्ट्र और गोवा में भी जाया करते थे।

परिषद् के लिए धन-संकलन करने की ओर भी बालासाहब ने ध्यान दिया। इसके लिए उन्होंने बड़े-बड़े लोगों से मुलाकात की, उन्हें कार्यक्रमों में बुलाया तथा परिषद् द्वारा चलाए जानेवाले 'वोकेशनल एम्पलायमेंट ब्यूरो' के लिए सहयोग देने का अनुरोध किया। इस कार्य में बालासाहब आपटे तथा पद्मनाभ आचार्य का बड़ा रोल था। 'बॉम्बे डाईंग' कंपनी के मालिक थे—नसली वाडिया। बालासाहब के प्रयत्नों से वे 'विद्यार्थी परिषद्' के मुंबई स्तर के एक कार्यक्रम में प्रमुख के रूप में उपस्थित थे। उन्होंने 'विद्यार्थी परिषद्' को आर्थिक मदद प्रदान की। 'वोकेशनल एम्प्लायमेंट ब्यूरो' के लिए 'बॉम्बे डाइंग' ने सौ नौकरियाँ दीं। इससे छात्रों को सहायता भी मिलती थी, परिषद् का छात्रों से संपर्क बना रहता था और उद्योगपतियों से भी संवाद होता था। उद्योगपति अरविंद मफतलाल के साथ भी बालासाहब के अच्छे संबंध थे। 'फेलोशिप नाइट' में उनको आमंत्रित किया गया था। उन्होंने छात्रों को कड़ी मेहनत करने की सलाह भी दी थी। ऐसे अनेक उद्योगपतियों से बालासाहब आपटेजी ने हमारा परिचय करवाया था।

डॉ. गजेंद्र गडकर मुंबई विश्वविद्यालय के कुलगुरु थे। उन्होंने 'सामाजिक एकता' नाम से

सभी कॉलेजों के छात्रों के लिए एक जुलूस आयोजित किया था। स्वाभाविक था कि 'विद्यार्थी परिषद्' को भी उन्होंने निमंत्रण दिया था। उस जुलूस पर बालासाहब ने विशेष ध्यान दिया था। उनके डॉ. गजेंद्र गडकर के साथ अच्छे संबंध थे। वे पूर्व मुख्य न्यायाधीश थे और फिर मुंबई विश्वविद्यालय के कुलगुरु बने। वे बालासाहब का बड़ा सम्मान करते थे।

मुंबई विश्वविद्यालय और महाराष्ट्र के अन्य विश्वविद्यालयों का तीन दिन का कार्यक्रम डॉ. गजेंद्र गडकर ने 'भारतीय विद्या भवन' में आयोजित किया था। इस संदर्भ में बालासाहब और डॉ. गजेंद्र गडकर के बीच बातचीत के दौरान डॉ. गजेंद्र गडकर ने कहा, ''यहाँ हम जो वैचारिक गोष्ठी का आयोजन कर रहे हैं, यह एक नया प्रयास है। यहाँ किसी को इसकी आदत नहीं, लेकिन आप जैसे 'विद्यार्थी परिषद्' के कार्यकर्ताओं को इस प्रकार की वैचारिक चर्चा की आदत है। आपके कार्यकर्ताओं को इस परिषद् में आना ही चाहिए।'' और हम कुछ लोग उस परिषद् में शामिल हुए।

इसके बाद देश में आपातकाल आया। तब जो सत्याग्रह होने लगे, वे कॉलेजों में करने की योजना बनाई गई। उसका क्रियान्वयन खुद बालासाहब ने किया। उन्होंने मुंबई विश्वविद्यालय में सत्याग्रह किया। उन्हें गिरफ्तार किया गया। वे सवा साल तक नासिक रोड जेल में रहे। मुझे जेल के वातावरण का अनुभव है। इस दौरान मानसिक हालात बिगड़ने के आसार होते हैं। केवल बैठे रहो, कोई काम नहीं होता, लेकिन ऐसे विपरीत हालात में भी बालासाहब और यशवंतराव केलकर इन दोनों ने जेल में विभिन्न कार्यक्रम आयोजित करने की पहल की। 'पहले राष्ट्र, बाद में हम' ऐसी भावना हमारे अंदर होनी चाहिए, ऐसा बालासाहब ने आग्रह किया था। वैश्विक छात्र आंदोलन के विषय का बालासाहब ने भरपूर अध्ययन किया था। अमेरिका के राष्ट्रपति जिस समय जापान गए थे, तब उनके विरोध में जापान के छात्रों ने मानव-शृंखला बनाई थी, जो जापान के छात्र आंदोलन का महत्त्वपूर्ण चरण था। सरकारी मेहमान के रूप में आए अमेरिका ने ही जापान पर परमाणु बम गिराया था, उस बात का गुस्सा छात्रों ने प्रकट किया था। इस प्रकार के अनेक उदाहरण वे बताते थे।

खुद एक संगठन के लिए सरेंडर होना, वह भी स्वयं का अस्तित्व भूलकर सरेंडर होना, बहुत महत्त्वपूर्ण होता है और ऐसा कर पाना बहुत कम लोगों के लिए संभव होता है। बालासाहब आपटे यह कर पाए। बालासाहब के मन में अपनी अच्छी वकालत का भी कभी अहंकार नहीं था। वे मुझसे उम्र में बहुत बड़े थे, फिर भी मैं उन्हें 'अरे बाल' ऐसे नाम से ही पुकारता। हमारे घर में मांसाहार होता और जब बालासाहब घर आ रहे हों, तो घर में एक ही चर्चा चलती कि खाने में उत्तम शाकाहार क्या बनाया जाए? बालासाहब के लिए एक अलग ही रिस्पेक्ट था।

मैंने पूर्णकालिक कार्यकर्ता के नाते काम की शुरुआत की, इसमें बालासाहब का बड़ा सहयोग था। वे मेरे घर आए, मेरे पिताजी से बात की। कहा, ''एक-दो वर्ष के लिए 'विद्यार्थी परिषद्' का 'पूर्णकालिक' कार्यकर्ता बनकर काम करने का निर्णय रवि ने लिया है।'' मेरे पिताजी ने 'पूर्णकालिक' शब्द कभी सुना नहीं था, उन्होंने पूछा, ''पूर्णकालिक कार्यकर्ता का क्या मतलब है?'' बालासाहब

ने स्पष्टीकरण दिया, "'विद्यार्थी परिषद्' बताएगी वह काम करना, सारा समय इसी काम में लगे रहना। रहने का, खाने-पीने का, कपड़ों का सारा इंतजाम परिषद् ही करेगी।" मैं पूर्णकालिक कार्यकर्ता बना। मेरी जानकारी के अनुसार 'विद्यार्थी परिषद्' का पहला पूर्णकालिक कार्यकर्ता मैं ही था।

लालबाग में रहनेवाले चंद्रकांत चव्हाण का परिवार कांग्रेसी था। वह मराठा समाज का है। उसके पिताजी कांग्रेस के कार्यकर्ता और चंद्रकांत चव्हाण 'विद्यार्थी परिषद्' का कार्यकर्ता। चंद्रकांत पूर्णकालिक कार्यकर्ता बने, इसलिए बालासाहब ने खूब प्रयास किए। आज वह सारा परिवार पूर्णतः संघ परिवार हो चुका है। ऐसे ही और एक कार्यकर्ता प्रदीप राणे। बाद में वे 'भारतीय मजदूर संघ' के बड़े कार्यकर्ता बने। उनके पिताजी मुंबई के पुलिस डिपार्टमेंट में उनके ऑफिस के प्रमुख थे। उनके यहाँ 15-20 कार्यकर्ताओं की मीटिंग हुई। ज्यादातर लोग कांग्रेस से जुड़े हुए थे। बालासाहब उस बैठक में स्वयं उपस्थित रहे और उनका बड़ा प्रभाव रहा। इसी प्रकार 'विद्यार्थी परिषद्' में बहुजन समाज के अधिकाधिक छात्र जुड़ते गए।

आज से चालीस साल पहले मैंने परिषद् में काम करना शुरू किया। मैं आज भी संघ के कार्य में सक्रिय हूँ। शिक्षा क्षेत्र से ज्यादा लगाव था। मैंने राजापुर में एक स्कूल खोला। स्कूल के उद्घाटन-समारोह में बालासाहब उपस्थित थे। मैंने उनसे कहा था कि आपको उद्घाटन-समारोह में प्रमुख अतिथि के रूप में आना है। उन्होंने मना नहीं किया। कहा, "तुमने तय किया है न? मैं तो शत-प्रतिशत आऊँगा।" कहने के मुताबिक वे कार्यक्रम में आए। मुझ पर इन सभी के संस्कार हैं।

(वरिष्ठ कार्यकर्ता राष्ट्रीय स्वयंसेवक संघ,
पूर्व प्रदेश मंत्री, अ.भा.वि.प., महाराष्ट्र)

□

बालासाहब और मैं

—डॉ. अंजली विश्वास देशपांडे

बालासाहेब को गुजरे काफी समय गुजर जाने के बावजूद हम सभी अपने आस पास उनकी उपस्थिति आज भी महसूस करते हैं। उनकी स्मृतियों को लिखने की एक मर्यादा है, क्योंकि कोई भी काम करते हुए, इस समय बालासाहेब क्या कहते? अपने ही मन से यह सवाल पूछते हुए, हम सभी अपनी-अपनी क्षमता से उसका जवाब आज भी खोजते रहते हैं। 1972 में जब मैंने विद्यार्थी परिषद् में प्रवेश किया, तब मेरे और बालासाहब के व्यक्तिगत संबंध बने। इसके बाद समय के साथ-साथ उन संबंधों में और अधिक प्रगाढ़ता आती गई। अंतिम कुछ वर्षों में तो हमारे संबंधों की स्थिति यह थी कि कौन कहाँ है, क्या कर रहा है, कहाँ जा रहा है—जैसी जानकारियों का हम लोगों के बीच नित्य आदान-प्रदान होने लगा था। जो भी काम हम करते थे, यदि वह ठीक हुआ तो वे उसकी प्रशंसा करते थे और पुरस्कार भी देते थे। उन्हें हर काम में Perfection चाहिए होता था। वे हमारे काम में Application of mind की भी जाँच करते थे। उनका कहना था कि यदि हमारे काम में पूर्ण application होगा, तभी हमें अपने काम में सफलता मिलेगी।

वे दिल्ली के अपने घर में आते और पूछते, क्या री लड़की? यहाँ तेरा क्या-क्या काम है? फिर मेरे बताने पर वे काम कैसे अच्छी तरह हो, इस बारे में निर्देश देते। राकेशजी को भी वे व्यवस्था कैसे की जाए, इस बारे में मार्गदर्शन करते थे। एक बार दिल्ली से पुणे आते वक्त हमारा रिजर्वेशन कन्फर्म नहीं था। तब उन्होंने पत्र लेकर राकेशजी को मेरे साथ स्टेशन पर भेजा। साथ ही ताकीद भी दी कि यदि रिजर्वेशन कन्फर्म नहीं हुआ, तो इसे पुनः लेकर आना, मैं इसे हवाईजहाज से भेजूँगा, उसका कॉलेज नहीं छूटना चाहिए। बालासाहेब जैसे पालक मिलने के कारण हमें कभी किसी बात की चिंता ही नहीं थी।

जब मैंने पूर्णकाल परिषद् को सेवा देने का निश्चय किया, तब 1976 में बालासाहेब जेल में थे। मुझे पूर्णकालीन सेवा देने का निर्णय निश्चित रूप से यशवंतराव से चर्चा के बाद ही दिया गया होगा। आपातकाल समाप्त होने के बाद जब हमारी मुलाकात हुई, तब उन्होंने मुझे बताया कि पूर्णकालीन सेवा मतलब मायका छोड़कर दूसरे गाँव जाकर काम करना पड़ेगा, लेकिन अभी तुम्हें दूसरी जगह भेजने की स्थिति में हम नहीं हैं और पुणे से तुम्हें कहीं और भेजा जाए, ऐसी पुणे की

स्थिति भी नहीं है। इसलिए तुम्हें पुणे में ही काम करना पड़ेगा।

आपातकाल के आरंभ में भ्रष्टाचार के विरुद्ध लड़ाई जारी थी। गुजरात के तत्कालीन मुख्यमंत्री चिमनभाई पटेल का नाम भी भ्रष्टाचारियों की सूची में आ रहा था, लेकिन बालासाहेब की लड़ाई चिमनभाई तक ही सीमित नहीं थी, बल्कि हर चिमन के विरुद्ध आंदोलन करने का उनका आग्रह था। 12 अक्तूबर, 1975 को पुणे में प्रांतप्रमुखों की बैठक का आयोजन किया गया था। सभी को एक दिन पूर्व ही पहुँचने के निर्देश दिए गए थे। 12 अक्तूबर को सुबह 6 बजे बालासाहेब का लंबी लड़ाई और Ideological Battle पर जोरदार भाषण हुआ और आपातकाल के विरुद्ध विद्यार्थी परिषद् के संघर्ष की रूपरेखा बनाई गई। उनके इससे पूर्व के और बाद के इसी तरह के मार्गदर्शन के आधार पर ही संघर्ष की दिशा स्पष्ट होती थी। हम उत्साहित होकर काम करते थे। प्रत्येक भाषण में मुद्दा क्र. 1, 2, 3, 4 होता ही था और ये मुद्दे हमारे ध्यान में रहे, इसके लिए वे ऐसे उदाहरण देते थे, जिसके कारण हम इन बातों को भी भूल नहीं पाते थे। स्वार्थ की राजनीति करनेवालों पर वे कटाक्ष करते थे कि 'आप तो आप हैं, आपको क्या कहेंगे?' यह उदाहरण हम आज भी उद्धृत करते हैं। आपातकाल के बाद हुए दूसरे अधिवेशन में उन्होंने मुझे अखिल भारतीय मंत्री पद की जिम्मेदारी सौंपी, तब वे अभाविप के अध्यक्ष थे। पहली छात्रा मंत्री के रूप में मेरे नाम की घोषणा करने से पूर्व उन्होंने छात्राओं की जिम्मेदारी पर एक भाषण दिया था।

6 मार्च, 1978 को शैक्षणिक माँगों को लेकर संसद् पर एक विशाल मोर्चा निकाला गया था। प्रत्येक प्रांत का बैनर लेकर उस-उस प्रांत के कार्यकर्ता मोर्चे में चल रहे थे। मैं महाराष्ट्र के गुट में थी, तभी स्कूटर पर एक कार्यकर्ता को भेजकर उन्होंने मुझे मोर्चे के आगे आने के लिए कहा। उन्होंने कहा, 'तुम मंत्री हो, तुम्हें मोर्चे में सबसे आगे चलना चाहिए।'

छात्राओं को पूर्णकालीन सेवाएँ देने पर उनका जोर था और इस प्रयोग पर उनका ध्यान भी था, साथ ही इस प्रयोग पर उन्हें गर्व भी था। पुणे की शुभांगी थोरात (पेठे) धुलिया में पूर्णकालीन सेवा में थी। शुभांगी ने वहाँ के नेता विजय नवल पाटिल के नवलनगर में स्थित इंजीनियरिंग कॉलेज के नियमबाह्य कामों के विरोध में आंदोलन किया था। शुभांगी ने इस आंदोलन का नेतृत्व किया था।

अमलनेर में पूर्णकालीन काम करनेवाली पुणे की स्वाती दांडेकर (लेले) का कहना था कि छात्र-छात्राएँ मिलकर परिषद् का काम किया करते हैं। ग्रामीण क्षेत्र में किसी के घर जाते समय उसका आग्रह हुआ करता था कि लड़कियों को अपने साथ अपने से कम उम्र के छात्र को ले जाना चाहिए, जिससे पालकों और लोगों के मन में कोई शंका उत्पन्न नहीं होती।

इस पर बालासाहेब कहते थे कि लड़कियाँ अपना कार्य करते समय विचार पूर्वक कदम उठा रही है। उन्होंने बैठक में भी स्वाती के इस कदम का जिक्र किया।

एक बार की बात है, प्रा. श्रीपति शास्त्री किसी कार्य से अमेरिका गए थे। वहाँ से लौटने के बाद जब मेरी उनसे भेंट हुई, तो उन्होंने बड़े ही गर्व से मुझे बताया कि वहाँ की लाइब्रेरी में जब मैं

गया, तो वहाँ उन्होंने Latest arrival of educational books को सर्च किया, तो तुम्हारे बालासाहेब की Educational Change किताब दिखाई दी। जब उन्होंने यह कहा कि 'तुम्हारे बालासाहेब…' यह सुनकर काफी गर्व का एहसास हुआ, एक अपनापन लगा और अब उस अपनेपन के प्रति जिम्मेदारी और भी बढ़ गई थी।

बाबरी मसजिद गिराए जाने के बाद पुणे की एक सभा में उन्होंने अपने भाषण के दौरान कहा था कि हमारी संस्कृति में हमें सिखाया जाता है कि 'शत्रु बुद्धि विनाशाय'। अर्थात् शत्रु का नहीं, उसकी शत्रुबुद्धि का नाश हो, यानी फिर शत्रु शत्रु नहीं रहता। उनके ये शब्द समाज धर्म का मार्ग प्रशस्त करते हैं।

एक बार बालासाहेब, भाभीजी और हम दोनों गाड़ी से कहीं जा रहे थे। तब एक शोभायात्रा के कारण रास्ता जाम था। कहीं से भी गाड़ी निकलने का मार्ग नहीं था। यहाँ तक कि गाड़ी के आस-पास भी लोग-ही-लोग थे, तब बालासाहेब ने व्यंग्य करते हुए कहा था कि ये देखो, ये है हमारा हिंदू समाज। और प.पु. गोलवलकर गुरुजी कहते हैं कि इन पर प्रेम करो। ये संभव है क्या? इतनी सहजता से अपने मूल कार्य का एहसास होने का एहसास वे करा देते थे। वह प्रसंग मुझे आज भी याद है।

बालासाहेब आग्रहपूर्वक बताते थे कि हमारी कार्य-प्रणाली में हम 'पूर्ण योजना पूर्ण योजना', 'भेंट', 'उद्देश्य' इन शब्दों की रट लगाते हैं, लेकिन हमारी कार्य-प्रणाली हमारी Ideology का ही एक भाग है। इस कारण उसे करते समय Ideology जरूर होनी चाहिए और उस प्रकार की Application होना भी नितांत आवश्यक है। मनुष्य के कामों में इस बात की पुनरावृत्ति सतत होती रहती है।

मुझ पर दृष्टि स्त्री अध्ययन प्रबोधन केंद्र की जिम्मेदारी सौंपी गई थी। इस केंद्र का पहला ही कार्यक्रम आयोजित किया गया था। दृष्टि में कार्यकर्ता में नाम पर दो ही छात्राएँ थीं। एक मैं और एक अन्य छात्रा। मेरी सहयोगी स्वागत के लिए स्वागत द्वार पर थी, तो मैं बैठक और स्टेज का काम देख रही थी। बालासाहेब और भाभीजी कार्यक्रम स्थल पर जल्दी आ गए थे। उस समय वे बालासाहेब के साथ ही Additional Advocate General भी थे। कार्यक्रम का बैनर बाँधने के लिए वहाँ कोई नहीं था। तब बालासाहेब और मैंने मिलकर बैनर बाँधा। टेबल-कुरसियाँ लगाईं। इसके बाद बालासाहेब लालबत्ती की कार में बैठकर अपने दूसरे कार्यक्रम के लिए चले गए।

Gender Budget इस विषय पर 'दृष्टि' में काम चल रहा है, इससे वे निश्चिंत थे। एक बार सुबह फोन आया। दूसरी ओर से बालासाहेब ने कहा, तुम्हारे लिए जिनेवा के यूएनओ के ऑफिस से Gender Budget की किताब लाया हूँ, पुणे आने पर तुम्हें देता हूँ।

इस तरह की अनेक छोटी-छोटी बातें वे अपने साथ के लोगों के लिए ध्यान में रखते थे। मैंने पी.एचडी. की थिसिस जमा करने के बाद उन्हें इस बारे में बताया। इसके बाद एक बार वे मेरे घर आए और बोले, 'दिखाओ मुझे अपनी थिसिस। सोचो, मुझे कैसा लगा होगा?

उनकी इनसानियत, उनका डाँटना और फिर मनाना, यात्रा के दौरान मजाक-मस्ती ऐसी अनेक घटनाएँ इस समय मेरी आँखों के सामने किसी चलचित्र की तरह घूम रही हैं। इन सभी घटनाओं को कागज पर लिखना काफी मुश्किल है।

(सचिव, दृष्टि स्त्री अध्ययन प्रबोधन केंद्र, पूणे,
पूर्व राष्ट्रीय मंत्री, अ.भा.वि.प.)

□

कार्यकर्ताओं की छत्रछाया

—डॉ. संजीव ओझा

अ.भा.वि.प. गुजरात के संगठन मंत्री का दायित्व था, तभी जर्मनी में एक हिंदू-सम्मेलन की पूर्व तैयारी आदि हेतु मुझे जर्मनी भेजने का निर्णय हुआ। WOSY के काम में दत्तात्रेयजी के साथ धर्मशाला का एक प्रवास छोड़कर विद्यालयीन अवस्था में नक्शा पढ़ा था, उतना ही विश्व से संबंध था। हिंदू-सम्मेलन के पश्चात् वापस आना, गुजरात WOSY का काम करना ऐसी बातचीत जयपुर (1991) के राष्ट्रीय अधिवेशन एवं लखनऊ अखिल भारतीय प्रतिनिधि सभा (1992) के समय हुई थी। हिंदू-सम्मेलन के पश्चात् विश्व विभाग के मार्गदर्शक मा. लक्ष्मणरावजी भिडे जर्मनी दस दिन रुके। बातचीत में उन्होंने बताया कि अ.भा.वि.प. गुजरात आदि बातें भूलकर स्थायी लंबी कालावधि के वीसा हेतु संघ द्वारा प्रयास हो रहे हैं और यूरोप अब मेरा कार्यक्षेत्र रहेगा।

काम करना ही है, संगठन बताए वो करना, यह मन:स्थिति थी। जैसे-जैसे समय बीतता गया, वैसे-वैसे जर्मनी के वीसा की बढ़ोत्तरी न होना, उसके पूर्व जर्मनी के विश्व हिंदू परिषद् के बहुतांश अधिकारियों का यह मत बना कि सम्मेलन की सफलता के पश्चात् मेरी अब वहाँ रहने की आवश्यकता नहीं है। जर्मनी में भोजन, प्रवास आदि की अर्थव्यवस्था, दूरभाष की सुविधा आदि भी बंद हुई। कुछ विश्वविद्यालयों में भूले हुए आयुर्वेद पर लेक्चर्स देकर कुछ सप्ताह की राशि एकत्र हुई, किंतु वीसा? इसलिए भारत लौटना पड़ा। बाबरी मसजिद ध्वंस के कारण कागजी प्रतिबंध होने के कारण दिल्ली न रुकते हुए कुछ दिन गुजरात जाने को बताया गया।

अ.भा.वि.प. मित्रों से भेंट, स्थान-स्थान पर अनुभव कथन के कार्यक्रम, कुछ दिन माता-पिता के साथ घर पर रुकना, ऐसे टाइमपास किया। दिल्ली लौटा। प्रत्यक्ष संघ कार्य का अनुभव, शाखा चलाना, शारीरिक क्रियाएँ सिखाना आदि की अब के दायित्व में आवश्यकता थी, किंतु दिल्ली प्रांत में ऐसी व्यवस्था बन नहीं पाई। छोटा-मोटा विश्व विभाग का कार्यालयीन काम, बाकी पढ़ना, विश्राम ऐसी ¾ मास की अवधि मन को बेचैन करने लगी। अगर वीसा नहीं बनेगा तो वापस अ.भा.वि.प. में क्यों नहीं? या तो संघ से परामर्श करके अन्य कुछ काम।

अ.भा. कार्यकारी मंडल एवं विविध क्षेत्र के अधिकारियों की बैठक झंडेवाला में थी। मा. मदनदासजी मिले, बातचीत हुई, कुछ तय करना चाहिए, एक बार मा. आपटेजी से बात करो, ऐसा उन्होंने बताया। सायं संघ स्थान के समय मा. आपटेजी एवं मा. दत्तोपंतजी ठेंगड़ी टहल रहे थे, मैं जा पहुँचा। अब मैं क्या करूँ, कौन मेरे बारे में निर्णय करेगा, संघ या अ.भा.वि.प., अगर कोई नहीं तो क्या मुझे घर लौटना है?

मा. आपटेजी मेरे सामने रुके। देखकर बोले, ''अ.भा.वि.प. में Individual Attachment वाला विषय सुना होगा। Individual Attachment जैसा ही खतरेवाला Organisational Attachment होता है। आपके जैसे कार्यकर्ता को उससे ऊपर उठकर Ideological Attachment का मन बनाना चाहिए।''

रेलवे प्लेटफॉर्म पर ट्रेन की प्रतीक्षा से त्रस्त यात्री जैसी मेरी मन:स्थिति में मा. आपटेजी के एक ही कथन से जीवन भर का पाथेय आश्रय प्राप्त हो गया।

मन को पढ़नेवाले आपटेजी

संभवत: नवंबर 1993 के अंतिम सप्ताह की बात है। अ.भा.वि.प. के दायित्व पश्चात् संघ के विश्व विभाग में मुझे जर्मनी में दायित्व दिया गया। वीसा (Visa) न बन पाने के कारण भारत आया था। पुन: अंशकालीन वीसा मिलने पर जर्मनी जा रहा था। अ.भा.वि.प. में पालक एवं संवाद दोनों की पक्की व्यवस्था की आदत के कारण अप्रैल 1992 से नवंबर 1993 तक का लंबा कालखंड बिना पालक, बिना संवाद पार करना पड़ा। उसकी मन में पीड़ा थी, मन बेचैन होता था, किंतु नया देश, नया काम, पत्राचार के माध्यम से संवाद आदि बातें मन को कार्य के प्रति दृढ रखने में आंशिक सफलता मिली थी।

वीसा मिलते ही वापस जाने का टिकट भी ले लिया। विश्व विभाग केंद्र दिल्ली, वीसा आदि कार्य भी वहीं से करना था। मन में इच्छा थी कि एक बार मा. मदनदासजी एवं मा. आपटेजी से मिले बगैर भारत नहीं छोड़ना है। दिल्ली, गुजरात, मुंबई, जर्मनी ऐसा प्रवास करने की सोचकर विमान टिकट मुंबई से करवाया। मा. आपटेजी से पूर्व में ही समय तय कर रात्रि भोजन, बातचीत एवं उन्हीं के घर से सांताक्रुज हवाई अड्डे जाना, ऐसा तय हुआ।

मन में जो भी बातें थीं, वे अविरल बताता ही गया। मा. आपटेजी सुनते गए, आवश्यकतानुसार बीच-बीच में पूछते रहे। बातों से मन हलका-प्रफुल्लित बना। भोजन हुआ। हवाई अड्डे जाने का समय हुआ। उसी दिन सायंकाल मुझे जानकारी मिली कि एयरपोर्ट टैक्सी की नई व्यवस्था लागू हुई है।

विश्व विभाग के मुंबई स्थित कार्यकर्ता से आवश्यक राशि की बातचीत करने पर बताया गया कि वह तो दिल्ली से लेने की व्यवस्था है। मेरे पास जो राशि थी, उससे या तो एयरपोर्ट तक टैक्सी या एयरपोर्ट टैक्स दोनों में से एक की व्यवस्था संभव थी।

मा. आपटेजी के साथ बातचीत करके भोजन करने के पश्चात्, जो मन की प्रफुल्लता

निर्माण हुई थी, वह कुछ ही मिनट में गायब हुई। पैसे मा. आपटेजी से माँगना उचित नहीं लगा। टैक्सी के बिना समय पर पहुँचना संभव न था। टैक्सी की, तो एयरपोर्ट टैक्स बिना जर्मनी जाना असंभव। क्या करूँ? ये मेरे मन के भाव मा. आपटेजी ने पढ़ लिये।

उन्होंने अपने चालक को गाड़ी में सामान रखने को बताया। मन का बोझ हलका देखते ही मा. आपटेजी ने पूछा कि कितने पैसे हैं? मैंने उत्तर दिया कि अब एयरपोर्ट टैक्स की चिंता नहीं है। हँसकर बोले, ''गुजरात में प्रवास करते थे, वैसे विदेश में नहीं करना चाहिए। मैं कुछ बोलूँ, उसके पूर्व कमरे में जाकर दो हजार रुपए हाथ में थमा दिए।''

एयरपोर्ट टैक्स मेरी जानकारी से ज्यादा था। अगर मा. आपटेजी ने मेरे मन का संकोच एवं समस्या सही समय पर पढ़कर दो हजार रुपए न दिए होते, तो हवाई टिकट 25 हजार रुपए एवं संघ की छवि दोनों का नुकसान हुआ होता। मन को पढ़नेवाले पालक मिलने का सौभाग्य मुझे मिला, उसको मैं परमात्मा की कृपा मानता हूँ।

पितातुल्य दिशादर्शन

मा. आपटेजी की मन में एक छवि अ.भा.वि.प. कार्यकाल में बनी थी—बहुश्रुत, विद्वान्, वैचारिक अधिष्ठान के मर्मज्ञ, थोड़ा गुस्सेवाले, कम बोलनेवाले, बिना कारण लंबी बातचीत टालनेवाले। राष्ट्रीय कार्यकारी परिषद् एवं अधिवेशन या पूर्णकालिक कार्यकर्ता/प्रदेश संगठन मंत्री वर्ग में ही प्राय: उनको सुनना या बातचीत का मौका मिलता था। इसलिए मन में बनी हुई छवि को ठीक करने का मौका या प्रयास मेरी ओर से कम था।

विश्व विभाग में मन में बनी हुई यह छवि ध्वस्त हुई और अच्छे पालक की छवि मन में निर्माण हुई।

पूर्णकालिक कार्यकर्ता के रूप में रुकना पड़ा, दवाखाना शुरू करना पड़ा, विवाह हुआ। गृहस्थ जीवन में देरी से प्रवेश, 14 वर्ष का पूर्णकालिक कालखंड आदि के कारण जीवन की अग्रिमता कैसे तय करना, सामाजिक कार्य में कब, क्या दायित्व लेना, यह सब तय करने से पहले ही कुछ ही माह में संघ के प्रांत बौद्धिक प्रमुख का दायित्व दिया गया। न; न बोलने की आदत पूर्णकालिक अवस्था की अभी बनी हुई थी।

अ.भा. प्रतिनिधि सभा में जाना क्रम दायित्व के कारण शुरू हुआ। 2002 की प्रतिनिधि सभा में मा. आपटेजी मिले। दो सत्र के बीच अ.भा.वि.प. टोली का परिचय करवाया और अगले सत्र में आगे उनकी बैठक पर ले गए। पास बिठाकर पूछताछ शुरू हुई, ''दवाखाना कैसे चलता है, आरती (पत्नी) की घर में स्वीकृति, बड़ी आयु, बालक आदि का कैसे, दवाखाना-घर-प्रवास यह संतुलन आदि-आदि?'' मैंने बताया, ''दवाखाना खुलता है, चलता नहीं है, साथ-ही-साथ आरती भी काम ढूँढ़ रही है।'' मा. आपटेजी बोले, ''संघ कार्यकर्ता, इस नाते दवाखाना ठीक चले, उसे अग्रिमता देनी चाहिए।'' बस। प्रतिवर्ष मेरा कैसे चल रहा है? इसी पूछताछ से अ.भा. प्रतिनिधि सभा में 'संवाद' शुरू होता था। मुझे प्रतिवर्ष अ.भा. प्रतिनिधि सभा की प्रतीक्षा

मन में रहती थी। मा. आपटेजी के न रहने से मन में उलझन थी, अब कौन पूछेगा, कैसे चलता है डॉक्टर?

शायद इस उलझन का हल निकालने हेतु मेरे दायित्व में भी परिवर्तन आया। अब अ.भा. प्रतिनिधि सभा में मैं अपेक्षित नहीं, उलझन समाप्त।

(विभाग संघचालक, राजकोट, राष्ट्रीय स्वयंसेवक संघ,
पूर्व प्रदेश संगठन मंत्री अ.भा.वि.प. गुजरात)

□

एक अविरत अभिभावक

—विनय सहस्रबुद्धे

स्व. बालासाहब के बारे में मेरे संस्मरण तीन क्षेत्रों से संलग्न हैं—'विद्यार्थी परिषद्', 'रामभाऊ म्हालगी प्रबोधिनी', 'भारतीय जनता पार्टी'। सन् 75-76 से मेरा बालासाहब से परिचय था। मैं पूना में 'विद्यार्थी परिषद्' का काम करता था। आपातकाल के पश्चात् जेल से छूटने के बाद बालासाहब और मदनजी पूना के 'विद्यार्थी परिषद्' कार्यालय 'मंगल भवन' में पधारे थे। वहाँ उनके स्वागत समारोह में हमारी पहली मुलाकात हुई। फिर मुंबई आने के बाद उनसे परिचय और बढ़ा। पूर्णकालिक कार्यकर्ता के रूप में काम करते हुए मैं बालासाहब को अधिक समझ पाया, एक अभिभावक और एक व्यक्ति के रूप में उनके व्यक्तित्व के विभिन्न पहलुओं को समझ पाया।

मुझे ऐसा लगता है कि उन्होंने बैठकों में, कार्यक्रमों में और भाषणों में जितने विचार रखे, उससे कहीं कम लिखे। मैं उन्हें लिखने के लिए हमेशा ही आग्रह करता था। उनकी क्षमता के 10-20 प्रतिशत ही उन्होंने लिखा। 'यशवंत—स्व. यशवंतराव केलकर स्मृति-ग्रंथ' की निर्मिती के समय की मेरी बालासाहब से संबंधित अनेक यादें हैं। यह पुस्तक यशवंतराव केलकरजी की स्मृति में वर्ष भर में ही प्रकाशित की गई थी। सुधीर जोगलेकर, बालासाहब और मुझ पर इस पुस्तक का दायित्व था। बहुत ही तन्मयता और एकरूपता से उन्होंने इस पुस्तक के लिए लेखन किया। वह पुस्तक 'विद्यार्थी परिषद्' के विचारधन का एक बहुत ही खरा दस्तावेज है। बालासाहब की प्रतिभा का दर्शन उस पुस्तक में पूरी तरह होता है। बालासाहब के सटीक और सधे हुए वाक्य उनकी लिखाई में भी महसूस होते हैं। उस पुस्तक एवं पुस्तक की रचना के विषय में हमारी चर्चाएँ होती थीं। उस पुस्तक के निमित्त बालासाहबजी की प्रतिभा का मुझे प्रत्यय मिला और वह मेरे लिए बहुत ही हृदय अनुभव है।

'छात्र-शक्ति' मासिक पत्रिका की मुझ पर जिम्मेदारी थी। मैं अ.भा.वि.प. का पूर्णकालिक कार्यकर्ता था, इसलिए अपना नाम दिए बिना लेख लिखता था। कुछ समय बाद 'छात्र-शक्ति' का काम बंद हो गया। तब बालासाहब सबके सामने मेरी प्रशंसा करते थे कि खुद कहीं भी आगे आए बिना विनय ने यह काम बखूबी सँभाला। वैसे तो पूर्णकालिक कार्यकर्ता की प्रशंसा करने की पद्धति नहीं है। विभिन्न कार्यक्रमों के लिए मैं अच्छे शीर्षकों का चयन करता था, इसकी भी वे काफी

प्रशंसा करते थे। भारतीय जनता पार्टी ने 'गुड गव्हर्नन्स सेल' शुरू करने पर भा.ज.पा. सरकार द्वारा किए गए अच्छे कामों की प्रसिद्धि के लिए छोटी पुस्तिकाएँ प्रकाशित की गईं और उन्हें नाम दिया 'दि डिफरंस दॅट वी मेड'। पहले प्रकाशन कार्यक्रम के समय नितिन गडकरी, छत्तीसगढ़ के मुख्यमंत्री और अन्य नेतागण उपस्थित थे। 'गुड गव्हर्नन्स सेल' के लिए मैं जो काम कर रहा था, उसकी उन्हें कल्पना थी, इसीलिए कार्यक्रम समाप्त होने के बाद उन्होंने मुझसे कहा, ''विनय! आय ॲम प्राउड ऑफ यू''। यह मेरे लिए काफी रोमांचकारी क्षण था। गुणग्राहकता यह उनकी कार्यपद्धति का वैशिष्ट्य था।

'रामभाऊ म्हालगी प्रबोधिनी' के संस्था निर्माण एवं संरचना के संदर्भ में उनका सदैव मार्गदर्शन मिलता रहा। यहाँ दो प्रसंगों का उल्लेख करना चाहूँगा। 1990 में प्रबोधिनी की पुनर्रचना की गई। उत्तमराव पाटिलजी की जगह प्रमोद महाजनजी अध्यक्ष बने। उस समय व्यवस्थापकीय समिति के नामों के लिए चर्चा हुई। प्रमोदजी का कहना था कि समिति में कानून जाननेवाले तथा स्पष्टवक्ता मार्गदर्शक की आवश्यकता है। इसलिए बालासाहबजी को व्यवस्थापकीय समिति में सम्मिलित किया गया। प्रबोधिनी का काम कैसे चले, इसके लिए एक मार्गदर्शक प्रारूप बनाया गया, परंतु प्रबोधिनी शोधकार्य के क्षेत्र में भी काम करे, इसके लिए बालासाहबजी आग्रही रहे। उनका प्रबोधिनी के कार्य में बहुत बड़ा योगदान है। सन् 1992 में हमने इगतपुरी में प्रबोधिनी के लिए स्थान तय किया था, पर उसमें काफी समय लग रहा था। इसलिए बाद में मुंबई के निकट उत्तन में प्रबोधिनी का प्रारंभ किया गया। उस समय इगतपुरी के लोगों से संपर्क बनाने के लिए हमने वहाँ आरोग्य केंद्र चलाने का निर्णय किया। स्व. वसंतराव पटवर्धनजी ने वहाँ सेवाकार्य शुरू किया, पर यह प्रकल्प हमारा काफी समय लेने लगा, ''प्रत्यक्ष सेवाकार्य करना यह प्रबोधिनी का काम नहीं है। सेवाकार्य करनेवाली संस्थाओं को मदद करना, प्रशिक्षण देना यह आपका कार्य है।'' ऐसे स्पष्ट शब्दों में बालासाहब ने हमें समझाया। काम के बारे में स्पष्टता और फोकस बहुत कम लोगों के पास होता है और वह उनके पास था। वे जब सांसद बने, तब मैंने उनसे कहा, ''यह बात कुछ जम नहीं रही। आप राजनीति के अखाड़े से बाहर थे, तो हमें एक प्रकार का संरक्षक कवच था। अब आप अखाड़े में हैं, तो वह संरक्षक कवच अब नहीं रहा, ऐसे लगता है।'' तब उन्होंने कहा, ''चिंता मत करो। मैं वैसे अखाड़े के बाहर ही हूँ।'' उन्होंने हमेशा ही अभिभावक की भूमिका निभाई।

युवा पीढ़ी जिम्मेदारी उठाए इस दृष्टि से नए लोग सम्मिलित होके एक प्रकार की स्थिरता प्रस्थापित हो, ऐसी उनकी इच्छा थी, परंतु ऐसी नई पीढ़ी के लिए बालासाहब जैसे व्यक्ति के छत्र की आवश्यकता होती है। उनका हमारे बीच से चले जाना भा.ज.पा. के लिए बहुत बड़ा नुकसान है। उनकी कमी हमें हमेशा ही खलती रहेगी।

(राष्ट्रीय उपाध्यक्ष, भाजपा एवं राज्यसभा, सांसद, पूर्व महानिदेशक, रामभाऊ म्हालगी, प्रबोधिनी; पूर्व कार्यकर्ता, अ.भा.वि.प.)

□

कार्यकर्ता विकास की पाठशाला

—हरेंद्र कुमार

आपटेजी वैचारिक और व्यावहारिक जीवन की पाठशाला थे। उनके प्यार और फटकार का मेरे जैसे हजारों कार्यकर्ताओं का हक बनता है। सभी अनसुलझे प्रश्नों को सुलझानेवाले आपटेजी!

ग्रामीण परिवेश में पलने के कारण मैं हीनभाव से ग्रसित था। आपटेजी बड़े प्यार से मुझे किसान का बेटा बुलाते थे। इसी कारण मेरे मन में जो नकारात्मक सोच थी, वह दूर हो गई और मेरा आत्मविश्वास बढ़ गया।

सन् 1977 से राष्ट्रीय अधिवेशन में उनका मार्गदर्शन मिलता था। पहली बार केंद्रीय टीम में भाग लेने हेतु सन् 1984 में हैदराबाद बुलाया गया। बैठक के बाद आपटेजी ने बुलाकर मेरे परिवार के बारे में पूछा तथा काम करते रहने को कहा, ग्रामीण परिवेश में पलने के कारण हीनभाव से ग्रसित था। आपटेजी ने बैठक में निर्भीक होकर बोलने हेतु प्रोत्साहित कर मेरे अंदर के हीनभाव को गायब कर दिया।

सन् 1987 में बोफोर्स तोप खरीद भ्रष्टाचार के खिलाफ अ.भा.वि.प. ने देशव्यापी आंदोलन चलाने का निर्णय लिया। महामंत्री होने के नाते मेरी प्रवास की योजना बनी। सभा में भाषण करते समय कुछ आँकड़ेवाजी सामने रखता था। आँकड़ों की प्रामाणिकता पर कुछ कार्यकर्ता मजाक करते थे, उस मजाक से आपटेजी तिलमिला गए। टाटा कंपनी का सांख्यिकी विभाग प्रतिवर्ष आँकड़े एकत्र कर प्रकाशित करता है। आपटेजी प्रतिवर्ष आँकड़े की पुस्तक खरीदकर देने लगे, ताकि भाषण में कुछ कमी न रहे। इसी विषय में मुंबई के षण्मुखानंद हॉल में छात्रों की एक सभा का आयोजन किया था। इसी हॉल में कुछ वर्ष पूर्व युवा कांग्रेस की एक सभा हुई थी, जिसमें हंगामा हुआ था, हमारी सभा के लिए हॉल खचाखच भरा हुआ था। पहले एक नुक्कड़ नाटक हुआ, मुंबई महाविद्यालय छात्रों के बीच भाषण करना इससे मैं अंदर से डरा हुआ था। बगल की कुरसी पर आपटेजी बैठे थे। आपटेजी ने मंत्र दिया, सभी लोग तुम्हें सुनने आए हैं, अतः तुम अपने को सबसे ऊपर मानकर मंच पर जाओ, अंदर का भय खत्म हो गया और सभा सफल हुई।

सन् 1989 में अयोध्या के कारसेवकों पर गोली चली। आपटेजी, रविशंकर प्रसाद और

विंध्यवासिनी कुमार के साथ मैं भी अयोध्या जाँच दल के सदस्य के रूप में अयोध्या गया था। अयोध्या के तत्कालीन एस.पी. और डी.एम. से मिलने के दौरान आपटेजी के गुस्से को देखा। निहत्थे कारसेवकों पर गोली चलाना किस कानून के तहत हुआ! आपटेजी कानून के उल्लंघन को लेकर प्रशासकों को डाँट पिला रहे थे। उससे निरुत्तर होकर एस.पी. और डी.एम. ने अपनी गलती स्वीकार की, तभी आपटेजी ने उनकी चाय पी।

सन् 1990 में कश्मीर घाटी से हिंदुओं का पलायन हुआ। अ.भा.वि.प. की एक टीम वहाँ की स्थिति की जानकारी लेने के लिए जाए, ऐसा तय हुआ। मैं, विनोद तावडे, महेंद्र पांडे, मिलिंद लेले जम्मू पहुँचे। पलायन कर आ रहे लोगों की व्यथा देखकर बहुत भावुक हुए। बिना आगे-पीछे सोचे निर्णय किया और प्रेस कॉन्फ्रेंस में घोषणा कर दी कि अ.भा.वि.प.के कार्यकर्ता श्रीनगर के लाल चौक पर राष्ट्रीय ध्वज फहराएँगे। इसके बाद दिल्ली में एक बैठक हुई, जिसमें विचार परिवार के कुछ लोगों ने कहा, श्रीनगर के हालात ऐसे नहीं हैं कि वहाँ जाकर राष्ट्रीय ध्वज फहराया जा सके, अत: इस कार्यक्रम को वापस लेना चाहिए। उस समय बालासाहेब आपटेजी ने हमें हमारी गलती का एहसास दिलाया, लेकिन एक बार निर्णय किया है तो उसे निभाने के लिए हमारे साथ डट के खड़े रहे।

सन् 1991 में कश्मीर मार्च उधमपुर में रोके जाने पर राष्ट्रीय ध्वज लेकर हम सब दिल्ली आए। तत्कालीन प्रधानमंत्री श्री वी.पी. सिंह को राष्ट्रीय ध्वज दिया जाए, ऐसा तय हुआ और हम सब प्रधानमंत्री निवास पहुँचे। वहाँ के सुरक्षाप्रहरी ने प्रतिनिधि मंडल के एक सदस्य आशिष सूद एवं फोटोग्राफर थे, उनको बाहर रोक लिया। जब आपटेजी को मालूम पड़ा तो आपटेजी प्रधानमंत्री के सामने ही गुस्से में खड़े हो गए और कहा, ''जब तक आप कार्यकर्ता और फोटोग्राफर को अंदर नहीं बुलाएँगे, तब तक हम यहीं रहेंगे और धरना देंगे।'' बाध्य होकर प्रधानमंत्रीजी को सभी को अंदर बुलाना पड़ा।

सन् 1992 में अयोध्या में विवादित ढाँचा गिरा। भारत के अपमान के युग का अंत हो गया, अब एक नए युग की शुरुआत हो रही है। यह कहकर आपटेजी ने इस घटना का युगांत युगारंभ के रूप में वर्णन किया। हम सभी में स्वाभिमान का संचार हुआ और हमें बोलने हेतु सुदर्शनचक्र मिला।

आपटेजी की डायरी अपने आप उन पर शोध करने को प्रेरित करती है। बैठक की पूरी कार्रवाई, महत्त्वपूर्ण निर्णय आपटेजी अपनी डायरी में लिखते थे। जब कभी कोई विषय विचार के लिए आता था, आपटेजी उसकी पुनरावृत्ति नहीं होने देते थे। अगर उस विषय पर पूर्व में विचार हुआ है तो उसका पूरा विवरण बैठक में रख देते थे। बिना प्रवास किए भी वे राज्यों के कार्यकर्ताओं के बारे में अद्यतन जानकारी रखते थे।

संघटन में तो हम मित्र थे, पर इसके साथ ही पिता, मार्गदर्शक, संरक्षक के रूप में हमने आपटेजी को अनुभव किया।

(भाजपा कार्यकर्ता, पूर्व सदस्य विधान परिषद,
बिहार एवं पूर्व महामंत्री अ.भा.वि.प.)

□

अभिमित्र और मार्गदर्शक

—चंद्रकांत पाटिल

मेरे जैसे गिरण गाँव में रहनेवाले, पढ़ाई में ज्यादा ध्यान न देनेवाले, गुंडागर्दी के माहौल में रहनेवाले महाविद्यालयीन छात्र को, बालासाहब आपटेजी, यशवंतराव केलकरजी, अशोकराव मोडकजी जैसे महानुभावों के साथ कार्य करने का, उनसे घुल-मिलकर रहने का अवसर मिलेगा, ऐसा कभी सोचा न था। 'विद्यार्थी परिषद्' और 'राष्ट्रीय स्वयंसेवक संघ' की वजह से ही यह संभव हुआ।

मैं गिरण गाँव में रहता था, कुछ समय के लिए दलित बस्ती में भी रहा। तब कुछ नेताओं ने हमेशा हमें यही समझाने की कोशिश की, कि ये जो विद्वान् लोग हैं और विशेष रूप से ब्राह्मण लोग हैं, वे हमारा उपयोग अपने स्वार्थ के लिए ही करते हैं, लेकिन अ. भा. वि. प. और संघ के कार्य में मेरा अनुभव कुछ और ही था। इन लोगों का कुछ भी स्वार्थ नहीं और होगा भी, तो वह देश और समाज के हित के लिए लोगों को जोड़ना, यही है, ऐसा मेरा अनुभव है। इसी वजह से बालासाहबजी के साथ मेरा बहुत ही नजदीकी रिश्ता बनता गया।

बालासाहबजी के व्यक्तित्व का बहुत बड़ा प्रभाव संपूर्ण संगठन में पग-पग पर दिखाई देता था। उनका एक रोब था, सारे उनसे डरते भी थे। ऐसा होना संगठन की आवश्यकता भी थी, लेकिन सच मानो तो बालासाहबजी अत्यंत सहृदय तथा सबके साथ प्रेमभाव रखनेवाले थे। व्यक्ति की समस्या को समझकर, उस पर तात्त्विक चर्चा न करते हुए व्यावहारिक समाधान ढूँढने की उनकी सोच थी। कार्यकर्ताओं की समस्याओं को लेकर मैं हमेशा उनके पास जाता था। एक कार्यकर्ता की बहन की शादी करने की उनकी क्षमता नहीं थी, यह जानकर उसकी मदद की। एक कार्यकर्ता अंतरजातीय विवाह करना चाहता था, लेकिन उसके घरवाले राजी नहीं थे। उसे सपोर्ट करने का निर्णय हम सबने किया था। बालासाहबजी ने केवल तात्त्विक सहमति ही नहीं, बल्कि व्यावहारिक रूप से भी पूरी तरह से सपोर्ट किया। कार्यकर्ता को अपने परिवार का सदस्य मानकर बालासाहबजी उसकी समस्याओं का समाधान करने में पूरी तरह से उसकी मदद करते थे, ऐसा अनेक कार्यकर्ताओं का अनुभव रहा है। उनका क्रोधित होना सबको याद है, लेकिन अगर वे इस तरह से डाँटते नहीं, तो 'विद्यार्थी परिषद्' यह संगठन अखिल भारतीय स्तर पर एक शिस्तबद्ध संगठन के रूप में शायद नहीं उभरता।

'विद्यार्थी परिषद्' में बालासाहबजी ने हमेशा वैचारिक मुद्दे रखे। लगभग हर राष्ट्रीय अधिवेशन में एक विचार-दर्शन रखनेवाला उनका भाषण होता ही था। अनजान होने के कारण कभी-कभी मन में यह विचार आता था कि बालासाहबजी का ही भाषण क्यों? लेकिन जैसे ही इस कार्य को अधिकतर समझता गया, तब यह भी समझा कि राष्ट्रीय अधिवेशन के एक भाषण में रखे गए मुद्दों के बारे में आपटेजी साल भर विचार-मंथन करते थे। उस विचार को 'विद्यार्थी परिषद्' के केंद्रीय ग्रुप में रखते थे। कार्यकर्ताओं से चर्चा के बाद एक ड्राफ्ट बनता और राष्ट्रीय अधिवेशन में भाषण के रूप में रखा जाता। आगे चलकर वर्ष, दो वर्ष में यह विचार संपूर्ण समाज के लिए आवश्यक विषय है, यह बात सामने आती। उनके रखे हुए व्यवस्था परिवर्तन के मुददे आज भी याद आते हैं। अपनी न्याय-व्यवस्था में, निर्वाचन व्यवस्था में कई कमियाँ हैं। आजकल आम आदमी भी इन मुद्दों पर चर्चा कर रहा है। एक उम्मीदवार को केवल 11 वोट कम मिलें, तो 5 वर्ष के लिए वह एम.एल.ए. नहीं, ऐसा कैसे हो सकता है? उस समय बालासाहबजी ने यह बात रखी थी कि विशिष्ट मात्रा में वोटिंग न हो, तो वह इलेक्शन खारिज किया जाए। अत्यल्प मतदान से हुए अत्यल्प बहुमत से प्रतिनिधित्व निश्चित होता है। इस कारण से केवल 11 वोटों से पराजित हुए उम्मीदवार की 5 वर्ष तक कोई कीमत नहीं और केवल 11 वोटों से जीतनेवाला उम्मीदवार लोक-प्रतिनिधि बने, यह न्याय नहीं है, यह बात आपटेजी ने सप्रमाण रखी। मैं ऐसा मानता हूँ कि आदरणीय अटलजी ने भी उनके प्रधानमंत्री पद के कार्यकाल में इलेक्शन प्रक्रिया में जो सुधार लाने के प्रयास किए, उनमें से बहुत सारी बातें बालासाहबजी ने पहले ही कह दी थीं। जंबो मंत्रिमंडल का भी उन्होंने विरोध किया था। बालसाहबजी सही में एक द्रष्टा राजनीतिज्ञ थे।

निर्धारित मुद्दों को छोड़कर चर्चा भटक गई हो, मीटिंग के विषय पूर्ण न हुए हों, ऐसा आपटेजी के कार्यकाल में कभी नहीं हुआ और ऐसा कभी हो भी, तो स्वयं हस्तक्षेप करते और भटकी हुई चर्चा को नियंत्रित करते हुए मुख्य विषय पर लाते थे। उन्होंने समय-समय पर अपने विचार जरूर रखे, लेकिन थोपे नहीं। छोटे-से-छोटे कार्यकर्ता को भी अपने विचार रखने का पूरा मौका देते थे और उसका आत्मविश्वास बढ़ाते थे। सब अपने विचार रखें और चर्चा के अंत में जो निर्णय हो, उसको दिल से स्वीकार करें, यह उनका दृष्टिकोण रहा है।

'जैसे को तैसा' इस प्रकार से कार्य करनेवाला संगठन बना, इसका श्रेय बालासाहबजी को ही है। इसमें केवल मानसिक आधार पर्याप्त नहीं होता, बल्कि व्यवहार में जब काम्लीकेशंस निर्माण होते हैं, तब साथ खड़े रहना बहुत जरूरी होता है, जो बालासाहबजी ने किया। इसमें वे कभी पीछे नहीं हटे। इन बातों का खुद पर क्या परिणाम होगा, इसकी कभी चिंता नहीं की। आंध्र, केरल और महाराष्ट्र के कार्यकर्ताओं को प्रतिस्पर्धी विद्यार्थी संगठन से लड़ने की हिम्मत उन्होंने दी। इस लड़ाई में जब भी कठिनाइयाँ आईं, तब उन्होंने कार्यकर्ता को अकेला नहीं छोड़ा। आंध्र के कार्यकर्ताओं ने भी अनेक बार उनके इस स्वभाव का अनुभव किया है। महाराष्ट्र के तो गाँव-गाँव के किस्से हमें पता हैं। हमें यह पूरा विश्वास होता था कि भले ही आपटेजी डाँटेंगे, लेकिन 'डिस-ओन' नहीं करेंगे। मुंबई विश्वविद्यालय के इलेक्शन के दौरान भी हमने यह अनुभव किया है। जो भी हो, हमें अपनों का साथ हमेशा मिलेगा, इस प्रकार का विश्वास, जो संघर्ष के समय बहुत ही जरूरी होता

है, वह आपटेजी ने हमें दिया। उनके सारे व्यवहार में सामाजिक आशय दिखाई देता था। व्यक्तिगत जीवन में हमारे जो आग्रह के विषय हैं, वे दूसरों पर न थोपें, यह उनकी सोच थी। उनकी हर सुबह ईश्वर की पूजा से शुरू होती थी, लेकिन पूजा न करनेवाले कार्यकर्ताओं के प्रति उनके मन में कभी भी नकारात्मक भाव नहीं था। दुनिया में कहीं भी हों, वे हमेशा एकादशी का उपवास रखते थे, लेकिन ऐसा न करनेवालों को उन्होंने कभी मूर्ख या धर्मविरोधी नहीं समझा। उनके इसी व्यवहार ने हमें सही धर्म समझाया। उनकी पूजा के समय हरिजन कार्यकर्ता रोज के खर्चे के लिए पैसे लेने आए, तो उसे देर न हो, इसलिए पूजा स्थान पर ही उसे बैठने को कहते, उससे बातें करते, उसे चाय भी पिलाते, तब पूजा के समय बोलना नहीं, किसी को छूना नहीं, यह सुनी-सुनाई बातें झूठी साबित होतीं। सच्चा धर्म क्या है, यह तो हमने बालासाहबजी के व्यवहार में ही देखा है।

(राजस्व मंत्री, महाराष्ट्र सरकार, पूर्व महामंत्री अ.भा.वि.प.)

□

अलकेमिस्ट

—ओमप्रकाश धनखड़

कुछ लोग जीवन में स्वयं अपना विकास करते हुए बड़े बन जाते हैं। कुछ लोग औरों को बड़े होने का ज्ञान दे सकते हैं। कुछ लोग बड़ा होने के लिए प्रेरित करते हैं, लेकिन कुछ विरले लोग होते हैं, जो अपने संपर्क, प्रभाव, प्रेरणा से अनेक लोगों को बड़ा बना देते हैं। प्रोफेसर बलवंत परशुराम आपटेजी वही थे, जिन्होंने अपने सान्निध्य से अनेक लोगों को बड़ा बनाया। वे केवल ज्ञान नहीं देते थे, आत्म-विश्वास भरते थे। तुम कर सकते हो, अच्छा कर रहे हो, मैं तुम्हारे साथ हूँ। भारत में आज अनेक दैदीप्यमान व्यक्तित्व उनके सान्निध्य की देन हैं। मेरे जैसे गाँव में रहनेवाले, सरकारी स्कूल में पढ़नेवाले साधारण परिवार के कार्यकर्ता को भी राष्ट्रीय स्तर पर काम करने हेतु सामर्थ्यवान बनाने में उनकी महत्त्वपूर्ण भूमिका थी। उनके साथ काम करते हुए ऐसा लगता था, मानो हमारा कुल ही बदल गया है। हम असाधारण करने के लिए उत्पन्न हुए हैं। इसीलिए उनके परलोक गमन के कुछ माह पूर्व मैंने कहा, "आप हमारे मानस पिता हैं।" वे रूपांतरण (Transformation) के माहिर थे। जिन लोगों को किसी भी धातु से सोना बनाने की कला आती है, उन्हें कीमियागार (Alchemist) कहा जाता है।

वह है, यानी है

आपटेजी से आप जुड़ गए, तब आपको उनके रिलेशन को रोज-रोज पोषित करने की आवश्यकता नहीं है। जब भी हमें लगता मिलना है, तो वे उपलब्ध थे। हर बार उतनी ही ताजगी और अपनेपन के साथ, सदैव आपके साथ थे।

अंतरिक्ष से विराट, सागर से गहरे

यदि उनके गुस्से को छोड़ दें, तब उनकी कोई लिमिट नहीं थी। गुस्सा भी उनका मुद्दे पर होता था, व्यक्ति पर नहीं। जितने हम उनके निकट गए, वे उतने बड़े मिले और उतने ही गहरे। एक व्यक्ति के जीवन में अनेक बड़े एवं महान् लोगों का संपर्क आता है, लेकिन कई ऐसे होते हैं, जो वास्तव में आपका नेतृत्व करते हैं। बाल आपटेजी ऐसी ही शख्सियत थे, जिन्होंने हमें नेतृत्व दिया। व्यक्ति संगठन में काम करते हुए, तीन श्रेणियों से गुजरता है। व्यक्ति से जुड़ता है, संगठन

से जुड़ता है, विचार से जुड़ता है। जब व्यक्ति प्रारंभ में किसी वाद/विचार से प्रभावित रहता है, तब उसकी आस्था को भंग किए बिना संगठन एवं विचार की आस्था से जोड़ने की कला में वे निपुण थे, प्रोफेसर बाल आपटेजी, पता नहीं अन्यों को पार करते हुए, कब उस आसन पर आ गए, जहाँ से हमारा नेतृत्व कर रहे थे।

वातावरण के प्रभाव से परे

हम में से अनेक लोगों पर वातावरण का प्रभाव पड़ता है। अन्य लोगों का ध्यान रखते हुए, हम अपनी बात बेबाकी से नहीं कह पाते। उन्होंने दिल्ली में मोर्चों और प्रकोष्ठों की अपनी आखिरी बैठक में भी बेबाकी से कहा, ''नेता नहीं; मुद्दों को दिखाओ, तो वृत्त निवेदन की सीढ़ी जरूरत से अधिक लंबी नहीं, अपितु सही बन पाएगी।''

आध्यात्मिक, आत्मीय एवं हास्य से परिपूर्ण

आध्यात्मिकता उनके जीवन का आधार थी। वे मानते थे कि जो आध्यात्मिक नहीं होते, वे बहुत बड़े नहीं बन सकते। आत्मीयता, स्पष्टता एवं संक्षेप उनकी शैली का हिस्सा थे। वे कम-से-कम शब्दों में मार्ग-दर्शन करने में सक्षम थे। वे मानते थे कि हमारा हास्य भी हमारी कार्यशैली का हिस्सा है। जब मैं साक्षरता अभियान में जुटा था, तब उन्होंने कहा, 'साक्षरतापुरुष'। जब भूटान यात्रा पर था, तब कहा 'भूटान नरेश' तथा तीव्रगति से भाषण करने के कारण वे कहते, ''धनखड़ से करा लो, टाइम भी आधा लगेगा और विषय पूरा हो जाएगा।'' मिलते ही परिवार का हाल पूछते, शुरुआत में कभी काम के बारे में नहीं पूछा, छोटी-छोटी बातों का ध्यान रखना, उनकी कार्य-पद्धति में था। 'विद्यार्थी परिषद्' की हिसार राष्ट्रीय कार्यकारिणी की बैठक के समय प्रेस एवं कपड़े धुलाई की व्यवस्था में लगे कार्यकर्ता ने हर किसी से हिसाब से पैसे लेने की बजाय एक डिब्बा रख दिया कि प्रैस एवं धुलाई के पैसे इसमें डाल दें। उन्होंने सब वरिष्ठ लोगों को सचेत किया, ''डिब्बे का खयाल रखें। पैसे से अधिक कार्यकर्ता पर हम सबकी छवि एवं साख का सवाल है।''

आगे भी और साथ भी

'विद्यार्थी परिषद्' की उज्जैन विचार बैठक के समय, उन्होंने व्यवस्था परिवर्तन का विषय रखा, लेकिन समस्त टोली उस समय इस विषय को लेकर गतिविधियों के लिए तैयार नहीं थी। दो वर्ष बाद उसी विषय पर आगे बढ़े। कई बार लगता था, वे हमसे कितने आगे हैं, लेकिन सहजता से साथ चल रहे हैं। 1991 के कश्मीर मार्च के समय हम उधमपुर में सायं की सभा में खूब जोशीले भाषण करके लौटे, लाल चौक हम जाएँगे, लेकिन रात्रि-बैठक में उन्होंने इतनी सहजता से कहा, ''इन 11 हजार छात्र-छात्राओं को सुरक्षित लौटाकर ले जाना, अब यही मुख्य काम है। कहाँ ठहरना, कहाँ मुड़ना, वे सबमें सबसे अधिक स्पष्ट थे।'' उनके जीवन पर बहुत अधिक लिखे जाने की आवश्यकता है, जिससे आनेवाली पीढ़ियों को भी उनका मार्गदर्शन मिल

सके। उन पर लिखते समय कई बार मैं सार्वजनिक से व्यक्तिगत की ओर झूलता रहा, लेकिन व्यक्तिगत को छुए बगैर कई बातें पूरी नहीं हो सकती थीं, इसके लिए क्षमा प्रार्थी हूँ और ईश्वर का आभारी हूँ कि ढाई दशकों तक उनका मार्गदर्शन मिला।

(कृषि, पंचायत राज विकास, सिंचन, पशुपालन,
डेयरी एवं मत्स्यपालन मंत्री, हरियाणा सरकार,
पूर्व राष्ट्रीय मंत्री, अ.भा.वि.प.)

□

व्यक्तित्व एवं विचार

शैक्षिक परिवर्तन के लिए

राष्ट्रीय अध्यक्ष, अभाविप, 1974

आपातकाल के विरोध में सत्याग्रह

शैक्षिक माँगपत्र प्रस्तुत करने के लिए संसद् पर मोर्चा,
6 मार्च, 1978 — अभाविप महामंत्री डॉ. महेश शर्मा,
उपाध्यक्ष प्रो. रामस्नेही गुप्त,
मंत्री सुश्री अंजली परचुरे (देशपांडे) के साथ

अखिल
भारतीय
विद्यार्थी
परिषद

AKHIL BHARATIYA VIDYARTHI PARISHAD
CONVENTION ON UNIVERSITY PROBLEMS

प्रेरक वक्ता

मित्र, मार्गदर्शक

अभाविप स्वर्ण जयंती अधिवेशन, मुंबई, 1998

प्रखर चिंतक

व्यवस्था परिवर्तन की ओर

वर्ल्ड ऑर्गनाइजेशन ऑफ स्टुडेंट एंड यूथ की स्थापना, 2006

यशवंतराव केळकर युवा पुरस्कार सम्मान

कार्यकर्ताओं से निरंतर संवाद

—श्याम सुंदर जाजू

स्वर्गीय बालासाहब आपटेजी के बारे में संस्मरण लिखना है, तो पिछले अड़तालीस वर्षों का काल आँखों के सामने आता है। 1974 में मुंबई में हुए 'विद्यार्थी परिषद्' अधिवेशन में देखे हुए बालासाहब और 2012 में भा.ज.पा. के राज्यसभा सदस्य तथा उपाध्यक्ष के नाते मिले बालासाहब, ऐसा उनका प्रदीर्घ कार्यकाल जो देख सके, ऐसे कुछ भाग्यशाली कार्यकर्ताओं में, मैं और मेरी पत्नी प्रतिभा भी शामिल हैं।

इमरजेंसी के दिनों में नासिक रोड जेल में 1200 मीसाबंदी कैद थे। बंदीकाल भी कुछ कम नहीं था—18 महीने। विभिन्न विचारधाराओं का प्रतिनिधित्व करनेवाले, अनेकविध जाति के, अलग-अलग भौगोलिक स्थानों से आए हुए, भिन्न प्रकृति के, लेकिन एक से बढ़कर एक कर्तृत्वसंपन्न व्यक्तित्व वहाँ एकत्रित हुए थे। सबको हँसते-खेलते एकत्रित करना और खुशी का माहौल रखना कोई सामान्य कार्य नहीं था। प्रमुखत: यह काम यशवंतराव केलकर, प्रह्लादजी अभ्यंकर और आपटेजी करते थे। मेरे पिताजी स्व. शंकरलालजी जाजू, उसी जेल में थे। उनसे मिलने के लिए 15 दिन में एक बार मैं वहाँ जाता था। उन दिनों बालासाहबजी ने सीने तक लंबी दाढ़ी रखी थी। उनका वह अनोखा रूप मुझे याद है। एक तरफ सत्ताधारी पार्टी की ओर से हो रहा अन्याय और दूसरी तरफ भविष्य के बारे में अस्पष्टता और संदेह का वातावरण, ऐसी स्थिति में विभिन्न राजनैतिक पार्टियों को इकट्ठा रखने के अत्यंत कठिन कार्य में बालासाहबजी की भूमिका विलक्षण प्रभावी थी। कोई भी विषय भावनात्मक स्तर पर न रखते हुए, वैचारिक दृष्टि से उसका विश्लेषण करके बौद्धिक कसौटी पर युक्तिवाद करना और पूरी स्पष्टता के साथ वह विषय सबके सामने रखना, यह तो उनकी विशेषता थी।

शुरुआत में तो उनसे बात करना बड़े-बड़ों के लिए भी आसान नहीं था, लेकिन जैसे-जैसे उनके नजदीक जाने का मौका मिलता, उनके अनोखे व्यक्तित्व का दर्शन होता था। ऐसे परिचय के बाद, अनेक कार्यकर्ताओं को खुले दिल से विचारों का आदान-प्रदान करते हुए तथा व्यक्तिगत विषयों के बारे में बोलते हुए भी मैंने देखा है।

वि.प. के काम में अनेक युवा कार्यकर्ताओं के बिगड़ते दिनों में किसी की मानसिकता ठीक

करने का काम हो तो वह बालासाहबजी ही करते। यशवंतराव केलकर, मदनदासजी, सदाशिवराव देवधरजी सौम्य शब्दों में कार्यकर्ताओं को समझाते, लेकिन अत्यंत स्पष्ट शब्दों में, जरूरत होने पर कठोर शब्दों में भी, Pin Pointed दिशा-दर्शन करने का काम बालासाहब ही करते थे। इसीलिए 'आपटेजी ने बुलाया है, उनसे मिलना है।' यह बात बहुत लोगों को सोचने के लिए, आत्मनिरीक्षण करने के लिए मजबूर करती थी। हम जो बोल रहे हैं, अगर वह बात सही है, तो बेझिझक कहनी चाहिए, ऐसी उनकी भूमिका रहती थी।

महाराष्ट्र छोड़कर मुझे दिल्ली में भारतीय जनता-पार्टी का काम करना चाहिए, इस निर्णय में मदनदासजी के साथ बालासाहबजी की विशेष भूमिका थी। केवल निर्णय लेकर छोड़ देनेवालों में से आपटेजी नहीं थे। निर्णय के क्रियान्वयन में स्वयं की जिम्मेदारी को समझकर उचित वातावरण में निर्णय करना यह उनकी विशेषता थी।

आपटेजी मूलत: संघ स्वयंसेवक, बाद में 'विद्यार्थी परिषद्' के कार्यकर्ता, एक यशस्वी अधिवक्ता, उनकी कुशाग्र बुद्धि, इन कारणों से भा.ज.पा. में भी उनकी विशेष भूमिका रही। राजनीतिक पार्टी के काम में कार्यकर्ताओं की व्यक्तिगत चिंता करना, देखभाल करना, यह गुण विशेष दुर्लभ होता जा रहा है, लेकिन मेरे जैसे असंख्य कार्यकर्ताओं के वे पालक थे। हम अपना सुख-दु:ख उनसे बाँटते थे। सही-गलत की पहचान करके, जरूरत होने पर वे कार्यकर्ताओं को खरे बोल सुनाने का काम भी करते और उन्हें वह नैतिक अधिकार भी था।

लगातार 12 वर्ष राज्यसभा सदस्य और पार्टी के महत्त्वपूर्ण पदों पर रहकर भी उन पर एक भी आरोप नहीं लगा, इतने वे पारदर्शी थे। विलक्षण प्रभावी व्यक्तित्व और तत्त्वों से समझौता न करने की कार्य-पद्धति, इन गुणों की वजह से वि.प., भा.ज.पा. के अलावा भी अन्य अनेक सामाजिक कार्यकर्ता हैं, जो निर्णय लेने के पहले उनसे सलाह-मशवरा करते थे।

'सामाजिक कार्यकर्ताओं के जीवन की व्यक्तिगत समस्याओं में भी जहाँ तक हो सके, हमें मदद करनी चाहिए' इस भूमिका से अनेक व्यक्तियों के आधार बने बालासाहबजी, मैंने देखे हैं। उनके इस स्वभाव के कारण घर के अन्य सदस्यों के साथ भी उनका सहज ही संवाद होता था। जो हमारे घर की सभी महत्त्वपूर्ण घटनाओं के साक्षी रहे और हमारे परिवार में घुल-मिल गए, ऐसे बालासाहब और वहिनी (भाभीजी) का सान्निध्य मुझे प्राप्त हुआ। इसलिए मैं खुद को बहुत ही भाग्यशाली मानता हूँ।

(राष्ट्रीय उपाध्यक्ष, भाजपा,
पूर्व प्रदेश मंत्री, अ.भा.वि.प., महाराष्ट्र)

□

विचारक संगठक

—विनोद तावड़े

1980 के आस-पास मेरा बालासाहबजी से परिचय हुआ। मैंने हमेशा यह महसूस किया है कि कोई भी निर्णय लेते समय उनकी स्पष्ट भूमिका होती थी। जब कोई जिम्मेदार कार्यकर्ता फील्ड पर जाकर वहाँ की स्थिति का जायजा लेकर कोई निर्णय लेता है, तब वह निर्णय उचित ही होगा और उस निर्णय के पीछे संगठन को अपनी ताकत लगानी चाहिए, ऐसा उनका कहना था।

1990 में कश्मीर आंदोलन के समय कुछ ऐसा ही हुआ। कश्मीर की समस्या के संदर्भ में कश्मीर बचाव रैली निकालने का फैसला राष्ट्रीय कार्यकारिणी की बैठक में हुआ। हरेंद्रजी जम्मू में जाकर आए थे। उस जानकारी के आधार पर यह निर्णय हुआ कि महेंद्र पांडे और मैं जम्मू जाएँ और वहाँ की स्थिति का ब्यौरा लें। वहाँ जाकर लोगों से बातचीत करने के बाद ऐसा लगा कि सिर्फ रैली निकालने से क्या होगा। ''जहाँ हुआ तिरंगे का अपमान, वहाँ करेंगे उसका सम्मान।'' इस नारे के साथ श्रीनगर के लाल चौक में अपना राष्ट्रध्वज लहराना चाहिए। वहाँ के संघ के लोगों से भी बात की, उनका भी यही कहना था। जम्मू-कश्मीर में बहुत सभाएँ हुईं। लाल चौक की तरफ कूच करना ही सही होता। हमने घोषणा कर दी, 'चलो कश्मीर'।

रात को फोन पर राजकुमारजी भाटिया और बालासाहबजी को यह बात बताई। राजजी बोले, ''लेकिन ऐसा नहीं तय हुआ है।'' बालासाहबजी बोले, ''अब घोषित तो कर दिया है न? तो अब वैसा ही करेंगे।'' फील्ड पर काम करनेवालों ने जो निर्णय लिया, उसको उन्होंने सहजता से स्वीकार किया।

ठिय्या आंदोलन के समय मैं महाराष्ट्र प्रदेश का मंत्री था। विद्याधर वालावलकर कार्यालय मंत्री था। ठिय्या आंदोलन की यशस्विता पर एक पुस्तिका प्रकाशित करनी थी। महाराष्ट्र प्रांत संगठन मंत्री चंद्रकांत दादा पाटिल और विद्याधर ने कुछ निश्चित किया था। मैं परिषद् कार्य के लिए यात्रा पर था, लौटते ही विद्याधर ने कहा, ''तुम्हारे फोटो निकालने हैं।'' 'एक्शन' में फोटो निकाले। पहली ही बार किसी पुस्तिका के मुख पष्ठ पर प्रदेश मंत्री की फोटो छपी। एक बैठक के दौरान बालासाहबजी ने फोटो देखे। उन्होंने पूछा, ''किसने निकाले फोटो, किसने निर्णय लिया?'' मैंने बताया, ''विद्याधर ने कहा मुझसे...'' वे तत्काल कुछ नहीं बोले। उन्होंने चंद्रकांत पाटिल से जानकारी ली। बाद में बोले, ''यह सोच-समझकर किया हो तो ठीक है। अपने फोटो पुस्तिका पर छपने

चाहिए, ऐसा खुद तुमने नहीं बताया था न, तो फिर ठीक है।'' तत्पश्चात् उन्होंने विद्याधर और चंद्रकांत को बताया कि किसी एक नेता की फ़ोटो छपे, ऐसी अपनी कार्य-पद्धति नहीं है।

बालासाहब हमेशा हर पीढ़ी के साथ समायोजन कर सकते थे। हर पीढ़ी की विचार-प्रक्रिया को समझकर, उनकी दृष्टि से परिस्थिति का विश्लेषण करते थे, इसीलिए वे हमेशा युवा पीढ़ी के करीबी दोस्त, मार्ग-दर्शक बन सके।

पुणे जिले के तलेगाँव में 'विद्यार्थी परिषद्' की प्रदेश कार्यकारिणी की बैठक थी। कार्यकर्ता प्रदेश पत्रक ध्यान से पढ़ते नहीं हैं, उस पर पर्याप्त विचार नहीं करते हैं, परिणामतः उसमें दिए गए बहुत से मुद्दों पर अपेक्षित काम नहीं होता। तो चर्चा शुरू हुई कि प्रदेश पत्रक थोड़ा बोरिंग होता है, उसे कुछ ऐसा बनाना चाहिए, जिससे वह पढ़ने के लिए लोग उत्सुक हों। एक-एक करके कुछ बढ़िया सुझाव भी आने लगे, सारे सुझाव बालासाहबजी ने लिख लिये। बाद में बालासाहबजी खड़े होकर बोलने लगे, ''इन सुझावों पर अगर अमल करना हो, तो अपने प्रदेश-पत्रक को 'आवाज' या 'मोहिनी' जैसी कोई मनोरंजक मैगजीन ही बनाना पड़ेगा। प्रदेश-पत्रक आकर्षक होना चाहिए, यह आग्रह बिल्कुल ही गलत है। प्रदेश-पत्रक तो प्रदेश-पत्रक जैसा ही होना चाहिए और हमें उसे विचारपूर्वक, अभ्यासपूर्वक ही पढ़ना होगा।''

परिषद् के राष्ट्रीय अधिवेशन में मा. सरसंघचालकजी का आना निश्चित हो गया था। अधिवेशन की थीम के बारे में परिषद् बैठक में चर्चा हो रही थी। 'कौन से सत्र में क्या होना चाहिए, कंटेंट क्या होगा, इस पर बातें हो रही थीं। पू. सरसंघचालकजी से कहना चाहिए कि उनके भाषण का कंटेंट क्या रहेगा, अगर···ये कुछ बातें भाषण में होंगी, तो अच्छा होगा।' बालासाहबजी ने स्पष्ट शब्दों में कह दिया, ''अन्य लोगों के भाषण में कौन से मुद्दे होने चाहिए? इस पर चर्चा हो तो ठीक है, लेकिन पू. सरसंघचालकजी को क्या बोलना चाहिए, यह तय करना अपना काम नहीं। पू. सरसंघचालक प्रसंगानुरूप ही बोलेंगे, किंबहुना वे जो बोलेंगे, वह अनुरूप और उचित ही होगा, ऐसा समझने में कोई दिक्कत नहीं। हम तो ऐसे हैं न कि सबको पाठ पढ़ाने निकले, ऐसा नहीं होना चाहिए।'' संगठन में अनुशासन की आवश्यकता उन्होंने समय-समय पर समझाई है।

आपातकाल के बाद, विभिन्न विषयों पर परिषद् की वैचारिक भूमिका निश्चित करना, स्पष्ट करना और उसे सबके सामने रखना, यह उनका प्रमुख कार्य रहा। कार्यकारिणी में, प्रदेश अभ्यास वर्ग में 'आज की स्थिति और अपनी भूमिका' यह विषय एक घंटे भर का समय लेकर विस्तृत रूप में सबके सामने रखते थे। समय-समय की परिस्थितियों में एक नागरिक के नाते अपनी भूमिका क्या होनी चाहिए, इसकी पूरी स्पष्टता उनके भाषण से होती थी। इस प्रभावी वक्तृत्व से हमें मिली वैचारिक स्पष्टता से हमारे काम में जोश आता था, अपने काम पर जो विश्वास था, वह और भी बढ़ता और प्रेरणा मिलती थी। इससे हमारे जीवन-मूल्य और वैचारिक निष्ठा कायम होती गई।

1980 के दशक में तथा 90 के दशक की शुरुआत के कुछ वर्षों में मुझे बालासाहबजी के साथ काम करने का अवसर मिला। उसी कालखंड में असम में हो रही बांग्लादेशियों की घुसपैठ की समस्या ध्यान में आने लगी। वहाँ के महाविद्यालयीन छात्रों ने आंदोलन शुरू किया था। 'यह केवल असम की स्थानीय समस्या नहीं, बल्कि यह एक राष्ट्रीय संकट है।' इस बात को अ.भा.वि.प.

ने सबके सामने रखा, देश भर में जनजागरण किया। अ.भा.वि.प. के किए प्रयासों के कारण पूरे राष्ट्र में इस समस्या पर बहस हुई और राष्ट्रीय परिणाम मिले। 2 अक्तूबर, 1983 को देश भर से आए हुए 1000 छात्रों ने गुवाहाटी में सत्याग्रह किया। उसी समय यह भी स्पष्ट कर दिया कि बाँग्लादेश में इस्लामी अन्याय से त्रस्त होकर यहाँ आश्रय लेने आए हिंदू निर्वासित हैं, घुसपैठिए नहीं।' विचारों में इतनी स्पष्टता होने का कारण था बालासाहबजी का भाषण। समस्या के सारे पहलुओं को अत्यंत स्पष्टता और तर्कशुद्धता के साथ हमारे सामने प्रभावी रूप से प्रस्तुत किया गया था। आज 30 वर्ष बाद हम अनुभव कर रहे हैं कि बालासाहबजी का वह विवेचन बिल्कुल सही था।

1984 में तत्कालीन प्रधानमंत्री इंदिरा गांधीजी की दुर्भाग्यपूर्ण हत्या के बाद राजीव गांधीजी की बड़ी जीत हुई और वे प्रधानमंत्री बने। उस दरम्यान राजनीतिक दल, विशेषतः विरोधी दल, एक तरह से बौखला गए थे। चालीस वर्ष की आयु का युवा नेतृत्व, 'मिस्टर क्लीन' ऐसी प्रतिभा और मिला हुआ भारी जनादेश इस कारण से लोगों की अपेक्षाएँ भी बढ़ गई थीं। इस सरकार के पहले वर्ष में बालासाहब ने कहा, "यह तात्कालिक उन्माद (यूफोरिया) है। सत्ता में बैठे लोग अपेक्षाओं की पूर्ति नहीं कर सकेंगे और जल्द ही लोग समझ जाएँगे कि अपना भ्रम निराश हो गया है।" बालासाहबजी का अनुमान सही था। आगे के चुनावों में बोफोर्स भ्रष्टाचार का मुद्दा प्रमुख रहा और राजीव गांधी पदच्युत हो गए।

बोफोर्स तोपों की खरीददारी में कथित भ्रष्टाचार और उच्चपदस्थों के भ्रष्टाचार के खिलाफ 1987 में अ.भा.वि.प. ने आंदोलन शुरू किया। राजीव गांधी के खिलाफ लोग सड़कों पर उतरे हों, ऐसा इसी आंदोलन में पहली बार हुआ और अगले दो वर्षों में हुए सत्ता परिवर्तन की यह शुरुआत थी। इस कालखंड में 'राजीव गांधी हटाओ' यह 'विद्यार्थी परिषद्' का एकमेव कार्यक्रम नहीं था। हिंदू-सिख एकत्रीकरण के कार्यक्रम, श्रीलंका में भारतीय वंश के लोगों पर हो रहे अन्याय के संबंध में जन-जागरण, पिछड़े जनजाति के छात्रों को स्कॉलरशिप तथा छात्रावास की सुविधा संबंधी हुई परिषद् की बैठक, उसी के संदर्भ में हुए प्रदर्शन, विधान परिषद् में याचिका दाखिल करना, नर्मदा आंदोलन के निमित्त शुरू हुई चर्चा और उससे उभरा हुआ 'विकासार्थ विद्यार्थी' यह मंच, दिल्ली के भव्य अधिवेशन में 'वर्ल्ड ऑर्गनाइजेशन ऑफ स्टूडेंट्स ऐंड यूथ' इस संगठन की स्थापना, तंत्रशिक्षा के संदर्भ में 'विद्यार्थी परिषद्' का किया हुआ अध्ययन और 'तंत्रशिक्षण विद्यार्थी परिषद्' की स्थापना, ऐसा बहुत बड़ा कार्य इसी कालखंड में हुआ है। इन सभी कार्यक्रम-उपक्रमों के नीति-निर्धारण में बालासाहबजी के चिंतन और तर्कसंगत प्रस्तुतीकरण का बड़ा योगदान रहा है।

अपने विचारधन से 'विद्यार्थी परिषद्' को समृद्ध करने के साथ ही, बदलती हुई छात्रों की मानसिकता का और अत्यंत गति से हो रहे सामाजिक स्थित्यंतर का भी उन्हें सही ज्ञान था। अपने विचारों पर खरी उतरनेवाली 'विद्यार्थी परिषद्' संगठनात्मक दृष्टि से भी बलशाली हो, इसलिए उनके किए प्रयास स्तंभित कर देनेवाले हैं। 'अगर हम कॉलेज कैंपस पर प्रभावशाली नहीं हैं, तो हम समाज में कैसे प्रभावशाली होंगे', इस प्रकार के ठोस सवाल उन्होंने कार्यकर्ताओं के सामने रखे। अ.भा.वि.प. एक छात्र-आंदोलन के रूप में प्रभावशाली बने, इसलिए लगभग हर सप्ताह के शनिवार और रविवार को संगठनात्मक ढाँचे को मजबूत करने के लिए देश भर में प्रवास किया। वे

केवल चिंतक नहीं थे, बल्कि वे युवाओं की क्षमताओं को समझते थे, जानते थे। इसीलिए नया कुछ कर दिखाने के कार्यकर्ताओं के जज्बे को उन्होंने कभी रोका नहीं, बल्कि उनका नया प्रयत्न यशस्वी हो, इसलिए बालासाहब खुद अपनी पूरी ताकत लगाते थे। नूतनता का स्वागत करने की उदारता और उनका हौसला बढ़ाने की हिम्मत, दोनों बालासाहबजी में दिखाई देती थी।

(शालेय उच्च व तंत्र शिक्षण, क्रीड़ा एवं युवक कल्याण, मराठी भाषा व सांस्कृतिक कार्य मंत्री, महाराष्ट्र सरकार, पूर्व राष्ट्रीय मंत्री, अ.भा.वि.प.)

□

जैसा देखा, वैसा पाया

—डॉ. राकेश मिश्र

परम श्रद्धेय जैसे शब्द व्यक्ति की महिमा-मंडन के लिए, विशेषकर राजनीतिक लोगों के लिए उनको कभी भी पसंद नहीं थे। किंतु अपने जीवन के दस वर्षों तक साथ रहने के बाद मुझे उन्हें श्रद्धेय कहने में कोई हिचक नहीं है। मैं श्रद्धेय बाल आपटेजी की चर्चा कर रहा हूँ। यह वह शख्सियत थी, जिसके बारे में शब्दों में बोलना व लिखना मेरे जैसे अल्पज्ञानी के लिए तो अत्यंत कठिन है। हर विषय में उनका विचार स्पष्ट होता था। कंफ्यूजन जैसे शब्द शायद उनके शब्दकोश में नहीं थे। सादगी, शुचिता, नैतिकता, निस्वार्थभाव तो बाल आपटेजी के पर्याय ही रहे। जिन-जिन महानुभावों से उनका संपर्क आया, वे उनके ही हो गए। कोमल ममत्व की भावना कई लोगों को दिखाई नहीं देती, क्योंकि वे अनुशासनप्रिय थे। ऐसा होने से वह ऊपर से नारियल की तरह कठोर दिखते थे, किंतु विचारों की गहराइयों में सदैव मीठे नारियल पानी की तरह हृदय को शीतलता प्रदान करते थे।

'विद्यार्थी परिषद्' के कालखंड की चर्चा इस पुस्तक में अनेक महानुभावों ने की है। आगे राजनीतिक क्षेत्र की जीवन यात्रा में शायद मेरा सहभाग उनके साथ परछाईं की तरह रहा। मैं 'विद्यार्थी परिषद्' में 1992 से राष्ट्रीय कार्यकारिणी की बैठकों में अपेक्षित रहता था। वहाँ पर उनकी सादगी, स्पष्टता, अनुशासन व टीम-भावना झलकती थी। कथनी व करनी एक होनी चाहिए, उसका जीवंत उदाहरण हमने आपटेजी में देखा। परिषद् की संगठनात्मक रचना में महाकौशल प्रांत, जो मध्य प्रदेश के एक-तिहाई हिस्से के रूप में नया-नया राज्य बना था, उसमें एक भी पूर्णकालिक कार्यकर्ता नहीं था। संगठन की आर्थिक स्थिति, बैठकों का क्रम आदि-आदि सब ठीक हो, इसकी चर्चा जब राष्ट्रीय कार्यकारिणी बैठक, उदयपुर में रात्रि भोजन पश्चात् टहलते हुए की, तब उस समय उनसे निकट का प्रथम साक्षात्कार हुआ था। परिषद् कार्य में शायद तब तक वह महाकौशल प्रांत में कभी नहीं आए थे। पारस्परिक बातचीत में उन्होंने हमारे संगठन मंत्री रहते हुए हमें जो गूढ बातें व संस्मरण मध्य प्रदेश के संदर्भ में बताईं कि हम सोचकर अवाक् रह गए कि इन्हें वह सब कैसे पता है, जो हमसे हजार किलोमीटर दूर बैठे हैं। टीम बैठकें कब से नहीं हुई हैं, आर्थिक स्थिति प्रांत की खराब है, कार्यालय नहीं है, पूर्णकालिकों की कमी है, परिसर बचाओ आंदोलन की तैयारी योजना बनी

है, लेकिन प्रवास करनेवाले नहीं हैं। विश्वविद्यालयों के चुनाव बंद हैं, उन्हें प्रारंभ कराना चाहिए; किंतु उसके लिए इकाई मजबूत होने की आवश्यकता है, आदि-आदि। इसलिए हमारे तत्कालीन राष्ट्रीय सह-संगठन मंत्री श्री सदाशिव गौतम देवधरजी कहते थे कि उस समय जो टीम बैठती थी, तो हरेक प्रांत की विस्तृत चर्चा इस प्रकार आ जाती थी, जैसे कार्बन कॉपी में सभी को पूरी वस्तुतः जानकारी मिल जाए।

यह टीम-भावना आपटेजी ने विकसित की है। जिसका उदाहरण हमें बाद में राजनीतिक जीवन में देखने को मिला। कार्यकर्ताओं के वे पिता तुल्य थे, यह कहना अतिशयोक्ति नहीं, बल्कि गर्वोक्ति होगी। व्यक्ति-परख उनकी बहुत ही अच्छी थी, विशेषकर राजनीतिक सामाजिक क्षेत्र में। व्यक्ति से मिलने के बाद ध्यान में आ जाता था कि वह क्यों आया है? क्या चाहता है?

पहली जुलाई, 2002, को मुझे तत्कालीन राष्ट्रीय संगठन मंत्री मा. दत्तात्रेय होसबालेजी ने दिल्ली बुलाया। मुझे मा. दत्ताजी व मा. मदनदासजी ने कहा कि राकेश दिल्ली में बाल आपटेजी को एक सहयोगी की आवश्यकता है। तुम उनका स्वभाव जानते हो, तुम्हारा कार्य, व परिश्रम व व्यवहार देखकर लगता है कि उनके साथ आपको कार्य करना चाहिए। मैंने कहा, "जो संगठन का विचार है, वह मुझे स्वीकार है।" मा. दत्ताजी ने जीवन के योगक्षेम की चिंता करते हुए आपटेजी के साथ बाबा खड़ग सिंह मार्ग स्थित एम.एस. फ्लैट पर मेरी विस्तृत भेंट कराई व मेरा कार्य तय हो गया।

1 अगस्त, 2002 में उनके साथ निवास व संसदीय कार्य प्रारंभ हुआ। वह मेरे लिए दूसरे जीवन की तरह नई शुरुआत हुई। सामान्य गाँव व दूसरी पीढ़ी के स्वयंसेवक परिवार से आने के कारण सहज ही सीखने की मुद्रा में रहा। मा. आपटेजी के जीवन में परिषद् से इतर राजनीतिक क्षेत्र के जो पहलू देखे वह सबसे चर्चा करने योग्य हैं। अनेक लोगों से वह थोड़ा दूर हुए, क्योंकि उनका स्पष्ट मत था कि 'विद्यार्थी परिषद्' हमारा प्राण है, मगर अब भा.ज.पा. मेरा कार्यक्षेत्र है, इसलिए वे स्वयं व मुझे केवल पार्टी कार्य के लिए समर्पण से लगना चाहिए। ऐसा आग्रह करते थे।

आपटेजी के बारे में जैसे मैंने पूर्व में नारियल के अंदर की चर्चा कही तो वह मिठास मुझे धीरे-धीरे मिलने लगी। मेरी पत्नी प्रमिला एवं तीन वर्ष का बेटा संकल्प, जो उन दिनों दूर ट्रांसफर के कारण मध्य प्रदेश के सिवनी-मालवा (इटारसी के निकट) रहते थे, उनकी चर्चा प्रतिदिन सवेरे पूछते थे। घर में संसदीय फ्री फोन था, तो बात हुई कि नहीं? यह उनका सुबह की डाइनिंग टेबल पर चाय पीते समय का पहला प्रश्न होना सहज ही था। वे सदा आग्रही थे कि गृहस्थ प्रचारक नहीं होना चाहिए। यदि विवाह किया है, तो पत्नी का साथ रहना अनिवार्य है। उनकी दृढ मान्यता थी कि पति तो अपनी मस्ती में कार्यरत रहता है, बेचारी उस महिला का क्या कसूर है, जो पति की आस में दूर गाँव में पड़ी है। उन्होंने बेटे संकल्प से वार्त्ता व पत्नी से चर्चा, धीरे-धीरे प्रारंभ की और कहा कि यह बँगला तुम्हारा है। इसमें तुम दशहरा की छुट्टियों में प्रमिला व संकल्प को बुला सकते हो। उनको दशहरे के दिनों की छुट्टी में दिल्ली घुमाओ, बातें करो, साथ में रहो। साधनों

का उचित किंतु भरपूर उपयोग करो। यह उनका सदाभाव था। ऐसा व्यवहार देखकर मेरी पत्नी व निर्मला ताई की भी प्रगाढ़ता होने लगी। हम हर विषय में उनसे निजी व सामाजिक चर्चाएँ करने लगे।

दिल्ली के उनके आवास पर देश भर के प्रमुख कार्यकर्ताओं का आना-जाना, रहना, निवास व काम के लिए प्रयास में सदैव आपटेजी की खुली छूट मुझे रही है। वे सदैव कहते थे कि यह सब व्यवस्था में सबके योग्य उपयोगी हेतु खुली हैं। धीरे-धीरे हमारा अतिविश्वास बनने लगा। प्रथम भेंट में ही उन्होंने तीन बातें मुझे कही थीं कि इनका पालन होगा, तो शायद सब अच्छा रहेगा। पहली, कि झूठ मत बोलना, चाहे कितनी बड़ी गलती जाने-अनजाने में हो। दूसरी, बातों को घुमा-फिराकर, नमक-मिर्च मिलाकर प्रस्तुत न करना व तीसरी आर्थिक व चारित्रिक व्यवहार में पवित्रता।

इन तीनों का कठोरता से पालन करने के कारण ही शायद मेरी पुत्र-मित्रवत् निकटता बन गई। दिल्ली में राकेश हमारा पी.ए. नहीं है, वह पोलीटिकल असिस्टेंट है, ऐसा वे कहते थे। 'रामभाऊ म्हालगी प्रबोधिनी' के महानिदेशक डॉ. विनय सहस्रबुद्धे सदैव दिल्ली निवास पर ठहरने आते थे। उनसे गंभीर वैचारिक विषयों पर मंथन होता था। प्रबोधिनी का कार्य अच्छा चले, ऐसा उनका विश्वास था और उसमें वे सदैव प्रोत्साहित करते रहे।

संसदीय कार्य मेरे लिए नया था। मैंने कंप्यूटर कभी हाथ से छुआ भी नहीं था; किंतु उनके आग्रह से मैं कंप्यूटर में उनके मनोरूप प्रावीण्य हो गया था। वे स्वयं कंप्यूटर पर बैठकर भाषण हेतु सामग्री खोजते थे, मुझे भी सुप्रीम कोट के केसों हेतु SCC online के संस्करण में से ढूँढ़ने का कार्य देते थे।

भारतीय जनता पार्टी के राष्ट्रीय उपाध्यक्ष एवं संसदीय बोर्ड सदस्य जैसे सर्वोच्च पदों में रहते हुए उन्होंने सदैव एक कार्यपद्धति लागू करने की कोशिश की। नियमित बैठकें, कार्य विभाजन, प्रवास, साधन शुचिता व प्रशिक्षण यह उनके आग्रह के बिंदु थे।

सरकार में रहते हुए भी संगठन की उनको चिंता थी। 2004 चुनाव आनेवाले थे, इसलिए श्री प्रमोद महाजन, श्री अरुण जेटलीजी जैसे वरिष्ठ लोगों को संगठन में महासचिव के तौर पर लाया गया। 2004 के आम चुनाव समय से पूर्व कराने के वे बिल्कुल खिलाफ थे। उनका कहना था कि हम फीलगुड में हैं। जनता ने हमें जो समय सरकार चलाने हेतु दिया है, उसे पूरा करके पाँच वर्ष में ही चुनाव में जाना चाहिए। हमने कहा कि 'मत अनेक-निर्णय एक' का भाव मानते हुए उन्होंने सभी बड़ों का सम्मान करते हुए समय से पूर्व चुनाव में सहमति जताई। चुनाव में गए व बुरी तरह पराजित हुए। इससे पता चलता है कि सामूहिकता में उनका दृढविश्वास था। 2004 चुनाव के बाद मुंबई में तीन दिन की एक चिंतन बैठक से 'Task Ahead' बना। वह आपटेजी द्वारा ही संकलित है। 2009 चुनावों में पुन: दल की हार के बाद देश भर में प्रवास करते हुए उन्होंने लोगों से जो चर्चा, बैठकें कीं व देश भर के बुद्धिजीवियों से भेंट के बाद प्राप्त हुए सुझावों का उनका सारतत्त्व पर शिमला में चिंतन-बैठक आयोजित की गई। उसका संपूर्ण ड्राफ्ट सबसे चर्चा उपरांत आपटेजी ने ही तैयार किया था। उसमें आई हुई कई कठोर बातें तत्कालीन नेतृत्व को शायद

नागवार गुजरनेवाली थीं, इसलिए बैठक के ड्राफ्ट को समय पूर्व लीक हो गया मानकर सदा के लिए रद्दी की टोकरी में डाल दिया। यह ऐतिहासिक भूल पार्टी ने की थी, किंतु उसमें भी उनका मत था कि पार्टी सुधरना ही नहीं चाहती, तो न सुधरे। प्रभु की जो इच्छा।

व्यक्तिगत जीवन में कठोर अनुशासन, आग्रही व ईश्वर के प्रति गहन आस्था व विश्वास उनका अंतिम समय तक रहा। कितने भी आवश्यक कार्य में देर रात तक व्यस्त हों, गीता का एक अध्याय अवश्य ही पढ़ना है। ट्रेन में भी वह शयन के पहले श्रीमद्‌भगवत गीता के एक अध्याय का अवश्य पाठ करते ही थे। इसी प्रकार कितनी भी ठंड, गरमी, बरसात व व्यस्तता क्यों न हो। वे प्रात: संध्या व सायं संध्या कभी नहीं छोड़ते। बैठकों में, होटलों में, धर्मशालाओं में जहाँ भी रुके। संध्यावंदन अनिवार्य था। प्रवास के समय ट्रेन में ही स्नान कर तैयार हो जाने में वे सहज रहते थे। कार्य व समय में सामंजस्य बनाकर चलना, उनकी अप्रतिम विशेषता रही। औषधि खाने से पूर्व श्लोक-पाठन, यात्रा के पूर्व मंत्रोच्चार, भोजन हेतु खुले शरीर में बैठकर भोजन करना, नित्य सूर्य-नमस्कार व घर से बाहर जाते समय गणपति-दर्शन करना, चंद्रग्रहण एवं सूर्यग्रहण के समय गायत्री पुरश्चरण करना उनकी शैली में शामिल था। उनकी जीवन शैली का यह भाग मृत्युपर्यंत साथ में रहे।

जीवन के अंतिम दो वर्षों में काफी बीमारी में रहे। एक समय तो बड़ी चिंतनीय स्थिति हो गई थी फिर भी संसद् की बैठकों में उनकी उपस्थिति नाम मात्र की नहीं थी। उनमें पूर्ण सहभागिता व विचार-विनिमय की तैयारी रहती थी। प्रत्येक सत्र में न्यूनतम एक भाषण होना ही चाहिए। उसकी पूर्ण तैयारी एवं वह तैयारी स्वयं करते थे। मुझे भी लगाते थे कि कच्ची सामग्री संग्रह करके रखें, काम आएगी। पूरी रात-रात भर बैठकर बिंदुवार सटीक नोट्स बनाते थे, फिर भाषण करते थे। उनकी लोकतंत्र के मंदिर में गहन आस्था थी। राज्यसभा उच्च सदन है, इसमें कोई बात हलके से न ली जाए। वे इसलिए प्रामाणिकता से हिंदी, संस्कृत, मराठी, अंग्रेजी में वैचारिक प्रबोधन रखते थे। दलगत लोग तो उनकी बात सुनकर प्रभावित होते ही थे, किंतु दूसरे दलों के सदस्य व मंत्री भी बाल आपटेजी बोलनेवाले हैं, तो ध्यान से सुनते थे। श्री शिवराज पाटिल, श्रीमती नजमा हेपतुल्ला, श्री जयराम रमेश, श्री राजीव शुक्ला, श्री आनंद शर्मा, श्रीमती जयंती नटराजन, प्रो. पी.जे. कुरियन जैसे महानुभावों से लिखित में अनेक बार 'very good debate', 'Excellent' जैसी बधाई उनकी वक्तृत्व कला को मिलती थी। वे शब्द उच्चारण की कला में पारंगत थे।

राज्यसभा के अधिकारी व कर्मचारी उन्हें विशिष्ट सम्मान देते थे। बिजली, पानी, टेलीफोन कॉल कम खर्च करनेवाले सांसदों में उनका स्थान था। भारतीय संसद् द्वारा प्रदत्त सुविधाओं का अपने लिए कम-से-कम उपयोग करना, उनकी सादगी दर्शाता है। राज्यसभा का दूसरी बार सदस्य बनने पर 2006 में उन्होंने बड़ा बँगला लेने से इसलिए मना कर दिया कि हमें जितनी आवश्यकता है, वह सी-702, स्वर्ण जयंती सदन में पर्याप्त है। 2 अप्रैल, 2012 को उनकी सेवानिवृत्ति का दिन था। उससे काफी पहले उन्होंने सांसद आवास से सामान पैकिंग की तैयारी कर ली व ठीक समय पर मूवर्स एंड पैकर्स से घरेलू सामान मुंबई व पुणे रवाना कर दिया। दिल्ली में तीन अप्रैल को

शुभचिंतकों ने एक विदाई समारोह विश्वंभर दास रोड पर आयोजित किया था। रात्रि दस बजे तक मा. लालकृष्ण आडवाणीजी, श्री सुरेश सोनीजी, श्री दत्तात्रेयजी सहित संघ परिवार के दो-तीन सौ निकटस्थ लोग आए थे। उसमें आपटेजी ने बताया कि इस कार्यक्रम हेतु आज मैं दिल्ली में रुक गया हूँ। कल प्रात: 8.00 बजे की फ्लाइट से मुंबई जा रहा हूँ। कई लोग अगले दिन घर पर मिलने आए, तब तक आपटेजी सांसद आवास खाली करके मुंबई चले गए थे। ऐसा था उनकी साधन-शुचिता का उदाहरण।

कार्यकर्ताओं पर उनका प्रेम पिता तुल्य था। 'विद्यार्थी परिषद्' में रहते हुए, तो उन्होंने अनेक लोगों को जीवनयापन व निजी कार्यों के लिए तैयार किया ही था। यह प्रयोग उनका सतत आजीवन चलता रहा। मुझे तो उन्होंने पुत्र-मित्रवत् रूप से ऐसा वात्सल्य दिया कि शब्दों में व्यक्त करना कठिन है। दिल्ली में मेरा परिवार उनके साथ ही रहता था। साथ में रहने से रसोई तो साथ में बननी ही थी, किंतु दोनों समय डाइनिंग टेबल पर भोजन भी परिवार के साथ में होना, गपशप होना व पूछताछ करना, यह उनका क्रम था। शायद 'विद्यार्थी परिषद्' में जैसे टीम भावना में सूचनाओं की कार्बन कॉपी की अपेक्षा रहती थी, वही टीम भाव संबंध मेरे व मेरे परिवार के साथ हो गया।

एक प्रसंग 2002 का स्मरण आता है। 7, रेसकोर्स रोड पर 'विद्यार्थी परिषद्' का प्रतिनिधि मंडल प्रधानमंत्री मा. अटलजी से मिलने गया। दस लोग उसमें थे, जिनमें भा.ज.पा. के पाँच बड़े नेता भी थे। मुझे एस.पी.जी. सुरक्षा कर्मियों ने अंदर जाने से रोक दिया। मुझे साथ न देखकर आपटेजी बाहर निकलकर आए व कहा कि डॉ. राकेश हमारे पी.ए. भर नहीं हैं, यह 'विद्यार्थी परिषद्' के प्रतिनिधि मंडल का एक भाग हैं। उन्हें अंदर जाने दीजिए। प्रधानमंत्री कार्यालय में तब राज्यमंत्री श्री विजय गोयलजी, आपटेजी का स्वभाव जानते थे, मुझे अंदर लेकर गए व अटलजी के साथ ड्राइंगरूम में बिठाया। ऐसी छोटी-छोटी चिंता करना उनके मूल स्वभाव में था।

उनका इतना विश्वास मुझ पर था कि मुझे खाली चैक हस्ताक्षर कर छोड़ देते थे। एक बार चाय पीते समय मा. मदनदासजी व निर्मला ताई को बताए कि जीवन में कभी मैं ब्लैंक चैक हस्ताक्षर करके नहीं छोड़ता, केवल राकेश को दिल्ली में कहीं जरूरत न पड़ जाए, इसलिए गृहकार्य खर्च के लिए देकर रहते हैं। प्रारंभ में चार-पाँच माह ठीक एक तारीख को मैं आय-व्यय दिखाता था, किंतु बाद में उन्होंने कहा कि इसकी जरूरत नहीं है। मैं तुम्हारा स्वभाव जान गया हूँ। फिर भी मैंने मई 2012 तक के व्यय पत्रक उनको दिखाए, तो उनकी आँखें नम हो आईं; बोले राकेश इसकी आवश्यकता तब होती, जब विश्वास में कमी होती है। मैंने देखा कि आप प्रतिदिन कुछ भी खर्च करते हो, तो तुरंत डायरी में लिख लेते हो। तुम्हारा हिसाब तो ठीक होगा ही। वे कई मौकों पर कहते थे कि तुम मितव्ययी हो, परिश्रमी हो, आलसी नहीं हो, यह मैंने दस वर्षों में ठीक से परख लिया है।

आपटेजी का बड़ा परिवार था, उनकी सभी बहनें, बड़े डॉक्टर भाई साहब, श्री राम आपटे, बेटी-दामाद का परिवार एवं उससे आगे संघ परिवार। सबके साथ समान व्यवहार, यही उनकी विशेषता थी। गुस्सा उनकी नाक पर रहता था, मगर तुरंत एक गिलास शीतल जल पीते ही वह

क्षणभंगुर हो जाता था। एक बार तो मैंने साहस करके पूछा भी कि भाईसाहब ऐसा गुस्सा कैसे ठीक होगा? तो बड़ा सुंदर उत्तर उन्होंने दिया। बोले, ''राकेश! यह हमारे जीवन में गहराई तक है। मेरे मरने के बाद ही मेरा गुस्सा जाएगा।'' आखिर की बीमारी में अस्पताल में मैं मिलने गया, तब उस अवस्था में भी मेरा हाल जाना कि कब आए दिल्ली से। घर शिफ्ट किया है, तो नया घर कैसे लग रहा है। प्रमिला, संकल्प कैसे हैं? शायद वह मेरी आखिरी प्रत्यक्ष बात थी। बाद में तो वे होश में नहीं आए और 17 जुलाई 2012 को उनके वेंटिलेटर पर दोपहर में 03.10 पर सभी यंत्रों ने कार्य करना बंद कर दिया। उस पर लिखा आ गया 'B.P. Apte no More' यह मेरी आँखों में छा गया।

यह मेरे लिए बड़े कष्ट का प्रसंग था। शायद अपना पिता चला गया, कइयों का अभिभावक चला गया। उन दिनों उनका कष्ट देखकर लगा कि प्रभु आपने उस महान् शख्सियत को इतना दर्द क्यों दिया? जिसने पूरा जीवन दूसरों के प्रति लगा दिया। ॐ शांति: शांति:, हमें लिखना पड़ा, यह वही शब्द हैं, जो हरेक आनेवाले शोक पत्र पर मैं पोस्ट कार्ड के उत्तर के रूप में अपने हाथों से लिखता था और वे हस्ताक्षर करते थे।

हिंदी, संस्कृत, मराठी व अंग्रेजी चार भाषाओं में उनके पत्रोत्तर बनते थे। जिस भाषा में जो पत्र आता था, उसी भाषा में उसका उत्तर देना होता था। सन् 2012 में बीमारी पकड़ने पर लगा नहीं था कि ऐसा निरोगी शरीरवाला सुडौल व्यक्ति अचानक निस्तेज हो जाएगा, मगर यही सच था कि अधिकतम दवाओं के सेवन से उनके फेफड़े कमजोर हो गए व चलने में दिक्कत होने लगी। मेरी पत्नी व बेटे सदैव आपटे अंकल का ध्यान रखते थे। संकल्प तो तीन वर्ष की आयु में ही उनके साथ वाली डायनिंग टेबल पर बैठकर सब नटखट सीख रहा था। भोजन मंत्र से प्रारंभ होकर अंत में खाना समाप्ति पर दूध/दही से चावल खाना उसकी बेहद आदत में आ गया था। आपटेजी के आते ही पैर छूना व टॉफी लेना उसका नियम हो गया था। कई बार रसोइया न होने पर मैं स्वयं एकादशी को दही, खिचड़ी, आलू की सब्जी, हरी, मिर्च, धनिया की चटनी बनाकर खिलाता था। कई रसोइयों को सिखाते-सिखाते मैं भी पाकशाला में दक्ष हो गया था। कभी उन्हें कोई असुविधा न हो, इसमें मेरे पूरे परिवार की यथासंभव कोशिश रहती।

स्व. बाल आपटेजी ने जीवन ठाठ से जिया, दूसरों को जीने दिया व एक लंबी रेखा संगठन की परिपाटी के लिए बना गए। भा.ज.पा के पाँच अध्यक्षों के कार्यकाल श्री के. जनाकृष्णमूर्ति, श्री एम. वेंकैया नायडू, श्री लालकृष्ण आडवाणीजी, श्री राजनाथ सिंहजी (दो कार्यकाल) व श्री नितिन गडकरीजी के साथ कार्य करने का अवसर मिला। वे सभी टीमों में संसदीय बोर्ड के सदस्य एवं केंद्रीय चुनाव समिति में रहे।

भा.ज.पा. के विभिन्न न्यासों में रहे। डॉ. श्यामा प्रसाद मुखर्जी शोध अधिष्ठान, लोक कल्याण न्यास के अध्यक्ष भी रहे। उनकी साधन शुचिता के नाते पूर्णकालिक कार्यकर्ताओं के निजी जीवन की व्यवस्थाओं के लिए 'लोक कल्याण न्यास ट्रस्ट' का गठन किया। आपटेजी के बारे में जो मैंने

समझा कि वे एक मूर्धन्य विद्वान् थे, इतिहास एवं कानून का गहन ज्ञान था, संस्कृत व मराठी भाषा पर पूर्ण दक्षता थी। उनके भाषण में हिंदी, अंग्रेजी, संस्कृत, मराठी का संपुट रहता था। 1998 में 'विद्यार्थी परिषद्' के स्वर्ण जयंती अधिवेशन में व्यवस्था-परिवर्तन पर भाषण में उन्होंने जो लगा कि वह निर्भीक होकर कहा व किसी प्रकार का संकोच नहीं किया। यद्यपि बाद में उनके कई हितैषियों ने उनको कहा कि यह बात सार्वजनिक रूप से कहना ठीक नहीं है। व्यवस्थाएँ समाज के युगानुकूल चले यही समय की कसौटी है, ऐसी उनकी मान्यता थी।

इस विनम्र आत्मा के चरणों में मेरा कोटि-कोटि प्रणाम।

(कार्यकारी सचिव, राष्ट्रीय अध्यक्ष भाजपा,
पूर्व कार्यकर्ता अ.भा.वि.प.)

□

बौद्धिक धरातल का सुदृढ नेतृत्व

—लक्ष्मी नारायण भाला

'विद्यार्थी परिषद्' की त्रिमूर्ति के रूप में हमने दीर्घकाल तक जिन तीन व्यक्तियों को देखा है, उनमें कौन ब्रह्मा, कौन विष्णु एवं कौन महेश? यह भेद करना बहुत कठिन है। उन तीनों को हमने 'एकं सत् विप्राः बहुधा वदन्ति' की तर्ज पर ही आचरण एवं विचरण करते हुए देखा है। सन् 1966 से 1988 तक इस त्रिमूर्ति ने ही विद्यार्थी परिषद् को वह पहचान दी, वह प्रतिष्ठा दी एवं वह परंपरा दी, जो आज भी उसी गरिमा के साथ बनी हुई है। मेरा यह सौभाग्य रहा है कि इस त्रिमूर्ति के सान्निध्य में लगातार दस वर्षों तक केंद्रीय टोली के सदस्य के रूप में मैं सक्रिय रहा हूँ। विद्यार्थी परिषद् के बारे में जाननेवाले पाठक के लिए इस त्रिमूर्ति की बात कोई रहस्य निर्माण करनेवाली बात नहीं है। सांगठनिक संरचना, वैचारिक चेतना एवं व्यावहारिक संवेदना के अधिष्ठाता के रूप में जिन तीनों को हमने देखा, वे हैं क्रमशः मान्यवर मदनदास देवी, प्रो. बालासाहब आपटे एवं प्रो. यशवंत राव केलकर।

आपातकाल के बाद 'विद्यार्थी परिषद्' का कार्य तीव्र गति से बढ़ रहा था। प्रो. बाल आपटे की वैचारिक चेतना से चैतन्यमय होते हुए सांगठनिक कलेवर सशक्त हो रहा था। व्यावहारिक समस्याओं का निदान भी परिपक्वता के साथ होता हुआ दिखाई देता था। इस समय जनता पार्टी के निमित्त से एक विचित्र चर्चा चली। अ.भा.वि.प. जैसे संगठन भी जनता पार्टी में विलीन हों, ऐसा आग्रह किया जाने लगा, किंतु दलगत राजनीति से अलिप्त रहकर राष्ट्रीय पुनर्निर्माण के अपने मूल उद्दिष्ट की ओर फिर से कार्यरत होने के निश्चय पर परिषद् अडिग रही। इस विषय में हुए सघन विचारमंथन की प्रक्रिया में अपनी सैद्धांतिक भूमिका का आग्रह बनाए रखने में आपटेजी की भूमिका अहम रही। उसी प्रकार छात्र-संघों के चुनावों से कुछ वर्षों के लिए अलिप्त होकर संगठन की प्राथमिकता रचनात्मक कार्यों की ओर ले जाने के 1978 में किए निर्णय के समय में भी कार्यकर्ताओं की सोच विकसित करने में आपटेजी ही प्रमुख रहे।

वैचारिक एवं सैद्धांतिक दृष्टि से किसी उलझन या पेचीदगी से संगठन को मुक्त करना हो, तो उन दिनों सभी को प्रो. बाल आपटेजी का मार्गदर्शन ही समयोचित प्रतीत होता था। रचनात्मक एवं आंदोलनात्मक कार्यक्रमों के संतुलन की बात हो या चुनाव जीतकर छात्र संघ में नेतृत्व की बात हो, छात्रशक्ति ही राष्ट्रशक्ति है, इस सिद्धांत की व्याख्या हो या आज का छात्र आज का नागरिक

है, इस विषय का प्रतिपादन हो, बैठक में दस कार्यकर्ताओं के बीच किसी बात को रखना हो या अधिवेशनों में हजारों लोगों के सामने भाषण करना हो, आपटेजी को सुनने से हर किसी को बौद्धिक समाधान एवं उस विषय के क्रियान्वयन का पथ-निर्देश प्राप्त होता था।

वकील की तार्किकता, अध्यापक की विषय प्रतिपादन की रोचकता, सामाजिक कार्यकर्ता की समन्वयी स्पष्टवादिता, वक्ता की श्रोताओं को संतुष्ट करनेवाली वक्तृता, प्रवक्ता की मुद्दों की स्पष्टता, समाजसेवी की अनुशासन पालन की उग्रता, गृहस्थ की कर्तव्यपरायणता आदि गुण आदरणीय बालासाहब आपटेजी के व्यक्तित्व की गरिमा को बढ़ाते थे।

'विद्यार्थी परिषद्' से दायित्वमुक्त होकर भारतीय जनता पार्टी के कार्यकलापों से जुड़ जाने के बाद उपरोक्त गुणों का कितना उपयोग वे कर पाए या कितना लाभ संगठन ले पाया, यह कहना मेरे लिए कठिन है। राज्यसभा की सदस्यता का उनका कार्यकाल पूरा होने के बाद दिल्ली से विदा होकर मुंबई जाने से पूर्व हुए विदाई समारोह में उनका भाषण सुनने का अवसर मिला था। स्वास्थ्य का प्रभाव उनके मन एवं वाणी पर परिलक्षित हो रहा था। चेहरा तो दिल्ली नहीं इस दुनिया से ही विदा होने की आतुरता दर्शा रहा था। भारी मन से उस विदाई अनुष्ठान से लौटने के बाद मैं सोच रहा था कि सत्ता को समाज परिवर्तन का साधन बनाने का संकल्प लेकर राजनीति के क्षेत्र में आनेवाले निष्ठावान समाजसेवी क्या अपने सपनों को साकार कर पाएँगे? सत्ता को समाज की चेरी या दासी के रूप में स्थापित करने के लिए और कितनी आहुतियाँ देनी पड़ेंगी? 'हम दिन चार रहें या न रहें' यह तो प्रकृति का नियम है, परंतु 'तेरा वैभव अमर रहे' यह संकल्प तो पुरुष को ही करना होगा। प्रो. बालासाहब आपटे की आत्मा उसी पुरुषार्थ की चेष्टा एवं कामना करते हुए विदा हुई थी। उस आत्मा को शत-शत नमन।

(संघ साहित्य के लेखक, पूर्व क्षेत्रीय संगठन मंत्री, अ.भा.वि.प.)

□

प्रो. बाल आपटे
प्रतिभावान बहुआयामी व्यक्तित्व

—डॉ. दिनेशानंद गोस्वामी

प्रो. बाल आपटे विलक्षण प्रतिभा के धनी थे। वे चिंतक थे। विभिन्न विषयों पर उनका गहरा अध्ययन था। ओजस्वी वक्ता थे तथा कुशल संगठक थे। मेरी मा. आपटेजी से सन् 1979 में पहली बार भेंट हुई। मैं उस समय स्नातक का विद्यार्थी था तथा जयपुर के राष्ट्रीय अधिवेशन में भाग लेने गया। अधिवेशन में ही उनसे मिला। सन् 1985 में मैं परिषद् की राष्ट्रीय कार्यसमिति का सदस्य बना। उस समय से मेरा आपटेजी से संपर्क बना रहा। प्रारंभिक दिनों में अन्य कार्यकर्ताओं की भाँति अधिवेशनों में उनके भाषणों से काफी प्रभावित रहता था। सन् 1992 से मैं केंद्रीय टीम की बैठकों में भाग लेने लगा। केंद्रीय टीम बैठक एवं विचार बैठकों में भाग लेते हुए यह महसूस होने लगा कि इतना बड़ा व्यक्तित्व हम जैसे कार्यकर्ताओं से एक अभिभावक मित्र की तरह व्यवहार करता है।

सन् 1994 में इंदौर में परिषद् का राष्ट्रीय अधिवेशन आहुत हुआ। उस अधिवेशन की संचालन समिति का मुझे प्रमुख बनाया गया। अधिवेशन के पूर्व केंद्रीय टीम की बैठक होती है। आपटेजी टीम बैठक हेतु अधिवेशन के दो दिन पहले इंदौर आ गए थे। संचालन समिति बैठक में अधिवेशन के विभिन्न कार्यक्रमों की विस्तारपूर्वक रूपरेखा निर्धारित की जाती है। अधिवेशन के विभिन्न सत्रों, कार्यक्रम, खुला अधिवेशन आदि विषयों पर कई बार आपटेजी से मिला। वे एक ज्येष्ठ कार्यकर्ता की तरह संचालन समिति को सुझाव देते रहे। अधिवेशन के समापन के बाद संचालन समिति की समीक्षात्मक बैठक हुई। उस बैठक में आपटेजी एवं दत्ताजी उपस्थित थे। बैठक के बाद इंदौर के सर्राफा बाजार में हम सभी कार्यकर्ता आपटेजी के साथ टहलने निकले। वहाँ के सर्राफा बाजार की विशेषता है कि शाम के समय विभिन्न प्रकार की स्वादिष्ट मिठाइयाँ वहाँ बिकती हैं। मुंबई उच्च-न्यायालय का प्रसिद्ध एवं सम्मानित अधिवक्ता हम सबके साथ कार्यकर्ता मित्र की तरह बरताव करता हो, यह आपटेजी के महान् व्यक्तित्व एवं उनके व्यक्तित्व में समाहित कार्यकर्तापन का प्रकटीकरण ही था।

सन् 1998 में मुंबई में परिषद् का स्वर्ण जयंती अधिवेशन आयोजित हुआ। मैं उस अधिवेशन

में दुबारा राष्ट्रीय अध्यक्ष चुना गया। उस अधिवेशन में 'देश की वर्तमान परिस्थिति में छात्र शक्ति की भूमिका' पर उनका भाषण हुआ। भ्रष्टाचार के खिलाफ बोलते हुए उन्होंने कहा था कि भ्रष्टाचारियों के साथ भ्रष्टाचारियों को संरक्षण देनेवालों के खिलाफ छात्रशक्ति को अभियान चलाना चाहिए। इस संदर्भ में उनके मुख से निकला हुआ यह वाक्य आज भी मन में उद्वेलन पैदा करता है—''इंद्राय स्वाहा, तक्षकाय स्वाहा।''

प्रो. बाल आपटे विशाल व्यक्तित्व के धनी थे। हिंदी, अंग्रेजी, मराठी, संस्कृत सहित कई भाषाओं में उनका भाषण होता था। वे उच्च कोटि के विद्वान् थे। सहज, सरल एवं सादगीपूर्ण व्यक्तित्व सभी कार्यकर्ताओं को आकर्षित करता था। 12 वर्षों तक देश के राजनीति क्षेत्र में भी उन्होंने महत्त्वपूर्ण भूमिका निभाई। उनकी साफगोई व स्पष्टवादिता के कारण राजनीति क्षेत्र में भी उनके मित्रों एवं शुभचिंतकों की संख्या बढ़ती गई। उनके विशाल व्यक्तित्व के सान्निध्य में आने से ही कार्यकर्ताओं के मन की कठिनाइयों का समाधान निकल जाता था। उनका संपूर्ण जीवन संघ विचारधारा के प्रति समर्पित रहा।

*(भाजपा कार्यकर्ता, पूर्व प्रदेश अध्यक्ष भाजपा,
झारखंड एवं पूर्व राष्ट्रीय अध्यक्ष अ.भा.वि.प.)*

□

अभिभावक–कार्यालय से न्यायालय तक

—विनय नवरे

बालासाहब आपटेजी के निधन का समाचार 'विद्यार्थी परिषद्' के पूर्व कार्यकर्ता सतीश कुलकर्णी ने फोन पर दिया और कुछ ही मिनटों में मैं दिल्ली से मुंबई के लिए निकल पड़ा। घर से मुंबई तक इन 3-4 घंटों में एक के बाद एक अनेक घटनाएँ आँखों के सामने आती रहीं।

बालासाहबजी के साथ मेरा संबंध एक परिषद् कार्यकर्ता तथा एक वकील, दोनों तरह से था। सितंबर 1988 से अक्तूबर 1999 तक मैंने बालासाहबजी के साथ वकालत की। कार्यकर्ता के रूप में मैं उन्हें वर्ष 1980 से जानता था, लेकिन उनके साथ प्रत्यक्ष संवाद 1982 से शुरू हुआ। 1999 में मैं मुंबई से दिल्ली आया, तब तक यह संवाद लगातार चलता रहा।

1982 के जनवरी-फरवरी माह में मुंबई 'विद्यार्थी परिषद्' ने प्राध्यापक संगठन के 'परीक्षा के बहिष्कार' के विरुद्ध Save Exams आंदोलन किया। तब मैं परिषद् के आंदोलन का निर्णय करनेवाली टीम में था। उस समय देर रात तक चलनेवाली चर्चाओं में, बैठकों में बालासाहबजी उपस्थित रहते थे।

किसी भी प्रसंग पर एक क्षण में उनकी प्रतिक्रिया ऐसी आती थी कि उससे हम बहुत सी बातें समझ जाते थे। सन् 1986-87 की बात है। 'SEIL' प्रोजेक्ट के तहत एक गुट पूर्वांचल भेजा गया था। इसी दौरान मुंबई कार्यालय में फोन आया। कुछ परेशानियों के चलते एक कार्यकर्ता को 10,000 रुपए साथ में देकर तत्काल ही विमान से भेज देना आवश्यक था। विनोद तावडे मुंबई के संगठन मंत्री तथा मैं महानगर प्रमुख था। किसे भेजा जाना चाहिए, इसका हमने विचार किया। उस समय 'चंचल स्मृति' भा.ज.पा. प्रदेश कार्यालय में रघुनाथ कुलकर्णी कार्यरत थे। हमने रघुनाथ से बात करके उनसे 10,000 रुपए लिये और जल्द ही उस कार्यकर्ता को गुवाहाटी भेज दिया। रात को 'टीम बैठक' में विनोद ने यह सारी जानकारी दी। बालासाहबजी ने पूछा, "'नवयुग' (संघ कार्यालय) में फोन करें और पैसे माँगें, ऐसा विचार क्यों नहीं आया? यह ध्यान रहे कि संघ हमारा पितृ संगठन है।" सभी को एक ही क्षण में प्रश्न में छुपा महत्त्व समझ में आ गया।

परिषद् में बालासाहबजी का स्थान ऐसा था कि उनका कहना सभी लोग मानते थे, लेकिन बालासाहबजी ने उस स्थान का कभी अनुचित लाभ नहीं उठाया। शिवाजीराव निलंगेकर पाटिल

जब महाराष्ट्र के मुख्यमंत्री थे, तब उनकी पुत्री की परीक्षा के अंकों के घोटाले के संबंध में राज्यपाल कोना प्रभाकर राव की भूमिका विवादास्पद थी। तब मुंबई विद्यापीठ का दीक्षांत समारोह उनके हाथों होना था। परिषद् में काम करनेवाले हम दो-तीन लोगों ने दीक्षांत समारोह को रोकने का फैसला किया। हमने पक्का मन बनाया तथा उस दिन सुबह आपटेजी को फोन करके यह विचार बताया। बालासाहबजी ने कहा, ''साधारणत: हमें दीक्षांत समारोह जैसे कार्यक्रमों को नहीं रोकना चाहिए, लेकिन आपने इस बात पर सोचा ही होगा।'' इस प्रकार से आपटेजी ने सही क्या है, इसके बारे में हमारे मन में विवेक को जगाया, साथ ही निर्णय लेनेवालों पर पूरा विश्वास भी जताया।

वे घर में हों या कोर्ट में, 'फील्ड' पर क्या हो रहा है, इसकी उन्हें पूरी जानकारी होती थी। एक आंदोलन के समय परिषद् के कार्यकर्ताओं ने विश्वविद्यालय में घुसपैठ की और शीशे टूट गए। समाचार-पत्रों में इस संबंध में फोटो सहित बड़ी खबर छपी। दो-तीन प्रमुख कार्यकर्ताओं ने बालासाहबजी को बताया, ''उस समय नए छात्र बहुत थे। उनमें से किसी ने पहला शीशा फोड़ा, तब वहाँ मौजूद सुरक्षाकर्मियों की धक्का-मुक्की शुरू हो गई और इस वजह से भीड़ बेकाबू हो गई।'' यह सुनते ही उन्होंने कहा, ''यूँ ही बातें मत हाँको। अपने यहाँ आनेवाले नए छात्र को इस बात की पूरी समझ है कि वह कहाँ आया है? आपमें से ही किसी प्रमुख कार्यकर्ता ने पहल की होगी, वरना नए छात्र ऐसी हिम्मत नहीं करेंगे।'' उनका अनुमान सही था। तब से, हम सभी की मानसिकता में उचित बदलाव आया।

महाविद्यालय के चुनावों में एन.एस.यू.आई. के पदाधिकारी ओवेन डिसूजा की हत्या हो गई। हत्या का आरोप आया परिषद् के दो कार्यकर्ता—पराग अलवणी और नील हेलेकर पर। तब आठ दिनों तक पुलिस की पूछताछ, समाचारपत्रों में खबरें एवं कार्यालय पर विरोधियों के हमले की संभावना, इन कारणों से प्रमुख कार्यकर्ता भयग्रस्त हो गए थे। मुझे भी कुछ घंटों के लिए पूछताछ हेतु पुलिस स्टेशन ले जाया गया। इन आठ दिनों में बालासाहब और निर्मला वहिनी (भाभी) हम सब साथ थे। तब मैंने वकालत शुरू की थी। दिन में कोर्ट में मैं उनके साथ ही रहता था। तब कहीं खबर आई कि गुंडों को 'सुपारी' दी गई है कि डिसूजा की हत्या का बदला लेने के लिए विनोद तावडे या विनय नवरे को खत्म करो। बालासाहबजी ने उन आठ दिनों तक मुझे अपने घर रहने के लिए बुलाया। मैं कोर्ट में भी उनके साथ ही जाता था।

सन् 1982 में मैं कार्यालय में आया तथा वहाँ परिषद् का काम करते-करते एल.एल.बी. के तीन वर्ष पूरे किए। उस वर्ष (1986-87) मुझे मुंबई विश्वविद्यालय के छात्रसंघ (Student Council) के सेक्रेटरी के रूप में चुना गया। 1986 के आखिर में मैंने सोचा कि अब एल.एल.एम. की पढ़ाई के लिए दो महीने की छुट्टी लेना, पूरा समय केवल पढ़ाई करना, नहीं होगा। परिषद् का काम ही करूँगा, बाद में जब घर जाऊँगा, तब आगे पढ़ूँगा।

बालासाहबजी से इस विषय पर बात करके देखा। उन्होंने कहा कि यदि एक बार एल.एल.एम. रह गया, तो वकालत शुरू होने पर वह पूरा होगा नहीं। फिर भी मैंने परीक्षा न देने का निर्णय लिया। सन् 1988 में वकालत शुरू करने पर उन्होंने जनवरी 1989 में (31 जनवरी) पूछा कि एल.एल.एम का क्या विचार है? मैंने कहा कि करना तो है, लेकिन एक-दो वर्ष वकालत करने के बाद करूँगा।

बालासाहबजी ने कहा कि ऐसे कैसे होगा? एक बार वकालत शुरू हुई, चलने लगी तो वह पूरा नहीं होगा। दूसरे दिन मैं कॉलेज गया और मैंने परीक्षा का फॉर्म भरा। इसकी पढ़ाई के लिए उन्होंने मुझे उन दोनों वर्षों में दो महीने की छुट्टी दे दी। सितंबर 1990 में मैं पास हुआ। जिस दिन मैंने पास होने की खबर सुनाई, उसी दिन शाम को एक 'पक्षकार' नया काम हाईकोर्ट में दाखिल कराने के लिए आया था। वह कागज मुझे देते हुए उन्होंने कहा कि 'तुम्हारी सफलता की खुशी में यह काम।'

स्वभाव से बालासाहबजी पूरी तरह परंपराप्रिय थे और मैं इसके ठीक विपरीत। 19 सितंबर, 1988 को मैंने उनके साथ वकालत शुरू की। पहले 3–4 दिनों तक मेरे पास कोर्ट में पहने जानावाला काला कोट तैयार नहीं था। गुरुवार की शाम को कोट मिला। उस रात बालासाहबजी परिषद् के काम के लिए मुंबई से बाहर जानेवाले थे। गुरुवार की रात यात्रा पर जाने से पहले उन्होंने अपने भतीजे राम को जो उनके साथ वकालत करते थे, बताया, "राम, मैं कल कोर्ट में नहीं हूँ। विनय का कोट तैयार है। सोमवार से पितृपक्ष शुरू हो रहा है। उससे पहले उसकी पहली Appearance होने दो। मैं जानता हूँ, विनय इन सबमें विश्वास नहीं करता, लेकिन जैसा मैं कहता हूँ, वैसा ही करो।" इस सबके पीछे उनकी इच्छा थी कि मेरे व्यावसायिक जीवन में कोई कठिनाई न आए।

वकालत की शुरुआत के समय बालासाहबजी ने मुझे एक काम दिया था। इस काम का ऑर्डर मेरे विरुद्ध जाने के आसार दिख रहे थे। निर्णय के दिन वे खुद कोर्ट में उपस्थित रहे और उन्होंने न्यायाधीश महोदय से कहा, "जो भी निर्णय लेना है, लीजिए, परंतु मेरी appearance रहने दें। इनके कॅरियर की शुरुआत नकारात्मक नहीं होनी चाहिए।"

वर्ष 1989–90 में बालासाहब आपटेजी 'एडवोकेट्स एसोसिएशन ऑफ वेस्टर्न इंडिया' के अध्यक्ष के रूप में चुने गए। उनके अध्यक्ष पद का कार्यकाल हाईकोर्ट के इतिहास में महत्त्वपूर्ण चरण था। हाईकोर्ट जजों में से कुछ जजों के बारे में कुछ प्रवाद थे। भ्रष्टाचार के आरोप भी हो रहे थे। उसी दौरान एक न्यायमूर्ति ने भरे कोर्ट में सबके सामने बता दिया कि एक केस के बारे में उनके ऊपर दबाव डाला जा रहा है। इस बात पर चर्चा और भी भड़क गई। इसके चलते आगे जून 1990 में एसोसिएशन में एक प्रस्ताव रखा गया कि चार न्यायमूर्तियों का बहिष्कार किया जाए। ऐसा प्रस्ताव पारित न हो, इसलिए दबाव डाला जा रहा था। संबंधित न्यायमूर्तियों के एसोसिएशन की विशेष सभा संपन्न न हो, इसलिए प्रयास शुरू किए थे। मीडिया भी सनसनीखेज खबर के लिए उत्सुक था। मैं खुद उस विशेष सभा में उपस्थित था। बालासाहबजी ने प्रारंभ में ही यह स्पष्ट कर दिया कि यह एक निजी संस्था की सभा है, इसलिए, जो संस्था के सदस्य नहीं हैं, वे सब पत्रकारों सहित बाहर जाएँ। नाराजगी से ही सही, पत्रकार बाहर गए। इससे सभा के सनसनीखेज होने की संभावना बहुत ही कम हो गई।

बैठक के संचालन का उत्कृष्ट उदाहरण बालासाहबजी ने उस दिन प्रस्तुत किया। बैठक के पूर्व 2–3 दिन उन्होंने इसकी तैयारी की थी। वकीलों के बीच जो भिन्न-भिन्न मतप्रवाह थे, उन्हें समझने के लिए उन्होंने विभिन्न गुटों के प्रमुखों से खुद बातचीत की। सारे ज्येष्ठ वकीलों से चर्चा की। सिर्फ पाँच वकील प्रस्ताव के विरोध में थे। भारी बहुमत से प्रस्ताव पारित हुआ। बहुत से

ज्येष्ठ, अनुभवी वकीलों ने बालासाहबजी से मिलकर उनका मन:पूर्वक अभिनंदन किया। बाद में पत्रकारों को सभा के निर्णय के बारे में जानकारी दी गई। महत्त्वपूर्ण बात यह कि जजों के भ्रष्टाचार के बारे में बोलते समय बालासाहबजी ने यह आग्रहपूर्वक बताया कि वकीलों के सहभाग बिना न्याय-व्यवस्था में भ्रष्टाचार संभव नहीं है, मतलब आज की इस परिस्थिति में भ्रष्टाचार के लिए हम वकील लोग भी जिम्मेदार हैं। वकीलों का विद्रोही रवैया कुछ भी मोड़ ले सकता था। उस वक्त परिस्थितियों को सँभालना आवश्यक था। उन दिनों, स्थिति बिगड़ न जाए, इसलिए मुंबई हाईकोर्ट के तथा अन्य न्यायमूर्ति भी विशेष ध्यान दे रहे थे, भ्रष्टाचार का विरोध होना चाहिए, ऐसा माननेवालों में से वे थे। बालासाहबजी एसोसिएशन के अध्यक्ष हैं, तो यह मामला उचित तरीके से निपटाया जाएगा, ऐसा उन्हें विश्वास था।

धूले जिले के एक स्वयंसेवक हैं, लक्ष्मण कदम। आपातकाल के दौरान बालासाहबजी के 'जेल बंधु' थे। अन्याय को सबके सामने लाने के लिए एक 'मासिक' पत्र चलाते थे। किसी एक मामले में वहाँ के धर्मादाय उपायुक्त महोदय पर भ्रष्टाचार के आरोप रखनेवाला लेख उन्होंने अपनी पत्रिका में छाप दिया। कार्य के अनुसार धर्मादाय आयुक्त न्यायाधीश होते हैं, इसलिए ऐसा कुछ लिखना कोर्ट का अवमान माना जाता है। संबंधित आयुक्त महोदय ने उस लेख की कटिंग (कॉपी) मुंबई हाईकोर्ट में भेज दी और हाईकोर्ट ने नोटिस जारी किया। कदमजी ने लिखा भी था ऐसा— "…इस लेखन से अगर कोर्ट का अवमान होता हो, तो मेरी यह चुनौती है कि मेरे विरुद्ध काररवाई की जाए। एक ही बार नहीं, बल्कि बार-बार यह लिखने को मैं तैयार हूँ।"

नोटिस लेकर कदमजी बालासाहबजी से मिले, तब बालासाहबजी उन पर थोड़ा गुस्सा भी हो गए। कोर्ट में काम चला, तब भी कोर्ट ने कड़े शब्दों में नाराजगी प्रकट की। "निचले कोर्ट को क्या-क्या सहना पड़ता है, यह हम जानते हैं। उनके बचाव के लिए हमारे अधिकारों का उपयोग करना आवश्यक है।" बालासाहबजी ने बताया कि पक्षकार का हेतु अवमान करने का नहीं है, वह कोर्ट से बिन शर्त माफी माँग रहा है, लेकिन कोर्ट ने कहा, "आपके पक्षकार समझते हैं कि कुछ भी लिखेंगे और आसानी से छूट जाएँगे, इसलिए केवल माफी काफी नहीं है। उस पत्रिका में जितनी जगह में लेख छपा था, उससे भी ज्यादा जगह पहले पन्ने पर देनी होगी माफीनामे के लिए। उसकी कॉपी अगली तारीख को लेकर आना, लेकिन ये न समझना कि ऐसा करने से कारावास से बच सकोगे।"

अगली तारीख को, जिसमें माफीनामा प्रकाशित किया गया था, वह मासिक पत्रिका कोर्ट में प्रस्तुत की गई। यह सब देखकर भी कोर्ट का क्रोध कम नहीं हुआ था। कम-से-कम एक महीने के कारावास की सजा होगी, ऐसे आसार दिखाई दे रहे थे। सारे प्रयासों के बावजूद कोर्ट नहीं मान रहा, यह देखकर बालासाहबजी ने अत्यंत गंभीर स्वर में कोर्ट से कहा, "मेरा पक्षकार ऐसे ही लोकप्रियता पाने के लिए कुछ भी करनेवालों में से नहीं है। बहुत ही जिम्मेदारी से यह मासिक पत्रिका चलाता है। मैं इसे अच्छी तरह से पहचानता हूँ। आपात्काल में साल भर हम नासिक जेल में एक साथ रहे हैं।" आखिरी वाक्य कोर्ट ने सुना और न्यायमूर्ति महोदय के चेहरे के भाव बदल गए। तुरंत केवल 'ताकीद' देने की सजा सुनवाकर अवमानना याचिका खारिज की गई। बालासाहबजी

को अच्छी तरह से जाननेवाले न्यायाधीश थे, फिर भी वह आखिरी वाक्य पहले ही बोल दिया होता, तो उसका सही परिणाम नहीं हुआ होता। सही समय आने का इंतजार आवश्यक था। सच कहा जाए, तो बालासाहबजी ने अपनी पूरी नैतिक ताकत लक्ष्मण कदमजी के लिए लगाई थी।

उन दिनों मुंबई में काम करनेवाले सभी पूर्णकालिक कार्यकर्ता, बालासाहबजी और वहिनी (भाभीजी) के साथ बिताए हुए पलों को याद करके भावविह्वल हो जाते हैं। ऐसी कितनी ही घटनाएँ हैं। बालासाहब 1 दिसंबर, 1975 को विश्वविद्यालय में सत्याग्रह करके जेल गए। उसे 10 वर्ष पूरे हुए। रात को 11 बजे यह बात ध्यान में आई, भाभीजी को फोन किया। हम 6–7 लोग उन दिनों की यादों को ताजा करने के लिए भाभीजी के घर गए। घंटे-दो-घंटे बातें चलती रहीं। तब बालासाहबजी मुंबई से बाहर थे। शुक्रवार की टीम बैठक के बाद रात 11.30 के बाद भी स्टेशन के सामने की कुल्फी या दादर स्टेशन पर चाय और बहुत सारी बातें, किसी-न-किसी कारण से 8/15 दिनों में थोड़ा समय निकालकर ऑफिस में या घर पर होनेवाली बातें। हम सबके साथ घुल-मिलकर रहनेवाले बालासाहब, उनके घर के किसी महत्त्वपूर्ण कार्यक्रम में, दीपावली जैसे त्योहारों में कोई पूर्णकालिक कार्यकर्ता न हो, तो ऐसे लगता था जैसे उनके-घर का ही कोई सदस्य नहीं है, बालासाहबजी के जाने के बाद यह महसूस हो रहा है कि सबकुछ खो चुके हैं हम।

आज जब पीछे मुड़कर देखता हूँ, तो ऐसा लगता है कि क्या था मेरे पास, जब मैंने 1988 में वकालत शुरू करने की सोची। तब मेरे मित्र मंगेश पवार ने मुझसे पूछा था, ''आपको कौन से क्षेत्र में वकालत करनी है—सिविल, क्रिमिनल, लेबर?'' मैंने कहा कि मेरे लिए क्षेत्र के चयन से महत्त्वपूर्ण है, ऐसे अच्छे सीनियर के साथ काम करना, जहाँ मुझे बहुत कुछ सीखने को मिले और काम करने के सही अवसर मिलें। आज पूरे विश्वास के साथ कह सकता हूँ, वह एक ही बात 1988 में मेरे पास थी। घर में किसी को वकालत का तजुर्बा नहीं, कानून की डिग्री के अलावा कुछ ज्ञान नहीं, अंग्रेजी जुबान भी इतनी अच्छी नहीं, फिर भी केवल बालासाहबजी के साथ काम करने का मिला हुआ अवसर, इसी पूँजी के आधार पर आज इस क्षेत्र में कामयाब हूँ।

(ज्येष्ठ अधिवक्ता, उच्चतम न्यायालय, पूर्व मुंबई महानगर प्रमुख, अ.भा.वि.प.)

□

मूल्यनिष्ठा के आग्रही

—प्रमोद कुलकर्णी

1985–86 में पूरे महाराष्ट्र प्रांत में वि.प. की ओर से 'माँग परिषद्' का आयोजन किया गया था। सांगली जिले में भी ऐसी परिषद् हुई। तब मैं सांगली में विद्यार्थी कार्यकर्ता के नाते कार्यरत था। जाहीर सभा में आपटेजी का अत्यंत प्रभावशाली भाषण सुना था। अगले दिन उनसे मुलाकात का अवसर मिला। मैं पहली बार उनसे बात कर रहा था। मेरे घर-परिवार के बारे में उन्होंने आस्थापूर्वक बातें कीं, 'माँग परिषद्' के बारे में भी चर्चा हुई। पिछले मंत्रिमंडल के सदस्य जयंतराव पाटिल 'माँग परिषद्' में उपस्थित थे, लेकिन तब वे राजनीति में नए थे। बालासाहबजी ने कहा, ''अपनी अलग सोच लेकर आया हुआ युवा इंजीनियर परिषद् में उपस्थित था, यह अच्छी बात है।'' मैं नया कार्यकर्ता था, तो शायद मेरा उत्साह बढ़ाने के लिए कहा होगा, लेकिन बालासाहबजी ने मेरी बहुत ही सराहना की, मेरी पीठ थपथपाई, मेरे दिल पर हाथ रखकर बोले, ''यहाँ कुछ छुपाकर नहीं रखना, दिल खोलकर बातें करो, प्रसन्नता से, खुशी से काम करो, दिल-दिमाग में विचारों का बोझ लेकर अस्वस्थता नहीं पानी है हमें, Long Term काम करना है।'' यह मुलाकात संस्मरणीय रही।

वैचारिक मुद्दे रखने की उनकी विशेष पद्धति के बारे में तो हर कोई बोलेगा ही। उनकी बातों में स्पष्टता और निर्भीकता होती थी। Pin-Pointed निवेदन रहता। 1991 में आंबेजोगाई में हुए प्रांतवर्ग में तथा उसके बाद परली में हुई पूर्णकालिक कार्यकर्ताओं की बैठक में बालासाहबजी उपस्थित थे। एक सत्र में उन्होंने प्रश्न पूछा, ''वि.प. के आज तक के कार्य में सबसे वैशिष्ट्यपूर्ण बात क्या है?'' बहुत से उत्तर मिले—Floating Population, अनेक अभिप्राय, लेकिन निर्णय एक...इस प्रकार की चर्चा करते हुए उत्तर की खोज करने के लिए सबको प्रवृत्त किया। 'मूल्यनिष्ठा' यह अपने संगठन की विशेषता रही है, इस बात को चर्चा के माध्यम से सभी कार्यकर्ताओं तक पहुँचाया।

1993 में मुंबई में छात्रों की माँगों को लेकर एक विराट मोराचे का आयोजन किया गया था। मैं इसकी तैयारी के लिए मुंबई में था। रोज का हिसाब रखने का जिम्मा मेरा था। समय-समय पर मैं हिसाब की नोटबुक उन्हें दिखाता, लेकिन उन्होंने वह कभी देखी नहीं। ''पर्याप्त धनराशि है न?, कोई दिक्कत तो नहीं?'' बस इतना ही पूछते, उनका अपने कार्यकर्ता पर पूरा विश्वास था।

पश्चिम क्षेत्र के क्षेत्रीय संगठन मंत्री शालिग्रामजी तोमर बीमार थे। ट्रीटमेंट के लिए उन्हें मुंबई लाया गया। उनके ट्रीटमेंट में, व्यवस्थाओं में कोई कमी न रहे, यह परिषद् की भूमिका थी। उन्हें ब्रेन ट्यूमर था, ऑपरेशन होना था, इस संदर्भ में बालासाहबजी डॉक्टर से मिलें, चर्चा करें, ऐसा निर्णय हुआ। एपॉइंटमेंट लेकर निश्चित समय पर बालासाहबजी पहुँच गए। बहुत सारे पेशेंट थे। बहुत देर होने लगी, लेकिन बालासाहबजी शांति से इंतजार करते रहे। 'मुझे देर हो रही है, मैं निकलता हूँ'—ऐसा नहीं कहा, बहुत समय बाद हमारा नंबर आया। यह ट्यूमर क्या है, ऑपरेट कैसे करेंगे, कौन सी दवाइयाँ लेनी पड़ेंगी, इसके बारे में संभाषण हुआ। डॉक्टरजी ने Estimated Cost भी बताई और पूछा, "पेशेंट 'तोमर', आप दोनों 'कुलकर्णी' और 'आपटे' How Come?" इस पर बालासाहबजी ने बताया, "तोमरजी राष्ट्रीय स्वयंसेवक संघ के प्रचारक हैं। अपना घर-परिवार छोड़कर आए हुए कार्यकर्ताओं का खयाल रखना संगठन का कर्तव्य है। कहीं कमी न रहे, हमारे काम का यह उसूल है। उन्हें बेहतरीन ईलाज मिले, ऐसा हमारा प्रयास है।" डॉक्टर अचंभित हुए। बालासाहबजी की बातों से वे अत्यंत प्रभावित थे। यह प्रसंग हमारे जैसे कार्यकर्ताओं के लिए एक प्रशिक्षण था।

मुंबई में भीषण बम-विस्फोट हुए, तब गैर-कानूनी शस्त्रास्त्र, ए.के. 47 रखने के आरोप के तहत संजय दत्त गिरफ्तार हो, इसलिए वि.प. ने आंदोलन शुरू किया था। उन दिनों बी.जे.पी.—शिवसेना गठबंधन था। शिवसेना ने संजय दत्त को सपोर्ट किया था। 'संजय मेरे बेटे जैसा है' ऐसा ठाकरेजी ने घोषित किया था। मैं किसी काम की वजह से बालासाहबजी के घर गया था। तब बी.जे.पी. के एक ज्येष्ठ नेता का फोन आया और उन्होंने यह सूचित किया कि परिषद् यह आंदोलन छोड़ दे। इस पर बालासाहबजी बोले, "यह मुंबई के कार्यकर्ताओं का आंदोलन है, मैं आपका संदेश उन तक पहुँचाता हूँ, लेकिन मुझे नहीं लगता कुछ फायदा होगा। वि.प. की अपनी एक भूमिका है, हमें उसे समझना चाहिए।" मृदुवाणी में, स्पष्टतापूर्वक अपनी बात कह दी। कार्यकर्ता को हमेशा सपोर्ट करते थे। संगठन की System, व्यवस्था, कार्य की रचना पर उनका पूरा भरोसा था। संगठन मंत्री की बात सुननी है, वह जो कहे, करना है, ऐसा उनका व्यवहार रहा है। हम उनके बेटे की उम्र के, लेकिन संगठन की कार्यपद्धति का अनुसरण करते हुए हमारी बात सुनते, मानते।

उनके इस स्वभाव का फिर एक बार अनुभव किया 2003 में हुए DIPEX में। रत्नाकर पाटिल प्रांत संगठन मंत्री था। मैं DIPEX के लिए वहाँ था। समापन के लिए बालासाहबजी आए थे। ऐन समय पर कार्यक्रम के अध्यक्ष तथा प्रमुख अतिथि का आना रद्द हो गया। हमने सोचा, बालासाहबजी 'सृजन' के अध्यक्ष हैं, उनसे ही रुकने का आग्रह करते हैं। शाम को 7.30 बजे, महालक्ष्मी एक्सप्रेस से वे मुंबई जानेवाले थे, भाभीजी भी साथ में थीं। रत्नाकर ही बालासाहबजी से बात करेगा, वे संगठन मंत्री की बात को टालते नहीं, ऐसा सोचकर प्लान ए, प्लान बी, लेकर उनके पास गए। 'सृजन' के अध्यक्ष के नाते उपस्थित रहने का तथा भाषण करने का आग्रह किया। प्लान ए के अनुसार समय की बचत करते हुए सही समय पर स्टेशन पहुँच सकेंगे और अगर किसी कारणवश देर हो भी गई, तो प्लान बी के अनुसार गाड़ी से आपको 'कराड' तक पहुँचा देंगे। इस पर वे झट से बोले, "नहीं, यह मुझसे नहीं होगा, ट्रेन के समय से पहले 10 मि. में मुझे स्टेशन पर

पहुँचना ही है।'' कार्यक्रम जल्दी समाप्त हो, इस तैयारी में हम जुट गए। थोड़ी देर बाद बालासाहबजी मैदान में आए और ट्रेन का टिकट देकर बोले, ''मैंने कुछ भी कहा हो, लेकिन जो आप सही समझें, वही करना, मैं रुकता हूँ।'' यही है उनक बड़प्पन। संगठन के लिए उपलब्ध होना ही चाहिए, संगठन की जरूरत पहले, बाद में अपनी। कार्यक्रम अच्छी तरह से संपन्न हुआ, समय से 15-20 मिनट पहले ही। संगठन के प्रति आस्था, समस्या के समय कार्यकर्ताओं के लिए उपलब्ध रहना, ऐसे महत्त्वपूर्ण संस्कार इस अनुभव ने हमें दिए।

एक अत्यंत होशियार, अच्छा, कर्तृत्ववान पूर्णकालिक कार्यकर्ता था, लेकिन उसे अपने कार्य में न यशस्विता मिली, न आनंद। बालासाहबजी ने इस बात को महसूस किया था, मुझसे बोले, ''उसे उसकी रुचि जिसमें हो, ऐसा कुछ काम दो।'' उस कार्यकर्ता के काम में बदलाव लाया, तो अच्छे रिजल्ट मिले और उसे कार्य का आनंद भी। कार्यकर्ता के संबंध में ऐसा निरीक्षण और मूल्यमापन तो उनकी खूबी थी।

1991 में मालेगाँव में प्रदेश कार्यकारिणी की बैठक थी। रात को चाय पीने के लिए सारे निकल पड़े। बालासाहब भी। बस स्थानक के नजदीक एक छोटी सी चाय की दुकान थी और भी कुछ व्यंजन थे, युवा कार्यकर्ताओं से रहा न गया, किसी ने अंडा-भुर्जी तो किसी ने ऑमलेट-पाव मँगाया। हँसी-मजाक में सारे व्यस्त थे। बालासाहबजी तो ये चीजें खाते नहीं थे, लेकिन वे शांत थे। हँसी-मजाक में शामिल भी हो रहे थे। युवा हैं, वेज-नॉनवेज जोक्स भी होंगे, इस उम्र में ये सब बातें होती ही रहेंगी, युवाओं की मन:स्थिति को समझना चाहिए, उन्हें मुक्त वातावरण भी मिलना चाहिए, ऐसी उनकी सोच थी। अपनी आदतें बदलो, ऐसा उन्होंने कभी नहीं कहा।

1998 में वि.प. का सुवर्णमहोत्सवी अधिवेशन हुआ। उस समय बी.जे.पी. का शासन था। अधिवेशन में बालासाहबजी का एक भाषण था। 'स्वदेशी' के संबंध में भा.ज.पा. और संघ परिवार में बहुत ही मत-भिन्नता थी। अपने भाषण में उन्होंने अत्यंत निर्भीकतापूर्वक और स्पष्टता के साथ देशहित की अपनी भूमिका का ठोस समर्थन करते हुए सरकार को खड़े बोल सुनाए और शासन देशहित में निर्णय ले, ऐसा आग्रह रखा।

आज भी विविध परिस्थितियों का सामना करते हैं, तो उनकी याद आती है। उन्होंने जीवन-दृष्टि दी, मूल्यनिष्ठा दी। जिंदगी क्या है, इसे हम कैसे जिएँ, इसका संस्कार अपने जीवन से उन्होंने हम सबको दिया है।

(मुख्य कार्यकारी अधिकारी, सेवा वर्धिनी पुणे,
पूर्व तांत्रिक सल्लागार खादी एवं ग्रामोद्योग संस्थान,
भारत सरकार एवं पूर्व प्रदेश संगठन मंत्री, अ.भा.वि.प. महाराष्ट्र)

□

आत्मीय मार्गदर्शक

—अभय बापट

मुंबई कार्यालयमंत्री, प्रदेश कार्यालयमंत्री और बाद में केंद्रीय कार्यालयमंत्री का दायित्व मैंने सँभाला है। इस दौरान हफ्ते में एक बार बालासाहबजी के घर जाना मेरे काम का हिस्सा ही था।

ऐसे ही बालासाहबजी के साथ कार्यालयीन कामकाज के बारे में बातें हो रही थीं, तभी उनके एक क्लायंट वहाँ आए। मेरी मौजूदगी में बालासाहबजी से बात करने के बारे में शायद वे साशंक थे। बालासाहबजी ने अत्यंत सहजता से कहा, ''हमारे स्नेही हैं, दोस्त हैं। दिल खोलकर बात कीजिए।'' बालासाहबजी मुझे 'दोस्त' कहे, ऐसी तो कोई बात न थी—न हम हमउमर थे, न मैं बौद्धिक दृष्टि से उनके जैसा सुलझा हुआ—केवल 'विद्यार्थी परिषद् का कार्यकर्ता' इस नाते मुझे दोस्त बना लिया। बीस वर्षों से भी अधिक समय बीत गया, लेकिन वह घटना और उनका वह वाक्य मुझे आज भी याद है। बाद में इस बात का एहसास भी हुआ कि इस वाक्य ने अपनी जिम्मेदारी भी बढ़ा दी है। नए कार्यकर्ता के साथ किस प्रकार का बरताव होना चाहिए, इसका उदाहरण बड़ी सहजता से, किसी अभ्यासवर्ग या चर्चासत्र के बिना ही, उन्होंने दे दिया था, जो संस्कार आज पचीस साल बाद भी उतना ही तरोताजा है।

परिस्थितियाँ कितनी भी कठिन क्यों न हों, औरों ने क्या करना चाहिए, ऐसा चर्चाओं में समय न गँवाते हुए 'मुझे क्या करना चाहिए?' ऐसा खुद के कर्तव्य का विचार और आचरण बालासाहबजी के व्यक्तित्व का महत्त्वपूर्ण पहलू था। मुझे वह दिन आज भी याद है। कॉलेज इलेक्शन के प्रचार के दिन थे और खबर आई कि पराग अलवणी के कॉलेज कैंपस में किसी का खून हो गया था और पराग, मेधा, नील गिरफ्तार। परिषद् कार्यालय में तनावपूर्ण वातावरण था। रात के नौ-साढ़े नौ हो चुके थे। क्या करें कुछ समझ में नहीं आ रहा था। बालासाहबजी आए, ''रात में यहाँ रुकना ठीक नहीं होगा, चलिए सब।'' ऐसा कहते हुए हम सबको अपने घर ले गए। साढ़े चार-पाँच बजे पुलिस कार्यालय में आई थी। उस समय जो भी हुआ भयावह था। अगले दिन से उनका घर ही हमारा कार्यालय बन गया। ऐसी परिस्थितियों में बालासाहबजी निश्चित रूप से हमारे साथ हैं, ऐसा पूरा विश्वास था।

नील हेलेकर पूर्णकालिक कार्यकर्ता के नाते पूर्वांचल में काम करेगा, यह निश्चित हो गया।

रात में हम सारे मिलकर उसका बैग पैक कर रहे थे। हम कार्यकर्ताओं का निवासस्थान था 'गोविंदगेह'। वहाँ रात के नौ-साढ़े नौ बजे नील के माता-पिता, बहन, सब आ गए। उसी दिन वि.प.की मुंबई की नगरपरिषद् में नील की पूर्वांचल के पूर्णकालिक कार्यकर्ता के रूप में घोषणा हो चुकी थी। उसके माता-पिता ने कहा, 'पैकिंग कर ही ली है तो चलो घर।' असल में पैकिंग हुई थी अगले दिन सुबह की गुवाहाटी एक्सप्रेस से रवाना होने के लिए। उनके माता-पिता को कैसे समझाएँ, उस वक्त वहाँ कोई सीनियर भी नहीं थे, रत्नाकर पाटील, नील और मैं, बस हम ही थे। बालासाहबजी से फोन पर बात की। उन्होंने कहा, 'समझाइए, कोशिश कीजिए, अगर बात न बने तो उन्हें मेरे घर ले आइए।' हमने लगभग दो घंटे हर तरह से समझाने की कोशिश की, लेकिन नाकामयाब रहे। आखिरकार रात साढ़े ग्यारह बजे हम सब 'गिरीश' याने बालासाहबजी के निवासस्थान पहुँचे। बालासाहबजी ने उनकी सारी बातें शांति से ध्यानपूर्वक सुनी और बहुत ही सौम्य और मधुर वाणी में अपनी बात रखी। 'ठीक है, फिलहाल एक वर्ष के लिए जाएगा नील।' इस बात पर चर्चा का समापन हुआ।

संगठन के पैसे के हिसाब के बारे में बालासाहब अत्यंत जागरूक थे। पटना में राष्ट्रीय अधिवेशन संपन्न हुआ। इसके हिसाब-किताब में चौदह रुपयों का हिसाब नहीं मिल रहा था। बातों-बातों में मैंने कह दिया, "चौदह रुपए ही हैं, मैं अपनी जेब से दे देता हूँ।" इस पर बहुत की क्रोधित होकर बालासाहबजी बोले, "क्या समझते हो अपने आपको?" आज फिर से सोचता हूँ तो समझ में आता है कि सवाल उन चौदह रुपयों का नहीं था। सामाजिक कार्य में हर एक पैसे का हिसाब रखने का आग्रह था। उनके कुछ वाक्य आज मुझे याद हैं और मैं उन वाक्यों पर अमल भी करता हूँ। जैसे कि 'पैसे देते समय पहले लिख लो और लेते समय पहले ले लो और बाद में लिखो।'

बालासाहबजी के बारे में सब के मन में एक तरह का भय तो था, लेकिन उनका एक अलग सा रूप भी मैंने देखा है। एक बार हिसाब-किताब का ही काम चल रहा था, इसमें उन्हें कुछ गड़बड़ लगी और वे मुझे डाँटने लगे। मैंने कुछ कहना चाहा, लेकिन ठीक से कह नहीं पा रहा था। पाँच-दस मिनट मैं कुछ नहीं बोला। बालासाहबजी का क्रोध शांत होने के बाद मैंने सारा हिसाब ठीक से समझाया। जब उन्हें एहसास हुआ कि इतना क्रोधित होने जैसा कुछ नहीं है, तब तुरंत की माफी माँगने लगे, 'अभय सॉरी...सॉरी...' बालासाहबजी मुझसे माफी माँगें ऐसा मेरा कर्तृत्व नहीं। कभी-कभी हमसे भी गलतियाँ होती हैं। अपने बच्चों को डाँटते हैं, जब पता चलता है कि गलती उनकी नहीं थी, तब उस विषय को टाल देते हैं। बच्चों से माफी माँगने का धैर्य शायद हममें नहीं होता। इसीलिए बालासाहबजी के निर्मल मन का परिचय देने वाला यह प्रसंग मेरी यादों में बस गया है।

बालासाहबजी के साथ यात्रा यह तो एक अनोखा अनुभव है। उन दिनों दिल्ली में ज्यादातर बैठकें होती थीं। केंद्रीय टीक की बैठकों के लिए फ्रंटियर एक्सप्रेस याने गोल्डन टेंपल एक्सप्रेस से जाया करते थे। हम सब बॉम्बे सेंट्रल से ट्रेन पकड़ते थे और मुंबई के उस समय के संगठनमंत्री विनोद तावडे भागदौड़ करते-करते बोरीवली में ट्रेन में चढ़ जाते थे। वसई से आगे निकलते ही विनोद कहा, "बालासाहब कुछ···" इतना सुनते ही बालासाहबजी कहते, "हं, इस भागदौड़ में

खाए-पिए कुछ नहीं, ऐसे ही चले आए होगे तुम।'' वहाँ से गुजरने वाले हर विक्रेता के साथ न्याय होता। चना-चुरमुरा से चाय-आइसक्रीम तक जो भी सामने आए सब खरीदा जाता, खाने का आनंद लते हुए मौजमस्ती में यात्रा यादगार हो जाती। बाते भी बहुत होनी थीं—संगठन के बारे में, संघटनात्मक रचनाओं के बारे में, ज्येष्ठ कार्यकर्ताओं के व्यक्तित्व के बारे में। ऐसी ही चर्चाओं में बाबाराव भिडेजी, यशवंतरावजी केलकर इन जैसे व्यक्तित्वों को मैं समझ सका।

मुंबई टीम की बैठक 'अलंकार' इस निवास-स्थान में हुआ करती थी। वहाँ चौराहे पर एक कुल्फीवाला था। जब 'अलंकार' से 'गोविंदगेह' शिफ्ट हुए, तब मैंने कहा, ''बालासाहबजी, अब कुल्फीवाला नहीं मिलेगा।'' लेकिन सौभाग्य से उस चौराहे पर एक आइसक्रीमवाला था। टीम बैठक के बाद आइसक्रीम या कुल्फी का सिलसिला जारी रहा।

सामान्यत: समन्वय बैठक से पहले मैं बालासाहबजी से मिलता और विषयों के बारे में चर्चा करता था। इससे निर्णय-प्रक्रिया में बहुत मदद मिलती और तुरंत निर्णय भी हो जाते। वे हमेशा सबकुछ सुन लेते और बाद में अपनी बात रखते। अपना एक कार्यकर्ता मुंबई में पूर्णकालिक कार्यकर्ता के नाते काम करने आया। शुरुआत में, बालासाहबजी से पैसे लेकर उसे देना और उसका आय-व्यय पत्र उन्हें देना, यह मेरी जिम्मेदारी थी। लेकिन उसका आय-व्यय पत्र कभी समय पर नहीं मिलता था। ज्यादातर किसी के आय-व्यय पत्रक के बारे में बालासाहबजी ने कभी सवाल उठाए हों ऐसा मैंने देखा नहीं था। लेकिन इस कार्यकर्ता के पत्रक को देखते ही उन्होंने कोशिश की, बालासाहबजी शांत स्वरों में बोले, 'अभय, आय-व्यय पत्रक के बारे में इसे समझा देना।' और उन्होंने इस विषय को वहीं समाप्त कर दिया। मैंने उससे पूछा की उसने क्या गड़बड़ की, लेकिन उसका कहना था, 'कुछ नहीं।' मैंने उसे बता दिया कि ''बालासाहबजी से झूठ बोलना मुमकिन नहीं, तुम उनसे झूठ बोल ही नहीं सकते।''

उन्होंने एक बार मुझसे कहा था—'मुंबई कार्यालय में रखा हुआ मैसेज पैड देखकर मैं बता दूँगा कि मुंबई अभाविप की संगठनात्मक स्थिति कैसी है।' कार्यकर्ताओं के संदर्भ में उनका रीडिंग गलत नहीं होता था। वे कहते कि मेरी रीडिंग गलत हुई तो मुझे खुशी होगी, लेकिन वे सही होते। उनके कुछ डायलॉग बहुत फेमस थे। उनका डायलॉग सुनकर ही उसके पहले और बाद में क्या हुआ होगा, इसका अंदाजा लगा सकते थे।

विवेकानंद केंद्र की तरफ से स्वामीजी के भारत-भ्रमण की शताब्दी तथा उनके दिग्विजयी भाषण की शताब्दी (1992-93) मनाने का निर्णय हुआ था। इस संदर्भ में विवेकानंद केंद्र का पूर्णकालिक काम करने का निर्णय लेकर मैं कलकत्ता गया। वहाँ रा.स्व. संघ की अखिल भारतीय बैठक के लिए बालासाहबजी और मदनजी आए थे। 'भारत परिक्रमा' यह विवेकानंद केंद्र का प्रकल्प था, इसमें रा.स्व. संघ का सहभाग इस विषय पर चर्चा हो रही थी। प्रांत प्रचारकों के ऊपरी स्तर पर कार्य करनेवाले कार्यकर्ताओं की उपस्थिति वहाँ थी। बालासाहबजी और मदनजी से मिलने मैं उस बैठक में गया। दोनों ने मेरा वहाँ बहुत ही स्वागत किया और संघ के ज्येष्ठ कार्यकर्ताओं को मेरा परिचय देते हुए कहा, 'यह हमारा विद्यार्थी परिषद् का कार्यकर्ता है और विवेकानंद केंद्र के 'भारत परिक्रमा' के लिए हमने इसे स्पेअर किया है।' मुझे ऐसा लगने लगा जैसे कि मैंने बहुत

बड़ा पराक्रम किया हो। अपना बेटा कुछ अच्छा करने ही जा रहा हो ऐसा कृतार्थता का, अभिमान का भाव मैंने दोनों के चेहरे पर और वर्तन में स्पष्ट रूप से देखा। संघ के अधिकारियों की उस बैठक में उन्होंने मुझे शामिल किया और अखिल भारतीय कार्य क्या होता है, इसकी एक दृष्टि मुझे मिली।

बाद में मैं कन्याकुमारी गया। शुरू-शुरू में एडजस्ट करना थोड़ा मुश्किल था। वि.प. की और विवेकानंद केंद्र की कार्यशैली में थोड़ा अंतर था। कन्याकुमारी में शाम को साढ़े सात बजे भोजन और सामान्यत: नौ बजे तक सारे सो जाते थे। परिषद् में देर रात तक भटकने की आदत पड़ गई थी। कार्य का स्वरूप भी ठीक से निश्चित नहीं हुआ था। मेरा मन नहीं लगता था। यहाँ आने का निर्णय गलत तो नहीं, ऐसा भी विचार आता था। तो क्या करें? बालासाहबजी को एक खत लिखा। वहाँ के केंद्र के बारे में भी बहुत सारी बातें लिखीं। यह भी लिख दिया कि, यहाँ एक 'यशवंतरावजी' की जरूरत है और यहाँ की बहुत सारी बातें मेरी समझ में नहीं आ रही हैं। इस खत के संदर्भ में बालासाहबजी का लिखा हुआ एक दीर्घ पत्र मुझे तुरंत ही प्राप्त हुआ। उन्होंने कहा था, ''अभय, तुम 'तितीक्षा' करना सीखो।'' इन लब्जों के अर्थ में ही बहुत से सवालों का जवाब था। बालासाहबजी ने खत लिखकर इतना मार्मिक उद्‌बोधन किया था कि मुझे कन्याकुमारी में कार्य का आनंद मिला।

'हम अकेले नहीं हैं, बालासाहबजी हमेशा अपने साथ हैं', ऐसा विश्वास होता था—'आप कन्याकुमारी में हों या और कहीं, एक फोन कॉल पर वे उपलब्ध हैं, हम जो कहें वह अगर सही है, तो हमारे साथ मिलकर किसी से भी लड़ने के लिए वे तैयार हैं, ऐसा एक अदृश्य विश्वास हमेशा हमारे साथ था। कन्याकुमारी से लौटने के बाद विद्यार्थी परिषद् का काम फिर से शुरू करने का निर्णय हुआ और दायित्व था 'कोषाध्यक्ष'। तब बालासाहबजी बोले, 'स्क्वेअर वन नहीं हुआ आपका, स्क्वेअर टू हुआ, क्योंकि पहले आप कार्यालय मंत्री थे अब कोषाध्यक्ष।''

आगे चलकर निजी व्यवसाय शुरू किया, जिसमें मेरी और विलास भागवत, की पार्टनरशिप थी। पार्टनरशिप रजिस्टर करनी होती है। मैंने कहा जहाँ रजिस्टर करनी चाहिए वहाँ चलते हैं। रजिस्ट्री क्यों की जाती है—अगर आगे चलकर कुछ झगड़े हों, समस्याएँ हों तो उन्हें सुलझाने के लिए। अपना तो एक ही कोर्ट है, वहाँ ही रजिस्टर करेंगे पार्टनरशिप। हम बालासाहबजी से मिलने गए। तब उन्होंने बताया था कि अच्छे दोस्त, अच्छे पार्टनरशिप ऐसे उदाहरण बहुत कम हैं। आप यह जोखिम उठा रहे हो, लेकिन ठीक से करोगे तो हो जाएगा। आर्थिक व्यवहार कैसा हो, पारदर्शकता किस प्रकार से रखनी चाहिए, ऐसी कुछ बातें आठ-दस मिनट में हमें समझाई थीं।

1988 में पहली बार मैं योग शिक्षा शिविर में शामिल होने के लिए कन्याकुमारी गया था। तब से उन्होंने मेरा नाम 'स्वामी' रख दिया था। जब मेरी शादी तय हुई तब मैं बालासाहबजी से मिलने गया। उन्होंने स्वागत किया, 'आइए स्वामी।'

उस समय आपटे वहिनी (भाभीजी) ने कहा, 'अब इन्हें 'स्वामी' मत कहिए।' तब आपटे जी ने कहा, 'हाँ, अब इन्हें स्वामी कहनेवाला और एक व्यक्ति आया है।' मेरी पत्नी उज्ज्वला और आपटेजी का परिचय था ही। हम दोनों ने बालासाहबजी के घर जाकर हमारा विवाह 'रजिस्टर'

करने का समाधान पाया।

अपना सगा रिश्तेदार भी शायद इतना नहीं करता। बालासाहबजी के साथ किस प्रकार का रिश्ता था? इस रिश्ते का कोई नाम नहीं। अपने जीवन में कुछ अच्छा हो—बात कितनी भी छोटी क्यों न हो—बालासाहबजी को कम्युनिकेट करनी ही है फोन द्वारा संपर्क करके—चाहे वे दिल्ली में हों या और कहीं।

प्राणायाम सीखने का विचार बालासाहबजी के मन में आया। 'स्वामी, मुझे प्राणयाम सिखाओ।' ऐसा उनका लगातार आग्रह रहा। शायद उनके शारीरिक अस्वास्थ्य के दौरान डॉक्टर ने 'व्यायाम करने की सलाह दी होगी। मैं एक दिन सुबह जल्दी उठकर उनके घर पहुँचा और प्राणायाम सिखाया। मुझे टेंशन थी कि बालासाहबजी को मैं क्या सिखाऊँ? मेरा तो इस बात पर भी विश्वास नहीं था कि उन्हें प्राणायाम करना मालूम नहीं। वे मेरी परीक्षा तो नहीं ले रहे, ऐसा मैं सोचता था। उनका वह रूप अलग ही था। वे एक आज्ञाकारी छात्र बन गए। आसनस्थिति, प्राणायाम इस बारे में जानकारी ली, इन क्रियाओं का लाभ क्या है, मेडिकल बेनीफिट क्या है इसके बारे में चर्चा की। यह योगाभ्यास कुछ समय के लिए उन्होंने जारी रखा। आज भी कटारिया रोड गुजरता हूँ तो लगता है 'गिरीश' पर जाना चाहिए।

(महाराष्ट्र प्रांत प्रमुख, विवेकानंद केंद्र कन्याकुमारी,
पूर्व केंद्रीय कार्यालय मंत्री तथा केंद्रीय कोषाध्यक्ष अ.भा.वि.प.)

□

आधारवृक्ष

—रत्नाकर पाटील

वर्ष 1988, माह अगस्त या सितंबर। मुझे 'विद्यार्थी परिषद्' के संपर्क में आए सात-आठ महीने हुए थे। एक युवा मन का जोश और आंदोलन में काम करने का नशा मुझमें था ही। मेरा कार्यक्षेत्र विक्रोली ईशान्य मुंबई तक ही सीमित था। 8-15 दिनों में कभी मुंबई कार्यालय में जाने का अवसर मिलता था। ऐसे ही हम सब एक बार मुंबई के कार्यालय में गए थे। बड़ी-बड़ी गतिविधियों का छोटासा ऑफिस—एक तरफ अभ्यागतों की बैठक व्यवस्था, तो दूसरी ओर कार्यालय का काउंटर, जहाँ मंत्री, कोष प्रमुख तथा अन्य पदाधिकारी होते थे। आनेवाले कार्यक्रम, वार्ताएँ, न्यूज-पेपर कटिंग्स, ऐसी चीजों से सामनेवाली दीवार सजती थी। उस दिन मैं यही सबकुछ पढ़ रहा था। एक सफेद बोर्ड पर सुंदर हस्ताक्षर में लिखा था—'अभिनंदन! मुंबई बार के अध्यक्ष पद पर मा. बालासाहब आपटेजी की नियुक्ति।' मैं कुछ समझा नहीं, मुझे तो एक ही 'बार' पता था। पास बैठे कार्यकर्ता से बार के बारे में जानकारी ली, तो समझ में आया कि एडवोकेट्स के एक बड़े संगठन के अध्यक्ष बने हैं अपने बालासाहब आपटेजी।

परिषद् कार्य में और सक्रिय होता गया, मुंबई कार्यकारिणी का सदस्य बना। ऐसी कार्यकारिणी की सभाओं में देखे हुए बालासाहबजी विशेष रूप से याद आते हैं। अपना कार्यकर्ता समस्या के सभी पहलुओं को समझे, इस बात पर बालासाहबजी ध्यान देते थे। समस्या का समाधान ढूँढ़ने में कार्यकर्ता सही दिशा में विचार करे, इसलिए मार्गदर्शन भी करते थे और उसे समाधान के समीप लाकर खड़ा करते थे। खुद ही समस्या का समाधान ढूँढ़ा। इस खुशी में कार्यकर्ता का आत्मविश्वास बढ़ता और वह अधिक उल्लास के साथ काम में जुट जाता था।

बालासाहबजी से सब डरते थे। शायद इसीलिए मैं भी डरता था। मैं तो इतना डरता था कि उनके आने की खबर मिलते ही, पास ही में श्रीकृष्ण होटल में या पहली मंजिल पर निवासस्थान में जाकर बैठता। ऐसी ही भाग-दौड़ में एक बार बालासाहबजी ने मुझे होटल के बाहर देखा। पल भर के लिए मुझे ऐसा लगा जैसे सबकुछ खत्म हो गया। 'शाम के समय कार्यालय मंत्री को कार्यालय में ही रहना चाहिए।' इतना ही कहा उन्होंने। इसके बाद हमारी मुलाकातें कार्यालय में ही होती रहीं और आश्वासक आधार मिलता गया। ओवेन डिसुजा मर्डर केस, शिवसैनिकों का कार्यालय पर हमला, ऐसी आह्वानात्मक स्थितियों में पता चला कि बालासाहबजी का आधार कितना मजबूत है।

बाद में मैं जब महाराष्ट्र प्रदेश संगटन मंत्री बना, तब बालासाहबजी से बातें करने का अवसर अधिकतम मिला। संघटन मंत्री बनने के चार महीने बाद उन्होंने मुझे घर बुलाया और पूछा, ''रत्नाकर, कैसे हो? नई जिम्मेवारी ठीक से निभा रहे हो न?'' इस पर मैं क्या बोलूँ, मेरी समझ में नहीं आया। मेरी यह संभ्रमित अवस्था देखकर हँसकर बोले, ''अरे! तुम अच्छी तरह से निभाओगे, जरूर, हम सबको पूरा विश्वास है, इसीलिए तो तुम्हें संगटन मंत्री बनाया है। ठीक है, थोड़ा समय लो, धीरे-धीरे सारी बातें और भी स्पष्ट होती जाएँगी।'' ऐसी ही बातों से मेरे मन का तनाव (Stress) कम होता गया। भाजपा-शिवसेना युती शासन के कार्यकाल में महाराष्ट्र में शैक्षिक और सामाजिक विषयों पर भी आंदोलन छेड़े गए। अन्ना हजारेजी के भ्रष्ट मंत्रियों के खिलाफ किए आंदोलन का परिषद् ने समर्थन किया था। इससे परिवार के कार्यकर्ताओं में अस्वस्थता थी। 'इस आंदोलन के संदर्भ में परिषद् की 'प्रांत टीम' को निर्णय लेना है और जो भी निर्णय होगा, उसका मैं शत-प्रतिशत समर्थन करूँगा' यह उस समय बालासाहबजी की भूमिका थी। युती सरकार की शैक्षिक नीतियों के संदर्भ में उस समय के परिषद् कार्यकर्ता और कुछ पुराने कार्यकर्ता के विचारों में भिन्नता थी, लेकिन इस प्रकार की परिस्थितियों में बालासाहब परिषद् के तत्कालीन कार्यकर्ताओं के साथ ही रहे। हमारी गलतियों के लिए बैठकों में, निजी बातचीत के दरम्यान हमें जरूर डाँटा, लेकिन लोगों के बीच कभी भी उन्होंने नकारात्मक प्रतिक्रिया नहीं दी।

1995-96 में प्रांत टीम के लगभग सारे सदस्य नए थे। प्रांत टीम की बैठक कोल्हापुर जिले के पन्हाला में थी और बालासाहबजी पूरे समय के लिए इस बैठक में उपस्थित थे। बाद में विभाग संगटन मंत्रियों की बैठक थी। बैठक की रचना ऐसी थी कि विषय रखने के सत्र कम और अनौपचारिक बातचीत के लिए समय अधिक मिले। शाम के समय सब मैदान पर थे और बालासाहबजी भी हमारे साथ बॉक्स क्रिकेट खेल रहे थे। दूसरे दिन हम सब मिलकर घूमने निकले। चलते-चलते चर्चा हो रही थी, परिषद् के गत 30-35 वर्षों के कार्य के बारे में। किसी ने पूछा, ''बालासाहबजी, कार्यकर्ताओं में अलग-अलग ओपिनियन हो, मतभिन्नता हो, ऐसा आपने कभी अनुभव किया है? ऐसे समय में आपने मतभेद की समस्या का हल कैसे ढूँढ़ा?'' बालासाहबजी हँसकर बोले, ''अरे! कार्यकर्ता सम्मिलित हुए तो मतभिन्नता तो होगी ही, लेकिन यह सबकुछ किसलिए चल रहा है, संगठन को आगे बढ़ाने के लिए, इसका हम ध्यान रखते और बैठक के बाद हँसी-मजाक में अपने आपको समझाते और मतभेदों को भूल जाते।'' बहुत तात्विक चर्चा न करते हुए भी बड़ी सरलता से उन्होंने एक संघटन सूत्र हमें समझा दिया। बालासाहबजी के साथ केंद्रीय बैठक के लिए जाने का अवसर बहुत बार मिला। 'बालासाहबजी के साथ यात्रा करनी है'—इस सोच से ही पहली बार बहुत दबाव महसूस हुआ, लेकिन सचमुच जब उनके साथ पहली बार यात्रा शुरू हुई, तो ऐसा लगा कि अब सारी यात्राओं में बालासाहब हमेशा अपने साथ रहें। उनके साथ यात्रा, यानी शारीरिक और बौद्धिक खाद का पूरा इंतजाम। परिषद् कार्य के बारे में बातचीत से हम समृद्ध हो जाते तथा मूँगफली से लेकर आईसक्रीम तक सारे पदार्थों का आस्वाद लेकर तृप्त हो जाते।

'गिरीश' बालासाहबजी का निवास स्थान, जहाँ हम सब दीपावली का त्योहार मनाने हर वर्ष जाते। लेकिन एक वर्ष होली के दिन रंग खेलने के लिए उनके घर जाने का विचार मन में

आया। वैसे तो ऐसा सोचना भी मन में घबराहट पैदा करनेवाला था, लेकिन होली की मस्ती थी और सोचा शायद बालासाहबजी को भी मजा आएगा, हमारे रंगों में रँग जाने में। हम तो पहले ही रंग खेल चुके थे, ऐसी ही अवस्था में उनके घर जा पहुँचे। जिसने 'गिरीश' के फ्लैट की बेल बजाई, वह तो दौड़कर पीछे जाकर खड़ा हो गया और पल भर में दरवाजा खोला गया। सफेद पजामा-शर्ट पहने हुए बालासाहब हमें देख रहे थे और अगले ही मिनट में हँसते हुए उन्होंने भाभीजी को बुला लिया और हमसे कहा कि एक-एक करके सारे उन्हें रंग लगाएँ और घर में प्रवेश करें। हम बालासाहबजी को रंग लगा रहे हैं यह वास्तविकता हमें उनके और करीब ले गई। बालासाहबजी ने एक कार्यकर्ता को पाँच सौ रुपए का नोट देकर कहा, "गरमागरम समोसे और जलेबी लेकर आना, पैसे वापस नहीं लाना।" उसके बाद बहुत वर्षों तक हमने होली के दिन बालासाहबजी के घर में गरमागरम जलेबी और समोसों का आस्वाद लिया है।

केवल संघ परिवार में ही नहीं, बल्कि संपूर्ण सामाजिक जीवन में भी उनका स्थान बहुत ऊँचा था। अपने पद का, गरिमा का किसी भी प्रकार का अहंभाव न रखते हुए, संगठन की आवश्यकता के अनुसार Flexible रहते हुए उन्होंने कार्यकर्ताओं को सँभाला है। आज की व्यवस्थापन की भाषा में जैसे कहा जाता है—'OWN' करना, उस प्रकार से संगठन को, उसमें काम करनेवाले कार्यकर्ताओं को 'OWN' करने का अधिकार भाव नहीं, बल्कि कर्तव्यभाव की सजगता उनके व्यवहार में हमेशा दिखाई देती थी। लोकानुनय न करते हुए संगठन के हित में निर्णय लेने की उनकी क्षमता भी सबने कई बार देखी है और ऐसे निर्णयों में वे हमेशा कार्यकर्ताओं के साथ उनका मजबूत आधार बने रहे। 'संगठन के काम में मनुष्य महत्त्वपूर्ण है ही, लेकिन इसके साथ ही संगठन जिस व्यवस्था के तहत चलता है, वह व्यवस्था भी उतनी ही महत्त्वपूर्ण है।' ऐसा बालासाहबजी का कहना था। 'अपने निजी व्यवहार से ही यह व्यवस्था और मजबूत होती जाएगी।' बालासाहबजी के साथ काम करते-करते ही इस बात को भी समझ पाए।

बालासाहबजी ने हमें क्या-क्या दिया? सबको साथ ले जानेवाली कार्यपद्धति का आग्रह, केवल तन-मन-धन से ही नहीं, बल्कि व्यावहारिक रूप में अत्यंत समर्पित भाव से काम पर मर-मिटने की वृत्ति, निर्भीक होकर अपनी बात रखने की हिम्मत, सामाजिक कार्य में दुर्लभ हो रही कार्यकर्ता की कट्टरता तथा कर्मठता, ऐसा बहुत कुछ दिया बालासाहबजी ने।

संघ विचारों से अपरिचित, मध्यमवर्गीय घर से आए हुए मेरे जैसे अनेक कार्यकर्ताओं को 'संघ स्कूल ऑफ थॉट' संघ की विचारधारा में विश्वास रखकर काम करने की प्रेरणा उन्होंने दी। इसलिए वि.प. के मेरे कार्यकाल के बाद भी मैं उनसे दिल की बातें कह सका। उनके व्यक्तित्व के रूप में खुले दिल से, स्पष्ट शब्दों में समझानेवाला एक आधारवृक्ष मिला था।

(सचिव, केशव स्मृति प्रतिष्ठान, जलगाँव,
पूर्व प्रदेश संगठन मंत्री महाराष्ट्र)

□

मातृवत्सल कार्यकर्ता बालासाहब

—श्रीरंग कुलकर्णी

1996 जून में केंद्रीय कार्यालय मंत्री के नाते मैं मुंबई में आया। बालासाहबजी के बारे में बहुत सुना था। अब प्रत्यक्ष संपर्क का अवसर मिला।

बहुत सालों से मुंबई में समन्वय बैठक का रिवाज था। सामान्यत: सामूहिक भोजन और 9.30 बजे बैठक होती थी। बालासाहबजी खुद पाँच मिनट पहले ही आते थे। इसलिए बैठक बराबर रात्रि 9.30 बजे शुरू होती थी। उस बैठक के संचालकों को भी समय पर बैठक शुरू करने की टेंशन रहती थी। एक बार इसी बैठक के पहले रात्रि 9.16 के आस-पास 'प्रशांत' मुंबई स्थित तत्कालीन निवास स्थान से परिषद् कार्यालय में फोन आया…"बालासाहब बैठक के लिए निकल चुके हैं।' मैं तब मुंबई में नया ही था। बैठक के लिए बालासाहबजी हमेशा चलकर ही आते थे, लेकिन मेरी समझ में यह बात नहीं आ रही थी कि 8-10 मिनट की दूरी पर ही घर होते हुए भी निकलते समय बालासाहबजी ने फोन क्यों किया। फोन आने के बाद, बैठक के लिए समय पर पहुँचने के लिए कार्यकर्ताओं की जो भागदौड़ चल रही थी, उसे देखकर सब समझ में आ गया। समन्वय बैठक, मुंबई महानगर कार्यकारिणी बैठक, निश्चित समय पर ही शुरू हो, यह उनका हमेशा आग्रह रहा और कार्यकर्ताओं पर इस बात का दबाव भी।

मुंबई महानगर, महाराष्ट्र प्रांत, केंद्र, SEIL प्रोजेक्ट, विद्यार्थी निधि, निवास-भोजनादि व्यवस्था ऐसे सारे विषयों पर समन्वय बैठक में सर्वंकष चर्चा होती थी। ऐसे ही एक बैठक में मैंने निवेदन किया कि 'प्रशांत' निवास स्थान से STD फोन का बिल 12,000 रुपए (शायद उन दिनों दो महीने का बिल एक साथ आता था।) आया है। सुनते ही बालासाहबजी एकदम क्रोधित हो गए। अपना यह सामाजिक संगठन लोगों के donation पर चलता है, इसका ध्यान रखते हुए हमें कम-से-कम खर्चे में काम चलाना चाहिए, ऐसा उनका आग्रह था। फोन बिल के लिए बहुत कारण दिए गए, खूब चर्चा हुई। लेकिन बालासाहबजी उससे संतुष्ट नहीं थे और समस्या का कोई समाधान भी नजर नहीं आ रहा था। आखिर, बालासाहबजी को मैंने विश्वास दिलाया कि इस बिल का सांख्यिकीय विश्लेषण (Statistical Analysis) करके, बिल की रकम कम रहे, इसलिए क्या उपाय हो सकते हैं, इस बारे में अगली बैठक में निवेदन करूँगा और मैंने वैसा किया भी। विशेष बात यह कि अगले बिल की रकम 4,000 रुपए थी। मेरे इस काम पर बालासाहबजी बहुत खुश हुए। संगठन के आर्थिक

विषयों के बारे में किस प्रकार की सोच होनी चाहिए, इसके संस्कार बालासाहबजी के साथ काम करते हुए हम सारे कार्यकर्ताओं पर होते गए।

हर व्यक्ति का चेहरा, बॉडी लैंग्वेज, व्यवहार देखकर बालासाहबजी को उसका आकलन हो जाता था। झूठ न बोलना, इधर-उधर की घूमकर बात न करते हुए सीधे संबंधित विषय पर ही स्पष्टता से बोलना और अगर किसी की गलती हुई भी हो, तो उसे मान लेना, यह तो बालासाहबजी के सिद्धांत थे। इन सिद्धांतों को जो छोड़ देगा, उसकी कोई खैर नहीं।

अनेक कार्यकर्ताओं को बालासाहबजी का पितृवत् स्नेह मिला। 'अनौपचारिक आत्मीयता' यह अपने कार्य का प्राण है, ऐसा उनका कहना था। कर्जत से नजदीक दहीवली गाँव में मुंबई महानगर टीम के सदस्य पिकनिक के लिए गए थे। वहाँ बालासाहबजी ने अपने चर्चा सत्र में बताया एक प्रसंग मुझे आज भी याद है। एक केंद्रीय बैठक के दौरान राजकुमार भाटियाजी और बालासाहबजी एक ही निवास स्थान पर रहते थे। राजकुमारजी ने दाढ़ी का एक ब्लेड दिखाकर कहा, "देखो आपटेजी, गत एक महीने से इससे मैं दाढ़ी बना रहा हूँ, लेकिन आज भी उतनी ही अच्छी दाढ़ी बन रही है, कितना अच्छा ब्लेड है न!" बालासाहबजी एकदम खुलकर मन से हँस रहे थे और उन्होंने बताया कि ऐसे अनौपचारिक बातों से भी आत्मीय संबंध बन जाते हैं और आगे चलकर दीर्घकालीन कार्य के लिए उपयुक्त होते हैं। इसलिए कार्यकर्ताओं के लिए समय निकालना चाहिए, उनसे चर्चा करनी चाहिए। अपने जीवन में भी यह सब करने के लिए उन्होंने सफल प्रयास किए। वे कार्यकर्ताओं के लिए हमेशा सहजता से उपलब्ध रहे, शायद इसी आग्रह के कारण उन्होंने छोटे से ही घर में, लेकिन परिषद् कार्यालय के नजदीक ही रहना पसंद किया।

मैं खुद को भाग्यशाली समझता हूँ कि मुझे बालासाहब का बहुत प्यार मिला। ऐसे भाग्यशाली और भी बहुत से कार्यकर्ता हैं। खर्चे के संदर्भ में अत्यंत चिंता करनेवाले बालासाहब कार्यकर्ताओं की तबीयत के बारे में कभी पैसों की चिंता नहीं करते। 1999 में मैं जब पेट की बीमारी से परेशान था, तब हिंदुजा हॉस्पिटल के इस विषय के सबसे निष्णात डॉक्टर से मेरा ट्रीटमेंट करवाया। 1997 में परिषद् का पूर्णकालिक कार्यकर्ता शरद चौहान कार्यालय में ही रहता था और बहुत दिनों तक बीमार था। तब बालासाहबजी ने मुझे घर बुलाकर बताया, "पैसों की चिंता नहीं करना। शरद के लिए उत्तम आहार तथा आवश्यक सारी दवाइयों की व्यवस्था करना। उसका अच्छी तरह से खयाल रखो।" कार्यकर्ताओं के लिए कौन सी चीजें आवश्यक हैं, इस पर भी उनका बारीकी से ध्यान रहता था। उन्हें बहुत सारी भेंट वस्तुएँ मिलती थीं, जिन्हें वे इकट्ठा करके रखते थे और आवश्यकतानुसार कार्यकर्ताओं में बाँटते थे। 1996 में गोरखपुर में कार्यकारिणी की बैठक हुई थी। उसके बाद हम बाजार में घूमने गए। बालासाहबजी ने मुंबई के सभी पूर्णकालिक और निवासी कार्यकर्ताओं को 'कुरता' सिलाने के लिए कपड़ा खरीदा था।

'तुरंत क्रोधित होनेवाले', 'अत्यंत स्ट्रिक्ट' ऐसी बालासाहब की प्रतिमा बन गई थी। इसलिए बहुत लोग उनके सामने जाने से डरते थे। दिल खोलकर बात करनेवाले, हँसी-मजाक करनेवाले, कार्यकर्ताओं के साथ घुल-मिलकर जानेवाले बालासाहब मैंने बहुत बार देखे हैं। होली का दिन था। सभी कार्यकर्ताओं ने मिलकर बालासाहबजी के घर जाकर उन्हें रंग लगाने का प्लान बनाया।

ऐसा करने के लिए बड़े ही 'साहस' की आवश्यकता थी, उनकी प्रतिक्रिया क्या होगी, उसका अंदाजा नहीं था, फिर भी हम गए। दरवाजे पर बेल बजाई और सबने मुझे ही आगे किया। हम सब रंग में रँगे हुए थे, फिर भी बालासाहबजी ने हमें अंदर बुलाया और हमने उन्हें रंग भी लगाया। समोसे, जलेबी, फाफड़ा, ऐसा बढ़िया नाश्ता भी करवाया था और सबसे नए कार्यकर्ता से भी बहुत ही अपनेपन से बात की। बालासाहबजी की इस प्रतिक्रिया से हम सब बहुत ही खुश हो गए। बाद में हर वर्ष होली का यह कार्यक्रम लगातार चलता रहा। कटहल का बाहरी रूप देखा जाए तो काँटे नजर आते हैं, लेकिन थोड़ा संयम और धैर्य दिखाएँ तो उसकी मिठास का अनुभव होता है, बालासाहबजी के बारे में कुछ ऐसा ही कह सकते हैं।

वर्ष 2000 के बाद जब बालासाहबजी राज्यसभा के सदस्य बने, तो ज्यादातर दिल्ली में रहने लगे। उसके बाद उनसे संपर्क थोड़ा कम होता गया, लेकिन मेरे भाग्य अच्छे थे। मुझे फिर एक बार उनसे जुड़ने का अवसर मिला, जब 2009 में मेरे कार्य का केंद्र बदलने के कारण मैं मुंबई से दिल्ली आया। उनका दिल्ली का निवास स्थान मेरा अपना ही घर बन गया। उन दिनों अनेक वैचारिक, राजनीतिक विषयों पर मैं उनसे चर्चा करता था। राजनीति में रहते हुए भी मनुष्य कितना निराला, निस्पृह हो सकता है, इसके वे खुद एक आदर्श थे। वह उनकी ताकत थी और इसी आधार पर भा.ज.पा. के किसी भी नेता को सलाह देने का, जरूरत पड़ने पर कड़े बोल सुनाने का उनका नैतिक अधिकार सभी को कबूल था। कहा जाता है कि राजनीति के इस क्षेत्र में लोग एक-दूसरे से बातें करते समय भी बहुत सावधान रहते हैं, लेकिन भा.ज.पा. में अपने दिल की बात कहने के लिए बहुत लोगों के लिए एक विश्वसनीय स्थान था—बालासाहब आपटे।

मेरे जैसा कार्यकर्ता, जिसने 'यशवंत राव केलकरजी' को सिर्फ किताबों से जाना है, उनके बारे में सिर्फ सुना है, उसे, बालासाहबजी के व्यवहार में, जीवन में 'यशवंत राव' बार-बार देखने को मिले। कुशाग्र बुद्धिमत्ता, दूरदृष्टि, व्यावहारिकता, निष्ठा, कर्तव्य कठोरता, तर्कशुद्धता, वक्तृत्व, वैचारिक स्पष्टता, आत्मीयता, ऐसे सारे गुण वैशिष्ट्यों का सुंदर मिलाप उनके व्यक्तित्व में प्रतीत होता था। ऐसे व्यक्तित्व बड़ी मुश्किल से मिलते हैं।

(राष्ट्रीय मीडिया एवं जनसंपर्क प्रमुख अ.भा.वि.प.,
पूर्व राष्ट्रीय मंत्री, अ.भा.वि.प.)

□

मेरा घर

—सविता फडणीस काजरेकर

मैंने 'पुणे' में परिषद् कार्य की शुरुआत की। पूर्णकालिक कार्यकर्ता के नाते 'मुंबई' में काम करना निश्चित हुआ। वहाँ मेरे रहने की व्यवस्था बालासाहब आपटेजी के निवास स्थान पर ही कर दी गई थी। बालासाहबजी और निर्मला भाभी का यह घर 'मेरा घर' बन गया। इसीलिए बालासाहबजी की जो भी यादें मेरे मन में हैं, उसमें से ज्यादातर इस घर से जुड़ी हुई हैं। जैसी बेटी जाह्नवी, वैसी ही सविता, ऐसा ही प्यार-अपनापन मुझे इस घर में मिला।

लोगों के मन में बालासाहबजी के प्रति बड़ा आदरभाव तो था ही, लेकिन लोग उनसे डरते भी थे। मेरे लिए भी वे अत्यंत आदरणीय थे, लेकिन मुझे कभी उनसे डर नहीं लगा। वैसे पहले से मैं अनुशासन में रहनेवाली लड़की थी ही नहीं, लेकिन बालासाहबजी ने पिता के नाते मुझे अनुशासन सिखाया। घर में बहुत ही मुक्त और हँसी-खुशी का माहौल था, फिर भी घर का एक अनुशासन था। दिल खोलकर निर्मला भाभीजी से होनेवाली बातें और मेरी ही हमउम्र जाह्नवी का इस अनुशासन को समझकर बरताव देखकर मैं भी कुछ हद तक अनुशासन सीख गई।

बालासाहबजी ने एक दिन मुझसे पूछा, ''कल कितने बजे जाना है?'' मैंने कहा, ''सुबह आठ बजे।'' दूसरे दिन सुबह 9 बजे तक मैं घर में ही थी। बालासाहबजी ने पूछा, ''आठ बजे जाना था न? 8 तो कब के बज चुके।'' उनके इन दो वाक्यों ने मुझे बहुत कुछ बता दिया। उसके बाद केवल समय से संबंधित ही नहीं, बल्कि कोई भी बात, विशेष रूप से बालासाहबजी को बताते समय, अत्यंत specific तथा (अचूक) सच में मैं जो करनेवाली हूँ, वही बोलने की आदत हो गई और धीरे-धीरे मेरा सारा निवेदन अचूक और मुद्दे पर होता गया। बालासाहबजी के उन दो वाक्यों का यह परिणाम था, इतनी ताकत उनके शब्दों में थी।

मुंबई जाते ही अनुवाद का कुछ काम मुझपर सौंपा गया। राष्ट्रीय स्तर पर तैयार किए गए प्रारूप हिंदी भाषा में थे, उनका 'मराठी' में अनुवाद करना था। कुछ शब्द, संकल्पनाएँ समझना थोड़ा मुश्किल होता था। मैं दिन भर उनकी सूची बनाकर रखती और बाद में बालासाहबजी से पूछती। उन्होंने सिर्फ शब्द का अर्थ बताकर छोड़ दिया हो, ऐसा कभी नहीं हुआ। 'यह शब्द क्यों समझ में नहीं आया, इसके लिए प्रतिशब्द क्या है, इसी शब्द का प्रयोग क्यों किया गया है?' ये

सारी बातें वे समझाते, जिससे अनुवाद करते समय वही आशय रहे, जो मूल प्रारूप में है। Word to Word Translation नहीं करना, हर भाषा का अपना एक लहेजा होता है, उसे समझना चाहिए, ऐसा उनका कहना था। उनसे हुई इन सारी चर्चाओं का मुझे आज भी लाभ होता है।

घर पर बहुत सारे विषयों पर बातें होती थीं। विशेषत: रात का भोजन, सबके साथ बैठकर, आनंदपूर्ण वातावरण में होता था। कभी-कभी रेडियो पर पुराने सुरीले फिल्मी गीत सुनते हुए भोजन करते थे। मुझे मीठा खाना पसंद है। लगभग रोज कुछ-न-कुछ मिठाई खाती थी। एकाध दिन मैंने मीठा न खाया हो, तो बालासाहब कहते, ''इसे दही-शक्कर ही दे देना, कहीं मीठा खाने का व्रत न टूटे।'' ऐसा हँसी-मजाक तो चलता रहता। मैं इतनी बड़ी हस्ती के घर रहती हूँ, इसका कभी दबाव नहीं रहा। कुछ महीने बाद मेरे निवास की व्यवस्था कहीं और हो गई, लेकिन मेरी तबीयत खराब होने से मैं फिर अपने 'Comfort Zone' में, यानी बालासाहब-निर्मला भाभी के घर आ गई।

एक बार घर में बहुत से रिश्तेदार आनेवाले थे। तो मुझे ऐसा लगा कि चार-पाँच दिन के लिए अब मुझे किसी दूसरी जगह रहने की व्यवस्था करनी चाहिए। मैंने बालासाहबजी से ऐसा कहा भी, तब वे बोले, ''घर में मेहमान आने पर घर के सदस्य घर से बाहर नहीं जाते। यहाँ सभी के लिए जगह है। तुम्हें जो ठीक लगता है, वैसा करो, लेकिन हम सबको ऐसा लगता है कि तुम्हें यहीं रहना चाहिए।'' तब मैंने फिर एक बार जाना कि हम एक परिवार हैं। मैं उन्हीं के घर रुकी और मुझे सभी के साथ एक उत्तम वातावरण मिला।

''रोज न्यूज-पेपर पढ़ती हो?'', ''मराठी वृत्त पत्र के साथ ही अंग्रेजी भी पढ़ती हो न?आज के एडीटोरियल के बारे में क्या खयाल है?'' ऐसे प्रश्न पूछकर रोज का पेपर पढ़ने के बारे में सजगता बढ़ाते थे। बालासाहबजी कहते थे कि जिस विषय में रुचि होती है, वह तो सहजता से पढ़ा जाता है, लेकिन अन्य विषयों के संबंध में भी अभ्यासपूर्वक पढ़ना चाहिए।

एक बार किसी कारण से चर्चगेट स्टेशन के बाहर 'विद्यार्थी परिषद्' का आंदोलन चल रहा था। गेट मीटिंग (Gate Meeting) हो रही थी। उसमें मैंने भी एक छोटा सा भाषण दिया। कोर्ट से समय निकालकर, शायद लंच अवर में, बालासाहब वहाँ आए थे। शाम को घर आने के बाद मुझसे कहा, ''आज का तुम्हारा भाषण अच्छा हुआ। आज शायद 'टाइम्स' का एडिटोरियल पढ़ा था।'' उन्होंने मेरा भाषण भी Appreciate किया और यह भी Communicate किया कि आजकल तुम अंग्रेजी न्यूज-पेपर तथा उसका एडिटोरियल पढ़ती हो, यह मुझे पता है। बालासाहबजी से मिला यह प्रोत्साहन मेरे लिए बहुत बड़ी बात थी।

उन दिनों प्रफुल्ल दादा (जाह्नवी की बुआ का बेटा) बालासाहबजी के घर में ही रहता था, वह पी-एच.डी. कर रहा था। कई बार ऐसा होता है कि अगर कोई एक बड़े सामाजिक कार्यकर्ता हों, कोई महत्त्वपूर्ण दायित्व उन्हें दिया गया हो, उच्चपदस्थ हों, उनकी बात का समाज में विशिष्ट स्थान, प्रतिष्ठा हो, तो ऐसे व्यक्ति का अपने रिश्तेदारों से मिलना, आना-जाना नहीं रहता, लेकिन बालासाहबजी के बारे में ऐसा नहीं था, यह तो सब जानते हैं। प्रफुल्ल दादा भी उस घर में कितना घुल-मिल गया था, वह मैंने देखा है। तो एक तरह से प्रफुल्ल दादा, जाह्नवी और मैं ऐसे तीन बच्चे

एक साथ रहते थे। ऐसा कहा जाता है कि, 'हर कामयाब पुरुष की यशस्विता में एक महिला का बहुत बड़ा सहयोग होता है।' बालासाहबजी की यशस्विता में निर्मला भाभी का सहयोग मैंने इसी घर में देखा है।

(प्रधानाचार्य, विमलाबाई गरवारे प्रशाला पूणे,
पूर्व संगठन मंत्री दादर एवं उत्तर मुंबई भाग, अ.भा.वि.प.)

□

व्यक्तित्व एवं विचार

कार्यकर्ता लिखते हैं...

स्मृति सुमन

विलक्षण बुद्धि-वैभव

—सुरेशराव मोडक

बालासाहब का बुद्धि-वैभव विलक्षण था। बहुत बार अधिवेशन के प्रस्ताव उन्होंने सीधे एक बार में ही लिखे हैं। पहले लिखो, फिर बार-बार पढ़ो, उसमें Corrections करो, ऐसा वे कभी नहीं करते। विचारों में स्पष्टता और भाषा पर प्रभुत्व होने के कारण एक बार लिखा तो लिख दिया। ऐसे ही परिषद् के वैचारिक विकास में महत्त्वपूर्ण पड़ाव रही 'छात्रों की सामाजिक हिस्सेदारी की भूमिका' बालासाहब आपटेजी ने एक बार में ही लिखी थी, यह भी मुझे याद है (1970)। 1968 में पूर्व उपराष्ट्रपति गोपालस्वरूप पाठकजी को एक माँगपत्र परिषद् ने भेजा था। वह माँगपत्र और सामाजिक सहभागिता विषयक प्रारूप परम पूजनीय गुरुजी ने पढ़ा। उनके मन को वह इतना भाया कि उन्होंने आपटेजी से मिलने की अपनी इच्छा प्रकट की।

आज लगता है, बाला आपटेजी को लेखन करना चाहिए था। वे खुद ऐसा कुछ लिखने के लिए उत्सुक नहीं रहते थे, लेकिन उन्होंने अपने चिंतन के आधार पर विस्तृत लेखन किया होता, तो उसका न सिर्फ 'विद्यार्थी परिषद्' को, बल्कि कुल मिलाकर विद्यार्थी आंदोलन को बड़ा लाभ मिला होता।

(पूर्व संघचालक, राष्ट्रीय स्वयंसेवक संघ पार्ले पूर्व नगर,
पूर्व प्रदेश अध्यक्ष, अ.भा.वि.प., महाराष्ट्र)

□

दिशा दिग्दर्शक

—गोपीनाथ मुंडे

आपातकाल के बाद वर्ष 1977 में सत्ता बदल गई और बड़ा परिवर्तन हुआ। इस काल में देश के छात्रों को मार्गदर्शन करने में बालासाहब आपटे और यशवंतराव केलकरजी का बहुत बड़ा योगदान है। आपातकाल के समय में मैं छात्र था और मैं भी आंदोलन में सक्रिय रूप से शामिल हो गया। उस वक्त मुझे बालासाहब से प्रेरणा मिली। एक बात याद है, 21 जनवरी, 1974 को जयप्रकाश नारायणजी का स्वागत करने के लिए एक कार्यक्रम का आयोजन किया गया था। उस कार्यक्रम में भाई वैद्य और अन्य समाजवादी नेताओं के बीच विवाद हुआ। इसलिए निराश होकर परिषद् का काम नहीं करना है, यह सोचकर मैं घर बैठ गया। लेकिन बालासाहब ने मुझे बुला लिया और बताया कि 'अपने ध्येय के लिए और खुद को अच्छी लगनेवाली बातों के लिए काम करना चाहिए। क्या हुआ, क्या होता है, इसके बारे में सोचते हुए तू काम करता जा।' यह बात उन्होंने मेरे मन में डाली। सोच क्या रहा है, उद्दिष्ट महत्त्वपूर्ण है! उनके इन विचारों से मैं निराशा से बाहर आकर फिर से परिषद् में कार्यरत हुआ।

पार्टी की बैठक में वे बिना किसी डर के अपनी बात रखते थे और अयोग्य विचारों पर अपने स्पष्ट विचार रखते थे। राजनीति में आने के बाद भी किसी पद या प्रतिष्ठा के लिए उन्होंने कभी आग्रह नहीं किया। निस्स्वार्थ, निस्पृह और ध्येयवाद के लिए अपना जीवन दाँव पर लगानेवाले इस नेता के चले जाने से नई पीढ़ी का आधार खो गया है। पिछले कुछ साल से वे 'रामभाऊ म्हालगी प्रबोधिनी' में मार्गदर्शन कर रहे थे। परदे पर नहीं तो परदे के पीछे रहकर सबको मार्गदर्शन देनेवाले अपने दिग्दर्शक को हमने खो दिया है, ऐसा मुझे लगता है।

(पूर्व केंद्रीय मंत्री ग्रामविकास एवं पंचायती राज, भारत सरकार,
पूर्व उपमुख्यमंत्री महाराष्ट्र राज्य, पूर्व अ.भा.वि.प., कार्यकर्ता)

□

Torchbearer of National Youth Renaissance

—Prof. Seshagiri Rao

The last time that I met Apteji was during the National Executive meetings of BJP in Mumbai on 24-25 May 2012. He told me that he had almost recovered from the lung infection. I felt reassured that he would be active as before with little more rest. That was not to be. Destiny decreed differently. He was hospitalized again five weeks later. After battling for about two weeks in the hospital, he breathed his last on July 17, 2012. A great era in the youth renaissance of India came to an end.

On July 18, 2012, I rushed to Mumbai to pay last respects to my mentor, guide and comrade in arms for over 44 years.

Our shared moments, innumerable in fact, were all linked with the beginnings, spread of Akhil Bharatiya Vidyarthi Parishad (ABVP) and its mission for national renaissance. We first met, ironically though, in Mumbai (Bombay then) itself in May 1968, during the first All India Training Classes (Abhyas Varga) of ABVP. At that time none of us – about 60 or 70 participants – could imagine that this small group would play a significant role in the affairs of the nation. That became a reality because of the guidance of three visionaries – Shri Yashwantrao Kelkar, Prof. Bal Apte and Shri Madandas Devi.

One of the key factors that led to the phenomenal growth of ABVP, both organizationally and intellectually was the inbuilt tradition for free debate and exchange of views without any fear. We may call it internal democracy. ABVP's commitment for democratic spirit was not confined to constitutional provisions. Apteji was largely responsible for this true democratic climate in ABVP for such a long period. Myself and Apteji held different perceptions on some issues. Nevertheless we held each other in high esteem. I may recall two instances. When I took the responsibility of ABVP in Andhra Pradesh in 1967, I felt that the model adopted in Maharashtra was not suitable for my state. Andhra had been a politically reactive state, saturated by communist ideology since 1940s. We had to take on well entrenched All India Students' Federation (AISF) and Student Federation of India (SFI), besides the rising Naxalism. It required mass mobilization strategies which were not considered important at that time. I used to argue with Apteji on this issue. In the end no restrictions came in my way. In later years Apteji acknowledged and appreciated my initiatives.

After emergency, in 1977, there was a fierce debate in ABVP to keep itself aloof from Student Union elections. I differed with the views of Apteji. I argued that non participation in elections would deprive ABVP of dynamic leadership. It was a different matter that the ABVP reversed its decision three years later. The ABVP had studied the society keenly and learnt many things in its long journey. Two decades later, in 1997, when I broached the subject that the ABVP has a greater role to play in social domain Apteji agreed. He readily consented for Andhra ABVP to undertake Sashyasyamala Yatra, a campaign for providing Godavari waters for the perched lands.

Personally I felt singularly honored when Apteji released my book, ***Political Islam in India: Origins, Strategy and Mobilization*** in Hyderabad on January 31, 2006. It was brought out on the occasion of the centenary of the glorious Vandemataram movement of freedom struggle. While releasing the book, among other things, Apteji vividly recalled the epic saga of Andhra ABVP braving Naxal terror and the supreme sacrifices made by the cadre.

During my last meeting mentioned above we discussed the latest situation in Maoist affected areas. During the early decades of Independence, political parties thought by distributing land to the rural poor poverty could be eliminated. Land reforms were given top priority. But poverty remained. Then another argument came up. Unless irrigation water is provided mere land distribution would not be of much help. Major and medium projects came up in Maoist affected areas. Yet, poverty still exists, now for different reasons. Agriculture is in deep crisis. We discussed these and related issues at length.

Apteji's role in the National reconstruction mission was such that it remains un-erasable by the ravages of time. His life and ideas would continue to inspire the future generations.

(Martyrs Memorial Research Institute, Hyderabad,
Former All India President, ABVP)

□

अनुशासन

—प्रो. अरुण यार्दी

मेरा विद्यार्थी परिषद् में प्रवेश 1978 में हुआ। बंगलुरु के राष्ट्रीय अधिवेशन में मैं उपस्थित था। 'अखिल भारतीय विद्यार्थी परिषद्' एक अच्छा युवा संगठन है, इससे ज्यादा मुझे कुछ पता नहीं था।

अधिवेशन में अध्यक्ष के रूप में प्रा. बालासाहब आपटेजी थे। तीन दिनों तक उनका मंच पर आना-जाना स्वाभाविक रूप से होता था। हिंदी-अंग्रेजी में सहजता से बोलते थे। हँसता चेहरा और प्रभावी देहबोली। उनको देखने-सुनने से मेरे मन में विद्यार्थी परिषद् की जो प्रतिमा बनी, वह आज दिन तक है। मंच से नीचे उतरने के बाद सभी कार्यकर्ताओं से घुल-मिलकर अनौपचारिक रूप से उनका मिलना देखकर मैं और भी प्रभावित हुआ। बालासाहब को देख-सुनकर लगता कि वे जो कहते हैं, वही विद्यार्थी परिषद् है।

भोपाल में अखिल भारतीय प्रांत संगठन मंत्री वर्ग चल रहा था। पालक कार्यकर्ता के रूप में मैं भी अपेक्षित था। सबको सूचना थी कि दीवार को आधार बनाकर कोई बैठक में न बैठे। मा. बालासाहबजी सत्रों का संचालन कर रहे थे। सुबह की पहली बैठक में एक ज्येष्ठ कार्यकर्ता कुछ परिपत्र पढ़ते-पढ़ते भूल से दीवार का आधार लेकर पढ़ने लगे। बालसाहबजी ने तुरंत मीठी टकोर कर के दीवार से हटकर बैठने को कहा। वे भी इतने वरिष्ठ कार्यकर्ता होते हुए एक शिस्तबद्ध कार्यकर्ता की तरह सूचना का पालन करते हुए सीधे बैठ गए। सबके लिए जो सूचनाएँ तय हुई हैं, वे सहजता से कहना और उतनी ही सहजता से सुनना, यह देखकर मैं हक्का-बक्का रह गया।

(पूर्व प्रदेश अध्यक्ष अ.भा.वि.प., गुजरात)

□

सुयोग्य अधिकारी

—अशोक टंडन

बहुत कम लोग ऐसे होते हैं, जो अपने आपमें एक संस्था होते हैं। आपटेजी एक संस्था थे। यूनिक संस्था थे। He was custodian of ABVP. He was the face of ABVP throughout the country. आपटेजी अ.भा.वि.प. के नाम से जाने जाते थे। हम उनको एक अधिकारी के रूप में जानते थे। संघ में प्रचारक भी अधिकारी माना जाता है, लेकिन आपटेजी एक आधिकारिक (Athoritative) अधिकारी थे। He was responsible custodial face of ABVP. आपटेजी राज्यसभा में आए। जीना प्रकरण में पार्टी का स्टेंड उन्होंने तय किया। जब बीजेपी के सभी नेता अटलजी के पास आए, बालासाहब भी थे। अटलजी ने सभी नेताओं के आने का कारण पूछा, तो मैंने कहा कि इन लोगों ने विचार-विमर्श के बाद कुछ निर्णय लिया है। अब आपसे उस निर्णय पर आपका अप्रूवल चाहते हैं। इस पर अटलजी ने कहा कि अगर कुछ तय किया है और आपटेजी भी उनके साथ हैं, तो मेरा निर्णय भी उनके साथ ही होगा।

(वरिष्ठ पत्रकार, सदस्य प्रसार भारती)

□

Visionary

—**M.K. Sridhar**

For the first time, I saw Bal Apteji in 1974, when the Silver Jubilee Confer ence of ABVP happened in Mumbai, where he became the National President. Afterwards, I saw him on several occasions. I had the fortune of staying in his house for a couple of days in 1990, when I had been to Mumbai for some personal work.

I could see the warmth, love and affection with which he used to care for the Karyakartas. Even though I have not worked with him intimately, I can share a couple of things about him. One is that, in most of the All India Conferences, there used to be a session on current situation and ABVP and that was invariably addressed by Bal Apteji. I was just thinking why he preferred speaking on the same subject every year. I think he wanted to make ABVP relevant for the times. So, in every national conference, he wanted to send a message to every Karyakarta of ABVP that he/she has to work in today's world in today's situation and to take India to a better future tomorrow. I think he used to come prepared with lot of issues he used to prepare during the entire year by noting down incidents as and when they used to take place. He used to pick up the important ones and analyse them in every conference. Another thing that comes to my mind is when I read his book on educational change. In fact, my interest in higher education increased after going through that book on educational change.

His lectures on current situation and book on educational change bring out every important ideological dimension of ABVP, Many people think that ABVP is an organisation of young who are not very responsible and less matured. Sometimes, they even say that they do 'haath pair kaa kaam' but, people like Apteji established that ABVP is highly intellectual and contemporary in its thinking and activities. He made the organisation and its Karyakartas relevant for the times. What I would like to say is that in an organisation like ABVP, there is a role for everybody from political orientation to intellectual and ideological pursuits. There was a role for a student; there was a role for a teacher. I think this is a very wonderful combination that I have seen. So, I saw in Bal Apteji that intellectual role in a student organisation. He showed that even in a student organisation like ABVP, there is a great need for and relevance of intellectual depth. Then only we can work as a nationalist organisation having distinct ideology. The last when I met him was during January 2012 at Indian Institute of Science, where Think India summit was being organised.

*(Member, Central Education Advisory Board, HRD Ministry,
Former National Vice President, ABVP)*

□

रेफरेंस पॉइंट

—धर्मेंद्र प्रधान

मैं मूलत: 'विद्यार्थी परिषद्' का कार्यकर्ता रहा हूँ। 1998 से भाजपा का काम शुरू किया। इन दोनों कार्यक्षेत्रों में आपटेजी के साथ जो अनमोल पल मैंने बिताए, वे पल मेरे जीवन के अविस्मरणीय क्षण थे। उनके साथ रहते हुए मुझे कई सारे अनुभव मिले। आपटेजी हमारे लिए एक 'रेफरेंस पॉइंट' थे। जब भी हम लोग कोई निर्णय लेते थे, उसके बारे में आपटेजी से जरूर पूछते थे कि हमारा लिया हुआ निर्णय ठीक है या नहीं? उनसे बात करने के बाद एक मानसिक समाधान मिलता था।

वे जहाँ डाँटना चाहिए, वहाँ डाँटते थे और जहाँ रेकाग्निशन की जरूरत होती है, वहाँ उस बात को मानते थे। 1994 की बात है, 'विद्यार्थी परिषद्' की डायरियों की बिक्री से मिलनेवाली निधि का हिस्सा हर प्रांत ने देना था। यह प्रांतांश उड़ीसा प्रांत ने नहीं दिया था। प्रदेश सहसंगठन मंत्री के नाते मुझे इस विषय में आपटेजी से मिलने के लिए भेजा गया। मुझे उनकी बड़ी डाँट खानी पड़ी, इतनी कि मेरी आँखों में आँसू आ गए। यह पहला प्रसंग था, जब मैं उनसे मिला।

2002 में मैं विधायक बना और भा.ज.पा. का राष्ट्रीय मंत्री था। त्रिपुरा के प्रभारी के तौर पर हुए इलेक्शन में 0.6 प्रतिशत वोट बढ़े, 1.2 से 1.8 यानी 500 वोट बढ़े। राष्ट्रीय बैठक में आपटेजी ने मेरी प्रशंसा करते हुए कहा, "धर्मेंद्र ने काफी अच्छा काम किया।" उनके मुख से प्रशंसा सुनकर मन गद्‌गद हो गया। 2005 में एच.आर.डी. मंत्री ने पिछड़ी जातियों के लिए शिक्षा संस्थानों में 27 प्रतिशत आरक्षण बनाने के कानून के बारे में काम शुरू किया।" इसमें स्पष्टता और चर्चा की आवश्यकता थी। उन्होंने वह बात मानी। बी.जे.पी. के लोगों की एक मीटिंग आपटेजी के नाम से हमने बुलाई। उस विषय पर बोलनेवाले लोगों को हमने बुलाया। आरक्षण के बारे में बैठक में चर्चा करके सभी विधायक भाषण देंगे, यह तय हुआ।

उड़ीसा के पांडा जी सन् 2000 में (राज्यसभा) संसद् में आए, उनसे मैंने पूछा कि बीजेपी के कौन-कौन से व्यक्तियों से आप मिल चुके हैं? उन्होंने जवाब दिया कि "बाकी तो सबसे मिला, लेकिन आपटेजी की बात ही निराली है, वह बहुत ही अच्छे इंसान हैं, उनके साथ रहते हुए और बातें करते हुए पिता के समान अनुभूति होती है। पांडाजी ने बताया कि अन्य किसी ने मेरे या मेरे परिवार के बारे में इतनी पूछताछ नहीं की, जितनी आपटेजी ने की। हमारी दोस्ती मेरी निजी बातों

के कारण ही हुई। बाकी और भी बड़े लोगों से मेरा परिचय है, लेकिन आपटेजी उन सभी से अलग हैं।''

'रिजर्व बैंक' के पूर्व गवर्नर बिमल जालानजी ने मुझे एक बार पूछा कि मेरी पार्टी कौन सी है? तब मैं नया था। मैंने जवाब दिया, बी.जे.पी.। उन्होंने कहा, 'Oh! You are from Mr. Apte's party.' बड़े-बड़े लोगों पर भी उनके व्यक्तित्व की छाप थी।''

*(केंद्रीय राज्यमंत्री, पेट्रोलियम एवं प्राकृतिक गैस, भारत सरकार,
पूर्व राष्ट्रीय मंत्री अ.भा.वि.प.)*

□

Gigantic Personality

—Prof. Vishnukanth Chatpalli

I was just 18 years old when I first attended the ABVP National Conference at Varanasi in 1977, where I was excited to hear and see Prof. Bal Apte for the first time. It was an inspirational and thought-provoking speech—'Present situation and ABVP'. It was simple and full of statistical analysis of data. Prof. Bal Apte was a great ideologue for our entire school of thought. His eloquence and scientific analysis would have convinced anybody to follow the footsteps and ideologies of ABVP. Prof. Apte was a gigantic personality with great oration qualities. His speeches were remarkable with his sweet and forceful delivery of the content and his methodology was illustrious. Great people don't do different things but they do things differently. Though he had reached heights in his entire career, he was kind to people and very affectionate. He was an advocate by profession, but a nationalist by heart and soul. He was meticulous and a great organiser. Always known as the man engaged in organisational work and growth of ABVP, Shri Balasaheb Apte outlined the 'Participatory Role of the Students' and forcefully propounded the concept, which was new in late 60s that—"The Student is a Citizen of Today". Over the years, the country has come to accept this concept and Right to Vote at 18 now has been institutionalised in our country. Whenever he visited Bengaluru, I loved to spend time with him to know more and more about the contemporary developments. Thousand salutes to ABVP, which is a powerful force that shaped the lives of great personalities like Apteji.

(Senior Professor Rani Channamma University, Belgaum and former State Organizing Secretary ABVP, Karnataka)

□

A Stalwart

—**M.P. Kumar**

I worked with Apteji as a part of ABVP since 1971 till his last visit to Bengaluru. I saw him in the national conference for the first time. He was already an ideologue and visionary because of his talks and books. I was also part of national team of ABVP. Because of that I had intimate connection with him. We used to meet atleast once in a year and that was a huge eye-opener as far as I was concerned because there were stalwarts like Govindanji, Ram Bahadur Rai, Maheshchandra Sharma, Mahesh Sharma, Apteji, Madandasji and Yashvant Raoji and the kind of discussion which used to take place was something which was mind-boggling. We never thought that this was such a serious affair and people used to discuss about various viewpoints and used to present their arguments. Apteji used to conduct the discussions and the intellectual content was managed by him. We saw him as a visionary and also a missionary to the cause.

For Apteji, ABVP was a life mission and the way he presented the entire trajectory of the student movement from the ideological point of view and how it could influence the nation's progress and the path was something which was completely new. He was just not an orator, but an academician, a researcher all in one. He knew whatever he talked about, whatever he practiced. In terms of the role of student movement in the country, he made a significant contribution.

He was a humble and wonderful human being in his personal life. When it comes to personal relations, he was a wonderful friend, philosopher and guide. He was very spiritual in his mind. Everyday he used to read Bhagavad Geeta and those thoughts were always in his mind while he did anything for that matter.

He remained committed to the ideology till his last breath. He always thought about the country, ideology and the people who were working with him and he led a missionary life.

(Chairman and CEO of Global Edge Software Ltd. Co. and former State Secretary Karnataka, ABVP)

□

टीम के संचालक

—नागेंद्र

मैं गुवाहटी में पहली बार 'विद्यार्थी परिषद्' के कार्यक्रम के लिए गोरखपुर के लोगों के साथ गया। हमारे साथ जो लोग थे, उन्होंने बताया कि दो लोग 'विद्यार्थी परिषद्' चलाते हैं—मदनदासजी और आपटेजी। राजीव गांधी की शिक्षा नीति पर एक प्रस्ताव आया था। बहुत से लोगों ने उसके बारे में बातें कीं। उस प्रस्ताव को आपटेजी ने केवल बुद्धि से ही नहीं, बल्कि मन से स्वीकारा था। प्रस्ताव आ गया। पारित भी हो गया और उसे उन्होंने पूरी तरह से माना। मन में कोई किंतु, परंतु न रखते हुए वे अगर किसी बात को मान लेते, तो पूरी तरह से मानते थे। मैंने यह बात उस अधिवेशन में देखी।

उनके गुस्से को सब जानते थे, लेकिन मुझे यह ध्यान आया कि वे गुस्सा तो करते थे, लेकिन बाद में वे तुरंत सामान्य भी हो जाया करते थे।

उनकी एक बात मुझे बहुत प्रभावित करती थी। अधिकारी, संगठन के लोगों की भावनाओं को जानकर, पूरी टीम चलती है। उसका वे उदाहरण थे। मैं जब पूर्वकालिक काम से वापस लौटने की सोच रहा था, तो मुझे बहुत लोगों ने समझाया, लेकिन मैंने अपना निर्णय बदला नहीं। आपटेजी ने बड़ी सरलता से मुझे समझाया और मेरी पूरी व्यवस्था ठीक कर दी। मैं उनको मना न कर सका। उनका बीजेपी में जाना बहुत से लोगों को बुरा लगा, क्योंकि 'विद्यार्थी परिषद्' पर एक आरोप लगता था। 'विद्यार्थी परिषद्' वाले संघ की तरह भाजपा में जाएँगे, ऐसा सबका नजरिया हो गया था, क्योंकि परिषद् के सभी वरिष्ठ नेता बीजेपी में जा रहे हैं, ऐसा उस समय का वातावरण था, लेकिन परिषद् के बहुत से लोग भाजपा में खुद की मेरिट पर पदाधिकारी बने थे। इसीलिए परिषद् पर होनेवाला आरोप सुनकर मैं व्यथित होता था। आपटेजी फिर समझाते थे। वे कहते थे कि जहाँ आग है, वहाँ धुआँ तो निकलेगा ही, लेकिन राजनैतिक क्षेत्र में बिना आग के भी धुआँ दिखता है। आपटेजी कहते थे कि घबराओ मत। आग नहीं है, सिर्फ धुआँ ही है, तो वह सामने आएगा ही। उनकी बातों से मन को शांति मिलती थी। फिर समस्या, आरोप आदि बातों का विचार मन को छूता नहीं था।

(प्रांत संगठन मंत्री, बिहार भाजपा, पूर्व क्षेत्रीय संगठन मंत्री, अ.भा.वि.प.)

□

अपनापन

—भोलानाथ बिज

मैं 1960 में परिषद् में सक्रिय था, मुंबई आना-जाना चलता रहता था, परिषद् के अधिकारी अकसर दिल्ली आया करते थे, नई दिल्ली स्टेशन से मेरा घर नजदीक होने के कारण एक Implied सूचना रहती थी। यह सूचना यह थी कि कोई आएगा, तो आपके यहाँ आएगा। स्नान, नाश्ता करके, सामान रखकर जाएगा। यह प्रक्रिया होती रहती थी।

एक बार अशोक मोडकजी दिल्ली में आए। वे यशवंतरावजी का एक पत्र लेकर आए थे, जिसमें लिखा था, ''अशोकजी दिल्ली में रहेंगे, आपके घर रहेंगे।'' फोन उस समय मिलते नहीं थे। उन्होंने लिखा था कि मैंने फोन मिलाने की कोशिश की, लेकिन लग नहीं पाया। मुझे लगा अशोकजी हफ्ता-दस दिन रहेंगे। बाद में आपटेजी का फोन आया। उन्होंने कहा, ''यशवंतरावजी ने जो लिखा है, वह लिखा है, लेकिन मुख्य तौर से यह समझ लीजिए कि अशोकजी 2-3 महीने आपके यहाँ रहेंगे।'' बहुत ही साफ-साफ उन्होंने वह बात बता दी। अशोकजी की साइकिल और पूरा सामान देखकर मुझे उस चीज का अंदाजा था, लेकिन उन्होंने वह बात स्पष्ट कर दी। अशोकजी रिसर्च का काम करने के लिए आए थे, उनको अर्थशास्त्र की जानकारी थी। मैं उनसे मार्गदर्शन लेता था। आपटेजी ने बाद में एक बार फोन करके पूछा भी था, ''यशवंतरावजी पूछ रहे हैं, तुम्हें कोई दिक्कत तो नहीं।'' तब मैंने कहा था, ''यशवंतरावजी का और आपका कहना मेरे लिए बड़ी बात है।''

मैं जब मुंबई जाता था, तो उनसे मुलाकात होती थी। वे अच्छी तरह से हालचाल पूछा करते थे, देखभाल करते थे। अपनापन महसूस होता था। भले ही हम बहुत समय बाद मिला करते थे, लेकिन अपनापन, लगाव कम नहीं होता था।

मार्गरेट भवन में एक कार्यक्रम था, तब उन्होंने कहा कि अगर कार्यक्रम मार्गरेट भवन में है, तो मैं भोलानाथ के घर रहूँगा। तीन दिन का यह कार्यक्रम था, बेझिझक उन्होंने मेरे घर आने की बात कह दी। सुबह पंजाबी स्टाइल में मेरी पत्नी ने चाय के साथ बादाम खाने के

लिए दिए, तो वे अचंभित हुए और कहा, ''चाय के साथ बिस्कुट सुना था, बादाम पहली बार खा रहा हूँ।'' उनकी विदाई के कार्यक्रम तक उनको वे बादाम याद थे। उन्होंने इस विदाई कार्यक्रम में कहा कि मुझे याद है, मैंने तुम्हारे घर चाय के साथ बादाम खाए थे।

(संस्थापक, चौपाल प्रकल्प दिल्ली,
पूर्व राष्ट्रीय महामंत्री अ.भा.वि.प.)

□

तर्कनिष्ठता

—विंध्यवासिनी कुमार

श्रीरामजन्मभूमि आंदोलन के बाद 'विद्यार्थी परिषद्' ने एक जाँच समिति बनाई। इस जाँच समिति ने बड़ी अच्छी रिपोर्ट बनाई थी। श्री सुभाषचंद्र आंदोलन के समय के एस.पी. थे। उन्होंने गोलीकांड किया, तो यह बात सामने आई। हम आपटेजी के साथ उनसे मिलने गए। वे मिलना नहीं चाहते थे, लेकिन फिर वे मिलने के लिए राजी हो गए, जब हम एस.पी. से मिले, तो आपटेजी ने आक्रामकता से बेझिझक बात की। सुभाषचंद्रजी निरुत्तर थे। एक वकील के तौर पर, एक अध्यापक के तौर पर तथा परिषद् नेता के रूप में उनका काम आदर्श था। बड़ी दृढता से सबसे बात करते थे। थोड़ा डर लगता था, लेकिन उनकी बात का बुरा नहीं लगता था। उनके विचारों को भाजपा और संघ के लोग भी मानते थे।

आज परिषद् के कार्यकर्ता जिन जगहों पर हैं, उसके पीछे आपटेजी का मार्गदर्शन और विचार ही हैं।

(पूर्व नेता विधान परिषद्, भाजपा विधानमंडल दल एवं पूर्व प्रदेश मंत्री, संगठन मंत्री उत्तर प्रदेश, अ.भा.वि.प.)

□

आत्मीय पालक

—विलास भागवत

24-25 अक्तूबर, 1980 को रायपुर में हुए अखिल भारतीय अधिवेशन में मैं पहली बार गया। उस समय मित्र विनय (नवरे) ने कहा था, ''विलास, प्रो. यशवंतराव केलकर और बालासाहब आपटे इन दोनों के भाषण होनेवाले हैं। उन्हें ध्यान से सुनो।'' 'विद्यमान स्थिति और अ.भा.वि.प.' विषय पर बालासाहब का भाषण हुआ। उस भाषण से लेकर उनकी कई बातें मेरी स्मृतियों में गहरी बैठ गई हैं। एक-एक अनुभव से उनके बारे में आदर और विश्वास की भावना अधिकाधिक प्रबल होने लगी।

उनके साथ ज्येष्ठ विधिज्ञ बै. नानी पालखीवाला से मिलने गया था। मिलते ही हमारा स्वागत करते हुए नानीजी ने कहा, ''बाल, व्हाट यू सेड लास्ट टाइम; प्रूव्ह्ड टू बी करेक्ट।'' मैं सुनते ही रह गया। (उसके कुछ दिन पूर्व हुई भेंट में बालासाहब ने उनसे कहा था, ''राजीव गांधी के विषय में आज जो कुछ लग रहा है, वह मात्र एक स्वप्नरम्यता (युफोरिया) है और कुछ नहीं।'')

जनसंपर्क के काम में ऐसी कई गणमान्य व्यक्तियों की मुलाकातें उनके साथ करने का अवसर मुझे मिला। माधवराव आपटे (लक्ष्मी विष्णु मिल के मालिक) हों या गोविंद भाई श्रॉफ जैसे संघ स्वयंसेवक उद्योजक हों। हर एक से बात करते समय बालासाहब की संवाद की पद्धति उस व्यक्ति के स्वभाव-प्रकृति के अनुसार अलग-अलग रहती थी। अपनी वैचारिक भूमिका के बारे में विश्वास और सम्मान का भाव हर प्रकार के संवाद में पनपता था।

निजी जीवन में भी हर पहलू के बारे में उनसे प्राप्त मार्गदर्शन मेरे जैसे कई कार्यकर्ताओं के लिए सदैव हितचिंतन तथा सही-गलत के बारे में उचित दिशा-दिग्दर्शन करनेवाला रहता था। हम दो-तीन कार्यकर्ताओं ने मिलकर पार्टनरशिप में व्यवसाय चलाया है। उस संदर्भ में हमेशा सूचित करते रहते थे, ''आप सभी एक-दूसरे के और मेरे भी मित्र हैं, परंतु व्यवसाय में पार्टनरशिप की बात आती है, तो मुझे हमेशा डर सा लगा रहता है। सावधानी रखिए, व्यवहार के कारण मित्रता में विक्षेप न आए।'' एक बार मैंने उन्हें कहा, ''इतने सालों से पार्टनरशिप चल रही है, परंतु कभी भी विसंवाद या किसी अनबन की बात नहीं हुई।'' यह सुनकर उन्हें बहुत संतोष हुआ। संघ, परिषद्, परिवार के वातावरण के बारे में कभी मन में (तत्कालिक कारणों से) संदेह की, नाराजगी की

भावना आने के समय में उनसे अवश्य मिलता। ऐसे समय पर भी उनसे जो सुनने को मिलता, उसके कारण संदेह और निराशा की कृष्ण छाया पूरी तरह से हट जाती और अपने विचार और कार्यपद्धति पर विश्वास और अधिक दृढ हो जाता था।

अभी-अभी जून में हमने तय किया था कि मेरी पत्नी स्मिता, कन्या मृणमयी और मैं; तीनों मिलकर बालासाहब के पास जाएँगे। हम तीनों के पास अपने-अपने जीवन में आए बदलाव के बारे में उन्हें बताने लायक कुछ-न-कुछ था, बताने की उत्सुकता भी थी। इसीलिए एकचित्त जाकर उनसे भेंट करेंगे, ऐसा तय किया था। स्मिता ने नौकरी छोड़ने का निर्णय लिया था, मृणमयी की पढ़ाई पूर्ण हुई थी और वह नौकरी करने जा रही थी, तो मैं संघ का दायित्व नए सिरे से स्वीकार करनेवाला था। इन सभी बातों का नया प्रारंभ उनके आशीर्वाद से करेंगे, ऐसा सोचा था, परंतु दुर्भाग्य उसके पहले ही बालासाहब चल बसे।

(विभाग कार्यवाह, गोरेगाव विभाग, रा.स्व. संघ,
पूर्व अ.भा.वि.प. कार्यकर्ता, मुंबई)

□

एकनिष्ठ सेवक : प्रो. बाल आपटे

—के.जी. वेणुगोपाल

'अखिल भारतीय विद्यार्थी परिषद्'—पूजनीय गुरुजी के आध्यात्मिक तेज में आविर्भूत, स्वर्गीय दत्तोपंत ठेंगड़ी के वैचारिक मंथन से भारतीय सांस्कृतिक, सामाजिक, राजनैतिक धाराओं की संगम स्थली में उभरकर प्रकट हुआ 'अमृत कुंभ'। इसके आविर्भाव से अपने अंत तक एक जननी के समान ममता, वात्सल्य एवं परिरक्षा देकर साथ निभाते हुए इसके पालन-पोषण का दायित्व सँभाले स्व. यशवंतरावजी केलकर, स्वयं अदृश्य होकर भी विचारों के कार्यान्वयन के लिए योग्य नीतियों का आकलन करते हुए समूचे भारत में संगठन की नींव मजबूत बना डालनेवाले श्री मदनदासजी, इन दोनों के साथ प्रतिष्ठित करने योग्य व्यक्तित्व के धनी हैं, अपने कार्यकाल में परिषद् की सारी गतिविधियों का शक्तिस्रोत बने आपटेजी।

एक अध्यापक के अपेक्षाकृत सभी गुण आपटेजी में विद्यमान थे। ''सार-सार को गही रहे थोथा देई उड़ाय'' यह सूक्ति हमेशा उनके लिए सार्थक रही। गहन-से-गहन विषयों का व्यावहारिक रूप से अध्ययनकर उसके सार को सर्वविदित बनाते हुए श्रोताओं या वाचकों तक पहुँचाने की उनकी कला अपरिमेय थी। एक स्वयंसेवक के वांछित वे गुण जैसे आदर्श शुद्धि, समर्पण और सादगी उनमें कूट-कूटकर भरे थे। फलस्वरूप विभिन्न क्षेत्रों की जानी-मानी हस्तियों के साथ बना उनका संबंध सुदृढ एवं सुदीप बनता गया। न्यायालय, उच्च न्यायालय या अपना समाज—कार्यक्षेत्र कोई भी हो, आपटेजी ने अपनी छाप छोड़ दी। आखिर जब उन्होंने राजनीति में पदार्पण किया, तब भी अपनी मान्यताओं और निष्ठाओं को कमजोर बनानेवाले समझौतों या स्वार्थकामनाओं से हमेशा दूर रहने को वे कृतसंकल्प थे।

केरल के शैक्षिक, राजनैतिक क्षेत्रों के संघर्षपूर्ण वातावरण से संबंधित गतिविधियों की जानकारी प्राप्त करने को वे सदा तत्पर रहे। शिविरों में उनकी उपस्थिति से ही कार्यकर्ता गौरवान्वित होते थे। कार्यकर्ताओं के निर्माण के साथ-साथ उनसे आत्मीय संबंध जोड़ने की उनकी प्रतिभा सदा अनुकरणीय है। जब मैं संगठन मंत्री के पद पर था, तब एक बार प्रांत प्रचारक स्व. भास्करराव कलंबी के उपदेशानुसार विशेष इलाज के लिए मुंबई आया। वहाँ आपटेजी की इच्छा के अनुसार मुझे उनके भाई डॉ. आपटे के अस्पताल में लाया गया। वहाँ मुझे अस्पताल की सुविधाओं के

साथ-साथ घरेलू वातावरण और उपचार प्रदान हुए। इस कार्य में सहधर्मिणी श्रीमती निर्मलाजी ने भी उनका पूरा-पूरा सहयोग दिया। उन दोनों ने मुंबई से बार-बार ठाणे तक की यात्रा कर अपने परिवार के सदस्यों की तरह मेरा उपचार किया। उनकी आत्मीयता की गहराई का अनुमान लगाना, तो छोटा मुँह बड़ी बात है। इस अवसर पर ए.बी.वी.पी. के वरिष्ठ कार्यकर्ता राजू पटवर्धन तथा उनके परिवारवालों का जिक्र न करना भी कृतघ्नता होगी, क्योंकि आपटेजी के निर्देशानुसार जब भी अस्पताल में उनका आना-जाना हुआ करता, वह ग्रीष्म की वर्षा के समान सुखद रहा।

बी.जे.पी. के वरिष्ठ कार्यकर्ता के रूप में प्रवास के दौरान जब वे केरल आए, तो सबसे पहले मेरे घर आकर उन्होंने हम सबको आश्चर्यचकित कर दिया। फिर सबसे बातचीत करते हुए पूरी स्थिति का जायजा लेना भी न भूले। केरल एक ऐसा राज्य है, जिसमें समूचे भारत की वे सारी समस्याएँ; खासकर साम्यवाद, मुसलमान ईसाई मूलतात्त्ववाद अपने एकीकृत रूप में विद्यमान हैं। फलस्वरूप उनका आधिपत्य शिक्षा के क्षेत्र में भी हुआ। भारतीय विद्याभवन की संस्थाओं की स्थापना से स्थिति कुछ नियंत्रण में आ गई, लेकिन प्रत्यक्ष और परोक्ष रूप से इसको रोकने का विफल प्रयास हो रहा था। कुछ सज्जनों से यह माँग हुई थी कि मुंबई के मुख्य कार्यालय से इस मामले में हस्तक्षेप हो जाता है, तो उसका गुणात्मक परिवर्तन होगा। इसके लिए आपटेजी की लोकप्रियता, उनकी प्रतिष्ठा, उनकी स्वीकार्यता का लाभ उठाने का निर्णय लिया गया। आपटेजी ने इस मामले को सुलझाने का बीड़ा उठा ही लिया। इस संबंध में उन्होंने कुछ लोगों से बातचीत करने का निश्चय किया। तदनुसार उनसे बातचीत करने वहाँ पहुँचे सज्जनों की प्रतिक्रिया यहाँ विशेष रूप से उल्लेखनीय है। एक साधारण राजनैतिक नेता की छवि को मन में लिये उनसे मिलने वहाँ पहुँचे सज्जनों का साक्षात्कार एक शिक्षाविद् के साथ हुआ था, जो संस्कृति, राष्ट्रीयता से ओत-प्रोत विचार, सत्य और धर्म पर आँच देनेवाली क्षुद्र ताकतों को जड़ से उखाड़ देनेवालों के अग्रणी हैं, तीव्र बुद्धि के साथ समस्याओं का विस्तारपूर्वक विश्लेषण करनेवाले समीक्षक हैं, विनम्रता और सादगी को प्रतिबिंबित करनेवाले समाजसेवक हैं। एक राजनेता की झलक उनमें कहीं नहीं दिखाई पड़ी। इस प्रतिक्रिया को सुनाने के बाद मन में यह विचार दृढ हुआ कि आनेवाले दिनों में निश्चित रूप से इस दीप का प्रकाश सहस्रों समाजसेवी कार्यकर्ताओं का मार्ग आलोकित करेगा।

भव्य उन्नत विचारोंवाले व्यक्ति ही अपनी वैचारिक अंतर्धारा से समाज को गतिशील बना सकते हैं। समकेंद्रित जीवन में समर्पण का कितना महत्त्व है, यह वे भली-भाँति समझते थे। क्षणिक व्यक्तिगत स्वार्थ की कमानों के आकर्षण में स्वयं को खींचकर सर्वस्वसमर्पण की पवित्र भावना को तिलांजलि देनेवाले वे लोग अपने अधिकार और बाहुबल के सहारे कुछ समय के लिए बुझते दीपक के समान अपना अस्तित्व बनाए रखते हैं, पर वे काल के प्रचंड प्रवाह में बहकर स्वयं मिट जाते हैं, लेकिन अपने अंतर्लीन स्वयंसेवकत्व के सहारे इस सच्चाई को पहचानते हुए उसी के अनुरूप अपने विचार और कार्य को व्यावहारिकता देने में आपटेजी सफल हुए। इसलिए उनके विलक्षण व्यक्तित्व का प्रकाश आज भी परिपूर्ण है। उस प्रकाश के मार्गदर्शन में हम अपनी

आत्मविस्मृति के अंधकार से मुक्ति पा सकते हैं। यही उस महापुरुष के लिए हमारी श्रद्धांजलि है। आदर और सम्मान अधिकार और ताकत के बाँटे पड़नेवाली चीज नहीं हैं। वे तो हैं—होत होत ही होय। उन्होंने कभी भी इसकी प्रतीक्षा नहीं की। यदि आते भी हैं, उसे 'इदं न मम' की भावना से अपनी सहज मुस्कराहट से उन्हें ठुकरा भी देते थे। भारतीय सांस्कृतिक-सामाजिक विरासत में युगों तक प्रज्वलित रहनेवाले उस सूर्य तेज के आगे मेरा शत्-शत् प्रणाम।

(पूर्व प्रदेश संगठन मंत्री, अ.भा.वि.प., केरल प्रदेश)

□

नेतृत्व

—महेंद्र कुमार पांडे

दिल्ली में युवा वर्ष अधिवेशन था। आपटेजी मेरे साथ थे। वे मेरी व्यक्तिगत चिंता किया करते थे। हर बात पर उनकी नजर रहती थी। कश्मीर मार्च, विस्थापितों को मदद के सिलसिले में परिषद् काम कर रही थी। निधि की आवश्यकता थी। आपटेजी ने पूछा कि 'आप कितना पैसा इकट्ठा कर सकते हैं?' मैंने कहा, 'ढाई-तीन लाख इकट्ठा कर सकता हूँ।' उन्होंने मेरा आत्मविश्वास देखकर कहा, "ठीक है, तुम करो, मैं तुम्हारे साथ हूँ।" हमने पैसे जमा किए। 3 लाख जमा हुए। कश्मीर की स्थिति में परिषद् का काम हम सबने सँभाला, क्योंकि आपटेजी का मार्गदर्शन रहा। उनकी मॉब (भीड़) कंट्रोल करने की क्षमता हमने कश्मीर आंदोलन में बहुत बार देखी। यहाँ उनका नेतृत्वगुण देखने को मिला।

उनकी पब्लिक और प्राइवेट लाइफ अलग नहीं थी। वे शिमला, मनाली ऐसी जगह फैमिली के साथ आए थे। वहाँ के कार्यकर्ताओं को भी उन्होंने वहाँ बुलाया। आपटेजी परिवार और कार्यकर्ताओं का एक साथ होना भी एंजॉय किया करते थे।

बीजेपी में कलेक्टिव टीम वर्किंग बने, इसलिए आपटेजी ने सिस्टम बनाने का प्रयास किया। बीजेपी की कार्य-प्रणाली को सुधारने के लिए वे कार्यकर्ताओं और पदाधिकारियों के साथ चर्चा किया करते थे।

(केंद्रीय कार्यालय मंत्री, भाजपा,
पूर्व राष्ट्रीय महामंत्री अ.भा.वि.प.)

□

संगठन शरणता

—प्रो. मिलिंद मराठे

'विद्यार्थी परिषद्' की ओर से 23 अप्रैल, 2012 को एक दिवसीय बैठक का आयोजन किया गया था। उसमें परिषद् के पुराने कार्यकर्ता और वर्तमान के संगठन मंत्री व प्राध्यापक कार्यकर्ता थे। यह अनौपचारिक बैठक तत्कालीन 'विद्यार्थी परिषद्' के साथ सूचना के आदान-प्रदान के लिए थी। उस बैठक में बालासाहब आए थे। तब उनकी तबीयत अच्छी थी। बालासाहब पिछले कुछ सालों से 'विद्यार्थी परिषद्' के दैनंदिन काम से संबंधित नहीं थे, लेकिन बालासाहब ने जो मुद्दे रखे, उससे यह महसूस हो रहा था कि उनके मन में आज भी वही भाव है—'विद्यार्थी परिषद्' मेरा अपना संगठन है—'विद्यार्थी परिषद्' के प्रति बड़ी आस्था, उतना ही अपनापन। संगठन शरणता क्या होती है, इसका उदाहरण एक बार फिर से देखने को मिला।

काम के दौरान हमसे हुई छोटी-बड़ी गलतियों के बावजूद बालासाहब हमारे लिए हमेशा उपलब्ध रहेंगे, ऐसा पूरा विश्वास था, कभी-कभी इस विश्वास का नाजायज लाभ भी हमने उठाया है। एक बार युवा पुरस्कार वितरण कार्यक्रम के लिए अब तीन ही दिन बाकी थे, तब हम बालासाहबजी से मिलने गए और कार्यक्रम के बारे में बताया, तो उन्होंने कहा, ''आपका नियोजित वक्ता नहीं आ रहा, इसलिए मुझे बुला रहे थे।'' बहुत उलटी-सीधी सुननी पड़ी, लेकिन अंत में पूछा, ''हाँ बोलिए, कहाँ आना है मुझे?''

'थिंक इंडिया कार्यक्रम' के संदर्भ में उनसे मिलने गए थे। पहले ही बता दिया, आज वक्ता कैंसल नहीं हुआ, हमने ही आने में थोड़ी देर कर दी। बालासाहब सुनाते जरूर, लेकिन गलतियों को दूर करने के लिए, कार्यकर्ताओं को नहीं। इसीलिए हर कार्यकर्ता के मन में यह विश्वास था कि बालासाहब हमारे साथ हैं। इसी विश्वास के आधार पर अत्यंत निजी व्यक्तिगत समस्याएँ भी मैंने बालासाहबजी से शेयर की हैं और हर समय मेरे दिल को तसल्ली मिली है। उनके निधन से 'विद्यार्थी परिषद्' के कार्यकर्ताओं को लगता है, जैसे उनके सिर से पिता का साया उठ गया था।

(विशेष निमंत्रित सदस्य, राष्ट्रीय कार्यकारी परिषद् अ.भा.वि.प.,
पूर्व राष्ट्रीय अध्यक्ष अ.भा.वि.प.)

□

कार्यशैली के भाष्यकार

—एड. नरेंद्र सावईकर

पूर्णकालिक कार्यकर्ता के नाते मैं मुंबई में आया, उसके पूर्व आपटेजी की भेंट नहीं हुई थी। आने के बाद उन्हें मिलने गया, तब उन्होंने कहा, ''मुंबई के वातावरण को ठीक से समझ लो। यहाँ भी बहुत 'कोंकणी' लोग हैं, तुम्हें अच्छा लगेगा।'' धीरे-धीरे वहाँ के काम में जुट गया। संगठन मंत्री का दायित्व था और नए वर्ष की कार्यकारिणी का गठन करना था। सन् 1992-93 का समय था। बालासाहब का कार्यालय में नियमित आना कम हुआ था। हमने कार्यकारिणी के बारे में विचार करके अध्यक्ष-मंत्री तथा सदस्यों की सूची बनाई। एक-दो सदस्यों तथा पदाधिकारियों में कुछ परिवर्तन करने का सोचा गया था। अभय बापट ने ध्यान दिलाया कि इन सब बातों को निश्चित करने से पूर्व बालासाहब से सलाह-मशवरा करना आवश्यक है। मैं उनसे मिला और सब विचार उन्हें बताया। ''जिन के नाम हटाकर नए कार्यकर्ता समाविष्ट करने है, उनसे बात-चर्चा हुई है ना?'' बालासाहब ने पूछा। ऐसी चर्चा नहीं की थी हमने। बालासाहब ने कहा, ''ऐसा करना ठीक नहीं है, उनसे (घोषणा के पूर्व) बात होनी चाहिए। मन में आया और कर डाला, ऐसी पद्धति योग्य नहीं है।'' हमसे गलती तो हुई थी, उस पर आखिर उन्होंने कहा, ''ठीक है, फिलहाल आगे बढ़ो, देखेंगे, लेकिन बाद में जिन पदाधिकारियों को बदला जा रहा है, उनके घर जाकर उन्हें मिलो, उन्हें समझाओ, कोई दिक्कत नहीं आएगी।'' और वैसा ही हुआ। संगठन नीति के बारे में एक अच्छा पाठ मुझे सीखने को मिला।

समय-समय पर विविध कार्यक्रमों में समस्याएँ आती रहीं। हम अपने विचार के अनुसार भूमिका लेते गए, महाविद्यालयों में भाषण करते रहे। राम जन्मभूमि आंदोलन के विषय में तो एक कॉलेज में कुछ समस्या आई और उस पर विधानसभा में चर्चा हुई। समाचार-पत्रों में प्रसिद्धि हुई। इस विषय में बालासाहब से बात नहीं हुई थी। उन्होंने फोन करके पूछा। लगा था कि अब वे गुस्सा करेंगे, कुछ सुनना पड़ेगा, किंतु उन्होंने बारीकी से सब बातें समझ ली और कहा, ''तुम लोगों ने जिस तरीके से प्रश्न उठाया है, उसे लेकर आगे बढ़ो और आवश्यक प्रयास करो, कुछ कठिनाई आए, तो मुझे बताइए।'' हरेक विषय में उनका सूक्ष्म ध्यान था और कार्यकर्ता के समर्थन में तत्पर रहते थे।''

आयु में तथा योग्यता की दृष्टि से वे बहुत बड़े और प्रमुख कार्यकर्ता थे। फिर भी रात-बिरात भीड़ में प्रवास करते समय भी कार्यकर्ताओं के साथ ही प्रवास करने का उनका प्रयास रहता था। विशेष व्यवस्था की कभी अपेक्षा नहीं रखते थे। मुंबई में काम करते समय मैं बीमार हुआ। लगभग पंद्रह दिन मकरंद भगरे के घर में रहा। कुछ मात्रा में उपचार चल रहे थे, किंतु बीमारी कम नहीं हो रही थी। टी.बी. की बीमारी थी। क्या करूँ, कुछ सूझ नहीं रहा था। एक दिन बालासाहब ने मकरंद को फोन किया। पूरी जानकारी प्राप्त करने के बाद मुझे कहा, ''तुम्हारी बीमारी इस प्रकार की है, जिसमें पूर्ण विश्रांति बहुत जरूरी है। अगर मुंबई में ही रहोगे तो विश्राम करना कठिन है। बेहतर यही होगा कि अपने घर (गोवा) लौट जाओ। दो-तीन महीने ठीक से विश्राम करना और पूर्ण ठीक होने के बाद आगे के बारे में सोचना।''

सन् 2005 में भाजपा नेता के नाते वे गोवा आए थे। उस समय वहाँ की भाजपा सरकार गिरी थी। उसे पुन: प्रस्थापित करने के लिए अन्य कुछ विधायकों को साथ में लेने की बात चल रही थी। बालासाहब ने स्पष्टता से कहा, ''इस प्रकार की पार्टनरशिप का आज तक का अनुभव अच्छा नहीं है। ऐसी पार्टनरशिप लंबी चलनेवाली नहीं होती, यह ध्यान में लेकर निर्णय करो।'' आगे चलकर हमने देखा, उनकी सलाह बिल्कुल ठीक थी, जो लोग साथ में (सत्ता के लिए) आए थे, वे बहुत दिन हमारे साथ नहीं रहे। राजनीति हो या अन्य कुछ, उनकी सोच हमेशा ही सही रहती और बिना संकोच वह अपनी बात स्पष्टता से सबके सामने रखते थे।

नए, युवा कार्यकर्ताओं को विश्वास दिलाने की, सब प्रकार के प्रसंगों में उनके साथ रहने और उन्हें बिना झिझक सहायता करने की उनकी वृत्ति और पद्धति सदैव स्मरण रहनेवाली है।

(लोकसभा सांसद, दक्षिण गोवा भाजपा,
पूर्व मुंबई महानगर संगठन मंत्री, अ.भा.वि.प.)

□

Always ABVP

—Chandrashekhar Joshi

I first heard Bal Apteji's speech in 1981 at ABVP National Conference in Hubli. I was a Karyakarta of ABVP then. Thereafter, year after year, I was eager to hear him on any occasion as I belongd to the same legal profession.

There is one moment I would like to recall. It was probably in 1986 December, there was a National Conference in Bengaluru. I was in Bengaluru for about 10 to 12 days. When I met Bal Apteji there, he was surprised and asked me, "How come you are here?" I said, "I belong to ABVP, wherever I may be." "Yes! that's the right spirit" he said. In fact, that's what he was looking for. That means wherever we are, whatever field we may be in, we carry the message, we carry the values which we imbibed from ABVP. What I inferred from this incident was that the values which we imbibe in ABVP have to be carried to all the fields wherever we work. That is one thing which Bal Apteji liked and insisted upon in several occasions. He was definitely an ideal. He would always say that. "You will find time when you are practising as an advocate for social activities and various other activities. That's how we should be."

(District Judge and former Full Time Worker, ABVP)

□

पारिवारिकता

—रागिणी (जोशी) चंद्रात्रे

मैंने 1980 में परिषद् का पूर्णकालीन काम किया। उन दिनों में महिला पूर्णकालिक कार्यकर्ताओं की संख्या कम रहती थी। महिलाओं का पूर्ण समय काम करना शुरू मात्र हुआ था। मेरे पहले अंजली सारोलकर, भारती ठाकुर काम कर रही थी। मैंने धलिया से काम करना शुरू किया था। अब नए क्षेत्र में जाकर स्वतंत्रता से कैसे काम करूँ, इसके बार में संभ्रम की स्थिति थी। बालासाहब से विस्तृत संवाद हुआ और संभ्रम कम होता गया। तीन साल काम करने के बाद घर वापस जाने का निर्णय लिया, तब भी उनसे विस्तृत वार्त्तालाप हुआ। घर लौटते समय और भविष्य के प्रवास के बारे में सोचते समय ठीक मन:स्थिति कैसी रहे, इसके बारे में उन्होंने मौलिक मार्गदर्शन किया। मेरे जैसे ही माधवी आपटे, माधुरी नाचणे का भी यही अनुभव रहा। विवाह के बाद भी मैं मुंबई में रहने आई, तब भी आपटे परिवार ही ऐसा था, जो मेरे लिए विश्वास, आश्वासन और सहारे का स्थान था। सीमा भगरे जैसी विशेष स्थिति में विवाह हुई कार्यकर्ता का भी यही अनुभव रहा। सामाजिक कार्य, घर-परिवार, वैवाहिक जीवन—इन सभी स्तरों पर उनके विचार, व्यवहार और मार्गदर्शन प्रगल्भ था, सूक्ष्म था, व्यावहारिक था तथा औचित्य से भी परिपूर्ण था।

(अध्यक्ष, मुंबई महानगर, भारतीय स्त्री शक्ति, पूर्व कार्यकर्ता, अ.भा.वि.प.)

□

Simplicity

—Mrs. Tejaswini Ananth Kumar

I was in Vidyarthi Parishad from 1984 to 1988. Later, when I married Anant Kumar, I used to hear a lot about Bal Apteji. I never met him in ABVP. I had only heard his speeches. But in the past 20-25 years, the meetings became more often because of Anant Kumar when Apteji joined BJP. He used to come home often. But even then the meetings would be more of pleasantry exchange. He was Rajya Sabha member when I first visited his house. I had seen many parliamentarians' houses by then. But when I saw Apteji's house in Mumbai, I was really shocked. Rajya Sabha member and a national leader for so many years and he was so simple. Many people want to show off that they are simple. But when I saw Apteji's house, I realised that he was honest and simple. It was a really small house. The entire experience in his house, be it the food they offered or the way they behaved, reflected a great level of simplicity. I had good interactions with Nirmala Taiji. I heard from her that Apteji was instrumental in bringing out many women's movements, such as 'Stree Shakti'.

(Managing Trustee of Aruna Chetana Trust and former Joint Secretary, ABVP. Karnataka)

□

खुले विचारक

—गोपाल आर्य

मैं 1998 से 2005 तक दिल्ली में क्षेत्रीय संगठन मंत्री था। मैं और अतुल भाई कोठारी साथ साथ रहा करते थे। बालासाहबजी भी नजदीक ही रहा करते थे। इस कारण अकसर उनके यहाँ जाना होता था। उन्हीं के यहाँ मैं अकसर खाना भी खाया करता था। उन्हें मेरे साथ विशेष लगाव व स्नेह था। अपने बच्चों की तरह वे मानते थे। मेरा यह अनुभव है कि वे काफी खुले विचारोंवाले व्यक्ति थे।

चिंतन बैठक में उनका बोलना मुझे बहुत प्रभावित करता था। वैचारिक विषय अच्छे तरीके से, Intellectually कैसे रखे जाएँ, इसका वे आदर्श उदाहरण थे। स्पष्टता से, कम शब्दों में, सूत्रबद्धता से अपने विषय वे स्पष्ट किया करते थे। एक प्रश्न उस समय सभी के मन में उपस्थित होता था कि इतना बड़ा 'विद्यार्थी परिषद्' का नेता इतनी छोटी बैठक के लिए कैसे आता है? जमीन से जुड़े रहने की वे कोशिश करते थे।

वे जितने सहज थे, उतने ही कठोर भी थे। उनकी कठोरता के बड़े चर्चे किए जाते थे, लेकिन एक अपनापन उनके साथ महसूस होता था। 10 वर्ष काम करने के बाद वे मुझे गोपाल कहकर बुलाने लगे। गोपाल यह करो, वह करो, कहते थे।

क्षेत्रीय संगठन मंत्री होने के बाद उन्होंने मुझे मेरे व्यवहार के बारे में बताया। वे बोले, "आप self conscious ज्यादा हैं।" तब मुझे इस अंग्रेजी शब्द का मतलब समझ नहीं आया, लेकिन उस समय इस शब्द का अर्थ पूछने की कोशिश मैंने नहीं की। बाद में मैंने कुछ लोगों से इस शब्द का मतलब पूछा, तब मुझे self conscious का अर्थ समझ में आया। कम शब्दों में किसी विषय को कैसे स्पष्ट करना है, यह वे बखूबी जानते थे। उनका ज्ञान काफी विस्तारित था। उनके साथ रहते हुए उनके व्यक्तित्व से मुझे बहुत कुछ सीखने को मिला। उसमें से कुछ उनके कहने के बाद, कुछ उनके व्यवहार से, बिना कुछ कहे मैं सीखता गया।

(रा.स्व.संघ झंडेवाला कार्यालय दिल्ली प्रमुख,
पूर्व क्षेत्रीय संगठन मंत्री, अ.भा.वि.प.)

□

सचेत हितचिंतक

—अजित

मैं नेपाल में 'विद्यार्थी परिषद्' का काम करने के लिए गया था। उस समय अधिवेशन होनेवाला था। उसी दौरान आपटेजी राज्यसभा के लिए चुने गए थे। मेरी इच्छा थी कि अधिवेशन में उनका भाषण होना चाहिए। एक भारतीय नेपाली छात्रों को लेकर काम कर रहा है, ऐसा एक इम्प्रेशन था। कुछ माओवादी प्रतिनिधि बनकर अधिवेशन में घुस आए थे। उन्होंने कार्यक्रम को हाईजैक किया। कुछ कार्यकर्ताओं को बंदी बनाया। मैं उस जगह जाना चाहता था, लेकिन आपटेजी ने मुझे रोका। उन्हें चिंता थी कि मुझे कुछ हो जाएगा। फिर लोगों से मदद मिलने के बाद परिस्थिति सुधर गई। मैं जब नेपाल में काम करता था, तो वे हमेशा कहा करते थे कि नेपाल की समस्याओं का हल नेपाल में, नेपाल के तरीके से सोचो। उनकी इस बात के पीछे गहरी सोच थी।

जब नेपाल में राजनैतिक परिवर्तन चल रहा था और माओवादियों के आंदोलन चल रहे थे, मैं तब organization के प्रोसेस से बाहर था, लेकिन नेपालवासियों को, जो मेरी पहचान के थे, उन्हें भारत में कुछ करना हो, तो वे लोग मुझसे संपर्क करते थे और भारत में जो मित्र कार्यकर्ता थे, वे नेपाल के बारे में पूछा करते थे। नेपाल के राजा माओवादियों को हटाना चाहते थे। मुझे पैलेस, इंस्टीट्यूशन में विश्वास था। मैं उसको बचाना चाहता था। मैंने आपटेजी से बात की, तो उन्होंने कहा कि मैं जरूर इस बारे में आडवाणीजी से बात करूँगा। उन्होंने बाद में बात भी की और मुझसे कहा कि आडवाणीजी तुम्हारे विचारों से सहमत हैं, लेकिन आज की स्थिति में यह संभव नहीं है। मेरी छोटी सी बात उन्होंने भाजपा के हाईएस्ट अथॉरिटी तक पहुँचाई।

नेपाल में जब राजा की व्यवस्था खत्म हो गई, तब एक हिंदू राष्ट्र खत्म हुआ। संघ में कोई सहमत नहीं था, लेकिन आपटेजी उस बात से सहमत थे। प्रिंसिपली वे मेरी बात से सहमत थे।

(संयोजक, नेपाल प्रकोष्ठ, भाजपा, पूर्व राष्ट्रीय संगठन मंत्री,
प्राज्ञिक विद्यार्थी परिषद्, नेपाल)

□

Deep Clarity

—**Jagadeesh G.R.**

I came in touch with 'Vidyarthi Parishad' in 1978. It was during the national conference in Bengaluru. It was all new to me. I knew nothing much about ABVP. It was for the first time that I heard Bal Apteji. He was the National President then. We were all young then. We were fortunate to hear him that day. We were impressed by his speech. I didn't have much interaction with him afterwards. We occasionally spoke to each other mostly about the organisation. One of the most impressive things about him was the clarity of thoughts he had whenever he spoke on any platform. We would feel his depth of knowledge on those occasions. I was deeply inspired by that. Then I had an opportunity to be associated with him during Vichar Balthaks of ABVP. Those meetings would go on for four to five days. During those meetings, Bal Apte would narrate the history to us. He would speak about various student organisations from all over the word. Due to this, we were able to understand the student activism at the global level. His knowledge would surprise us often.

Another curious thing for me about Bal Apte was that he was an advocate and still very active in student organisation. Another thing I would like to mention here is the concern he had towards various things, like the plight of our country and many other things. If I have to mention something, I would recall his individual struggle which was against 4 judges in Mumbai High Court who were corrupt. Bal Apte led that movement. He himself was the coordinator for that movement. I then realised that he would practice what he preached. This inspired all of us. He was always confident due to his clarity in thought and deep study. My belief became stronger whenever I heard him speaking.

Normally, we create an image of personalities as good from a distance. But when we get close to such people, many a time we get ourselves disappointed. This was not the case with Bal Apteji. He became more meaningful while observing him closely. I have seen his concern towards society and nation. Our respect towards him increased as we moved closer to him. I didn't see any issue till the end which would diminish this respect.

(Organizing Secretary of Vidya Bharathi and Former State Organizing Secretary, ABVP

□

Studious

—Shyam Sunder S.

I saw Apteji in 1978 conference in Bengaluru, but that time interaction was very limited. I remember sometime in 1883-84, there was an Abhyas Varga at Bengaluru. Former VC of Cochin Science and Technology University was in IISc Bangalore for some meeting. I was in-charge of Abhyas Varga. Dattaji said we should bring former VC in our Abhays Varg, so I brought him. He was not an orator, he had lots of facts and data, but his oratory skills were not so effective. The entire student crowd was very dull and dragging. It was lunch time and I was getting tense. I remember Aapteji was there. He took notes of entire session literally like a student. At the end he came to me and said, "Shyamji, bahut accha kiya, achcha ho gaya." That showed his interest in everything. I still remember the way he was sitting and making the notes. It was because he was also listening to others and trying to learn from every opportunity that was given to him.

(Chairman, Pro-Sim R & D Ltd. and Former State Joint Secretary, Karnataka)

□

आत्मीय आपटेजी

—अभय महाजन

बाल आपटे शुचिता के पक्षधर और संकल्पवान व्यक्ति थे। वे कुशल संगठनकर्ता थे। समयबद्धता, कार्यकर्ताओं के प्रति स्नेह और संगठन के प्रति कर्मठता के कारण हमेशा बड़ी जवाबदेही उनके कंधे पर डाली गई। मेरा संपर्क 'अखिल भारतीय विद्यार्थी परिषद्' के अधिवेशन में हुआ, लेकिन 1990 में 'श्रीनगर चलो अभियान' के दौरान निकटता बढ़ी और धीरे-धीरे हम इतने करीब आ गए कि थोड़ा समय गुजरने पर यदि भेंट न हो, तो मन व्याकुल हो जाता था।

वे 'दीनदयाल शोध संस्थान' से बहुत पहले से जुड़े थे। माननीय नानाजी देशमुख से उनके आत्मीय संबंध थे। मैं जब 'दीनदयाल शोध संस्थान' से जुड़ा, उन्हें बताया, तब उन्होंने कहा कि नानाजी के साथ काम करने का अपना अलग आनंद है। तुम्हें कुछ दिनों के बाद उसकी अनुभूति होने लगेगी। 'दीनदयाल शोध संस्थान' से आपटेजी का जुड़ाव सदैव रहा। वे परिवार के साथ दो बार चित्रकूट भी गए। माननीय नानाजी का ग्रामीणों को स्वावलंबी बनाने का प्रयोग देखकर वे अभिभूत थे। चित्रकूट में नानाजी के प्रकल्प से वे बहुत प्रभावित थे।

अकसर कहा करते थे, माननीय नानाजी जैसे समाज-निर्माता के रहते यह देश कभी पीछे नहीं रह सकता। माननीय आपटेजी ने अ.भा.वि.प. को नई दशा और दिशा दी। उन्होंने ऐसे कार्यकर्ताओं का निर्माण किया, जो समाज क्षेत्र और राजनीतिक क्षेत्र में उत्कृष्ट कार्यकर देश को नई दिशा की ओर ले जाने का काम कर रहे हैं। वे जो कहते थे, उसका जीवन में निर्वाह भी करते थे। उन्होंने कार्यकर्ताओं को सदैव शुचिता की सीख दी।

(राष्ट्रीय संगठन मंत्री, दीनदयाल शोध संस्थान,
पूर्व राष्ट्रीय मंत्री अ.भा.वि.प.)

□

संयम और साहस

—एड. पराग अलवणी

बालासाहब की याद आती है, तो कई प्रसंगों की स्मृतियाँ उभरकर आती हैं। पहली बार उनसे मिला, तभी से छोटी-छोटी बातों के निमित्त से भी संगठन, सांगठनिकता के बारे में उनसे मिले मार्गदर्शन का स्मरण होता है। आज भी जब मैं राजनीति में काम करता हूँ, तब संगठन के विषय में ऐसी सूक्ष्म मार्गदर्शन करनेवाली शक्तियाँ बहुत कम रहती हैं, यह महसूस करता हूँ।

परिषद् का पूर्ण समय विस्तारक कुछ वर्ष रहने के बाद मैं घर लौटने की सोच रहा था। एक ओर संगठन का काम करने का महत्त्व और दूसरी ओर घर जाने की इच्छा, इनके बीच में गहरा द्वंद्व मेरे मन में चल रहा था। यद्यपि घर लौटने की इच्छा तीव्र थी, तो भी संगठन की ओर पीठ दिखा रहा हूँ, इस विचार से मन में अपराध की भावना भी प्रबल थी। उसी समय मित्र नील हेळेकर पूर्णकालिक बनकर आसाम में जाने की तैयारी कर रहा था। उस कारण तो 'अपराध' की भावना और अधिक सता रही थी। ऐसी उद्विग्न मनोवस्था में ही बालासाहब से मिला। उस समय उन्होंने जो मार्गदर्शन किया, वह हिम्मत, सम्मान और विश्वास देनेवाला, राहत देनेवाला था। उन्होंने कहा, "संगठन के कारण पुलिस की काररवाई में तुम (गलती से) फँसे थे, तभी मुझे लगा था कि तुम तुरंत ही वापस आओगे, किंतु उसके बाद में भी महीनों तक तुम काम करते रहे, यह बहुत बड़ी बात है।" यह सुनकर मेरा उदास मन निरभ्र हो गया। अच्छा काम करके मैं लौट रहा हूँ, यह आश्वासक भाव मन में जागा और अपराध की भावना दूर हो गई।

नील हेलेकर के संबंध में भी उनकी कुशल और आश्वासक 'डीलिंग' का अनोखा अनुभव मिला। नील के परिवारजन कुछ संतप्त होकर उसे वापस घर ले जाने के लिए आए थे। हमने और स्वयं नील ने तो असम जाने की पूर्ण तैयारी कर ली थी और उसके पविारजन उसका पूरा सामान समेटकर उसे घर ले जाने पर तुले हुए थे। इस समस्या से कैसे मार्ग निकालें, हमें कुछ सूझ ही नहीं रहा था। हम सब लोग बालासाहब के पास गए। उन्होंने नील के परिवारजनों को जिस कुशलता और विश्वास के साथ मनाया, वह सचमुच अद्‌भुत था। उसी समय पुत्री जाह्नवी भी पूर्ण समय काम करने कोल्हापुर जा रही थी। बालासाहब ने नील के अभिभावकों से कहा, "जाह्नवी पोस्ट ग्रेज्युएशन करे और बाद में पूर्णकालिक बने, ऐसी हमारी भी इच्छा थी, परंतु उसने पहले पूर्ण समय

काम करने का निश्चय किया था। ऐसे समय में हमें बच्चों का कहना मान लेना चाहिए। अपना कॅरियर और सामाजिक कार्य के संतुलन के बारे में उनके किए हुए विचार पर हमें विश्वास रखना चाहिए।'' हेलेकर परिवार न केवल निरुत्तर हुआ, बाद में कभी भी उनके मन में कटुता का अंश महसूस नहीं हुआ।

तीसरी घटना मेरे व्यक्तिगत जीवन की है। मैंने पहली बार चुनाव लड़ा और मैं जीत भी गया था, किंतु उस चुनाव को हरकत लेनेवाली एक याचिका न्यायालय में आई और प्रथम चरण में न्यायालय का निर्णय मेरे खिलाफ रहा। उच्च न्यायालय में हमने अपील की और बालासाहब ने उस केस में वकील के नाते मेरा प्रतिनिधित्व किया। स्थिति ऐसी थी कि जिन न्यायमूर्ति के सम्मुख यह केस था, उन्होंने उसके पूर्व इसी प्रकरण जैसे एक प्रकरण में प्रतिकूल निर्णय दिया था। मुझे लग रहा था कि इस बार भी वही होगा और मुझे हारना पड़ेगा। बालासाहब ने जजसाहब से कहा, ''ऐसा लगता है कि यह केस किसी दूसरे न्यायमूर्ति के सामने सुना जाए। चार-पाँच दिन पूर्व ही आपने ऐसे ही केस में विपरीत निर्णय दिया था और वह निर्णय गलत था ऐसा आर्ग्युमेंट आपके ही सम्मुख करूँ, यह मुझे शोभा नहीं देगा।'' न्यायमूर्ति के सामने स्पष्टता से यह कहना साहस से भरा था, परंतु उसका परिणाम यह हुआ कि उन्हीं न्यायमूर्ति के सामने केस चला और फिर भी उन्होंने कहा, ''मैंने पहले जो निर्णय जिन मुद्दों पर आधारित रहकर दिया था, वह अलग था, आप अपने मुद्दे रखिए (उनकी 'मेरिट' पर विचार किया जाएगा।) केस का निर्णय मेरे लिए अनुकूल रहा। आत्मविश्वास, साहस, स्पष्टवादिता, बुद्धिमत्ता तथा कार्यकर्ता के बारे में आस्था; ऐसे सभी गुणों का एकचित्त दर्शन मैंने उस समय किया।''

(विधायक, विलेपार्ले, पूर्व मजदूर संघ भाजपा, पूर्व कार्यकर्ता अ.भा.वि.प. एवं पूर्व सिनेट सदस्य, मुंबई विश्वविद्यालय)

□

'पूर्णांक की ओर' (प्रभात प्रकाशन द्वारा प्रकाशित) के लोकार्पण का क्षण

वर्तमान प्रधानमंत्री (तब गुजरात के मुख्यमंत्री)
मान. श्री नरेंद्र मोदी के साथ

संसदीय प्रतिनिधि मंडल के
सदस्य के रूप में विदेश यात्रा

जेनेवा में अंतरसंसदीय बैठक में संबोधन देते हुए

महानुभावों के साथ

THE
EXILED

व्यक्तित्व एवं विचार

ग्रंथ विमोचन : 'बाल आपटे-व्यक्तिवेध, एका तत्त्वनिष्ठ, चतुरस्र कार्यकर्त्यांचा'
प्रमुख अतिथि मान. अरुणजी जेटली, प्रमुख वक्ता मान. दत्तात्रेयजी होसबाळे

अखिल भारतीय विद्यार्थी परिषद
विद्यार्थी निधी
ॲड. बाळासाहेब आपटे
स्मृतिग्रंथ प्रकाशन सोहळा
अतिथी
मा. दत्तात्रेय होसबाले
सह सरकार्यवाह रा.स्व.संघ
मा. ॲड. अरुण जेटली
विरोधी पक्षनेते राज्यसभा
दि. १२ नोव्हेंबर २०१३ - मुंबई
बाळ आपटे - व्यक्तिवेध
स्मृतिग्रंथ प्रकाशन
समारंभ

विशेष अतिथी

व्यक्तित्व एवं विचार

श्रद्धांजलि

17 जुलाई, 2012 को बालासाहब के निधन की खबर हवा की तरह सारे देश में फैल गई। देश के कोने-कोने में कार्यकर्ताओं को और भाजपा नेताओं को भी इस बात से आघात लगा। बालासाहब के व्यक्तित्व, कर्तृत्व और नेतृत्व का परिचय देकर संघ परिवार में उनके स्थान की पहचान करानेवाले अनेक श्रद्धांजलि लेख, समाचार-पत्रों और नियत कालिकों में छपे हैं।

विद्यार्थी परिषद् की वैचारिक जोड़-तोड़ में उनका योगदान, कार्यकर्ताओं के साथ उनके स्नेहपूर्ण संबंध, अपने व्यवहार से कार्यकर्ताओं के सम्मुख प्रस्तुत किया गया आदर्श और इन सभी के साथ कार्यकर्ताओं व परिचितों के मन में उनके लिए प्रेम—इन लेखों में व्यक्त होता है।

अनेक लोगों ने उन्हें श्रद्धांजलि अर्पित की है। उन्हीं में से चुने गए कुछ श्रद्धा सुमन!

The Vice President of India Shri M. Hamid Ansari Condoles the Demise of Shri Bal Apte.

" I am deeply grieved to learn about the sad demise of former Member of Parliament and eminent BJP leader Shri Bal Apte.

Shre Bal Apte was an eminent Parliamentarian and political leader, who was always concerned about public welfare and worked tirelessly in various fora to achieve it. He was also an eminent advocate and educationist of acclaimed excellence.

My wife joins me in sending heartfelt condolences to the members of the bereaved family and the wide circle of his friends and admirers. We pray to the Almighty to grant them the strength and fortitude to withstand this tragedy."

M. Hamid Ansari

S. H. Kapadia
Chief Justice of India

Phone : 23017448

Personal

July 22, 2012

Dear Mrs. Apte,

Kindly accept my heartfelt condolences on the sad demise of your husband, Mr. Balwant Apte. I share your grief in this hour of bereavement.

Balasaheb, as he was known in the Bar, was down to earth, simple, full of humility, and, at the same time, firm and competent. Unlike some of the seniors, he was not arrogant, and he respected all including the junior-most member of the Bar. I always admired him for these virtues. We all need to learn from the professional attitude of Balasaheb.

I pray to Almighty to give you enough strength to bear the loss.

May the departed soul rest in eternal peace!

With regards,

Yours sincerely,

SHKapadia

(S.H. Kapadia)

Mrs. Urmila Balwant Apte,
224 A, "Girish" Building,
Kataria Marg,
Opposite Bhagat Lane,
Mahim,
Mumbai-400016

5, KRISHNA MENON MARG, NEW DELHI - 110 011

राष्ट्रीय स्वयंसेवक संघ पूर्व सांसद श्री बाळ आपटेजी के निधन पर पू. सरसंघचालक श्री मोहनराव भागवतजी द्वारा प्रेषित श्रद्धाजलि

श्री बाल आपटेजी के निधन से हम सब गहरे शोक और क्षति का अनुभव कर रहे हैं। उनका जीवन हिंदू समाज के संगठन और पुनरुत्थान के लिए निरंतर समर्पण का अनूठा उदाहरण था। उन्होंने जीवन भर राष्ट्र निर्माण के कार्य में अति आवश्यक अनुशासन का निर्वहन किया और अन्यों से भी करवाया, पर सर्वप्रथम उनका जो गुण स्मरण में आता है, वह है अत्यंत स्पष्टता से, कभी-कभी कठोरता से भी, मगर हमेशा सहज स्नेह से परामर्श देना, जिससे सदैव मति-स्थिति को स्थिरता मिलती थी। उनके चले जाने से यह सहारा अब समाप्त हुआ है। उनके परिवारजनों के साथ, हम सबको इस क्षति का सामना करना पड़ेगा।

तीव्र संवेदना तथा उनकी स्मृति में आदरांजलि व्यक्त करते हुए हम जगद् नियंता से प्रार्थना करते हैं कि हमें इस आघात को सहने का सामर्थ्य दे तथा दिवंगत आत्मा को शांति और सद्गति प्रदान करें।

श्री मोहन भागवत

(पूजनीय सरसंघचालक, राष्ट्रीय स्वयंसेवक संघ)

~✻~

बहुत सालों से मैं बालासाहब आपटेजी को देखते आई हूँ। 'बाल' इस नाम से वे मशहूर थे, परंतु वास्तव में 'बलवंत' थे और 'बलवंत' नाम था, परंतु (मनोवृत्ति से) 'बाल' ही थे। कार्य की दृष्टि अपने वर्तन के माध्यम से अन्यों को प्रभावी रीति से समझानेवाले बहुत कम व्यक्तित्व होते हैं। बालासाहब ऐसे दुर्लभ कार्यकर्ताओं में से एक थे। उनका वर्णन 'थे' जैसे, गतकाल की परिभाषा में करना अत्यंत वेदनादायी है।

एक बार बालासाहब 'अहिल्या मंदिर' में आए थे। समाज जीवन के विभिन्न क्षेत्रों में सामंजस्य रहे, इसकी सावधानता महत्त्वपूर्ण है, यह चर्चा चल रही थी। सामाजिक कार्य में—संगठन में 'Everybody is important, but nobody is indispensable...' इस आत्मविरोधी वृत्ति से काम करनेवाले बालासाहब अब केवल स्मृतिरूप हो गए''' !

श्रीमती प्रमिलाताई मेढे

(पूर्व संचालिका, राष्ट्र सेविका समिति)

~✻~

आपटेजी ने जब 12 साल का कार्यकाल पूरा किया, तब एक समरोह रखा गया। वह शायद उनका अंतिम सार्वजनिक समारोह था। हमें लगा उनका स्वास्थ्य अब ठीक रहेगा, लेकिन जब वेंटिलेटर पर उन्हें रखने की बात आई, तो लगा, अचानक से यह कैसे हुआ? हमने

उन्हें संसद् से विदाई दे दी, लेकिन कल्पना नहीं थी कि वे कुछ दिनों में जीवन से भी विदाई ले लेंगे। 20वीं और 21वीं सदी में यदि संघ की कोई अच्छी देन है, तो वह है आपटेजी जैसे श्रेष्ठ कार्यकर्ताओं का निर्माण।

स्वामी विवेकानंदजी ने जिस man making machinary के बारे में man with a capital aim के निर्माण के बारे में इच्छा दर्शाई थी, उसको डॉ. हेडगेवार ने संघ के रूप में पूरा किया। इसका एक उदाहरण आपटेजी थे। He was the man with a capital aim उन्होंने एक man making machinary तैयार की।

संघ के विचारों को न केवल आपटेजी ने बल्कि उनके परिवार ने भी आगे ले जाने की कोशिश की। परिषद् एक ऐसा संगठन था, जो संघ के विचारों से प्रेरित होकर काम कर रहा था और राजनीति में भी उसका अच्छा योगदान रहा। 'विद्यार्थी परिषद्' का काम महान् है। क्योंकि वह राजनीति को भी परिष्कृत करता है।

मैं प्रभु से प्रार्थना करता हूँ कि वह आपटेजी को अपने चरणों में स्थान दें और उनके परिवार को इस क्षति को सहन करने की क्षमता दें।

श्री लालकृष्ण आडवाणी

(वरिष्ठ नेता भाजपा, उप-प्रधानमंत्री, भारत सरकार)

॥ श्रीराम ॥

जाह्नवी,

शुभांशीष

कल शाम को वह दुर्वार्ता आई, अत्यंत दुःख हुआ। कुछ दिन पहले ही दूरभाष पर बात हुई थी। हर वर्ष की तरह श्रावण मास में मिलना भी तय हुआ था। उसके पहले ही ईश्वर का निमंत्रण आया। उस परमात्मा को भी बालासाहब की आवश्यकता महसूस हुई होगी! आप सभी पर, मित्र मदन काका जैसे कइयों पर वेदना का जो आघात हुआ है, उसकी कल्पना भी दुःसह्य है। मैं दूर था, तुरंत मुंबई पहुँच न सका। उनकी प्रतिमा का स्मरणमात्र ही कर सका। उस स्मरण ने श्री संत ज्ञानेश्वर और जगद्गुरु संत तुकाराम के वचनों की याद आई।

निष्ठुर तो दिसे, निराकारपणे। केवल सद्गुणे प्रतिपाकी॥
चित्ती नाही आस (स्वार्थ), त्याचा पांडुरंग दास॥
प्रेम न ये सांगता, बोलता दाखिता। अनुभव चित्ता चित्त जाणे…

(देखने में कठोर, परंतु सदैव सत्गुणों का प्रतिपालन करनेवाला, जिसके मन में स्वार्थ का लवलेश नहीं, उसका तो ईश्वर भी दास बनता है। उनका सँजोया प्रेमभाव वर्णन करने में कठिन है, परंतु उसका अनुभव चित्त को प्रसन्न करनेवाला है—संत तुकाराम)

मलयानील शीतलू, पालवी न ये गाळू
सुमनाचा परिमळू, गुंफिता न ये…

(मलय पर्वत की ओर से आनेवाली वायु की शीतल लहर तथा फूल की सुगंध संकलित करना (शब्दों में कहना) असंभव है—संत ज्ञानेश्वर)

कितने सालों का सहवास, प्रेम-माया की वर्षा करनेवाला, समयानुसार डाँटनेवाला, परंतु चिंता करनेवाला, सराहना करनेवाला, सभी भावनाएँ उनके पास उत्कट थीं, ऐसा सहृदय सखा अब नहीं रहा!

उन्हें मनुष्यों की कदर थी, कार्यकर्ताओं के प्रति अपार आत्मीयता थी तथा ज्ञान, कौशल्य और अनुसंधान का ध्यान था।

स्वामी विवेकानंद के शब्दों में कहें तो, 'उन्होंने अपना पूर्ण विकसित, प्रफुल्लित और सुगंधी कर्तृत्वपुष्प देश के चरणों में समर्पित किया। उनकी देशनिष्ठा, संगठननिष्ठा, समाजभक्ति निरामय थी, संपूर्ण थी।'

मैं तुम्हारे घर में रहा और बहुत बातें सीखीं। संवादों से, प्रत्यक्ष व्यवहार से कई बातें यशवंतराव तथा बालासाहब ने सिखाईं। जो कुछ अल्प कार्य मैं कर रहा हूँ, वह उसी सीख के बल पर। कई बार यशवंतरावजी का स्मरण होता रहता था, अब उनके साथ बालासाहब का भी स्मरण होता रहेगा।

तुम्हारे पिता की और एक विशेष बात ध्यान में आती है। उन्होंने सार्वजनिक जीवन में जैसे मित्रों का संग्रह किया, उतनी ही आत्मीयता से सभी परिवारजनों और आप्तों से स्नेह रखा। कुल की परंपरा, विरासत स्वयं के नैष्ठिक व्यवहार के माध्यम से अगली पीढ़ियों के सभी रिश्तेदारों तक उन्होंने पहुँचाई। उनके बंधु, भगिनी, भाँजे, भतीजे; इनको उनके बारे में जो अभिमान की भावना रही, उसका दर्शन मैंने कई बार किया है।

अ.भा.वि.प. के परिणामकारी विकास में बालासाहब का योगदान अमूल्य है। उनका विचार-दर्शन क्रियाशील था। आपातकाल के विरुद्ध सत्याग्रह में उन्होंने स्वयं को झोंक दिया। क्रियावान् पंडित थे वे। परंपरा के वे अभिमानी थे, परंतु गलत प्रथाओं के विरोधी थे। कोल्हापुर के महालक्ष्मी मंदिर के संदर्भ में उनकी अपनाई भूमिका इसकी उत्तम मिसाल थी। देश और समाजहित की आस्था यही उनके जीवन का अधिष्ठान था। मनमुक्त संवाद के लिए उपलब्ध सखा अब हमारे बीच नहीं रहा, इसका दु:ख सर्वाधिक है।

भगिनी निर्मलाताई के दु:ख का तो अंत नहीं होगा, उसके बारे में क्या लिखूँ? उसे तथा आप सभी को परमात्मा शक्ति प्रदान करे, इतना ही कह सकता हूँ। उनकी आत्मा को तो ईश्वर सद्गति देगा ही।

सहसंवेदक

सदाशिव

श्री सदाशिव देवधर

(अखिल भारतीय कार्यकर्ता, वनवासी कल्याण आश्रम,
पूर्व राष्ट्रीय सहसंगठन मंत्री अ.भा.वि.प.)

दिनांकः ०९-०८-२०१२

स्नेही श्री निर्मलाबहन,

नमस्कार ।

मान्यवर **श्री बाल आप्टे जी** के देहावसान का समाचार जानकर मुझे गहारा दुःख हुआ। स्व. श्री आप्टेजी भा.ज.पा संगठन के कुशल और प्रेरक नेता थे। उन्होंने अपना समग्र जीवन पार्टी के संगठन को मजबूत करने में समर्पित किया। स्वयंसेवकों और कार्यकर्ताओं के लिये उनका जीवन सदाय प्रेरणादायी बना रहेगा।

स्व. श्री आप्टे जी के देहावसान पर शोक संवेदना प्रकट करते हुओ सद्गत की आत्मा की शांति के लिये प्रार्थना।

आपका,

(नरेन्द्र मोदी)

प्रति,
श्री निर्मलाबहन बलवंतजी आप्टे,
गिरीश बिल्डिंग,
टी. एच. कटारिया रोड, माहिम,
मुंबई - ४०००१६.

(भारत के प्रधानमंत्री, पूर्व मुख्यमंत्री, गुजरात राज्य)

जानेवाले का शोक नहीं करना चाहिए, क्योंकि आत्मा अमर है और शरीर नश्वर। ऐसा वेदों में कहा गया है। सच्चाई यह है कि जब कोई नजदीक का आदमी गुजर जाता है, तो स्मृतियाँ याद आती रहती हैं। अपने आप फिर गला रुँध जाता है और आँखें नम हो जाती हैं। सारे तर्क गौण हो जाते हैं।

आपटेजी के चेहरे पर हमेशा एक मुसकान रहती थी। मैंने एक दिन उनसे कहा कि मुसकान तो आपके चेहरे पर हमेशा सजी रहती है, फिर आपको गुस्सा क्यों आता है, कैसे आता है? इस पर उन्होंने कहा कि जिसे गुस्सा नहीं आता, वह मूर्ख होता है और जो गुस्सा नहीं करता, वह बुद्धिमान होता है। इस पर मैंने कहा कि आपको तो गुस्सा आता भी है और आप गुस्सा करते भी हैं, फिर क्या कहें? उन्होंने हँसकर कहा कि तुम्हारी बातों का कोई उत्तर नहीं दे सकता। वे एक कड़क नेता थे, पर उनकी कठोरता नारियलवाली थी। अच्छा काम करो, तो खुलकर शाबाशी देते थे। तनिक सी भी गलती हो जाए, तो जोर से डाँटते थे। सिद्धांतों से समझौता उन्हें पसंद नहीं था।

एक बार हम केंदीय कक्ष में बैठे थे। उन्हें किसी ने कहा, ''अब अपने आपको बदलिए, सब चलता है।'' उन्होंने कहा, ''चलता इसलिए है, क्योंकि हम उसको स्वीकार करते हैं। अगर हम स्वीकार करना छोड़ दें, तो फर्क पड़ेगा।'' उनके इस जवाब से सन्नाटा छा गया।

इलेक्शन कमेटी की बैठक चल रही थी। आपटेजी को कुछ कहना था। नितिन गडकरीजी ने उनसे कहने के लिए कहा। आपटेजी बोले, ''मेरे बोलने से आप निर्णय बदलेंगे नहीं, इसलिए मैं नहीं कहने की सोच रहा था, लेकिन कहूँगा नहीं, तो न बोलने का पछतावा होगा।'' उन्होंने अपनी बात कही। निर्णय बदला नहीं, लेकिन अपनी बात रखने की दृढता, विचारों की दृढता उन्होंने दिखाई।

देश के जाने-माने वैज्ञानिक कस्तुरीरंगनजी ने एक पत्र मुझे लिखा, वे और आपटेजी राज्यसभा सदस्य थे। उन्होंने अपने पत्र में कहा कि आपटेजी के व्यक्तित्व से वे प्रभावित हुए। उनकी वजह से कस्तुरीरंगनजी भाजपा को एक नजरिए से जान सके। अंत में उन्होंने लिखा कि आपटेजी का जाना केवल पक्ष के लिए नहीं, वरन् राष्ट्र के लिए बड़ी क्षति है, जो कभी पूरी नहीं होगी।

आपटेजी अपनी बात इतनी convincingly कहते थे कि विरोधी भी convince हो जाते थे। उनकी बातों में तर्क व तथ्य होता था। नितिनजी ने जब बताया कि आपटेजी को वेंटीलेटर पर रखा है और कभी भी कुछ भी हो सकता है, तो ऐसा लगा जैसे कि भरी महफिल से अपना कोई उठकर जाने की तैयारी कर रहा है, लेकिन मैंने मन को समझाया। मुझे लगा, मैंने उस अप्रत्याशित खबर के लिए खुद को तैयार कर लिया है, लेकिन वास्तव में ऐसा नहीं था। निधन की खबर सुनते ही लगा मानो अंदर से कुछ टूट गया हो।

मैं प्रभु से प्रार्थना करती हूँ कि वह यह दु:ख सहने की ताकत निर्मला और जाह्नवी को दे और हमें यह ताकत दे कि उनके अनुयायी और अनुगामी बनकर हम उनका अनुकरण कर सकें। यह भारत के भविष्य के लिए जरूरी है।

श्रीमती सुषमा स्वराज

(विदेश मंत्री, भारत सरकार)

मैं 1970 के दशक के आरंभ से आपटेजी को जानता हूँ। महाविद्यालयीन जीवन में 'विद्यार्थी परिषद्' से जुड़ने का मौका मिला। यशवंतरावजी, मदनदासजी और आपटेजी ने सही मायनों में 'विद्यार्थी परिषद्' को दिशा दी।

आपटेजी का हर अधिवेशन में, बैठक में प्रमुख भाषण होता था। संगठन की सोच को वे विस्तार से बताते थे। मैंने उनके मराठी, हिंदी और अंग्रेजी भाषा में किए गए भाषण सुने हैं। एक-एक वाक्य सोच-समझकर अपने भाषण में उच्चारते थे। हम छोटे-छोटे कार्यकर्ता उनके कई वाक्यों को पिकअप कर लेते थे।

वे दिन भर multitasking करते थे। सुबह जाकर महाविद्यालय में पढ़ाना और मुंबई हाईकोर्ट में प्रमुख अधिवक्ता के तौर पर काम करना, बाकी समय 'विद्यार्थी परिषद्' और अन्य सामाजिक गतिविधियों में बिताना, ऐसा उनका schedule था। अगर वे आगे बढ़कर प्रोफेशन को सिर्फ सीमित करते, तो और आगे बढ़ सकते थे। महाराष्ट्र के एडीशनल एडवोकेट जनरल रहे, सीनियर एडवोकेट थे, सुप्रीम कोर्ट में आते थे, लेकिन परिषद् का काम सँभालकर वे वकालत करते रहे।

आपातकाल के दौरान हम जेल में थे और उसके बाद एक बार हम 'विद्यार्थी परिषद्' के पाँच-छह लोग एक बड़े delegation में विदेश गए। रशिया में आपटेजी भी साथ थे। कम्युनिज्म अपनी चरम सीमा पर था। आपटेजी का light hearted रूप मैंने उन 15 दिनों में देखा।

'विद्यार्थी परिषद्' के बाद जब वे बी.जे.पी. में आए, तो सेंट्रल टीम का वे एक अंग थे। संसद् में थे। विषय के संबंध में, व्यक्ति के संबंध में और विचारधारा के संबंध में उनके विचार स्पष्ट रहते थे। अपनी बात भले ही दूसरे को कठोर लगे, लेकिन वे उसे स्पष्टता से कहते थे। कोई समझौता नहीं। एक सांसद के नाते उनके आचरण में एक विचित्र प्रकार की शारीरिकता थी। संसद् में शोर मचानेवाले सांसद वे नहीं थे। अपनी जगह पर बैठकर जिस विषय में रुचि है, वे बता देते थे। बिना तैयारी के वे कभी भी बोलते नहीं थे। डिग्निटी, भाषाओं पर प्रभुत्व और विषय स्पष्टता से बताना ये उनके भाषण की विशेषताएँ थीं। विषय छोड़कर कुछ बोलना, विषय के बारे में कुछ हलका बोलना यह उनके स्वभाव के विरुद्ध था। इसलिए सब लोग उनका भाषण बड़े आदर से सुनते थे।

कोर्ट में भी संक्षिप्त में और स्पष्टता के साथ वे अपना केस रखते थे। जिन-जिन क्षेत्रों में उन्होंने काम किया, वहाँ अपनी छाप छोड़ी। अपनी विश्वसनीयता को चरमसीमा पर रखा। उनसे बहुत कुछ सीखने को मिला है। उनसे जो सीखा है, उनकी यादें लंबे अरसे तक मन में रहेंगी। बार-बार याद आती रहेंगी।

श्री अरुण जेटली

*(वित्त, कारपोरेट मामले एवं सूचना और प्रसारण मंत्री, भारत सरकार,
पूर्व राष्ट्रीय मंत्री, अ.भा.वि.प.)*

आपटेजी का मेरे व्यक्तित्व विकास में, कार्यकर्ता के रूप में विकसित होने में घनिष्ठ संबंध है। विद्यार्थी दशा में मैं यूनिवर्सिटी चुनाव में खड़ा था। मैं हार गया। अगले चुनाव की तैयारी मेरे मित्रों ने, कार्यकर्ताओं ने शुरू कर दी थी। उसी समय 'विद्यार्थी परिषद्' ने तय किया कि अब चुनाव में नहीं उतरना है। मेरे मन में द्वंद्व था। परिषद् का काम करूँ या दूसरे संगठन से चुनाव लड़ूँ, यह समझ में नहीं आ रहा था। आपटेजी ने मुझे समझाया। मैं उनके विचारों से इतना प्रभावित हुआ कि मैंने तय किया कि मैं 'विद्यार्थी परिषद्' का काम करूँगा।

बालासाहबजी ने 'Educational Change' के नाम से एक किताब लिखी है। देश की शिक्षा कैसी हो? इस बारे में उन्होंने अच्छे से लिखा है। 'विद्यार्थी परिषद्' में काम करने से आपटेजी, मदनदासजी और यशवंतरावजी के मार्गदर्शन में कार्यकर्ताओं का निर्माण हुआ। सभी कार्यकर्ताओं के जीवन के लिए दृष्टिकोण मिला। कार्यकर्ता निर्माण, प्रशिक्षण और जीवनदशा के लिए वे एक प्रेरणास्रोत थे।

किसी भी बात पर प्रतिक्रिया देने में वे संकोच नहीं करते थे। उनके जीवन में संगठन और संगठन विचार को प्राथमिकता थी। उनके कार्यकाल के दो टर्म पूरे हो जाने के बाद उन्होंने खुद मुझे स्पष्टता से कहा कि मुझे आगे चुनाव लड़ने में रुचि नहीं और न ही मुझे संगठन का काम करना है। मुझे लगा था कि वे तीसरी टर्म के लिए उत्सुक होंगे, लेकिन कहाँ रुकना चाहिए, वे जानते थे। उनको मैंने प्रशिक्षण और अन्य कामों में मार्गदर्शन और सहयोग देने के लिए बाद में कहा।

बालासाहबजी एक बार बीमार पड़े, फिर ठीक हुए। बाद में एकदम से बीमार होने के बाद सेहत collapse हो गई। मुझे लगा शायद उन्हें सही ट्रीटमेंट मिला नहीं है, लेकिन मैं गलत था। डॉक्टर्स का diagnosis सही था।

संगठन का काम करते-करते उन्होंने अच्छे कार्यकर्ता का आदर्श प्रस्थापित किया। समर्पित ध्येयवाद से काम कैसे करें, यह उनसे सीखने की आवश्यकता है। उद्दिष्टों के बारे में स्पष्टता, विचारों के बारे में आग्रह और दृढता उनमें थी। अनेक कार्यकर्ताओं को जीवन का दृष्टिकोण देने में बालासाहब यशस्वी हो गए। वे मेरे लिए कई मायनों में प्रेरणादायी थे। इसलिए उनकी कमी महसूस हो रही है। अगर हम उनके राष्ट्रीय पुनर्निर्माण के उद्दिष्ट को पूरा करने के प्रयास को आगे ले जा सकें, तो सही मायनों में उनके लिए श्रद्धांजलि होगी।

श्री नितिन गडकरी

(सड़क एवं राजमार्ग, जहाजरानी मंत्री, भारत सरकार)

~*~

ADDRESS BY HON'BLE SHRI JUSTICE MOHIT S. SHAH, CHIEF JUSTICE, HIGH COURT OF JUDICATURE AT BOMBAY AT THE FULL COURT-REFERENCE TO LATE MR. BAL APTE, SENIOR ADVOCATE, BOMBAY HIGH COURT, ON FRIDAY, 23RD NOVEMBER, 2012.

My esteemed Colleagues, Mr. D.J. Khambatta, Advocate Genereal, Mr. Kevic Setalwad, Additional Solicitor General of India, Mr. Dara Zaiwalla, Vice president of Bombay Bar Association, Mr. Rajiv Patil, President, Advocates' Association of Westen India. Priyahans Jani, Vice-President, Incorporated Law Society, Mr. Karan D. Bhosale, Vice Chairman of Bar Council, Advocates, Members of the bereaved family, Ladies and Gentlemen.

We have assembled here this morning to mourn the sad demise of late Mr. Bal Apte, Senior Advocate of this Court, who left for his heavenly abode on Tuesday, 17th July 2012 at Mumbai at the age of 73 years.

Mr. Apte was born on 18th January, 1939 at Rajgurunagar in Pune District. He completed his school and part of college education in Rajgurunagar and Pune. He completed MA and LLM from University of Mumbai. He taught law in the LLB and LLM classes at New Law College, Mumbai and University of Mumbai. He was examiner for LLM Examination. He was an excellent and inspirational orator.

Mr. Apte was President, Advocates Association of Western India, Bombay High Court. He was also Additional Advocate General, State of Maharashtra for the period 1996 to 1998 and also appeared in many important cases.

He was Member, Senate of University of Mumbai. He was a Member of Parliament in the Rajya Sabha from 2002 to 2010.

Mr. Apte was National President of Akhil Bhartiya Vidyarthi Parishad and was active in the Parishad for 38 years, He was a guardian to thousand of Paraishad workers who regarded him as a friend, philosopher and guide.

Mr. Apte argued several important cases in various branches of law including Cooperative Laws, Tenancy Laws and several constitutional matters. Mr. Apte appeared as Additional Advocate General in case of Madhav Karmarkar versus State Government to finalise rules of recruitment of Judges of Cooperative courts and Cooperative Appellate Courts in accordance with the constitututional mandate with the specific direction that tht rules should not provide for appointment of executive officers as Judges of the Cooperative Courts or Cooperative Appellate Courts. This Court directed the Government to follow the provisions of Article 50 of the Constitutuin to separate the Judiciary from the Executive. The Court held that the Cooperative Courts and Cooperative Appellate Courts must be manned by judicial officers and that "in no set of circumstances, appointment of judicial officers can be left to the executive". Normally, as a matter of rule, the recommendations made by the High Courts for appointment of the Judges of Cooperative Courts and Cooperative Appellate Courts should be accepted. Mr. Apte also appeared before the several Full Benches.

Mr. Apte's learning and skills did not remain confined to law and advocacy.

Reading and writing was Mr. Apte's hobby. He had a deep knowledge and liking for literature, especially Marathi Literature. He was well versed in Sanskrit language and literature. He was on Governing Council of Shikshan Prasarak Mandali, an educational institution running 20 colleges and schools for about two decades.

Mr. Apte authored many celebrated books.

Mr. Apte visited USSR as a member of Indo-USSR Youth Meet in 1978. He visited China, South Korea, Panama, UK and USA as a member of parliamentary delegation. He attended the 119th Assembly of Inter-Parliamentary Union held at Geneva in October, 2008.

Mr. Apte was not only an Advocate but he was a human being and qualities of head and heart. He kept honesty and modesty in the legal profession. He was warm, friendly and gentle as a person. His proven ability, vast experience talent and inner instinct of social work and motto to serve the society and the nation persuaded him to join the politics. We all know death is inevitable but it is through our deeds that makes our life immortal. His passing away will not only leave a void in our lives but also in the hearts of all those who knew him.

Mr. Apte is survived by his wife Smt. Urmila and daughter Mrs. Janvi.

My colleagues and I share the feelings of all those who have gathered here in expressing our heartfelt condolences to the members of the bereaved family. May the Almighty give them strength to bear the great loss and overcome the grief.

May the departed soul rest in eternal peace.

Mohit S. Shah

(Chief Justice of Bombay High Court)

ADDRESS BY SHRI D.J. KHAMBATA, ADVOCATE GENERAL, AT THE FULL COURT REFERENCE TO LATE MR. BALAVANT PARASHURAM APTE, SENIOR ADVOCATE, BOMBAY HIGH COURT, ON FRIDAY, 23RD NOVEMBER 2012.

My Lord the Hon'ble the Chief Justice Shri Mohit Shah, Hon'ble Judges of the Bombay High Court, Shri Kevic Setalvad, Additional Solicitor General of India, Shri Karan Bhosale, Vice-Chairman, Bar Council of Maharashtra and Goa, Shri De. R. Zaiwalla, President, Bombay Bar Assiciation, Shri Rajiv Patil, President, Advocates' Association of Western India and Shri P.A. Jani, Vice-President, Bombay Incorporated Law Society and members of the Bar.

We gather here today to mourn the death of a respected Senior Advocate of this Hon'ble Court Shri B.P. Apte but much better known as Bal Apte or Balasaheb Apte.

After his Schooling in Pune, he graduated in Arts from Ruia College and then went on to obtaining a Master's degree as well as graduate and post-graduate law degrees from Mumbai University. Being academically minded he taught law as an honorary Professor of the New Law College, Mumbai for twelve years for the LL.B. course as well as in the University of Mumbai for the LL.M. course. In later years he was a member of the Senate of Mumbai University.

He swiftly rose at the Bar to become one of its leaders. He had a gravitas about him not only when he advanced submissions but in his very persona. He had a dignified deportment and he exuded a quiet confidence even when you passed him in the corridor. He was gifted with the talent of oratory and inspired Judges and opponents alike with his address. His appointment as the Additional Advocate General, State of Maharashtra did not surprise anyone and he discharged the duties of that office with honesty and courage, between 1996 and 1998.

The universal respect he enjoyed at the Bar, culminated in his election as President of the Advocates Association of Western India. He argued several matters in which important principles of law were decided. Appearing for the Petitioner in a matter before a Division Bench of this Hon'ble Court, Bal Apte was successful in convincing the Bombay High Court to hold that rejection of an application for cross-examining a witness with reference to an earlier statement made by him touched the most important aspect of a trial and affected the substantive right of the complainant. Consequently such an order was not an interlocutory order within the meaning of Section 397 of the Cr. P.C.

In another matter he ably assisted the Court in deciding whether a person was adopted that person could have any vested right in the coparcenery and joint family property of his birth. It was held that the adoptee could not take away such property to his adoptive family.

In Tata Hydro-Electric Power Supply Company Ltd. & others v. Principal Secretary, Energy and Environment, Govt. of Maharashtra and others 1999 (4) Bom CR 566, appearing as the Additional Advocate General for the State of Maharashtra in a challenge to the grant of a licence for an LPG storage and handling facility he dissuaded a Division Bench of our Court form Judicially reviewing policy and technical matters.

But Bal Apte's life's calling was not his love of law. It was his devotion to his ideology that marked his life. For that he was jailed from December 1975 to February 1977 under the Maintenance of Internal Security Act during emergency.

He was the National President of the Akhil Bharatiya Vidyarthi Parishad and was actively involved with the ABVP for 38 years.

He would say that ideology gives you strength to face challenges and mitigate the fear of hurdles. Bal Apte's life was his message. For 38 years, the best part of his youth, he forged the ABVP into a formidable force. Unyielding as he was as a disciplinarian, he was also revered as a guardian angel by thousands of ABVP workers.

No one could fault the strength of character, unshakeable integrity and patriotism of Bal Apte. Of particular value was a project he organized for the ABVP, "My home is India", under which students from the North-east of our country were invited to live with families in Mumbai and elsewhere with the objective of national integration. At least two Chief Ministers of Arunachal Pradesh were enriched by this experience and several families gained a deeper appreciation of the diversity of India and the glorious idea that is India.

One of his closest associates described him as a sage-politician who would never compromise on principles. His integrity was constant as the North star and those who dared question or test it faced the wrath of the incorruptible.

He was a member of the Bharatiya Janta Party. He was twice elected to the Rajya Sabha from Maharashtra, in 2000 and 2006. He was Vice President of the BJP during 2002 to 2010 and also a member of its Central Parliamentary Board.

He was also a member of the Governing Council of Shikshan Prasarak Mandali, an educational institution running 20 colleges and schools for about two decades in addition to serving as Trustee of several charitable institutions. He was also a keen scholar of Marathi literature and Sanskrit and a writer himself.

When his life is weighted it can be said that he was not found wanting in the balance, he toiled for the causes he was devoted to, he never wavered from his chosen path and he never succumbed to life's temptations and failings. Can one wish for a better epitaph?

The Bar's condolences are extended to his wife, his daughter and to his entire bereaved family.

(Advocate General, Govti of India)

D.J. Khambata

आदरणीय निर्मलाताई,

बालासाहब के दुर्भाग्यपूर्ण देहावसान की दुर्वार्ता उसी दिन दिल्ली में सुनी, सुनकर बहुत दु:ख हुआ। यद्यपि उनकी बीमारी के बारे में जानकारी थी, फिर भी मेरे लिए यह समाचार अनपेक्षित था। कुछ ही दिन पूर्व उनका एक (कार्यक्रम का) छायाचित्र ऑर्गनाइजर में देखा था और उसमें उनका स्वास्थ्य ठीक लगा था। इसलिए यह समाचार अकल्पित था और गहरा धक्का देनेवाला भी।

सर्वप्रथम मैंने उन्हें 1978 के संघ शिक्षा वर्ग में एक शिक्षार्थी के रूप में देखा था। वर्ग के शिक्षक के नाते मैंने उनकी एक शारीरिक विषय की परीक्षा भी ली थी। उस समय कुछ दबाव सा मैंने महसूस किया था, क्योंकि वे मुझसे 15 वर्ष बड़े थे तथा विद्वत्ता और गुणवत्ता में मुझसे बहुत ही बड़े थे, किंतु स्वयं बालासाहब शिक्षार्थी की मानसिकता से पूर्ण थे। बाद में कई बार विविध बैठकों में, कार्यक्रमों में उनसे भेंट होती रही। उनके कई भाषण भी सुने। वे बौद्धिक समरभूमि में एक कुशल योद्धा थे। सामान्यतया उनके भाषण विशुद्ध तर्कनिष्ठ तथा विचारों से परिष्कृत होते थे, किंतु मा. मोरोपंत पिंगलेजी के अमृत महोत्सव समारोह में उनका भाषण भावपूर्ण था। मोरोपंतजी के बारे में उनके मन में स्थित श्रद्धाभाव का ही दर्शन उसमें हो रहा था। सन् 1980 से 2000 तक के मेरे प्रचारक जीवन में महाराष्ट्र में मैंने काम किया। उन दिनों में संघ सृष्टि के प्रमुख विचारवंतों में एक प्रमुख नाम उनका था। किसी भी कार्यक्रम के वक्ता के बारे में विचार होता था, तब उनका नाम हमेशा ही सामने आता था।

गत कुछ वर्षों से वे राजनैतिक क्षेत्र में सक्रिय थे, किंतु उनकी मूल प्रवृत्ति राजनैतिक नहीं थी, निश्चित ही उन्हें 'राजनीति' का आकर्षण-मोह भी नहीं था। व्यक्तिगत तथा दलीय विचारों से ऊपर उठकर व्यापक राष्ट्रहित का विचार सर्वोपरि माननेवाले उनके जैसे कार्यकर्ता की उस क्षेत्र में आवश्यकता थी। विद्यमान राजनैतिक वातावरण में तो उनकी आवश्यकता बहुत अधिक थी। ऐसे समय में उनका न होना संघ, भा.ज.पा. तथा राष्ट्रहित की दृष्टि से हानिकारक है।

आपके और सभी परिवारजनों के लिए तो यह हानि सर्वाधिक है। आप दोनों ने दीर्घकालीन वैवाहिक जीवन का, राष्ट्रकार्य के लिए जीने का एक आदर्श उदाहरण प्रस्तुत किया है। अनेक ने आपसे प्रेरणा प्राप्त की है। उनके चले जाने से आपको होनेवाली वेदना की तो कल्पना भी करना कठिन है।

ऐसे समय 'आपको आघात सहने की शक्ति ईश्वर से प्राप्त हो' ऐसा लिखा—कहा जाता है, किंतु उनके निधन के पश्चात् आपकी दर्शाई हुई धीर-गंभीरता के बारे में मा. भैयाजी से सुना और लगा कि 'मैं क्या प्रार्थना ईश्वर से करूँ?' इसी प्रकार कहा जाता है कि उनकी आत्मा को सद्गति प्राप्त हो, परंतु बालासाहब ने जिस प्रकार मूल्याधिष्ठित जीवन जिया, 'पतत्वेष कायो नमस्ते, नमस्ते' इस वृत्ति का अंगीकार किया, वह ध्यान में लें, तब तो लगता है कि ईश्वर के लिए तो उन्हें सद्गति देने के अतिरिक्त अन्य कोई मार्ग ही नहीं है।

फिर भी औपचारिकता पूर्ण करने की दृष्टि से मैं ईश्वर से वे दोनों प्रार्थनाएँ करता हूँ।

आपकी वेदना में सहभागी,

सुहास हिरेमठ

(अखिल भारतीय सेवा प्रमुख, राष्ट्रीय स्वयंसेवक संघ)

□

तत्वनिष्ठ राजनीतिज्ञ

—प्रो. अनिरुद्ध देशपांडे

आजादी के बाद भारतीय सामाजिक जीवन में छात्र-आंदोलन ने काफी जोर पकड़ा था। राष्ट्रीय पुनर्निर्माण के व्यापक लक्ष्य को ध्यान में रखते हुए एक सक्षम विद्यार्थी संगठन के रूप में 'अखिल भारतीय विद्यार्थी परिषद्' ने अपना विशेष स्थान बना लिया था। अर्धशतक काल से अधिक समय अपनी मूलभूत राष्ट्रवादी भूमिका का क्रमश: विकास करते हुए 'विद्यार्थी परिषद्' अपना मार्गक्रमण कर रही है। इसके पीछे एक मजबूत नेतृत्व की भूमिका महत्त्वपूर्ण है, जिसने विद्यार्थियों में वैचारिक प्रगल्भता और दूरगामी जिम्मेदारी की भावना पैदा करने का काम किया। वह नेतृत्व यानी जिसमें एक समर्थ कार्यकर्ता, मित्र और विचारक के गुण प्रचुर मात्रा में थे, वह यानी बालासाहब आपटे। 17 जुलाई को बालासाहब अनंत में विलीन हो गए। एक अल्प बीमारी का निमित्त और अतर्क्य कुठाराघात हम सब पर हुआ। यह वियोग इतनी जल्दी आएगा, ऐसा किसी को भी लगा नहीं था। पिछले 10-12 वर्षों के राजनीतिक जीवन में बालासाहब का कद काफी विशाल हो गया था, लेकिन फिर भी उनकी वास्तविक पहचान उनका विद्यार्थी आंदोलन में दिया गया योगदान था। 50 के दशक के उत्तरार्ध में और 60 के दशक के प्रारंभ में विद्यार्थी आंदोलन की शुरुआत हुई। इस आंदोलन की प्रथम पीढ़ी में बालासाहब थे। देश भर के हजारों कार्यकर्ताओं के साथ उनका स्नेहिल संबंध और अधिकारपूर्वक उनके द्वारा स्वीकारी गई नेतृत्व की जिम्मेदारी ही उनकी पहचान बनी। विद्यार्थी जीवन में मिला अनुभव ही उनकी वास्तविक पूँजी थी।

पिछले अनेक दिनों से आ रही खबरों के अनुसार बालासाहब आपटे संघ परिवार के 'थिंक टैंक' थे। माना जाता है कि 'थिंक टैंक' में एक स्वाभाविक अलिप्तता होती है, लेकिन बालासाहब इस कहावत का अपवाद थे। विद्यार्थियों की वैचारिक चर्चा में वे सदैव आगे रहते थे। इस प्रगल्भता का जो आज दर्शन हम कर रहे हैं, वह इसी बात का उदाहरण है। उनका कहना था कि आज का विद्यार्थी कल का भविष्य न होकर आज का नागरिक है, इसी विचारधारा से विद्यार्थी आंदोलन चलना चाहिए। विद्यार्थी सहभाग की व्यापकता उन्होंने विभिन्न पहलुओं से व्यक्त की थी। आज विद्यार्थियों को जिन समस्याओं, संकटों का सामना करना पड़ रहा है, जब इन बातों को बालासाहब देखते थे, बालासाहब द्वारा किए गए मार्गदर्शन की यादें ताजा हो जाती हैं। उनका सख्ती से मानना था कि राजनीति की डोरी से विद्यार्थी संगठन को कभी भी न बाँधा जाए। उसकी अपनी स्वतंत्र

पहचान होनी चाहिए। महाराष्ट्र में शुरू हुई 'विद्यार्थी परिषद्' को बालासाहब ने अपने परिश्रम से अखिल भारतीय का स्वरूप दिया, साथ ही उन्होंने एक जिम्मेदार संगठक की भूमिका की गरिमा का भी सफलतापूर्वक निर्वाह किया था। भले ही वे अनेक वर्ष अध्यक्ष के पद पर आसीन रहे, लेकिन उन्होंने अपनी संगठक की भूमिका की गरिमा सदैव बनाए रखी थी। 1975 से 1977 का आपातकाल उनके लिए एक सत्वपरीक्षा के समान था। इस दौरान चले आपातकाल विरोधी आंदोलन का उन्होंने सफलतापूर्वक नेतृत्व किया। इससे पूर्व हुए गुजरात-बिहार आंदोलन में भी उनकी भूमिका महत्त्वपूर्ण रही थी। आपातकाल विरोधी आंदोलन के दौरान जयप्रकाश नारायण ने नारा दिया था कि 'लड़ाई के बाद पढ़ाई', लेकिन बालासाहब ने इस नारे में संशोधन किया और नारा दिया, 'पढ़ाई के साथ लड़ाई'। इस नारे के साथ उन्होंने विद्यार्थियों को आपातकाल विरोधी आंदोलन में शरीक किया और राष्ट्रीय दायित्व की भावना भी विद्यार्थियों में निर्माण की। आपातकाल के समय उन्होंने मुंबई विश्वविद्यालय में सत्याग्रह किया। इसके बाद मीसा के तहत उन पर कारवाई कर उन्हें गिरफ्तार कर लिया गया। उन्हें 15 महीने नासिक की जेल में कैदकर रखा गया। इस समय उनके साथ जेब में सैकड़ों विद्यार्थी थे। यहाँ भी बालासाहब ने विद्यार्थियों का आगामी काल के लिए मार्गदर्शन करते हुए कहा कि अपना संघर्ष 'राष्ट्रवाद विरुद्ध सत्तावाद' का है। इसे उन्होंने नाम दिया 'Battle of Ideology'। इसी दौरान उन्होंने शिक्षा परिवर्तन की क्या दिशा होगी, इस संदर्भ में भी सहचिंतन किया। जेल में रहते हुए ही उन्होंने 'Educational Change' नामक किताब लिखी। 'विद्यार्थी परिषद्' में उनका वैचारिक योगदान काफी महत्त्वपूर्ण था। कार्यकर्ताओं की विचारधारा को मजबूत करने में उनका यह योगदान था। भले ही बालासाहब का मार्गदर्शन व नेतृत्व कठोर था, लेकिन वे अपने कार्यकर्ताओं के बीच स्नेही, मित्र व सहृद स्वभाव के लिए ही जाने जाते थे। यशवंतराव केलकर का साथ इसके लिए सतत प्रेरणादायी था। कार्यकर्ता का विकास ही बालासाहब का मुख्य उद्देश्य था। संगठन में अनुशासित कार्यपद्धति को वे प्राथमिकता देते थे। लिये गए निर्णय पर पूर्ण श्रद्धा के साथ अमल करना ही उनके स्वभाव की विशेषता थी। स्पष्टवादिता और समय आने पर कठोर रहना भले ही उनका स्वभाव हो, लेकिन कार्यकर्ताओं के प्रति स्नेह में कभी भी कमी नहीं आती थी। दो विरोधाभासी स्वभाव का अद्भुत मिश्रण बालासाहब में था। राजनीति में प्रवेश करने के बाद निष्ठावान राजनेता की भूमिका पर वे सदैव अडिग रहे थे। राजनीति में तत्त्वहीनता से वे सदैव व्यथित रहते थे, इस बात को हम मित्रों ने करीब से अनुभव किया था।

बालासाहब के व्यक्तित्व का एक और पहलू था, जो शायद सभी को ज्ञात नहीं था। मराठी साहित्य में उनका ज्ञान अपवादात्मक श्रेष्ठता थी, उसमें रसिकता तो थी ही, साथ ही विशेषक की भूमिका भी थी। मराठी काव्य के अगणित संदर्भ हमने उनसे सुने थे। पारिवारिक जीवन, रिश्तों के बारे में और नित्य संबंधों के बारे में वे काफी संवेदनशील थे। 'विद्यार्थी परिषद्' के साथ ही सामाजिक कार्यकलाप में संलग्न बालासाहब की पत्नी उर्मिला ताई की सामाजिक क्षेत्र की गतिविधियाँ भी काफी प्रेरणादायी हैं। 'भारतीय स्त्री शक्ति संगठन' के माध्यम से किए जानेवाले कार्य आज अखिल भारतीयता का रूप ले चुके हैं। उनकी कन्या जाह्नवी ने वैद्यकीय शिक्षा की उच्च डिग्री लेकर कुछ समय तक 'विद्यार्थी परिषद्' का भी काम सँभाला। बालासाहब का निधन अकालीन ही कहा जाएगा।

सिर्फ उम्र की दृष्टि से ही नहीं, वरन् जब हम सभी को उनकी नितांत आवश्यकता थी, तभी वे काल के परदे की आड़ में चले गए, जहाँ से कभी कोई लौटकर नहीं आता। वर्तमान में राजकीय क्षेत्र की क्या स्थिति है, वह हम सभी को ज्ञात ही है। उसमें एक आश्वासक परिवर्तन अपनी पार्टी के माध्यम से करने का उनका प्रयास था। हमने एक विचारक मित्र, कार्यकर्ता असमय खो दिया, इसका वियोग काफी गहरा है। जैसे-जैसे समय गुजरेगा, उनकी कमी हमें सदैव खलती रहेगी, लेकिन उनकी स्मृतियाँ ही हमें अच्छे समय की ओर ले जाने में मददगार, प्रेरणादायी होंगी।

(अखिल भारतीय संपर्क प्रमुख, राष्ट्रीय स्वयंसेवक संघ,
पूर्व प्रदेश अध्यक्ष अ.भा.वि.प., महाराष्ट्र)

□

व्यक्ति और विचार

—डॉ. विनय सहस्रबुद्धे

सामाजिक आंदोलन प्राय: विचारधारा के आधार पर और सिद्धांतों के लिए चलते हैं, यह सामान्यत: सच होने के बावजूद भी आंदोलन से जुड़े सारे ही प्रमुख कार्यकर्ता विचारक नहीं होते। हर किसी का व्यक्तित्व भी विचारशील नहीं होता और शायद यह स्वाभाविक भी है। मगर इस वास्तविकता को स्वीकारने के साथ-साथ हमें सामाजिक कार्यकर्ताओं के बीच व्याप्त एक विभाजन को भी स्वीकार करना पड़ता है। कई बार यह देखा गया है कि रास्ते पर उतरकर आंदोलन करनेवाले, जेल जानेवाले, लोगों को संगठित करनेवाले, व्यवस्था का दायित्व सँभालनेवाले, शारीरिक परिश्रम करनेवाले कार्यकर्ता और भाषण या मार्गदर्शन करनेवाले, प्रशिक्षक के रूप में प्रशिक्षण देनेवाले, लेखन-पठन और वैचारिक कार्य करनेवाले कार्यकर्ता ऐसे दो भिन्न समूह देखते-देखते उभरते हैं। कुछ मात्रा में यह विभाजन अपरिहार्य भी माना जाता है। शायद यही कारण है कि संगठनों के अंदर समूहों के बीच एक सुप्त, अव्यक्त फासला बन जाता है। इसी कारण जिन्हें 'सोचने का दायित्व' मिलता है या मिलने का बड़ा आभास हो जाता है, ऐसे कई लोग 'लोग इकट्ठा करना तो क्या, कोई भी कर पाएगा।' इस भाव से अपनी वैचारिक क्षमता के बूते अपनी कथित श्रेष्ठता को दर्शाते रहते हैं। दूसरे समूह के कार्यकर्ता जो 'ग्रास-रूट्स' से जुड़ा, जमीनी स्तर का संगठन गढ़ने का काम करते रहते हैं वे भी अजीब मानसिकता में रहते हैं। कभी वे अपने को शहीद बताते हुए सहानुभूति इकट्ठा करते हैं या कभी वैचारिक क्षमता की तुलना में अपना कार्य श्रेष्ठ है इस भाव से अहंकारयुक्त व्यवहार करते हैं। इस विभाजन को पूरी तरह से नकारते हुए, जो नेतृत्व दोनों समूहों के कार्यकर्ताओं को समान महत्त्व देता है, दोनों की परस्पर पूरकता को समझता है, वही संगठनशास्त्र की मूलभूत सोच को सशक्त करते हुए समन्वयशील नेतृत्व दे सकता है। बालासाहब आपटे, इसी तरह के विचारक-संगठकों में से एक थे।

अपने लगभग पचास से भी अधिक वर्षों के सार्वजनिक या सांगठनिक जीवन में आपटेजी ने कई पदों पर रहते हुए तरह-तरह के दायित्व निभाए। कई बार पद न होते हुए भी उन्होंने दायित्व निर्वहन किया। मुंबई उच्च न्यायालय में वकीलों के संगठन के अध्यक्ष पद पर वह रहे। पूने की शिक्षण प्रसारक मंडली के नियामक-मंडल पर भी वह सदस्य थे। साथ ही, मुंबई विश्वविद्यालय के सिनेट-सदस्य के नाते भी उन्होंने काफी काम किया। मगर यह सारे पद उनके पास आए हुए

प्रासंगिक दायित्व के हिस्से थे। वकालत भी उन्होंने की वह पूरी व्यवसायनिष्ठा के साथ। मगर अपनी प्रज्ञा का, बुद्धि के वैभव का प्रदर्शन करते हुए एक मशहूर विधिज्ञ होने के लिए अपनी पैदाइश नहीं है, यह वह जानते थे। यही एहसास उनके सांसदीय जीवनकाल में भी निरंतर उनकी भूमिका से झलकता रहा। अपने राष्ट्रीय तथा सामाजिक दायित्व बोध की और उसी के लिए स्वीकृत विचार-व्रत की, अपनी प्रतिबद्धता की उनकी वाहक थी 'अखिल भारतीय विद्यार्थी परिषद्'।

अ.भा.वि.प. यह एक छात्र-युवा संगठन होने के नाते अपनी आयु के 60 वर्ष पूरे होने के पश्चात् आपटेजी परिषद् कार्य से कुछ मात्रा में अलग होकर उन्होंने भले ही सांसद का दायित्व सँभाला होगा, मगर उनका सांसद बनना उनकी सामाजिक भूमिका का मात्र एक विस्तार या Extension था। सांसद के नाते जो भी राजनीतिक भूमिकाएँ उन्होंने निभाईं, उनमें भी उनका 'मिशन भाव' बरकरार रहा।

शायद यही कारण था कि अपने मिशन के लिए, स्वीकृत दायित्व के लिए बड़े सपने देखते समय उन्होंने कभी कृपणता नहीं दिखाई, मगर साथ-ही-साथ अपने पाँव हमेशा जमीन पर रहेंगे, यह भी सुनिश्चित किया।

आपटेजी अपनी तर्क कठोरता के लिए मशहूर थे। कई बार उनकी तार्किक सोच से निपजी सुस्पष्ट, मगर निर्विवाद प्रतिक्रिया से लोग डरते थे। मगर तर्क उनकी ताकत थी। यही कारण था कि आपटेजी ने दो भिन्न भूमिकाओं के संदर्भ में सोचते समय कभी चूक नहीं की। दायित्व का स्वामित्व उन्होंने लिया, फिर भी वह पजेसिव नहीं रहे। अ.भा.वि.प. की निर्णय-प्रक्रिया उनकी सहभागिता के बगैर आगे नहीं बढ़ती थी, मगर फिर भी उन्होंने सर्वाधिकारशाही का संसर्ग नहीं होने दिया। प्रचारक या पूर्ण समय कार्यकर्ता जैसी संस्था का विषय हो, या फिर गवर्नंस में विचारधारा की परछाईं का मामला हो, आपटेजी ने विचार और सिद्धांत की महानता को कभी कम नहीं आँका, मगर साथ ही उसका आडंबर न मचे इसकी भी चिंता की।

आपटेजी के विचार विश्व के तीन मुख्य हिस्से रहे हैं—पहला भाग है, अपने जीवन के प्रति उनका दृष्टिकोण और उसे अभिव्यक्त करनेवाली उनकी विचार-व्यवहार शैली। दूसरा भाग है, छात्र-युवाओं की सक्रियता के विषय में उनका मूलभूत चिंतन और उसी हेतु उनके द्वारा विकसित संगठन के कुछ सूत्र और तीसरा हिस्सा है अ.भा.वि.प., भा.ज.पा. तथा राज्यसभा में विभिन्न अवसरों पर उन्होंने रखे हुए विचार।

आपटेजी के जीवन से, जीने के विषय में उनकी धारणाओं से जो विचार-शैली उभरकर आती है, उसमें उनकी निर्भीकता, विचारों की सुस्पष्टता, दांभिकता के प्रति घृणा, धार्मिक कर्मकांडों के प्रति उनका अपारंपरिक दृष्टिकोण, विचारधारा की श्रेष्ठता के प्रति झलकता अमिट आत्मविश्वास और स्वीकृत सिद्धांतों के प्रति उनकी अव्यभिचारी निष्ठा इन बातों का समावेश है।

आपटेजी की स्पष्टवादिता के पीछे उनकी विचार-निष्ठा थी। स्वीकृत सिद्धांतों के प्रति उन्हें तनिक संदेह नहीं था, जिसके चलते वे विचार-समर्पित मार्ग अपना पाए। दंभ, झूठलापन, वास्तविकता को छिपाने की प्रवृत्ति या फिर कथनी-करनी में दिखाई देनेवाले फासले सहना उनके लिए असंभव था। जिन सिद्धांतों पर उनकी श्रद्धा थी, उन्हीं सिद्धांतों से बँधे हुए अपने साथियों ने उसी श्रद्धा से

काम करना चाहिए, यह उनकी अपेक्षा रहती थी। कई बार इस अपेक्षा के चलते कुछ एक निर्ममता, कठोरता भी उनके व्यवहार में झलकती थी।

बावजूद इसके, विशेषत: प्रचारक, पूर्ण समय कार्यकर्ता इत्यादि के साथ उनका रिश्ता हमेशा अभिभावक का ही रहा, जिन्हें उनका निकट सहवास मिला, उन्हें उनके स्वभाव के अंदर गहराई में छिपी मृदुता, स्नेहिलपन, अपनत्व और निरपेक्ष प्रेम का एहसास होता रहा। जिन घरों में पति और पत्नी दोनों कार्यकर्ता हैं, उनके प्रति उन्हें अपार सम्मान-भाव था। कोई प्रचारक-कार्यकर्ता अगर बीमार पड़ता था, तो आपटेजी बहुत चिंतित होते थे और उनका घर उसका, अपने हक का शुश्रुषागृह बन जाता था। अपने जीवन में हम कभी पूर्ण समय कार्यकर्ता नहीं बन पाए, इसका दु:ख वे हमेशा व्यक्त करते रहे, मगर उनकी विवेक-बुद्धि इतनी प्रगल्भ थी, कि इस अपराधभाव की शिकार होते हुए, उन्होंने पूर्ण समय कार्यकर्ता को उसकी गलतियाँ, भ्राँतियाँ या उसकी अपरिपक्वता के प्रति सचेत करने के विषय में कभी संकोचभाव नहीं रखा। भावना और विचारों की मिलावट से वह हमेशा बचते रहे।

उनकी विचार-शैली की और एक्र विशेषता थी, उनकी स्वागतशील प्रवृत्ति। नवाचारों के प्रति वह हमेशा उत्सुक दिखाई दिए। वह स्वयं प्रतिभा-पुरुष थे और औरों की प्रतिभा के प्रति उनके मन में हमेशा सम्मान-भाव था। वह खुद अध्ययनशील थे और अकादमिक शोध में व्यग्र रहनेवालों के प्रति उन्हें आदर था। अंत तक वह 'रामभाऊ म्हालगी प्रबोधिनी' के उपाध्यक्ष रहे और प्रबोधिनी की कार्यचर्चा में प्रशिक्षण और प्रबोधन के साथ 'संशोधन' (शोध कार्य) के समावेश का उनका आग्रह प्रबोधिनी के संस्थात्मक इतिहास में उनका महत्त्वपूर्ण योगदान रहा।

आपटेजी 'सादगी' को भी एक जीवन-मूल्य मानते रहे। अगर वह तय करते तो किसी उपनगर में विशाल और आलीशान सद्‌निष्ठा में रहना उन्हें कठिन नहीं था, मगर संपूर्ण जीवन भर बड़े मन से छोटे घर में ही रहना उन्होंने पसंद किया, मगर अपने व्यक्तिगत व्यवहार में कम खर्चीली जीवन शैली अपनानेवाले आपटेजी सहकर्मी कार्यकर्ताओं के लिए, उनका खान-पान, उनकी सुविधा, उनका सुख इसके लिए हमेशा उदारता से धन का उपयोग करते रहे। उनका निजी वाहन हो, उनके अपने कार्यालय की व्यवस्था हो या फिर अपनी इकलौती बेटी की शादी हो, सादगी का स्वर उनके व्यवहार में हमेशा गूँजता रहा।

आधुनिकता को फैशन माननेवालों के दबाव में आकर सभी परंपरागत कर्मकांडों को त्यागने की, धिक्कारने की आसान राह उन्होंने कभी अपनाई नहीं। कर्मकांडों के पीछे, जो प्रतीकात्मकता होती है, तर्क ही उसकी आधारशिला होती है, यह उनकी पक्की धारणा थी। उल्लेखनीय है कि राजगुरु नगर जैसे गाँव में रहते हुए भी स्त्री-पुरुष समानता जैसे विषय में उनकी सोच आधुनिक थी।

अ.भा.वि.प. में संगठनात्मक कार्य के कुछ सैद्धांतिक सूत्र अपनाते समय आपटेजी ने अनामिकता, पारस्परिकता और सामूहिकता पर बल दिया। इसी अनामिकता के चलते अ.भा.वि.प. की मूलभूत सैद्धांतिक भूमिका को हमेशा ही अपौरुषेय माना गया, मगर फिर भी 'विद्यार्थी : आज का नागरिक' इस प्रारंभिक सूत्र के साथ जिस सैद्धांतिक भूमिका का विकास हुआ, उसके निर्माता

मुख्यत: बाल आपटे थे। 1960 के दशक में विश्व भर में छात्रों की सक्रियता बढ़ी थी। छात्र असंतोष चरम-सीमा पर था। ऐसी स्थिति में छात्र-युवा की व्यापक सक्रियता का सिद्धांतीकरण करने का कार्य बाल आपटेजी ने अपनी समूची बौद्धिक-क्षमता के साथ किया। छात्र ही परिवर्तन का अग्रदूत बन सकता है। इस भूमिका को उन्होंने वैचारिक, तार्किक आधार के साथ रखा। उनका यह प्रतिपादन अ.भा.वि.प. के वैचारिक मार्केटिंग के लिए नहीं था, वह उनकी प्रतिबद्धता थी। 90 के दशक के बाद छात्र की आंदोलनपरता का ज्वार उतर गया था। यह परिवर्तन लोकतांत्रिक व्यवस्था की मजबूती के कारण हो पाया, क्योंकि बैलट बॉक्स के जरिए सत्ता में परिवर्तन जब साध्य हुआ, तब आंदोलनों की आवश्यकता नहीं रही, यह तर्क उन्होंने खुले मन से स्वीकारा।

अ.भा.वि.प. के कई कार्यकर्ता काल के प्रवाह में विश्वविद्यालयों में अधिकार पदों पर बैठे और सत्तासीन हो गए। ऐसी स्थिति में सत्ता-पदों पर बैठते हुए शासन-प्रशासन करनेवाले कार्यकर्ता और रास्तों पर उतरते हुए आंदोलन करनेवाले कार्यकर्ता इनमें कई बार मतभेद और कुछ संघर्ष निर्माण होना स्वाभाविक था। इन प्रसंगों में आपटेजी की भूमिका संतुलन और समन्वय पर आधारित रहती थी। किसी एक की भूमिका के निर्वहन के लिए दूसरे ने अपनी भूमिका की आवश्यकता से समझौता करना जरूरी नहीं, मगर फिर भी एक-दूसरे की नियत पर हम शक न करें, यही उनका दृष्टिकोण रहता था।

अपने व्यावसायिक जीवन में आपटेजी हमेशा व्यवसायनिष्ठा के आधार पर व्यवहार करते थे। व्यक्तिगत जीवन हेतु संसाधन खड़े करने के लिए मैं वकालत करता हूँ और यह काम पूरी निष्ठा और गंभीरता से करता हूँ, यह उनकी भूमिका थी। वकील के नाते किसी ने उनको Taken for Granted करना उन्हें सर्वथा नामंजूर था।

आपटेजी की पिंड प्रकृति किसी संगठक की नहीं थी, यह कहना अतिशयोक्ति नहीं होगी, मगर संगठनशास्त्र की उनकी अंतर्दृष्टि इतनी गहन थी कि व्यक्तियों को जुटाने के लिए अपने विचार-व्यवहार में परिवर्तन करना अनिवार्य है, यह उन्होंने खुद को ही समझाया था। कार्यकर्ता के क्षेम कुशल की पूछताछ उनके द्वारा स्वाभाविकता से और नियमित होती रही। मराठवाड़ा में महाविद्यालय के प्राचार्य पद पर कार्यरत डॉ. सर्जेराव ठोंबरे की प्रयोगशीलता, बिहार में तत्कालीन वित्तमंत्री सुशील कुमार मोदीजी की वित्तमंत्री के नाते सफलता, अहमदनगर में स्नेहालय प्रकल्प चलानेवाले डॉ. गिरीश कुलकर्णी का सेवाभाव इत्यादि समेत कई कार्यकर्ताओं के कर्तृत्व का उन्हें अभिमान होता था। कई नेताओं और कार्यकर्ताओं के विचारों और व्यवहारों से वह अप्रसन्न होते थे, मगर लगातार किसी की आलोचना करते रहना उन्हें नापसंद था। गलत आदतों के शिकार हुए कार्यकर्ता हो, या फिर नैतिक अध:पतन के कारण फिसलन के रास्ते चले सहकर्मी, आपटेजी ने व्यक्ति की मनुष्य के नाते आनेवाली मर्यादाओं की अनदेखी की और गुणों को निरंतर प्रोत्साहन दिया।

आपटेजी को नवीनता का आकर्षण था, मगर केवल फैशन के कारण कोई प्रसिद्धि लोलुप बनते हुए कुछ करे, यह उन्हें स्वीकार्य नहीं था। छद्म-सेक्युलरवाद, समाजवाद, पाश्चात्यीकरण का मोह इससे उन्हें तीव्र घृणा थी।

उनकी विचार-शैली में सर्वंकषता थी, व्यापकता थी और छोटी-छोटी चीजों का खयाल

रखने की गंभीरता भी। छात्र-आंदोलन उत्स्फूर्तता के आधार पर खड़े होते हैं, यह सच होते हुए भी हर किसी आंदोलन के लिए चेहरा जरूरी होता है, यह उनकी धारणा थी। साथ ही, आंदोलन के प्रारंभकाल में ही उसे कब और कैसे वापस लिया जा सकता है यह सोचने की आवश्यकता पर भी वह निरंतर बल देते रहे। सैद्धांतिक भूमिका का एक सूत्र रखते समय अतिरेक न हो, इसके प्रति वे सजग रहते थे। अ.भा.वि.प. ट्रेड यूनियन जैसी एकांतिक संगठन नहीं है, मगर इसका मतलब केवल मात्र शैक्षिक परिवार की संकल्पना के चलते उसे कोई शैक्षिक परिवार का सामूहिक संगठन न माने यह भी बताने का संकोच उन्होंने कभी नहीं किया।

वैसे देखा जाए, तो सर्वंकषता उनके चिंतन का हमेशा केंद्र-बिंदु बना रहा। बिना अनुदान शिक्षा-संस्थाओं के विषय में शिक्षा का बाजार न बनने देने की चिंता और शिक्षा में निजी निवेश की आवश्यकता इन दोनों का सही एहसास उन्हें था। विकास हेतु बड़े और रोजगार-निर्मितीक्षम प्रकल्पों की आवश्यकता और दूसरी ओर पर्यावरण रक्षा की चिंता, राजनीति में व्यवहारवाद का दबदबा और साथ ही मूल्य-निष्ठा के प्रति आग्रह इन बाह्यत: परस्पर विरोधी मुद्दों को उन्होंने हमेशा समन्वय और संतुलन के संदर्भ में ही देखा।

एक बार एक अभ्यासवर्ग में किसी कार्यकर्ता ने इसी विषय को लेकर आपटेजी को एक प्रश्न किया—

''विषय पर्यावरण का हो या फिर आतंकवाद का, अतिरेकी या Extreme भूमिका लेनेवाले ही हमेशा सफल होते दिखते हैं। ऐसी स्थिति में 'समन्वय' का, मध्य-मार्ग का रास्ता कैसे सफल हो पाएगा?'' इस पर आपटेजी ने उत्तर दिया ''हम समन्वयवादी हैं, इसलिए!''

हिंदू-हित के प्रति प्रखर आग्रही होने के बावजूद आपटेजी ने अन्य विचारधाराओं को समझ लेने की मानसिकता को हमेशा सँजोया। उनके घर के दीवानखाने में ऑर्गनाइजर और विवेक के साथ-साथ 'प्रेरक ललकारी' या इकनॉमिक एंड पोलिटिकल वीकली जैसी पत्रिकाएँ साथ-साथ दिखती थीं। वेद, पुराणों के ग्रंथ जैसे उनके अपने निजी ग्रंथालय का हिस्सा थे वैसे ही विल ड्यूरंट, बर्ट्रांड रसेल, कुसुमाग्रज, श्री.पु.भागवत और बर्नार्ड शॉ जैसे साहित्यकारों के ग्रंथ भी। अपने जीवन के अंतिम चरण में विचारधारा को व्यापक जनसमर्थन प्राप्त हो रहा है, इस बात से वह जितने प्रसन्न रहा करते थे, उतने ही संगठनों के भीतर सत्त्वांश कम हो रहा है, इसकी चिंता भी उन्हें खलती थी।

वर्ष 2000 से अपने जीवनांत तक 12 साल आपटेजी ने भारतीय जनता पार्टी में विभिन्न दायित्व निभाए। कई साल वह पार्टी के उपाध्यक्ष थे। पार्टी की चिंतन बैठकों में विचार-विमर्श को एक दिशा देने का काम भी उन्होंने प्रभावी ढंग से किया। इन 12 वर्षों में पार्टी द्वारा सत्ता एवं संगठन का संचालन, पार्टी की अपनी निर्णय-प्रक्रिया को निर्दोष बनाने के प्रयास, रा.स्व. संघ और संघ-प्रेरित संगठनों के संबंधों का विकास, संगठन का प्रबंधन, पूर्ण समय कार्यकर्ताओं की चिंता, प्रशिक्षण इत्यादि कई विभाग आपटेजी ने सँभाले। इन सभी दायित्वों को निभाते समय उन्होंने पार्टी की विचारधारा तथा आदर्शवाद पार्टी की कार्य-पद्धति और पार्टी के गवर्नंस में झलकने की आवश्यकता पर अत्यधिक बल दिया। पार्टी के विभिन्न विभाग तथा प्रदेशों के, मोर्चों के प्रभारी इत्यादि की

भूमिकाओं के विषय में उन्होंने जो प्रारूप तैयार किए थे, वह दशकों तक पथ-प्रदर्शक रहेंगे। 2004 में पार्टी की चुनावी हार के पश्चात् 'आगामी कार्य' या 'टास्क्स अहेड' शीर्षक से जो दस्तावेज बना था, उसमें आपटेजी का महत्त्वपूर्ण योगदान था। यह दस्तावेज पार्टी संगठन के संचालन का दूरदर्शी आलेख है। दस्तावेज में कही बातें। अगर अमल में आती थीं, तो भा.ज.पा. की आज की तस्वीर कुछ अलग दिखती थी।

इसी दरमियान राज्यसभा सदस्य के नाते उन्होंने संसद् में जिन विषयों पर मत-प्रदर्शन किया, भाषण किए उसके कुछ बिंदु विशेष उल्लेख करने लायक हैं। 2002 में वाजपेयी सरकार ने सूचना-स्वातंत्र्य बिल लाया था (जो आगे चलकर सूचना अधिकार बन गया) उस पर टिप्पणी करते समय आपटेजी ने प्रशासन के अंदर खुलेपन का पुरजोर पुरस्कार किया और अनावश्यक गोपनीयता के कारण भ्रष्टाचार को मिलनेवाले प्रोत्साहन पर भी कटाक्ष किया। आर्थिक सुधारों की वकालत में उन्होंने कभी भी कोताही नहीं बरती, मगर राजनीतिक, जनतांत्रिक और न्यायिक सुधार नहीं होने पर आर्थिक सुधारों के प्रभाव पर मर्यादा आएगी, यह भी उन्होंने स्पष्टता से कहा। रेल विभाग का स्वतंत्र बजट उपनिवेशवादी प्रवृत्ति का प्रतीक है, यह कहकर उन्होंने उसका विरोध किया। साथ ही, बगैर कोई विवेक, आते-जाते व्हिप निकालना सांसदों-विधायकों की बौद्धिक-क्षमता का अपमान है, यह भी उनकी धारणा थी। ग्रामीण रोजगार गारंटी के विषय में निर्दोष क्रियान्वयन के बगैर परिणाम नहीं मिलेगा, यह उनका निःसंदेह मत था।

जब आपटेजी के विचार विश्व को हम समग्रता से देखते हैं, तब यह ध्यान में आता है कि कार्यकर्ता का एक मनुष्य के नाते विचार करना उनकी संगठन-सोच की नींव में था। तर्क शुद्ध विचार और रसिकता, कर्तव्य और भावना, विचार और व्यवहार, मन और मस्तिष्क, आग्रह और लचीलापन इन बाह्यतः परस्पर विरोधी बातों के बीच का द्वैत मिटाने का विषय उनके विचारों के केंद्र में था। इसी विशेषता के साथ राजगुरु नगर जैसी ग्रामीण पृष्ठभूमि में पला-बढ़ा एक प्रज्ञावान युवक 'वयस्क' बनी अ.भा.वि.प. का समर्थ नेतृत्व कर पाया। आगे चलकर भारतीय राजनीति के केंद्र में पहुँची भा.ज.पा. की अपनी वैचारिक और कार्य-पद्धति की विशिष्टता के आधार पर अपनी पहचान बरकरार रखने में उल्लेखनीय योगदान दिया। यही कारण है कि आपटेजी का जीवन और कार्य ऐतिहासिक महत्त्व का हो जाता है।

(सांसद, राज्यसभा; अखिल भारतीय उपाध्यक्ष, भाजपा;
महासंचालक, रामभाऊ म्हालगी प्रबोधिनी; पूर्व राष्ट्रीय मंत्री, अ.भा.वि.प.)

□

युवाओं के मार्गदर्शक

—प्रो. ओम प्रकाश कोहली

मंगलवार 17 जुलाई, 2012 की शाम को देश भर के विद्यार्थी परिषद्, राष्ट्रीय स्वयंसेवक संघ और भाजपा के कार्यकर्ता श्री बाल आपटे के दिवंगत होने का समाचार सुनकर दुःख में डूब गए। महाराष्ट्र के पुणे जिले में 18 जनवरी, 1939 को जन्मे श्री आपटे मूलतः संघ के स्वयंसेवक थे और उनके सार्वजनिक कार्यकलाप के प्रमुखतया दो क्षेत्र थे—'विद्यार्थी परिषद्' और 'भारतीय जनता पार्टी'। 'विद्यार्थी परिषद्' के तीन स्तंभों—श्री यशवंतराव केलकर, श्री मदनदास देवी और श्री बाल आपटे में से वे एक थे। श्री यशवंतराव केलकर के निधन से 'अखिल भारतीय विद्यार्थी परिषद्' को जो अपूरणीय क्षति पहुँची थी, उसे भरने और संगठन को सँभालने की जिम्मेदारी मुख्यतः श्री मदनदास देवी और श्री आपटे के कंधों पर आ पड़ी थी। आपटेजी लगभग चार दशक तक एकाग्र भाव से 'विद्यार्थी परिषद्' के काम में लगे रहे। राजनीतिक क्षेत्र में आने पर भी विद्यार्थी परिषद् के मार्गदर्शक की उनकी भूमिका बनी रही। अब इन तीन स्तंभों में दूसरा स्तंभ भी नहीं रहा। श्री आपटे ने मुंबई विश्वविद्यालय से एम.ए. और एल.एल.एम. की उच्च शिक्षा प्राप्त की और वकालत का व्यवसाय चुना। वकालत के व्यवसाय में उन्होंने ऊँची प्रतिष्ठा अर्जित की। 1996-98 में वे महाराष्ट्र राज्य के एडीशनल एडवोकेट जनरल बने। उन्होंने मुंबई के न्यू लॉ कॉलेज में और मुंबई विश्वविद्यालय में लगभग दो दशक से कुछ अधिक वर्षों तक कानून का शिक्षण दिया। वह मुंबई हाईकोर्ट के सीनियर एडवोकेट नामजद किए गए।

श्री आपटे पेशे से भले ही वकील रहे हों, प्रकृति से वे शिक्षक थे। अध्ययन में उनकी प्रगाढ़ रुचि थी। वे मुंबई विश्वविद्यालय की सीनेट के भी सदस्य रहे। 'विद्यार्थी परिषद्' के कार्यकर्ता और आगे चलकर उसके राष्ट्रीय अध्यक्ष और मार्गदर्शक के रूप में उन्होंने असंख्य छात्र-छात्राओं और युवाओं के जीवन को सँवारने, ढालने और दिशा देने का काम किया। 'विद्यार्थी परिषद्' के असंख्य कार्यकर्ताओं के हृदयों को श्री आपटे के आत्मीयतापूर्ण व्यवहार ने स्पंदित और पुलकित किया। 'विद्यार्थी परिषद्' के सिद्धांतों और आदर्शों को आपटेजी ने अपने आचरण और व्यवहार से कार्यकर्ताओं को समझाया, कोरी बौद्धिक चर्चा से नहीं। 'विद्यार्थी परिषद्' की राष्ट्रीय टीम की बैठकों में, कार्यकारिणी और अधिवेशनों में दिए गए उनके भाषणों में शिक्षा जगत् और छात्र तथा

युवा वर्ग की समस्याओं और चुनौतियों के बारे में उनकी वैचारिक स्पष्टता और गहराई झलकती रही है। कार्यकर्ताओं से अनौपचारिक बातचीत में उन्हें विशेष आनंद मिलता था। कार्यकर्ताओं के निजी जीवन की वह बराबर चिंता करते थे और एक जिम्मेदार अभिभावक के रूप में उनकी व्यक्तिगत कठिनाइयों और परेशानियों को दूर करने के प्रति सजग और तत्पर रहते थे।

राष्ट्र निर्माण में छात्रों की (युवाओं की) भूमिका को वे देश-विदेश के छात्र-युवा आंदोलनों के उदाहरण देकर समझाया करते थे। 'छात्र केवल कल का नागरिक ही नहीं', आज का नागरिक भी है, आपटेजी ने युवा पीढ़ी में यह दायित्व बोध जगाने का निरंतर प्रयत्न किया है। राष्ट्रीय पुनर्निर्माण में छात्रों की भूमिका को उन्होंने न केवल वैचारिक धरातल पर समझाने का प्रयत्न किया, बल्कि कर्म, आचरण और व्यवहार के धरातल पर उन्हें पुनर्निर्माण के बहुविध कार्यकलापों में प्रवृत्त किया।

1975 में आपातकाल के दौरान उन्होंने लोकतंत्र की पुनः प्रतिष्ठा के प्रयासों में महत्त्वपूर्ण योगदान दिया और 'विद्यार्थी परिषद्' कार्यकर्ताओं को श्री जयप्रकाश नारायण के नेतृत्व में चल रहे आंदोलन में अपनी प्रभावी भूमिका निभाने की दिशा में प्रवृत्त किया। वे स्वयं भी मीसा में दिसंबर, 1975 से फरवरी, 1977 तक बंदी रहे।

विगत् 12-14 वर्षों से आपटेजी प्रत्यक्ष राजनीति के क्षेत्र में सक्रिय हुए। भारतीय जनता पार्टी में उन्होंने महत्त्वपूर्ण जिम्मेदारियाँ सँभाली। वे 2000 से 2012 तक राज्यसभा के सदस्य रहे, भाजपा के राष्ट्रीय उपाध्यक्ष रहे, कोर ग्रुप के सदस्य रहे और संसदीय बोर्ड के सदस्य भी रहे। भाजपा में उनकी भूमिका संगठन कार्यों में अधिक रहती थी। स्वयं के अनुशासित जीवन के समान ही वे भाजपा संगठन में भी अनुशासन के सुदृढीकरण की उपाय-योजनाओं पर विचार करते रहते थे। कार्यकर्ताओं का प्रशिक्षण उनकी सहज रुचि का विषय रहा है। प्रबोधन और प्रशिक्षण उनकी प्रकृति में ही था। भाजपा में प्रशिक्षण की प्रवृत्ति को मजबूत बनाने में उन्होंने उल्लेखनीय योगदान दिया है। संसद् के भीतर और संसदीय समितियों में उन्होंने प्रस्तुत विषयों पर गंभीर विचार व्यक्त किए और मूल्यवान् सुझाव दिए। वे जितने अनुशासन प्रिय थे, उतने ही अभिव्यक्ति की स्वतंत्रता के पक्षधर भी। आज भाजपा में संगठन, विधानसभा, संसद्, सभी स्तरों पर विद्यार्थी परिषद् के अनेक पूर्व कार्यकर्ता महत्त्वपूर्ण दायित्वों पर कार्यरत हैं। इन्हें इन दायित्वों के योग्य बनने में जिस प्रशिक्षण प्रक्रिया से गुजरना पड़ा है, उस प्रशिक्षण प्रक्रिया को स्वरूप और आकार देनेवालों में श्री आपटेजी को बराबर याद किया जाता रहेगा। हम उनकी स्मृति को नमन करते हैं।

(माननीय राज्यपाल, गुजरात, पूर्व राष्ट्रीय अध्यक्ष, अ.भा.वि.प.)

□

The man who built a generation Vivekananda aspired for...

—Tarun Vijay

Bal Apte's life was his message. In the late 'sixties, the chief examiner for Mumbai University's final year law exam had a young friend appearing for it. The student and the professor knew each other well. Yet, neither did the examiner ask him for the number, nor did the student give a hint about it. After the exams were ove, both met and had a hearty laugh, saying everything without uttering a single word.

The examiner was Bal Apte, who would help build the largest student force in India that gained world fame, and the student was Madan Das, who went on to become a Rashtriya Swayamsevak Sangh Stalwart.

This is how the ideologue worked, incessantly building the character of youth by his own example and powering organizations dedicated to the nationalist school of throught.

Bal Apte, a brilliant supreme Court lawyer lived the life of an ascetic devoting all his time and resources for the organization. He was the person Dr. Hedgewar; founder of the RSS, would need to create a formidable, highly motivated force of workers with unflinching faith in the ideology.

Ideology gives you strength to face challenges and mitigate the fear of hurdles, he would say. A tough, hard taskmaster, he had the heart of a mother. Known and often feared as an unyielding disciplinarian, he was guardian angel to thousands of 'Akhil Bharatiya Vidyarthi Parishad' workers who regarded him as a friend, philosopher and guide.

When the Left and Congress-run bodies ruled the campuses and saffron was invisible from the areas dominated by fashionable elements mocking at the patriotic shades of activism, Yashwant Rao Kelkar envisioned a student force that would speak and work for India, which was later taken over by Bal Apte as its president. Soon the ABVP spread its wings all over India, challenging ideological apponents and having its members often murdered by Left extremists in Kerala. Andhra Pradesh and elsewhere.

But the power of ideology engined its march ahead and it became an organization that devoted itself not only to nurture academic excellence through conducting book-bank, students vacation employment bureau, first class first felicitation functions, inter-collegiate and inter-university music competitions, painting competitions, literary competitions, student-writers meets, sports meets, social participation camps, personality development camps, technical, medical, management, agri students workshops, technical exhibitions, Indo-foreign students bureau, study circles and art circles, Students' experience in Inter-State Living, My home is India, students for development etc. but also created hugely successful movements opposing Bangladeshi infiltration, Kashmir's secessionists, Maoist violence and de-Indianisation of the education system.

Bal Apte was responsible for creating an atmosphere of creativity and a strong allegiance to organisational ideology, putting up the ideals of Swami Vivekananda. One of the finest projects of the ABVP, MY Home is India, invites students from the north-east to live with families in Mumbai and elsewhere for enriching them with an affectionate and caring India experience. At least two chief ministers of Arunachal Pradesh have grown up with this experience.

Later, in 1985, the ABVP launched the World Organisation of Students and Youth. It is the first international youth body with India as headquarters. The organisation works to bring together students and youth from various countries to promote peace and welfare of humanity.

Apte also served as additional advocate general for the state of Maharashtra from 1996 to 1998. As hon. professor, he taught law at the University of Bombay for 12 years. He wrote many celebrated books, but the one analysing the Supreme Court Verdict on Hindutva became more famous.

His life was his message. For 38 years, the best part of his youth, he worked to build the ABVP as a formidable students force. His wife, Nirmala works with Stree Shakti, a project for awakening on women's issues, and his only daughter, Dr. Jahanavi, worked as full time worker for the ABVP. One of his closest associates, Prof. Raj Kumar Bhatia, describes him as a sage-politician who would never compromise on principles.

He was my guide and conscience-keeper as president of Dr. Syama Prasad Mookerjee Research foundation. For the first time, through this foundation, several rare works of Dr. Mookerjee were researched and published and a research project initiated to collect his parliamentary speeches. When we proposed to hold the martyrdom day of Dr. Mookerjee in Srinagar, another first, almost everyone discouraged us. They said, 'Have a programme in the name of any other person, but not Dr. Syama Prasad Mookerjee, that too under a government led by the grandson of Sheikh Abdullah.' And history tells us too, that never before was any programme dedicated to Dr. Mookerjee held there. Bal Apte heard us and decided, 'We will have it there only.' And it was a roaring success.

Such was his strength of conviction that after his moving, inspiring speech, the entire audience, numbering approximately 400, and almost everyone a Kashmiri Muslim, stood up and sang the national anthem.

He could have easily got a third term in the Rajya Sabha, but he refused saying, 'I will use my experience in other fields as the RSS decides.' The day his Rajya Sabha terms expired, he packed up and left for Mumbai, after vacating his house.

There were several instances when he was approached by 'pragmatic' persons wanting his Members of Parliament Local Area Development fund for 'mutually beneficial' schemes, assuring a certain percentage from the funds to him. Such people had to face his wrath in such a way they would never dare to approach him again.

He was not happy with the present political scenario and often felt disgusted and, above all, compromises on core issues saddened him. And he often spoke strongly on such degradation, becoming a human mirror to all. His commitment to ideology was complete and he would never allow the slightest deviation from the basic approach towards various national and international issues.

There are people who are known for their wealth and others for their academic achievements. But Bal Apte was a man who would be known by the workers he created for the organisation. Seeing the commitment and the excellent track record of the organisational cadrea lone, one can value the contribution of the publicity-shy Balasaheb.

(Member, Rajya Sabha)

□

समर्पित जीवन

—अरुण करमरकर

ज्येष्ठ अधिवक्ता, प्रगाढ़ विद्वत्ता के धनी, तत्त्वनिष्ठ राजनैतिक एवं सामाजिक कार्यकर्ता तथा हम सब अ.भा.वि.प. कार्यकर्ताओं के सखा, मार्गदर्शक, बाळासाहब आपटेजी का देहांत हुआ··· ! अत्यंत सात्विक तथा शुद्ध वर्तनशैली का चरितार्थ करनेवाले आपटेजी के लिए 'सत्तर' यह कोई जीवनांत की उम्र नहीं हो सकती, किंतु नियति की योजना का आकलन हम सबकी बुद्धि से परे होता है। 17 जुलाई, 2012 के दिन उन्होंने अंतिम साँस ली। उसके कुछ ही दिन पहले उनकी बीमारी ने गंभीर स्थिति धारण की थी। फिर भी इतनी जल्दी हम सबसे विदा होंगे, ऐसी कल्पना किसी ने नहीं की थी। स्वाभाविक ही था कि उनकी मृत्यु का समाचार समूचे देश में फैले कार्यकर्ताओं के लिए एक अकल्पित आघात सिद्ध हुआ।

मुझे याद आता है जुलाई 1975 में मुंबई में हुआ अ.भा.वि.प. का अभ्यास वर्ग। पूरे देश में 'संपूर्ण क्रांति' का नारा गूँज रहा था। उसी स्थिति में इलाहाबाद उच्च न्यायालय का वह ऐतिहासिक फैसला आया, जिससे तत्कालीन प्रधानमंत्री श्रीमती इंदिरा गांधी का चुनाव अवैध घोषित कर दिया गया। इस घटना से राजनैतिक क्षेत्र में स्थित आँधी और तेज हो गई। ऐसे प्रक्षोभ से भरे वातावरण में वह अभ्यासवर्ग हो रहा था और उसमें बालासाहब 'वर्तमान स्थिति और चुनौतियाँ' विषय पर भाषण कर रहे थे। पंद्रह ही दिन हुए थे कि देश में आपात्काल की घोषणा हुई थी, लोगों के लोकतांत्रिक अधिकारों पर मर्यादाएँ लादी गई थीं और विभिन्न विचार, संगठन एवं राजनीतिक दलों के नेता अनिश्चित काल तक, बिना किसी आरोपों के, राजबंदी बनाए गए थे। कुल परिस्थिति के बारे में हम सभी स्तंभित और संभ्रमित थे और स्थिति का ठीक विश्लेषण बाळासाहब द्वारा होनेवाले भाषण से जानने के लिए उत्सुक थे। वर्तमान स्थिति का तथा उसकी पृष्ठभूमि ने निर्माण की हुई चुनौतियों का विशुद्ध तर्कनिष्ठ और स्पष्ट विश्लेषण आपटेजी की विशेषता थी। उसी विशेषता के साथ उन्होंने अपनी अत्यंत प्रभावी वाणी में आपात्कालीन स्थिति का वर्णन किया। उन्होंने कहा, ''यह एक लंबी वैचारिक लड़ाई है (A Long ideological battle...) आपातस्थिति तो उस वैचारिक संघर्ष की शुरुआत मात्र है। इस संघर्ष में धैर्य की परीक्षा होगी (It is a war of nerves...), जीतेगा वही, जिसका धैर्य दीर्घकाल तक अटूट रहेगा··· ।'' अगले डेढ़-दो सालों में आपटेजी के इस इशारे का यथार्थ हर कदम पर प्रतीत होने लगा। शासकीय दमन नीति दिन-प्रतिदिन अधिक

उग्र होने लगी। लोकतांत्रिक प्रवृत्ति एवं शक्तियों का गला घोंटा गया। पूरा देश मानो एक भयव्याकुल कारागृह के रूप में बदल गया। आपटेजी की बुद्धिमत्ता और वैचारिक विश्लेषण के सामर्थ्य का वह मेरे लिए पहला दर्शन था। उस दिन से आगे लगभग 25-30 साल उनके बुद्धि वैभव का विस्मित करनेवाला दर्शन सतत होता रहा।

भारतीय जनता पार्टी के राष्ट्रीय उपाध्यक्ष, बारह वर्षों तक राज्यसभा के सदस्य, यह उनकी पिछले कुछ सालों में बनी हुई पहचान थी, परंतु अ.भा. 'विद्यार्थी परिषद्' के माध्यम से उन्होंने छात्र-आंदोलन तथा शिक्षा जगत् के क्षेत्र में दिया हुआ महत्त्वपूर्ण योगदान। यही था उनके चरित्र का सबसे महत्त्वपूर्ण पहलू। 1964-65 से सन् 2000 तक, लगभग 35 वर्षों तक आपटेजी अ.भा.वि.प. का समर्थ नेतृत्व करते रहे। अ.भा.वि.प. के सैद्धांतिक, संगठनात्मक विकास में उनकी अहम् भूमिका थी। 'छात्रशक्ति-राष्ट्रशक्ति' इस घोषणा को यथार्थ में साकार करनेवाला विशुद्ध छात्र-संगठन (Genuine Student Organisation)। इस रूप में 'विद्यार्थी परिषद्' विकसित हुई है। इस विकास की प्रक्रिया में जिन महानुभावों की भूमिका महत्त्वपूर्ण रही है, उनकी सूची में आपटे एक प्रमुख नाम है। 1974 से तीन साल तक वे परिषद् के अखिल भारतीय अध्यक्ष भी रहे। वे तीन साल न केवल 'विद्यार्थी परिषद्' के लिए, अपितु राष्ट्र-जीवन और छात्र-आंदोलन की दृष्टि से भी महत्त्वपूर्ण थे। गुजरात का नवनिर्माण आंदोलन, बिहार में भ्रष्ट शासन के विरोध में हुआ छात्र युवाओं का आंदोलन और उन्हीं आंदोलनों ने धारण किया हुआ राष्ट्रव्यापी स्वरूप ये उसी समय की ऐतिहासिक घटनाएँ थीं। छात्र शक्ति इन आंदोलनों में मध्यवर्ती स्थान से नेतृत्व कर रही थी। 'सन् चौहत्तर भूल न जाना, सत्ता-मद में डूब न जाना' यह नारा सर्वशक्तिमान शासन और शासकों के सामने गंभीर चुनौती बन गया था। 'पढ़ाई छोड़कर नहीं, तो पढ़ाई के साथ-साथ लड़ाई' इस नारे को लेकर आंदोलन में सक्रिय रही 'विद्यार्थी परिषद्' का नेतृत्व अध्यक्ष के नाते आपटेजी कर रहे थे। आपातकाल के विरुद्ध सत्याग्रह अभियान में वे सहभागी हुए। मुंबई विश्वविद्यालय परिसर में उन्होंने सत्याग्रह किया, गिरफ्तारी हुई और बाद में उन्हें 'मीसा' के अंतर्गत स्थानबद्ध किया गया।

1977 में हुए लोकसभा चुनावों में भारत की जनता ने मौन-क्रांति की अभूतपूर्व मिसाल सादर दी। इस राजनैतिक परिवर्तन की सैद्धांतिक तथा व्यावहारिक व्यूहरचना की गई कारागृहों में। सभी लोकतांत्रिक शक्तियों को एकजुट सिद्ध करनेवाला जो यशस्वी चिंतन कारागृह में हुआ, उसमें आपटेजी का महत्त्वपूर्ण योगदान था। जनता पार्टी का गठन होने के बाद सभी छात्र-युवा संगठनों को भी उस राजनैतिक दल में विलीन होना चाहिए, ऐसा आग्रह नेताओं से होने लगा था, परंतु 'विद्यार्थी परिषद्' का मूल गंतव्य दलगत राजनीति नहीं है, इस धारणा को बनाए रखते हुए, राजनैतिक सत्ता में सम्मिलित होने का मोह निश्चयपूर्वक टालते हुए राष्ट्रकारण के और 'राज नहीं, समाज बदलना है' इसी भूमिका पर अडिग रहने का महत्त्वपूर्ण निर्णय 'विद्यार्थी परिषद्' ने लिया। 1980 के दशक में असम में खड़े हुए घुसपैठ-विरोधी आंदोलन में तथा 1990 के दशक में जम्मू-कश्मीर में आतंकवाद को चुनौती देनेवाले आंदोलन में समूचे देश की छात्र शक्ति को संयोजित करनेवाले सत्याग्रहों में आपटेजी ने ही सक्रिय नेतृत्व का उदाहरण प्रस्तुत किया था। Leading from the front का यह आदर्श था।

सन् 1960 से आरंभ हुआ 'विद्यार्थी परिषद्' का सैद्धांतिक और सांगठनिक प्रवास यह 'क्रमविकास' (Progressive Unfoldment) का एक उद्‌बोधक इतिहास है। श्रमसंस्कार शिविरों जैसे उपक्रमों के माध्यम से छात्रवर्ग में सामाजिक दायित्व बोध का जागरण, छात्रों के सामाजिक सहभाग की 1970 के दशक में प्रसारित की गई भूमिका, रचनात्मक संघर्ष तथा संगठन के सर्वस्पर्शी चरित्र का आग्रह, विश्वविद्यालय तथा महाविद्यालयों के परिसरों में राष्ट्रीयता से प्रभावित वातावरण की निर्मिति ऐसे वैशिष्ट्यपूर्ण तथा कालसंगत चरणों को अपनाते हुए 'विद्यार्थी परिषद्' का विकास आगे बढ़ा। सांगठनिक स्तर पर देश के हर क्षेत्र में संगठन का विस्तार भी होता रहा। सही अर्थों में 'अखिल भारतीय' स्वरूप प्रदान करने की इस प्रक्रिया में प्रो. यशवंतराव केलकर, प्रो. दत्ताजी डिडोलकर, मदन दास आदि ज्येष्ठ कार्यकर्ताओं की पंक्ति में बालासाहब आपटेजी प्रमुख रूप से सहभागी थे। केवल सिद्धांत व्यापक तथा आशयपूर्ण होना पर्याप्त नहीं होता। उन सिद्धांतों का प्रत्यक्ष व्यवहार संगठन के क्रियाकलापों में हो, तभी तो सामाजिक संगठन का मनोहारी शिल्प प्रस्तुत होता है। निरंतर बदलता कार्यकर्ता-समूह यह 'विद्यार्थी परिषद्' का प्रमुख वैशिष्ट्य रहा है। ऐसी स्थिति में 'विद्यार्थी परिषद्' को एक स्थायी संगठन का रूप प्रदान करना यह बात आसान नहीं थी। इस बात की नींव डालनेवाले आपटेजी जैसे कार्यकर्ताओं का स्थान परिषद् कार्यकर्ताओं की सभी पीढ़ियों के मन में अनन्य साधारण था, है और कायम रहेगा।

व्यक्तिगत स्तर पर भी आपटेजी ने संपन्न, यशस्वी और प्रसन्न कुटुंबजीवन सिद्ध किया। उनके सभी परिवाजनों ने भी अपने निजी व्यवहार को सामाजिक कृतज्ञता से पूर्ण जीवन दृष्टि से संपन्न किया। पत्नी निर्मला ने अपना सारा कर्तृत्व संपन्न व्यक्तित्व आपटेजी के सार्वजनिक जीवन से एकरूप किया। आवश्यकता रहने पर अध्यापिका का काम करके उन्होंने पारिवारिक सहधर्माचार निभाया। उसके बाद भी एक समाज समर्पित परिवार का दायित्व सब प्रकार से उन्होंने सँभाला। उसके साथ ही सामाजिक कार्य में भी वे स्वतंत्र प्रतिभा के साथ सक्रिय रही। गत कुछ वर्षों से 'भारतीय स्त्री शक्ति' महिला क्षेत्र में कार्यरत संस्था में स्थापना के साथ विकास की सभी प्रक्रिया में निर्मलाजी सक्रिय रही हैं। इकलौती कन्या जाह्नवी ने वैद्यकीय क्षेत्र में उच्च शिक्षा प्राप्त करने के बाद कुछ वर्ष 'विद्यार्थी परिषद्' का पूर्ण समय काम किया।

सरदार वल्लभभाई पटेल के व्यक्तित्व का वर्णन करते हुए वरिष्ठ कांग्रेस कार्यकर्ता सरोजिनी नायडू ने लिखा था—Inside his steely exterior was present a golden heart with fountain of love। बालासाहब आपटेजी के व्यक्तित्व के बारे में भी यही कहा जा सकता है। ऊपर से कर्मठ और कठोर लगनेवाले उनके व्यक्तित्व के अंतरंग में निर्मल, कलासक्त तथा आत्मीय और प्रसन्न चित्तवृत्तियाँ विहार करती थीं। अनेक सहयोगी परिषद् कार्यकर्ताओं ने इनका हृदयंगम अनुभव प्राप्त किया है। देश भर के परिषद् कार्यकर्ता उनके लिए उनके अपने परिवार के ही सदस्य थे। जब-जब कार्यकर्ताओं को एकत्रित रूप में मिलने का अवसर आता था, तब-तब वहाँ उपस्थित रहने के लिए वे अत्यंत उत्सुक रहते थे। ऐसे में उनकी वृत्तियाँ तथा प्रसन्नता खिल उठती थी। इसी कारण उनके अचानक विदा होने की वेदना सबके लिए असहनीय थी। बिहार के हरेंद्रकुमार, बंगलुरू के दत्तात्रेय होसबाले, धुलिया के भीमसिंह राजपूत, प्रो. कृष्णभट्ट, राजगुरु नगर के सरपंच तथा

अनेक ग्रामस्थ विविध स्तर के ऐसे कई स्नेहीजनों को उनका अंतिम दर्शन लेते समय भावाकुल होना स्वाभाविक था।

नियति उन्हें सबसे दूर ले गई है। वही नियति आपटेजी के परिजनों को इस आघात को सहने का तथा आपटेजी की सँजोई राष्ट्र-निष्ठा का निर्वाह करने का सामर्थ्य प्रदान करेगी!

(वरिष्ठ पत्रकार एवं संपादक,
पूर्व केंद्र कार्यालय मंत्री, अ.भा.वि.प.)

□

छात्र सहभागिता के उद्गाता

—शरदमणि मराठे

बालासाहब 12 साल तक राज्यसभा में सांसद रहे। वहाँ से सेवानिवृत्त होने के दो महीने बाद ही उनके निधन की खबर ने सभी को विचलित कर दिया। उनके निधन की खबर उनके देश में फैले हजारों कार्यकर्ताओं के लिए शोकपूर्ण खबर थी। उन्हें विश्वास ही नहीं हो रहा था कि बालासाहब अब उनके बीच नहीं रहे। भले ही वर्तमान में उनका परिचय भाजपा के पूर्व सांसद के रूप में हो, लेकिन उन्हें पहचाननेवाले और विद्यार्थियों के बीच उनकी स्थायी पहचान अ.भा.वि.प. के बालासाहब के रूप में ही थी। 1960 के अपने विद्यार्थी जीवनकाल में उन्होंने अ.भा.वि.प. के लिए काम करना शुरू किया था। वर्ष 2000 में राज्यसभा में जाने तक करीब 40 वर्षों तक वे अ.भा.वि.प. के लिए ही समर्पित भाव से सक्रिय रहे। वे अनेक वर्षों तक मुंबई विश्वविद्यालय के कानून विभाग में अध्यापक रहे। इसके अलावा 'शिक्षण प्रसारक मंडली' नामक शिक्षा संस्था के कार्यकारी मंडल में भी वे करीब 12 वर्षों तक कार्यरत रहे।

'विद्यार्थी परिषद्' को उसकी वास्तविक पहचान दिलाने में बालासाहब ने स्व. यशवंतराव केलकर के कंधे से कंधा मिलाकर कठिन परिश्रम किया था। विद्यार्थियों के अखिल भारतीय स्वरूप के स्थायी संगठन को स्थापित करना एक कड़ी चुनौती थी। अ.भा.वि.प. की सैद्धांतिक भूमिका शब्दबद्ध करने का महत्त्वपूर्ण काम बालासाहब ने किया था। अ.भा.वि.प. की सैद्धांतिक भूमिका के तहत सृजित शैक्षणिक परिवार की इस कल्पना को आज के शिक्षकगण स्वीकार करते हैं।

1966-67 के दरम्यान बालासाहब ने विद्यार्थियों की सहभागी भूमिका (पार्टिसिपेटरी रोल) पर विचार-मंथन करवाया। उनका तर्क था कि आज का विद्यार्थी कल का न होकर आज का ही नागरिक है और समाज के अन्य घटकों की तरह ही उसकी भी सहभागिता होनी चाहिए। 18 साल के युवा को मताधिकार मिलना चाहिए, यह भूमिका भी अ.भा.वि.प. ने ही आग्रहपूर्वक

रखी थी। इसके करीब 17-18 सालों के बाद राजीव गांधी के प्रधानमंत्री बनने पर मतदाता की उम्र 21 से घटाकर 18 वर्ष की गई। अ.भा.वि.प. संघ विचारधारा पर चलनेवाला संगठन है। विद्यार्थी समाज से दूर, गुरुकुल में पढ़नेवाला, ऐसी भारतीय परंपरा है। विद्यार्थी को 'आज का नागरिक' के रूप में स्वीकार किया जाए, उनका यह तर्कसंगत व आग्रहपूर्वक प्रयास संघपरिवार को क्रांतिकारी विचार लगता हो, लेकिन उन्होंने अपनी इस बात के लिए लगातार प्रयास किया था। इसी दरम्यान बाल आपटे ने एक लेख लिखा, जिसका शीर्षक था, 'विद्यार्थियों की सहभागिता की भूमिका'। बाद में यह लेख पुस्तक के रूप में प्रकाशित किया गया था। इस लेख में उन्होंने विद्यार्थियों की नागरिक भूमिका के विषय में विस्तार से लिखा था। समाज के अन्य घटकों की तरह ही उसे भी मानसिक तनाव आदि से गुजरना पड़ता है। गुरु आश्रम में रहनेवाले विद्यार्थियों की तरह वह आइसोलेटेड या इंस्यूलेटेड नहीं हो सकता। इसके विपरीत वह संगठनक्षम है। भविष्य को लेकर आशावादी है और अन्य समाज घटकों की तुलना में निहित स्वार्थ से काफी दूर है। इस कारण योग्य परिवर्तन के लिए एक अग्रदूत के रूप में वह कार्यरत हो सकता है।

इसके बाद देखते-ही-देखते 'अ.भा.वि.प.' और 'भारतीय विद्यार्थी आंदोलन' की रूपरेखा ही बदल गई थी। छोटी-छोटी बातों के लिए व्यवस्थापन के साथ तर्क-संगत चर्चा या विवाद कर उन्हें विद्यार्थियों के हित में निर्णय लेने के लिए मजबूर करने लगे। इसके साथ ही राष्ट्र-स्तरीय समस्याओं को लेकर भी आवाज उठाने के लिए विद्यार्थी आगे आने लगे थे। स्वतंत्रता के बाद दो दशक गुजर चुके थे, लेकिन फिर भी समाज के कुछ घटक ऐसे भी थे, जो स्वयं को आजाद महसूस नहीं कर पा रहे थे। प्रशासन और राजनेताओं के प्रति उनकी कोई आस्था नहीं थी। चारों ओर भ्रष्टाचार का साम्राज्य फैला था, जिसके कारण आम जनता काफी त्रस्त थी। लोगों के मन में दबी अन्याय की पीड़ा को भी 'विद्यार्थी आंदोलन' ने आवाज दी थी। 70 के दशक में गुजरात और बिहार के विद्यार्थी बड़े पैमाने पर सड़कों पर उतर आए थे। दोनों ही प्रदेशों में राजनेताओं ने आंदोलन को दबाने के लिए जो दमन नीति अपनाई, उसके सामने अंग्रेजों की दमन नीति भी शरमा रही थी। विद्यार्थियों के इस आंदोलन के लिए हिंसा का सहारा लिया गया, गोलीबारी की गई। इसमें कई विद्यार्थी शहीद हो गए। इसके बाद लोकनायक जयप्रकाश नारायण ने आंदोलन का नेतृत्व किया और देखते-ही-देखते विद्यार्थियों का यह आंदोलन 'जन आंदोलन' में बदल गया। इन सबके परिणामस्वरूप 1975 में इमरजेंसी लगा दी गई।

इमरजेंसी में बालासाहब को मीसा के काले कानून के तहत गिरफ्तार कर लिया गया। लगभग सवा साल उन्हें नासिक जेल में कैद रखा गया, लेकिन वहाँ भी वह पूरी तरह से सक्रिय रहे। विभिन्न राष्ट्रीय समस्याओं पर विचार-मंथन करना, लेखन आदि उपक्रम जारी थे। ऐसी गंभीर परिस्थिति में भी वे कविता भी लिखते थे।

उनकी एक कविता है—

तुरूंगातच जन्मते राष्ट्राची अस्मिता,
चार भिंतीआडच उफाळतात,
आकांक्षांचे महासागर।
आम्ही तट फोडणार नहीं,
दगडच कोसळतील
ज्वालामुखींवर कुणी पहिला आहे का?
चिरेबंदी राजवाड़ा?

इस कविता का हिंदी अनुवाद कुछ इस प्रकार हो सकता है कि—

कारागृह में ही जन्म लेती है राष्ट्र की अस्मिता,
चारदीवारी में ही खौलता है,
आकांक्षाओं का महासागर,
हम नहीं करेंगे तटों को नेस्तनाबूद
पत्थर ही धराशायी होंगे।
ज्वालामुखी पर किसी ने देखा है क्या
दीवारों से घिरा राजमहल?

उनके ये शब्द जेल के उन 15 महीने में ही सच साबित हो गए थे। इमरजेंसी लगानेवालों को अभूतपूर्व पराजय का सामना करना पड़ा। नासिक की जेल से उनके अपनी 7–8 साल की बेटी जाह्नवी को लिखे पत्र भी उनके परिपूर्ण व्यक्तित्व का परिचय देते हैं।

आपातकाल के दौरान आंदोलन में शामिल अनेक विद्यार्थी बाद में राजनीति में चले गए। कुछ जनता सरकार में मंत्री भी हुए, लेकिन बालासाहब एक बार फिर अ.भा.वि.प. के कामों में रम गए। 60 के दशक का विद्यार्थी, 70 के दशक में आपातकाल में आंदोलन करनेवाले विद्यार्थी, इसके बाद जनता सरकार के साक्षीदार विद्यार्थी, 80 के दशक के आतंकवाद के आरंभिक दौरे का साक्षी विद्यार्थी, 90 के दशक के बाद पोस्ट लिबरल दौर के विद्यार्थी, ऐसे सभी दौर के विद्यार्थियों के साथ बालासाहब कार्यरत थे। इसी दौर में अ.भा.वि.प. ने विद्यार्थी युवकों के अंतरराष्ट्रीय मंच की स्थापना की। 'विकासार्थ विद्यार्थी' इस विकासात्मक विचारमंथन करनेवाले गुट की शुरुआत की गई। हर बार बालासाहब के सहयोग से ही इन मंचों का संचालन करनेवालों को वैचारिक शक्ति मिली और भावनात्मक आधार मिला।

बालासाहब अपनी स्पष्टवादिता और कठोरता के लिए प्रसिद्ध थे। बीते 50 सालों में विद्यार्थियों ने एक न एक बार अन्य विद्यार्थियों से यह बात जरूर कही होगी कि तुमने हमारे जमाने के बालासाहब का अनुभव नहीं लिया होगा, क्योंकि हमारे जमाने में बालासाहब काफी सख्त थे। 'स्वतंत्र रूप से काम करते हुए थोड़ा कम-ज्यादा चलता ही है।' बालासाहब की कार्यप्रणाली में इस सूक्ति की कहीं भी गुंजाइश नहीं थी और न ही उन्होंने अपने साथ काम करनेवालों को ऐसा सोचने का कोई मौका दिया। उनका सिद्धांत था कि सामाजिक कार्य करते

समय अपना सर्वोत्तम प्रयत्न ही होना चाहिए और अंत समय तक वे अपने इस सिद्धांत पर कायम भी रहे। सांसद के रूप में वे अनेक समितियों में कार्यरत रहे। सांसद के रूप में कार्यकाल समाप्त होने के बाद उन्होंने दो दिन में सांसद निवास छोड़कर संबंधितों को सौंप दिया था और अपना सामान यानी लिखित साहित्य और अपनी किताबें लेकर मुंबई रवाना हो गए थे। वह आखिर तक मन से युवा ही बने रहे। दिल से वृद्ध होने के पूर्व ही उन्होंने इस संसार को अलविदा कह दिया।

(न्यासी, अंतरराज्य छात्र जीवन दर्शन न्यास,
पूर्व अ.भा.वि.प. कार्यकर्ता)

□

नित्य मार्गदर्शक

—मुरलीधर राव

नागपुर में 'अखिल भारतीय विद्यार्थी परिषद्' (अ.भा.वि.प.) के 1980-81 के नागपुर अधिवेशन में मुझे पहली बार आपटेजी को सुनने और उनके साथ समय बिताने का अवसर मिला। तब से लगातार 3 वर्ष तक अ.भा.वि.प. में काम करते हुए राजस्थान, आंध्र प्रदेश, जम्मू-कश्मीर तथा अन्य राज्यों में संगठन का प्रभार सँभालने का मुझे अवसर मिला। इस दौरान मुझे आपटेजी का मार्गदर्शन मिलता रहा। वे एक कुशल संगठनात्मक व्यक्ति तथा एक सामाजिक नेता थे। शिक्षा क्षेत्र के संबंध में एवं राष्ट्र के व्यापक पुनर्निर्माण के बारे में उनका गहन अध्ययन था। ऐसे बहुत ही कम लोग हैं, जो आपटेजी के समान संगठनात्मक पहलुओं से लेकर सामाजिक विषयों पर समान रूप से अधिकार रखते हुए मार्गदर्शन कर सकें।

मुझे भलीभाँति याद है कि आपटे अ.भा.वि.प. की कई बैठकों व अनौपचारिक बातचीत में सामूहिक तथा व्यक्तिगत मार्गदर्शन करते थे। वे पूरी तरह स्पष्टवादी थे। ऐसा कभी नहीं हुआ कि मैं उनके पास कोई समस्या लेकर गया और उसका समाधान न मिला हो। मैं जब जम्मू-कश्मीर में संगठन मंत्री था, आपटेजी ने मेरा बखूबी मार्गदर्शन किया। राष्ट्र-निर्माण में राष्ट्रवादियों की भूमिका क्या हो, इस बारे में वे सदैव मार्गदर्शन करते रहे। अ.भा.वि.प. प्रमुख के नाते आपटेजी ने मेरा काफी सहयोग किया।

स्वदेशी जागरण मंच के समन्वयक के कारण आपटेजी से मेरा मिलना-जुलना होता रहा। उन्होंने स्वदेशी जागरण के कई कार्यक्रमों, आंदोलनों में भाग भी लिया। स्वदेशी जागरण मंच राष्ट्रीय व सबकी भागीदारी का आंदोलन कैसे बने, इस बारे में वे हमेशा अपना सुझाव और सहयोग देते रहे। 'स्वदेशी जागरण मंच' के साथ रहने के दौरान वे कुछ समय भाजपा में भी गए। वहाँ भी आपटेजी ने कई समस्याओं पर व्यक्तिगत पहल कर समाधान निकलने में सक्रिय भूमिका निभाई। उनके साथ भाजपा में मुझे काम करने का संक्षिप्त मौका मिला। इस दौरान मुझे उनसे काफी कुछ सीखने को मिला।

देश को केंद्र में रखकर पार्टी को कैसे काम करना है, जहाँ पार्टी कमजोर है, वहाँ मुद्दों की पहचान, किस ढंग से संगठन को विस्तार देना है, इस बारे में मैंने उनसे ही सीखा। जब मैंने मछुआरों

और बुनकरों के लिए काम शुरू किया, तो आपटेजी ने मेरा काफी उत्साहवर्धन किया। इस दिशा में काम करते हुए पार्टी को इन मुद्दों पर कैसे आगे संगठित करना है, इस बारे में वे अपने सुझाव देते रहे। अंत में मैं यही कहना चाहूँगा कि कार्यकर्ता, कार्य पद्धति, कार्यकर्ता विकास, सामूहिक निर्णय प्रक्रिया सरीखे विषयों में आपटेजी से काफी कुछ सीखने को मिला। आपटेजी ने अपना सारा जीवन साधना के रूप में व्यतीत किया। एक सफल स्वयंसेवी, कुशल संगठनकर्ता एवं स्पष्टवादी मार्गदर्शक के रूप में उन्हें देखता हूँ। वर्तमान में राजनीति व सामाजिक क्षेत्र में नेतृत्व कर रहे कई नेतृत्वकर्ताओं का विकास आपटेजी के सान्निध्य में ही हुआ। ऐसे नेतृत्व के विकास में मुंबई को केंद्र बनाकर उन्होंने अपनी भूमिका को बखूबी निभाया। भविष्य निर्माण के कार्य में कोई व्यक्ति अपने आपको कैसे अर्थपूर्ण ढंग से लगा सकता है, आपटेजी इसका एक सफल उदाहरण हैं।

(राष्ट्रीय महामंत्री भाजपा, पूर्व अ.भा.वि.प. कार्यकर्ता)

□

हम सबके पितृतुल्य

—पराग वेदक

भले ही स्व. बालासाहब आपटे भाजपा के पूर्व सांसद, राष्ट्रीय उपाध्यक्ष थे, लेकिन उनकी वास्तविक पहचान अ.भा.वि.प. से ही थी। कार्यकर्ताओं की हमारी पीढ़ी ने स्व. यशवंतराव केलकर को नहीं देखा था। यशवंतराव के स्नेह से वंचित रहे हम कार्यकर्ताओं को डॉ. अशोकराव मोडक ने माँ जैसी ममता दी और स्व. बालासाहब आपटे ने हमें पिता का प्रेम दिया।

भले ही बालासाहब कड़क मिजाज के थे। ऐसा नहीं था कि हमें उनसे डर नहीं लगता था, लेकिन वह डर आतंकित करनेवाला डर नहीं था, बल्कि वह एक सम्मानजनक, आदरसूचक डर था। एक सामान्य कार्यकर्ता भी उनसे अपनी कोई भी और किसी भी प्रकार की शंका, सवाल पूछ सकता था। कार्यकर्ता अपने व्यक्तिगत जीवन की समस्याओं को भी बालासाहब को बताते थे और बालासाहब उनका उस समस्या को लेकर उचित मार्गदर्शन भी करते थे। बालासाहब से चर्चा करते हुए उनका बड़प्पन कभी भी आड़े नहीं आया था और यही उनका बलस्थान था। मुंबई उच्च न्यायालय में जिसने भी बालासाहब को देखा होगा, वह यह कभी नहीं सोच सकता कि यह इतना बड़ा व्यक्ति हमारे साथ गंदी सी दरी पर बैठकर हमसे बात कर सकता है।

बालासाहब का गुस्सा भी स्वच्छ कपड़े पर गिरी पानी की बूँद की तरह ही था। स्वच्छ कपड़े पर गिरी पानी की बूँदों के कभी दाग नहीं पड़ते। बालासाहब कभी किसी बात पर गुस्सा भी हुए, तो वह गुस्सा ज्यादा देर तक नहीं रहता था। वह जिस उद्देश्य से उपजा था, उसी उद्देश्य के पूर्ण होते ही स्वतः ही शांत भी हो जाता था। तुरंत वे डाँट खानेवाले के कंधे पर हाथ रखकर कहते, ''मैंने तुम्हें डाँटा, तुम पर गुस्सा किया…'' ऐसा कहते ही बालासाहब की डाँट खानेवाले के मन का मैल तुरंत साफ हो जाता था और उसके मन में बालासाहब के प्रति और अधिक आदर निर्माण हो जाता था। राजनीति और साधन शुचिता, राजनीति और भोलापन आज के जमाने में यह असंतुलित समीकरण-साधना किसी के सामर्थ्य की बात नहीं है, लेकिन बालासाहब को इसमें सिद्धि प्राप्त थी। बालासाहब का सादा जीवन, सीधा-सादा रहन-सहन, बोलचाल, उनके द्वारा जिया गया संस्कारित जीवन; सभी कुछ आश्चर्यजनक और अद्‌भुत था। माटुँगा की कटारिया रोड पर रहनेवाले लोगों ने बालासाहब के जाने के बाद समझा होगा कि वे कितने बड़े इनसान थे। इतना सीधा-सादा उनका जीवन था।

अपने घर आनेवाले महाराष्ट्र हाईस्कूल के चपरासी को भी वे 'आप' कहकर संबोधित किया करते थे। बालासाहब के प्रति मन में आदरसूचक डर भले ही हो, लेकिन होली के दिन सभी कार्यकर्ता उनके घर जमा होते और दिल खोलकर उन पर रंगों की बौछार करते। इतना प्रेम व स्नेह का रिश्ता उन्होंने कार्यकर्ताओं के साथ बनाया था। मैं परिषद् का काम करने के बाद बेडेकर कंपनी में काम करता था, तब वसंतराव बेडेकर और बालसाहब की मुलाकात हुई। उन्होंने उनसे पूछा था कि, "क्या कहता है हमारा पराग?" उन्होंने अपने शब्दों में 'हमारा पराग' का जो उल्लेख किया था, उन शब्दों में एक पिता के प्रेम की छाया स्पष्ट नजर आती थी। इसका कारण था कि मैंने अपने पिता को बचपन में ही खो दिया था। उनके उन शब्दों ने मुझे इस बात को अनुभूति करा दी थी कि मेरे पिता अब भी जीवित हैं। उनके शब्दों का मर्म वसंतराव ने समझा था, इसी कारण उन्होंने मेरे प्रति अपनापन दिखाया और वह आज भी कायम है।

मुंबई विश्वविद्यालय के सीनेट सदस्य के रूप में चुनकर गए 'विद्यार्थी परिषद्' कार्यकर्ताओं की पहली ही बैठक में मेरे गलते हुए सिर के बालों पर कटाक्ष करते हुए उसी अकृत्रिम स्नेहभाव से बालासाहब ने कहा था, "देखो, अब पराग कैसा Learned दिख रहा है।"

हमारे दक्षिण मुंबई के एक कार्यकर्ता ने डिप्रेशन के कारण आत्महत्या करने का प्रयत्न किया था। सौभाग्य से वह बच गया। तब बालासाहब ने उसे समझाया था कि एक गलती एक बार ही करनी चाहिए। बार-बार गलती को नहीं दोहराना चाहिए। उनकी इस समझाइश का उस कार्यकर्ता पर इतना गहरा असर पड़ा कि वह आज एक सफल जीवन जी रहा है। उसी दौरान बालासाहब मेरे घर आए थे। उस समय हमारे घर के दर्शनीय स्थल पर चार्ली चेपलिन का चित्र लगा था। बालासाहब की नजर उस पर पड़ी, तो मुझे लगा वे कुछ कटाक्ष करेंगे, इसलिए उनसे पूर्व मैंने ही कहा, "चार्ली की प्रसन्न मुद्रा देखकर मुझे भी काफी प्रसन्नता का अनुभव होता है।" मेरी यह बात सुनकर किसी छोटे बच्चे की तरह बालासाहब घर के बाहर गए और फिर घर में आने के बाद उन्होंने चार्ली के फोटो को देखकर कहा, "हाँ यार, तुम सही कह रहे हो।" यह कहकर वह खूब जोर से हँसे।

पुणे में पूर्णकालीन काम करते समय परिषद् के निधि संकलन के लिए आशा भोंसले के गीतों का कार्यक्रम 'नक्षत्राचे देणे' का आयोजन किया गया था। इस कार्यक्रम में बालासाहब प्रमुख अतिथि के रूप में आमंत्रित थे। मैंने पहली ही बार इतने बड़े स्तर पर कार्यक्रम का आयोजन किया था। इस कारण मैं थोड़ा टेंशन में था। इसी समय हड़पसर के एक कार्यकर्ता ने गेट पर प्रवेश करते समय बालासाहब से टिकट माँगा। इस बात का पता चलते ही हम कुछ लोग गेट पर ही उस कार्यकर्ता को डाँट रहे थे, लेकिन बालासाहब ने उस कार्यकर्ता की पीठ थपथपाते हुए उसे शाबाशी दी और कहा कि इस कार्यकर्ता ने अपना काम ईमानदारी से किया है, यह प्रशंसा का पात्र है, इसे डाँटना नहीं।

बालासाहब का सिद्धांत था कि जो भी काम करो, वह एकदम परिपूर्ण होना चाहिए। इस कारण कई बार कार्यकर्ताओं की अच्छी-बुरी आदतों के कारण कई किस्से होते थे, तब बालासाहब थोड़ा गुस्सा होकर कहते, This can happen only in Vidyarthi Parishad, लेकिन साथ ही वह यह भी कहते थे कि समय आने पर दिल्ली का तख्त हिलाने की ताकत इन्हीं कार्यकर्ताओं में

है। इस राष्ट्र को परम वैभव तक ले जाने की क्षमता इसी छात्रशक्ति में है।

मा. मदनजी, स्व. बालासाहब, डॉ. अशोक राव, मा. दत्तात्रेयजी, मा. देशपांडे सर, यह स्वयंसेवक संघ की मंडली इतनी परिषद्मय हो चुकी थीं कि जब यह अपने मूल प्रवाह या संघ में लौटती या फिर संघ परिवार के अन्य संस्थाओं में संघ की योजना के अंतर्गत जाती थी, तब हम परिषद् के कार्यकर्ता यह सोचकर स्वयं को ही शाबाशी दे देते थे कि, देखा कितनी tallest मंडली परिषद् ने संघ को दी है।

बालासाहब संघ परिवार के 'थिंक टैंक' कहे जाते थे, लेकिन यह टैंक प्रवाही था, यानी बहता हुआ था। उसमें उन्होंने कभी भी जमे हुए पानी का भाव नहीं आने दिया था। श्रीराम जन्मभूमि आंदोलन के समय 'परक्यांची या टाकू पुसूनी येथील नावनिशाणी अर्थात् आओ, परायों का मिटा डालें नामोनिशान'। इस संकल्प के साथ उन्होंने कार्यकर्ताओं के रोम-रोम में उत्तेजना का संचार किया था। बालासाहब ने राष्ट्रीय अस्मिता जागृति का शंखनाद किया था। बाबरी के पतन के बाद कुछ लोग विरोधाभासी आँसू बहा रहे थे। तब कार्यकर्ताओं के एक अभ्यासवर्ग में बालासाहब ने कहा, 6 दिसंबर की घटना ने सारी दुनिया को यह बता दिया है कि हिंदू भी आक्रोश कर सकता है और अपने इस आक्रोश में वह इतनी बड़ी इमारत को ढहा सकता है। 'रामजन्म भूमि आंदोलन' के परिणामों पर चर्चा करते हुए बालासाहब बिना किसी समझौते के बहस करते थे। देश के राष्ट्रवादी विचारों की मीमांसा करते हुए एक बार बालासाहब ने कहा था कि शरद पवार ने जब कांग्रेस छोड़कर नई पार्टी बनाई थी, तब उसका नाम रखा था 'समाजवादी कांग्रेस', क्योंकि उस समय समाजवाद का बोलबाला था, लेकिन 'रामजन्म भूमि आंदोलन' के समाज पर हुए परिणाम को देखते हुए अपनी पार्टी का नाम बदलकर 'राष्ट्रवादी कांग्रेस' रखा। यह इस देश में निस्वार्थ भाव से राष्ट्रवादी विचारों के लिए अधिक कार्य करनेवाले कार्यकर्ता की विजय थी।

मुंबई में दंगों के बाद हमने दक्षिण मुंबई में 'राष्ट्रीय अस्मिता व्याख्यानमाला' का आयोजन किया था। इस व्याख्यानमाला में '1 जनवरी, 2000 ची पहाट' अर्थात् '1 जनवरी, 2000 की सुबह' इस विषय पर बालासाहब बोलनेवाले थे। बालासाहब को लेने के लिए मैं उनके निवास स्थान पर गया। उन्होंने पूछा कि, "व्याख्यानमाला में कितने लोग आनेवाले हैं?" मैंने कहा, "करीब एक हजार लोग आनेवाले हैं।" मेरा जवाब सुनकर बालासाहब दिल खोलकर हँसे। उनके इस तरह हँसने से मेरे दिल की धड़कनें बढ़ गईं। व्याख्यानमाला में 1000-1200 लोगों को देखकर बालासाहब ने कहा कि मुझे लगा था कि व्याख्यान और व्याख्यानमाला अब इतिहास बननेवाले हैं, लेकिन यहाँ उपस्थित लोगों ने मेरी इस धारणा को गलत साबित कर दिया है।

इसी व्याख्यानमाला में बालासाहब ने 21वीं शताब्दी की हिंदूवादी अर्थात् राष्ट्रवादी विचारों के विजय की भविष्यवाणी कर दी थी, साथ ही उन्होंने अपने कार्यकर्ताओं को चुनौती भी दी कि यदि वे 1 जनवरी, 2000 की सुबह की लाली देखना चाहते हैं, तो कमर कसकर तैयार हो जाएँ।

बालासाहब के अंतिम दर्शन के लिए लालकृष्ण आडवाणी, अरुण जेटली, नितिन गडकरी, राजनाथसिंह, शाहनवाज हुसैन, रविशंकर प्रसाद, रामभाऊ नाईक, तरुण विजय, सुशीलकुमार मोदी, जयंतीबेन मेहता आदि भाजपा के उच्चपदस्थ नेता लोग, संघ के सरकार्यवाह भैयाजी जोशी, मदनजी,

दत्तात्रेयजी जैसे दिग्गज लोग, इसके साथ ही लोकसभा के पूर्व सभापति मनोहर जोशी, सांसद भरतकुमार राऊत के साथ देशभर के विभिन्न गाँवों के संघ परिवार के पुराने कार्यकर्ता, अनेक वरिष्ठ वकील आदि उपस्थित थे। बालासाहब कितने Extra Ordinary कार्यकर्ता थे, यह इस बात का जीता–जागता प्रमाण था। कॉलेज कैम्पस में ऐसे Extra Ordianry इनसान को 'बाप' आदमी कहा जाता है। इस अर्थ से और रूढ़ार्थ से भी बालासाहब हम कार्यकर्ताओं के पिता समान ही थे।

कुछ दिन पूर्व शरद चह्वाण के पिताजी के निधन के बाद बालासाहब खेतवाड़ी के उनके घर गए थे, तब बालासाहब से खूब बातें हुईं, लेकिन बालासाहब इतनी जल्दी हम सबको छोड़कर चले जाएँगे, ऐसा बिल्कुल भी नहीं लगा था।

उनके इस तरह अचानक चले जाने से सिर्फ जाह्नवी ताई के ही नहीं, बल्कि देश भर के हम सभी कार्यकर्ताओं के जीवन में खालीपन आ गया था। उनके जाने से ऐसा महसूस हो रहा है, जैसे हमारे सिर से साया उठ गया हो। शरद चह्वाण के पिताजी का जब निधन हुआ था, तब शरद किसी यात्रा पर थे। अपने पिता के निधन के समाचार से वे गंभीर हो गए, लेकिन बालासाहब के निधन का समाचार सुनकर शरद की आँखों से अश्रुधारा फूट पड़ी थी।

बालासाहब के निधन को काफी दिन गुजर गए हैं, लेकिन उनके जाने की वेदना आज भी है। इन वेदनाओं का एक ही उपाय है कि जिन राष्ट्रवादी विचारों की विजय के लिए बालासाहब ने अपना सबकुछ न्यौछावर कर दिया था, उन विचारों को पूरा करने के लिए परिषद् के, संघ के कार्यकर्ताओं को कमर कस लेनी चाहिए। तभी बालासाहब के हिंदुत्व की लालीमय सुबह हम सब देख सकेंगे। यदि हम ऐसा कर सके, तो स्वर्ग में भी बालासाहब गर्व से कह सकेंगे, ''मैंने कहा था न, 'this can happen only in Vidyarthi Parishad'...''

(कार्यकर्ता एवं मार्गदर्शक, स्वामी विवेकानंद युवा प्रतिष्ठान मुंबई,
पूर्व सिनेट सदस्य, मुंबई विश्वविद्यालय एवं
पूर्व संगठन मंत्री, पुणे, अ.भा.वि.प.)

□

एक कर्मयोगी का अवसान

—आशुतोष

अप्रैल माह में श्री बलवंत परशुराम आपटे उपाख्य बाला आपटे का राज्यसभा का दूसरा कार्यकाल पूरा हुआ। इस अवसर पर उनके मित्रों और कार्यकर्ताओं ने एक शुभेच्छा कार्यक्रम आयोजित किया। अपने संक्षिप्त उद्‌बोधन में श्री आपटे ने कहा कि गत वर्ष अस्वस्थ होने के बाद अब वे यह नहीं कह सकते कि उन्हें कुछ नहीं होता, जैसा वे हमेशा कहा करते थे। इससे पहले तक वे पूरी तरह स्वस्थ थे। नियमित आसन व ध्यान के साथ संयमित जीवन का इसमें बड़ा योगदान था।

दिल्ली से जाने के बाद भी उन्होंने अपना मेडिकल चैक-अप कराया था, जिसमें डॉक्टरों ने उन्हें पूरी तरह ठीक पाया था। हाल ही में सहधर्मिणी निर्मला ताई के घुटनों का ऑपरेशन हुआ था, जिसके कारण कुछ समय के लिए वे पुत्री जाह्नवी के घर पर आ गए थे। स्वास्थ्य लाभ के बाद वे अपने घर 'गिरीश' जाने की योजना बना ही रहे थे कि उन्हें साँस लेने में कुछ कठिनाई अनुभव होने लगी। 6 जुलाई को श्री आपटे को हिंदुजा अस्पताल ले जाया गया, जहाँ उन्हें भरती कर लिया गया।

अस्पताल में उनका लाक्षणिक इलाज तो चल रहा था, किंतु अचानक ऐसी स्थिति आने का कारण डॉक्टर भी नहीं समझ पा रहे थे। तरह-तरह की जाँच होती रहीं और चिकित्सा चलती रही, किंतु उनकी स्थिति बिगड़ती ही गई। शीघ्र ही उन्हें वेंटिलेटर पर रखना पड़ा। शरीर के अवयव शिथिल होते जा रहे थे। 15 जुलाई की शाम डॉक्टरों ने अपने हाथ खड़े कर दिए।

परिवार तथा संगठन के वरिष्ठ लोगों के लिए भी यह जीवन का सर्वाधिक कठिन अवसर होता है, जब किसी अपने आत्मीय को वेंटिलेटर से हटाने का निर्णय करना हो। निर्णय लेने से पहले हर संभावना को टटोल लेना आवश्यक होता है। संवेदनाएँ उमड़ती हैं। बीता जीवन याद आता है। मन और बुद्धि का द्वंद्व चलता है। यह द्वंद चल ही रहा था कि 17 जुलाई, 2012 को अपराह्न 3.10 बजे वेंटिलेटर पर रहते हुए ही उन्होंने अंतिम साँस ली।

1996 से 1998 तक श्री आपटे महाराष्ट्र के अतिरिक्त महाधिवक्ता रहे। वर्ष 2000 ई. में वे पहली बार राज्यसभा में चुनकर आए। 2006 में वे पुन: राज्यसभा के लिए निर्वाचित हुए। 2002

में उन्हें भाजपा के राष्ट्रीय उपाध्यक्ष का दायित्व मिला, जिसका निर्वहन वे 2010 तक करते रहे।

श्री आपटे मुंबई में विधि के प्राध्यापक रहे। बाल्यकाल से राष्ट्रीय स्वयंसेवक संघ के स्वयंसेवक रहे श्री आपटे 1960 के दशक में अखिल भारतीय 'विद्यार्थी परिषद्' से जुड़े। इसके बाद प्राय: चार दशकों तक अखिल भारतीय 'विद्यार्थी परिषद्' ने उनके नेतृत्व में अपनी यात्रा पूरी की। वे 1974 में परिषद् के राष्ट्रीय अध्यक्ष चुने गए। यही वह समय था, जब देश में महँगाई और भ्रष्टाचार के विरुद्ध एक आंदोलन आकार ले रहा था। गुजरात में नवनिर्माण आंदोलन प्रारंभ हो चुका था। बिहार में आंदोलन की गूँज सुनाई देने लगी थी।

1974 का यह वर्ष अ.भा.वि.प. की स्थापना का रजत-जयंती वर्ष था। मुंबई में संपन्न तब तक के सबसे बड़े राष्ट्रीय अधिवेशन में श्री आपटे को अध्यक्ष चुना गया, साथ ही महँगाई और भ्रष्टाचार के विरुद्ध आंदोलन को देशव्यापी बनाने की घोषणा भी की गई। लोकनायक जयप्रकाश के आंदोलन से जुड़ने के बाद बदलाव की माँग ने गति पकड़ी तथा देखते-ही-देखते यह आंदोलन देश भर में फैल गया। देश में आपात्काल की घोषणा हुई तथा परिषद् ने इसके विरुद्ध भूमिगत आंदोलन प्रारंभ कर दिया। दिसंबर 1975 में श्री आपटे को गिरफ्तार कर लिया गया और मीसा (आंतरिक सुरक्षा कानून) के अंतर्गत नजरबंद कर दिया गया। 1977 में चुनाव की घोषणा के बाद ही उनकी रिहाई हो सकी थी।

इस बीच विधि महाविद्यालय से उनकी सेवा समाप्त की जा चुकी थी, अत: उन्हें व्यावसायिक रूप से वकालत को अपनाना पड़ा, लेकिन परिषद् से उनका प्रगाढ़ संबंध बना रहा। अखिल भारतीय 'विद्यार्थी परिषद्' को गढ़नेवाले शिल्पियों में श्री आपटे थे। संगठन का नेतृत्व किया, यह कहने से शायद बात पूरी नहीं होती। यशवंतराव केलकर हों या बाल आपटेजी, उन्होंने संगठन को जिया था। कार्यकर्ता से जिन गुणों, मूल्यों की अपेक्षा थी, व्यक्तिगत जीवन में उन्हें उतारा। यशवंतरावजी की मृदुता जहाँ कार्यकर्ता को जोड़े रखती थी, तो आपटेजी की दृढता कार्यकर्ताओं को मार्ग से डिगने नहीं देती थी। आपटेजी संगठन के वरिष्ठ कार्यकर्ता के रूप में कठोर और अनुशासनप्रिय अधिकारी की भूमिका में ही दिखते थे, किंतु साथ काम करने का अवसर जिन्हें मिला, वे जानते हैं कि कार्यकर्ताओं के लिए उनके मन में वात्सल्य भी अपार था। संभवत: यह भूमिका यशवंतराव के जाने के बाद अधिक बलवती हुई, ताकि संगठन के सामान्य कार्यकर्ता को रिक्तता का अनुभव न हो सके।

अपने प्रति कठोर, दूसरों के प्रति नरम। सभी आवश्यक, अनिवार्य कोई नहीं। हर धातु पिघलती है, अपेक्षित ऊष्मा चाहिए। व्यक्ति निर्माण से राष्ट्रीय पुनर्निर्माण। कार्यकर्ता विकास और कार्यपद्धति का आग्रह। अ.भा.वि.प. की जिस टोली के सामूहिक चिंतन से यह तत्त्वज्ञान प्रकट हुआ था, उसकी प्रेरणा थे—यशवंतराव केलकर। भगीरथ बन उसे आगे की पीढ़ी के कार्यकर्ताओं तक पहुँचाने का सफल प्रयत्न किया आपटेजी ने।

इसके लिए कार्यकर्ताओं को उपदेश देना नहीं पड़ा। उनके अपने आचरण से कार्यकर्ताओं ने स्वयं संदेश ग्रहण कर लिया। यशवंतराव का आचरण स्वयं साक्षी था, तो आपटेजी परीक्षा से भी गुजरे। यह परीक्षा थी राजनीति की रपटीली राहों की यात्रा। राज्यसभा के दो सत्र, अर्थात् बारह

वर्ष का समय। जहाँ शत्रु ही नहीं, मित्र भी चाहते हैं कि आप स्खलित हों। जहाँ आपका ईमानदार रहना उनमें से अनेक के लिए असुविधाजनक है और आपका गिरना उनके लिए संतोषप्रद।

मूल्यों पर दृढ रहते हुए जीना और बिना समझौता किए कीचड़ में कमल की तरह सार्थक जीवन जीने का उदाहरण श्री बलवंत आपटे ने प्रस्तुत किया। जो लोग आपटेजी को जानते हैं, वे यह भी जानते हैं कि उन्हें मूल्यों से डिगा पाना कठिन ही नहीं, असंभव था। जीवन के उतार-चढ़ाव में उन्होंने हर कठिनाई को अपनी दृढता से पार किया। सरल इतने कि बड़ी-से-बड़ी गलती को मानवीय भूल मानकर क्षमा करने में पल भर न लगाएँ। कठोर इतने कि सिद्धांत के विरुद्ध किसी भी बात को मनवा लेना असंभव, चाहे वह बात कितना भी बड़ा व्यक्ति कह रहा हो। जब सब ओर पतन के आलेख लिखे जा रहे हों, तब अखिल भारतीय 'विद्यार्थी परिषद्' का एक कार्यकर्ता राजनैतिक जीवन में प्रकाश स्तंभ के रूप में खड़ा रहे, यह संगठन के लिए गौरव का विषय है।

राज्यसभा में आना अथवा कार्यकाल पूरा कर जाना, यह कोई नई अथवा विशेष बात नहीं है। विशेष है—उनका कृतित्व। उन्हें जब भाजपा द्वारा राज्यसभा में भेजे जाने का प्रस्ताव दिया गया, तो उन्होंने इसे स्वीकार करने में पर्याप्त समय लिया और अंततः राज्यसभा में जाना अथवा नहीं, यह निर्णय संगठन पर छोड़ दिया। हाँ कहने में समय लेनेवाले आपटेजी ने पुनः राज्यसभा में भेजे जाने का कोई आग्रह नहीं दिखाया।

पुणे के निकट खेड तालुका में राजगुरुनगर नामक एक गाँव में श्री परशुराम आपटे के पुत्र के रूप में 18 जनवरी, 1939 को श्री बलवंत आपटे ने जन्म लिया। गाँव की विशेषता इस तथ्य से ही जानी जा सकती है कि शहीद भगतसिंह के साथ फाँसी का फंदा चूमनेवाले राजगुरु भी इस गाँव के थे। ऊर्जा के धनी इस गाँव में श्री आपटे के पिता ने न केवल स्वतंत्रता आंदोलन में भाग लिया, बल्कि सामाजिक परिवर्तन के भी अग्रदूत बने। ग्राम पंचायत, राजगुरुनगर सहकारी बैंक आदि अनेक कार्य श्री परशुराम आपटे के प्रयत्न से प्रारंभ हुए। दशकों बाद आज भी राजगुरुनगर में उनकी स्मृति में वार्षिक समारोह का आयोजन होता है। पिता के संस्कार पुत्र में सहज रूप में ही विकसित हुए।

बड़े भाई शांताराम (भाऊ) तथा छोटे बलवंत (बाल), दोनों का बचपन गाँव में ही बीता। पहाड़ियों से घिरा गाँव और थोड़ा आगे जाते ही पश्चिमी घाट की पर्वत शृंखलाओं का आकर्षण आजीवन उनके मन में रहा। इसलिए बचपन की बात चलते ही उनका मन उड़कर राजगुरुनगर पहुँच जाता था। राज्यसभा में आने के बाद उन्होंने राजगुरुनगर की छोटी-छोटी समस्याओं को दूर करने का काम प्राथमिकता के आधार पर किया। मुंबई में रहते हुए भी उनका संबंध राजगुरुनगर से निरंतर बना रहा। पिता की स्मृति में आयोजित होनेवाले कार्यक्रम में वे अत्यंत व्यस्त रहते हुए भी उपस्थित रहने का सदैव प्रयास करते। इस बार जब बीमार पड़े तो एक कार्यकर्ता से मन की बात कह दी। बोले, "लगता है कि बीमारी साथ नहीं छोड़ रही, अब यही अच्छा है कि चलकर राजगुरुनगर में रहा जाए," लेकिन शायद ईश्वर को यह स्वीकार नहीं था।

पढ़ाई के लिए श्री बाला आपटे मुंबई आए, तो यहीं के होकर रह गए। उनकी पुत्री डॉ. जाह्नवी मेडिकल की पढ़ाई पूरी करने के बाद अ.भा.वि.प. की दो वर्ष तक पूर्णकालिक रही। संगठन

को परिवार के भीतर भी स्थान दिलाने का काम प्रो. यशवंतराव केलकर ने किया। बाल आपटेजी के परिवार ने इस शृंखला को आगे बढ़ाया। आपटेजी के परिवार में यूँ तो तीन ही लोग हैं, लेकिन उनके विस्तृत परिवार में अ.भा.वि.प., भा.ज.पा. और संघ के सैकड़ों-हजारों कार्यकर्ता शामिल हैं।

छात्र संगठन को दिशा देने के बाद राजनीतिक क्षेत्र में उनके जीवन की एक तरह से दूसरी पारी थी। दोनों ही पारियों को उन्होंने सफलता के साथ-साथ सार्थकता से पूरा किया। काल के पाश ने जिस तेजी के साथ उन्हें हमसे छीन लिया, इसकी कल्पना भी सहज नहीं थी। संभवत: वे भी इसका आभास नहीं कर सके थे, इसलिए जाने से पहले कार्यकर्ताओं को दिशादर्शन नहीं मिल सका, लेकिन आचरण के लिए उनका सारा जीवन हमारे सामने है, जिस पर चलकर संगठन को, राष्ट्र को उस लक्ष्य तक पहुँचाया जा सकेगा, जिसके लिए वे आजीवन प्रयत्नशील रहे।

(सचिव, जम्मू-कश्मीर अध्ययन केंद्र,
निदेशक प्रेरणा माध्यम प्रशिक्षण संस्था, दिल्ली, पूर्व अ.भा.वि.प. कार्यकर्ता)

□

व्यक्तित्व एवं विचार

बालासाहब की कलम से

विभिन्न राष्ट्रीय तथा सामाजिक विषयों पर आपटेजी ने लेखों तथा भाषणों द्वारा किया हुआ भाष्य न केवल कार्यकर्ताओं के लिए परंतु सभी के लिए मार्गदर्शक सिद्ध होना था। बुद्धिगम्य तथा तर्कशुद्ध विश्लेषण यह उनके भाषणों तथा आलेखों का वैशिष्टय रहता था। सांस्कृतिक राष्ट्रवाद जैसे सैद्धांतिक विषयों से लेकर वर्तमान स्थिती और छात्र जैसे समसामायिक विषयों तक उन्होंने किया हुआ चिंतन हमेशा के लिए प्रेरक और मार्गदर्शक सिद्ध होनेवाला है। ऐसे ही कुछ विषयों पर उन्होंने लिखे लेखों का संकलन यहाँ प्रस्तुत कर रहें हैं।

परिवर्तन हेतु छात्र-शक्ति

आज यहाँ अपने इस सुवर्ण जयंती वर्ष के अधिवेशन में यशवंतराव केलकर नगर के प्रांगण में यह जो दत्ताजी डिडोलकर सभागृह हमने खड़ा किया है, उसमें आप सबको संबोधित करते हुए गत 35 वर्षों की इन दो महानुभावों की स्मृतियाँ मन को आकुल करती हैं। 'विद्यार्थी परिषद्' का आज का जो आचार, विचार, व्यवहार, निरंतर विकास है, इन सब पर दत्ताजी और यशवंतरावजी की मुहर लगी है। इसलिए आज 'विद्यार्थी परिषद्' जब अगली शताब्दी की ओर देख रही है, तब प्रारंभ में इन दोनों को अभिवादन करना मेरे लिए स्वाभाविक है। मैंने कहा कि जो भी आज हम हैं, उस पर इन दोनों की मुहर लगी है। वे दोनों आज हममें नहीं हैं, इस बात को ग्यारह साल हो गए। इसलिए किसी को लगेगा कि क्या आज हम उसी स्थिति में रहनेवाले हैं। अर्थ वास्तव में उलटा है। मेरे कहने का मतलब है कि निरंतर परिवर्तन का वि.प. का जो स्वभाव है, वह उनके कारण उत्पन्न हुआ है। इस दृष्टि से परिवर्तन का हमारा आग्रह उन दोनों के विचारों की मुहर है।

स्वर्ण जयंती का यह अधिवेशन 44वाँ अधिवेशन है। इनमें से 5 अधिवेशन मुंबई में हुए। सबसे पहला अधिवेशन 1959 में यहाँ हुआ। उसके बाद का दूसरा अधिवेशन मुंबई में हुआ 1965 में, 350 कार्यकर्ता रहे। उसकी पृष्ठभूमि थी, पाकिस्तान के साथ संघर्ष में भारत की विजय की। कार्यकर्ता घोषणा दे रहे थे, ''जीत लिया भाई जीत लिया, लाहौर हमने जीत लिया।'' इसे हमने 'डिफेंस ओरिएंटिड कॉन्फ्रेंस' कहा था। उस समय की विश्व की रचना में भारत ने किया, वह ठीक किया, ऐसा कहनेवाला एकमेव देश था—मलेशिया। उस देश के भारत में राजदूत को हमने अधिवेशन में विशेष अतिथि के रूप में बुलाया था। यहाँ बतलाया गया है कि इस समारोह के अंतर्गत अगले वर्ष जुलाई में हम अपने सब पड़ोसी देशों के छात्रों की परिषद् करने जा रहे हैं। एक तरह से इस परिषद् के विचार का प्रारंभ 1965 में जब मलेशिया के राजदूत अपने अधिवेशन में आए, तब हुआ था।

उसके बाद का अधिवेशन 'रजत जयंती अधिवेशन' 1974 में मुंबई में हुआ, तब तक का सबसे बड़ा अधिवेशन रहा। 6,000 से अधिक छात्र-छात्राएँ उसमें सम्मिलित हुए। नानी पालखीवाला ने उसका उद्घाटन किया। वह अधिवेशन हमने ऐसे मोड़ पर किया, जब देश की छात्रशक्ति एक नवीन दिशा में बढ़ रही थी। वि.प. ने ऐलान कर दिया था 1970-71 में कि आज का छात्र कल

का नहीं, आज का नागरिक है। इस भूमिका में राष्ट्रीय जीवन के सभी प्रश्नों में उसकी भूमि का सिर्फ सहभोगी की नहीं है, सहभागी की है। He has a participatory role to play in the national life of the country. छात्र-संघों में वि.प. के कार्यकर्ता बड़ी संख्या में चुनकर आ रहे हैं। 1973 के अहमदाबाद में हुए अधिवेशन में सभी कार्यकर्ताओं ने आकर तय किया था कि विद्यार्थियों के प्रश्न, जो laboratory और lavatory में अटके हुए हैं, उनको हम राष्ट्रीय जीवन का परिसर देंगे। महँगाई, बेरोजगारी, भ्रष्टाचार के प्रश्नों में छात्र अग्रसर कदम उठाएँगे। गुजरात में नव-निर्माण आंदोलन की शुरुआत हो रही थी, तब वि.प. ने बिहार में छात्र संघों को एकत्रित करते हुए एक नवीन आंदोलन का सूत्रपात किया। आगे चलकर यह जन-आंदोलन में परिवर्तित हुआ। उसमें जयप्रकाश नारायणजी शामिल हुए। उनके व्यक्तित्व के कारण आज यह जे.पी. आंदोलन के नाम से इतिहास में लिखा गया है। उस वातावरण में वि.प. का रजत जयंती का अधिवेशन हुआ।

छात्र-शक्ति जब इस देश के जीवन में निर्णायक भूमिका का वहन करने की स्थिति में आई थी, तब यह अधिवेशन हुआ। वि.प. ने उसमें दो बातें कहीं, जिन्होंने छात्र-आंदोलन की दिशा निश्चित की। एक बात स्पष्ट की—हम पढ़ाई के साथ लड़ाई करेंगे। संघर्ष शुरू हुआ सत्ता से, जो सर्वंकष तानाशाही की ओर जा रही थी, लेकिन सत्ता से संघर्ष करते हुए वि.प. ने आग्रह से कहा था। 'राज नहीं समाज बदलना है।' समाज में बुनियादी परिवर्तन की आवश्यकता है। उसके बाद आपात स्थिति आई। 10,000 छात्र कारागृह में गए। इस देश में क्रांति हो गई, लोकतंत्र विजयी हो गया। उसका सूत्रपात रजत जयंती अधिवेशन में हुआ था। मैंने कहा कि तानाशाही खत्म हो गई, परिवर्तन का वातावरण निर्माण हुआ, तब वि.प. ने कहा कि अब वहाँ एक अविरोध शासन काम कर रहा है कि हम अधिक सुविधा से, अधिक निष्ठा से अपने समाज परिवर्तन के काम में लग जाएँगे। हमने एक अभियान शुरू किया 'ग्रामोत्थान हेतु छात्र'। 1978 की राष्ट्रीय कार्यकारी परिषद् में यह विषय रखा। दो बातें हुईं। एक तो जो हमने सोचा था, उतना हुआ नहीं, हमको लगा था कि सत्ता परिवर्तन हुआ था, पर ध्यान में आया कि सत्ता परिवर्तन से कुछ बदला नहीं है। पूरी जनता के ध्यान में आया। इसलिए सत्ता फिर से पलट गई। ऐसी स्थिति में फिर कुंठा उत्पन्न हुई। 1980 में इंदिरा गांधी फिर सत्ता में आईं। 1984 में उनकी हत्या हुई और अभूतपूर्व बहुमत से राजीव गांधी प्रधानमंत्री बने और लगा कि अब राजीव गांधी, यानी देश परिवर्तन। एक अलग प्रकार का सत्ता का चित्र उत्पन्न हुआ। लोग हतप्रभ हो गए।

1985 में युवा वर्ष मनाया जा रहा था। हमने भी उसके दरम्यान एक विशाल अधिवेशन का दिल्ली में आयोजन किया था। 10,000 से अधिक छात्र वहाँ आए। इंदिरा गांधी की हत्या के बाद देश में विघटन का वातावरण निर्माण हुआ। एकात्मता की भावना स्वाभाविक रूप से लोगों के मन में थी। उसके प्रतीक के रूप में उन्होंने राजीव गांधी को चुना। अन्य दल न के बराबर हो गए। इस देश में राष्ट्रवाद विजयी हुआ। 1985 में वि.प. ने कहा कि इस तरह से परिवर्तन आनेवाला नहीं। छात्रों को सत्ता के सामने एक आह्वान उत्पन्न करना होगा। Political Contention खड़ा करना होगा। राष्ट्रीय जीवन के विविध अंगों को लेकर छात्रों को संगठित करने का अपना प्रयास जारी रखना चाहिए। आप सबको मालूम है कि इस परिवर्तन के आग्रह के कारण सामाजिक जीवन कुंठित

करनेवाले प्रश्नों की हम तलाश में थे। राष्ट्रीय सुरक्षा से खिलवाड़ करनेवाला एक भ्रष्टाचार सामने आया। इसके विरोध में वि.प. ने एक जन-आंदोलन 1986, 87, 88 में उत्पन्न करने का प्रयास किया। मुंबई में वि.प. का चौथा अधिवेशन इस पृष्ठभूमि में हुआ।

सत्ता परिवर्तनों का जो लगातार चक्र रहा, तब यह कहा गया कि आज देश में व्यवस्था के बारे में परिवर्तन का प्रश्न उठाने की आवश्यकता है। अब समय आया है, देश में व्यवस्था परिवर्तन की बहस उत्पन्न करने का। तब तक जो नौकरशाही, शासनतंत्र या कुछ मान्यताएँ उत्पन्न हुई थीं, जो एक दृष्टि से holy cow जैसी थीं, उनके बारे में कुछ कहना अपराध था। एक विशिष्ट प्रकार का समाजवाद लोकतंत्र Secularism, non-alignment इनका मिलकर ढाँचा बना था। इस Nehruvian Consensus के साथ राष्ट्रवादी ताकतों की लड़ाई छिड़ चुकी थी। व्यवस्था परिवर्तन का प्रारंभ होना चाहिए, ऐसा आग्रह था। एक दृष्टि से इसमें से अयोध्या का आंदोलन खड़ा हुआ। क्या कहा इस आंदोलन ने? इस देश की एक राष्ट्रीय संस्कृति, परंपरा, विरासत है और उसको अपमानित करनेवाली कोई चेष्टा हमें पसंद नहीं। अगर श्रीराम जन्मभूमि पर कोई मसजिद का ढाँचा खड़ा है तो यह इस देश का अपमान था। यह एक राष्ट्रीय अस्मिता का जागरण है। उसके प्रकटीकरण का एक व्यापक जन-आंदोलन शुरू हो गया, जिसका एक पड़ाव 6 दिसंबर, 1994 में आया। विवादित ढाँचे के साथ Nehruvian Consensus का ढाँचा भी ढह गया। विचार परिवर्तन, व्यवस्था परिवर्तन का मार्ग प्रशस्त हो गया। इस देश की परंपरा, विचार को नकारने की गलती को दुरुस्त करने का काम शुरू हो गया।

वि.प. ने इस व्यवस्था परिवर्तन का विचार करते समय 1990 के दशक में इसके बारे में सोचा था। इन वर्षों में छात्र-आंदोलन के दो रूप लेने की आवश्यकता है। एक रूप है जीवन में उत्पन्न होनेवाले सभी issues पर व्यापक आंदोलन, जनजागरण हो। साथ में जहाँ तक कैंपस जीवन का सवाल है, परिसर में रहकर समाज के विकास क्रम में नवनवीन प्रयोग करने की क्षमता का विकास होना आवश्यक है। इसलिए राष्ट्रीय संघर्ष का विचार करते हुए विद्यार्थी की सभी प्रतिभाओं को विकसित करके देश के विकास का नया मॉडल तैयार करने में अपना योगदान करें। Students for Development का जन्म इसी विचार से हुआ है।

आज का इतिहास भी आपको मालूम है। कश्मीर से लेकर कन्याकुमारी तक भारत की एकता non-negotiable है, यह कहने के लिए हमने संघर्ष खड़ा किया। 10,000 छात्र जम्मू-ऊधमपुर पहुँचे। मैं हमशा कहता हूँ कि देश की सुरक्षा के बारे में गलत कदम उठाने की क्षमता, सी.टी.बी.टी. पर हस्ताक्षर करने की क्षमता किसी भी शासन में नहीं है, क्योंकि उसके खिलाफ जनता है। जनता यह सहन नहीं करेगी। समझौते करनेवाला इस देश में शासन में रह नहीं सकता, इस बात की गारंटी है। आज मुंबई में होनेवाला यह पाँचवाँ अधिवेशन है। इतनी बड़ी संख्या में एक विचार लेकर कार्यकर्ता एकत्रित हुए हैं। वि.प. ने आज तक क्या किया और आगे जाकर क्या करना है, इसका विचार करने के लिए, राष्ट्रीय पुनर्निर्माण में अपनी प्रतिबद्धता को पुनः प्रतिपादित करने के लिए।

छात्रशक्ति केवल एक समूह नहीं, उसमें एक चेतना है और यह चेतना एक ऐसी शक्ति है, जो हर प्रकार का परिवर्तन ला सकती है, यह समाज को बताने के लिए हम एकत्रित हुए हैं। आज

की स्थितियों में देश में एक राजनीतिक, सामाजिक संघर्ष की स्थिति है। राष्ट्रीय सुरक्षा आज भी चिंता का विषय है। राष्ट्रवाद जो आज देश में सेंट्रल स्टेज पर आ पहुँचा है, उसके दुश्मन, जो गलत विचार रखते आए हैं, उनसे वैचारिक संघर्ष की चुनौती है। सामाजिक जीवन में चुनौतियाँ हैं। उनका सामना करते हुए हम क्या कर सकते हैं, उस पर विचार करते हुए आगे के कुछ वर्षों का हमें विचार करना है। इन चुनौतियों का सामना हम कर सकेंगे या नहीं, इस प्रकार के अनिश्चय की आज स्थिति है।

इस अनिश्चय में दुनिया भर में परिवर्तन हुए हैं, उनका भी हिस्सा है। मैंने कहा कि इस दशक में ऐसा वातावरण बना कि अपने इतिहास के साथ नाते का एहसास इस देश की जनता को हुआ। उसमें से राष्ट्रवादी विचार सभी क्षेत्रों में प्रभावी होते हुए आज राष्ट्रीय रंगमंच पर सेंट्रल स्टेज पर खड़ा है। दुनिया में हम कौन हैं, इस प्रश्न का उत्तर हर समाज ढूँढ़ रहा है और उसके कारण कम्यूनिज्म के पतन के बाद सोवियत यूनियन का विघटन हुआ। इस प्रश्न के उत्तर की खोज में सोवियत यूनियन के देश अलग हो गए। अपनी राष्ट्रीय अस्मिता को लेकर खड़े हुए। यूगोस्लाविया और चेकोस्लोवाकिया विघटित हो गए। एक राष्ट्रीय समाज के रूप में हम कौन हैं, इस प्रश्न का उत्तर ढूँढ़ने में संपूर्ण दुनिया लगी है।

इसके साथ शायद Nuclear weapons के कारण दुनिया में इस प्रकार के मिलिटरी आक्रमण के दिन खत्म हुए हैं, लेकिन साम्राज्यवाद खत्म नहीं हुआ है। औरों का शोषण करने की तृष्णा खत्म नहीं हो रही है। एक नवीन साम्राज्य उत्पन्न होने जा रहा है—Economic Imperialism. वह चाहता है कि हम सुस्थिति में रहें, औरों का शोषण हो। यह शोषण हम अंतरराष्ट्रीय धरातल पर विविध समझौते करके करेंगे। आर्थिक मदद का दबाव उत्पन्न करेंगे। जैसे war is politics by other means होती है, वैसे यह Imperialism by other means है। चर्चा चल रही है स्वदेशी की। जॉर्ज फर्नांडिज ने कहा कि स्वदेशी का मतलब है देशभक्ति। आज जो खतरा उत्पन्न हुआ है—Globalisation, Market economy, WTO का, वह अपनी आर्थिक स्वाधीनता पर है। यह एक नवीन प्रकार का साम्राज्यवाद है। यह भविष्य में एक निर्णायक रूप लेगा।

1973 से 1977 तक एक छात्र आंदोलन उभरा। इस देश में परिवर्तन के बारे में एक कुंठा उत्पन्न हो गई। कुछ भी हो, सत्तावाले सत्ता में रहनेवाले हैं। परिवर्तन की कोई गुंजाईश नहीं। छात्र अग्रसर हुआ। सत्ता परिवर्तन हुआ। उसके बाद 20 वर्षों में निर्णायक संघर्ष छात्र ने किया नहीं। प्रश्न पूछा जाता है कि क्या देश के छात्र की संघर्षशीलता खत्म हो गई? देश के छात्र की Mobilisation की क्षमता खत्म हो गई? कहा गया—We must revive the spirit of 1977. 1974 का आंदोलन अलग था। 1992, 93, 94 में इस देश के विश्वविद्यालयी जीवन में अद्वितीय आंदोलन हुए। हजारों छात्र अपनी शैक्षिक माँगों को लेकर शांतिपूर्ण आंदोलन के लिए खड़े हुए। मुंबई में 1, 30, 000 छात्र आए, बंगलौर में 85,000 आए। आंदोलन होता है, लेकिन 74 का Spirit उसमें नहीं है। उसका मेरी दृष्टि से एक कारण है।

जब समाज मानस में कुंठा होती है तो revolution होता है। 1973-74 के बाद समाज में वह कुंठा नहीं है। वि.प. कहती रही राज नहीं, समाज बदलना है, लेकिन समाज समझता रहा राज

बदलेगा, तो परिवर्तन होगा और समाज ने राज बदला। 1977 के बाद हर चुनाव में जो सत्ता में थे, उनको उखाड़ फेंक दिया है समाज ने। जब समाज को इस ताकत का एहसास होता है, उसको लगता है मैं कुंठित नहीं हूँ, I have my power, I can exercise it. इन बीस वर्षों में 1977 जैसा निर्णायक संघर्ष उत्पन्न नहीं हुआ। संपूर्ण परिवर्तन नहीं हुआ, लेकिन अब आज इस आर्थिक साम्राज्यवाद की परिस्थिति में आर्थिक स्वाधीनता का व्यापक निर्णायक संघर्ष इस देश के छात्र को लड़ना होगा। इस लड़ाई का संबंध सत्ता से नहीं, उसके निर्णयों से है। निर्णय लेने की क्षमता सत्ता में नहीं है। एक प्रक्रिया 1991 में शुरू हुई और कहा गया—It is irreversible. समाज के लिए irreversible कुछ नहीं है। समाज के लिए आवश्यक कानून बनाने के लिए एक निर्णायक लड़ाई लड़ने का समय आनेवाला है।

एक और चुनौती छात्रों के सामने आनेवाले वर्षों में खड़ी होनेवाली है। वह चुनौती Imperialism by other means जैसी है। कई देशों में कानून है कि उस देश का Natural citizen ही उस पर राज कर सकता है। अपने देश में वह कानून आज तक नहीं है। इसलिए ऐसा एक अलग प्रकार का, जिसका इस देश की परंपरा से कोई संबंध नहीं, ऐसा शासन अपने देश में उत्पन्न होने की आशंका है। In the absense of another alternative एक नवीन सत्ता का आह्वान आनेवाले वर्षों में इस देश के सामने खड़ा होने की संभावना है। इसका उत्तर राजनीतिक प्रक्रिया में नहीं है, छात्र-आंदोलन में है। उसके बारे में कल वि.प. को, इस देश के छात्र समुदाय को सोचना पड़ेगा, लेकिन वि.प. साल भर जो कार्यक्रम चलाती है, वह आंदोलन के लिए शक्ति-संचय करने के लिए नहीं है।

हम शिक्षा में बुनियादी परिवर्तन लाना चाहते हैं। कल सार्वजनिक सभा में नाना पाटेकर ने कहा कि यह कोई राजकीय संगठन नहीं है। यहाँ का छात्र अपने खर्च से आया है। यदि यह परिवर्तन लाना है तो किसी आंदोलन की प्रतीक्षा की आवश्यकता नहीं है।

अपनी साल भर की गतिविधियों में एक नवीनता लाकर, परिसर संस्कृति की स्थापना करनी है। क्या है परिसर संस्कृति? इसका सीधा मतलब है कि महाविद्यालयों के प्रांगण विद्यार्थियों के लिए हैं। वे विद्यार्थी पढ़ें, उनकी विभिन्न प्रतिभाओं का विकास हो। इस विकास के लिए आवश्यक माध्यम न हों तो ऐसे माध्यम उत्पन्न करें। विद्यार्थी अपनी शिक्षा, अपना पाठ्यक्रम पूरा करते हुए अपनी कला, क्रीड़ा, साहित्य, सामाजिक प्रतिबद्धता के विचार के लिए क्रियाशील रहें। महाविद्यालय यदि 180 दिन चलना चाहिए, तो यह उसका क्रम 365 दिन चलना चाहिए। इसके लिए अ.भा.वि.प. है। कैंपस के छात्रों की प्रतिभा का विकास करने का काम हमें अधिक तेजी से, संपूर्णता से संपूर्ण वर्ष करना है, क्योंकि उनमें से उत्पन्न होनेवाली प्रतिभाएँ कल जाकर इस देश का नेतृत्व करनेवाली हैं। वास्तव में समाज को नेतृत्व देना है तो हर क्षेत्र में नेतृत्व देनेवालों की प्रतिभाओं का संपूर्ण विकास इस छात्र जीवन में ही होना है। यह करने का दायित्व हम भूलेंगे तो हम कोई परिवर्तन लाने की क्षमता नहीं रखेंगे, क्योंकि हम जो कहनेवाले हैं, वह करनेवाले हैं। इसलिए कैंपस का विचार हमें करना होगा।

इस देश में हम आर्थिक साम्राज्यवाद की बात करते हैं। हम कहते हैं, जो भी आर्थिक विकास

होनेवाला है, उसका एक मॉडल विकसित होने की आवश्यकता है। यह विकास का मॉडल कैसा हो, इसके प्रयोग छात्र जीवन से होने की आवश्यकता है। हमारा महाविद्यालय वहाँ की कम्युनिटी से जैविक संबंध रखता है, तो उस कम्युनिटी के साथ रिश्ता उत्पन्न करते हुए उस क्षेत्र के आर्थिक विकास के लिए क्या हो सकता है? ऐसा प्रयोग छात्र जीवन से शुरू करें तो इसमें से ही कल हमने जिनका गौरव किया, ऐसे सैकड़ों अनिल मेहता उत्पन्न हो सकते हैं। इसके लिए एक्टीविटी का प्रारंभ हमारे छात्र जीवन से ही हो। जिस प्रश्न का उत्तर इस देश का समाज ढूँढ़ रहा है, उस प्रश्न के उत्तर में कुछ समय, कुछ चिंतन लगाने की जरूरत है।

हम कौन हैं? इस प्रश्न के उत्तर के साथ परिवर्तन के लिए हम कुछ भी कर सकते हैं, इसका आत्मविश्वास जरूरी है। वी.एस. नायपाल ने भारत के बारे में कई किताबें लिखी हैं। वे मूलत: भारतीय हैं। एक खून का नाता इस भूमि से है। उन्होंने कहा कि आर.के. नारायणन ने उनसे 1961 में कहा था कि सब प्रकार की अराजकता, सब प्रकार की अशिक्षा, गरीबी के बावजूद यह देश चलता रहेगा। हिंदुस्तान में कोई विघटन नहीं है, कोई पतन नहीं है, हिंदुस्तान आगे चलेगा ही। वे बाद में 1974 और 1997 में आए और उनका कहना है India will go on. उन्होंने यहाँ के समाज का जो अध्ययन किया है, उसमें उन्हें लगता है कि कोई भी इस समाज के स्वाभाविक रहने पर अंकुश नहीं लगा सकता, कोई भी इस समाज को अपनी दिशा में ले नहीं जा सकता। अपनी दिशा में ले जाने के प्रयास बहुत हुए, इस देश का westernisation करने के प्रयास हुए। 'हमारे देश में 150 वर्ष पहले अँधेरा था। अब अगर कुछ नया करना है, तो पश्चिम से उधार लेने की आवश्यकता है।' यह एक दृष्टि से इस देश की विचारधारा बनी, तो भी उनको जो विश्वास लगता है। क्या वह विश्वास हमारे मन में है? इसका उत्तर हमें देना पड़ेगा। यह विश्वास केवल 'वन्दे मातरम्' या 'भारत माता की जय' कहने से उत्पन्न होनेवाला नहीं है, हमें जो स्वाभाविक रूप से लगता है, उसका प्रकटीकरण 'वंदे मातरम्' में है, 'भारत माता की जय' में है। हमें यह लगना चाहिए कि हम यह कर सकते हैं। यह ए.पी.जे. अबुल कलाम को लगा। यह सुपर कंप्यूटर उत्पन्न करनेवाले भाटकर को लगा। इसलिए सभी प्रकार की प्रतिकूलताओं के बावजूद यह देश दुनिया के सामने खड़ा है।

इराक पर अमेरिका के हमले हो रहे हैं। सद्दाम कितना भी बुरा हो, एक राष्ट्र के नाते इराक की अस्मिता है। इराक मरा नहीं है। हिंदुस्तान और इराक की तो तुलना ही नहीं है। इराक पर हमला करने का साहस अमेरिका कर रहा है, हिंदुस्तान पर हमला करने का साहस अमेरिका कर नहीं सकता। India is not Iraq. आनेवाले दिनों में जो परिवर्तन की व्यापक लड़ाई उत्पन्न होनेवाली है, उसमें हम शरीक होने की क्षमता रखेंगे।

हमें अपने कैम्पसों में अपनी साल भर की गतिविधियाँ चलाने के लिए विकल्प नहीं है। दूसरा—यह गतिविधि चलाते समय किस प्रकार का आर्थिक परिवर्तन इस देश में चाहिए, किस प्रकार की आर्थिक संरचना इस देश में चाहिए, इसके अनुकूल जो भी विकास का विचार है, उसके अनुकूल प्रयोग हमें अपने महाविद्यालयीन जीवन से ही शुरू करने पड़ेंगे, जिनमें से अनिल मेहता उत्पन्न होंगे। तीसरा—इस देश की राजनीति में राष्ट्रवाद के सामने एक अराष्ट्रीय सत्ता का संघर्ष

उत्पन्न हो सकता है। उसके लिए हमें तैयार रहना पड़ेगा। चौथा—एक व्यापक राष्ट्रीय संघर्ष इस देश में खड़ा होगा, जिसका नेतृत्व छात्रों को करना पड़ेगा और उस समय जो भी चीज आड़े आएगी, हमें उसके साथ संघर्ष करना पड़ेगा। पूर्व विदेश सचिव जे.एन. दीक्षित लिखते हैं कि सैनिक संघर्ष और सभ्यताओं के संघर्ष का सवाल नहीं है, मुसलमान, क्रिश्चियन के कारण जो संघर्ष होंगे, उनकी चर्चा की आवश्यकता नहीं है। आज अंतरराष्ट्रीय संबंधों में अंतरराष्ट्रीय एग्रीमेंट के आधार पर, अंतरराष्ट्रीय पैसे के दबाव के आधार पर एक जो नवीन प्रकार का साम्राज्यवाद आनेवाला है, उसके बारे में सजग रहने की आवश्यकता है। यह जो साम्राज्यवाद आएगा, वह सत्ता में कौन है, इस पर निर्भर नहीं रहेगा। जो करार हुए हैं, वे जो अंतरराष्ट्रीय पैसे के साथ आनेवाले प्रतिबंध हैं, वे जो हमें बाँध सकते हैं, हमेशा के लिए गुलाम कर सकते हैं। उन स्ट्रिंग्स के साथ संघर्ष है और यदि यह संघर्ष है तो यह पूरा होगा। यह निर्णायक होगा।

आपको मालूम है एक बार एक सर्प सत्र इस देश में चला। शत्रु रहनेवाले सर्पों का जो संहार हुआ, उसमें जब तक्षक की बारी आई और तक्षक की आहुति के लिए जब मंत्र आए, तक्षक भयभीत हुआ। भयभीत होकर सर्वशक्तिमान इंद्र के पीछे जाकर छिपा। इंद्र ने उसको अभय दिया। सर्प सत्र करनेवालों के जब ध्यान में आया कि तक्षक को इंद्र अभय दे रहा है, तो उन्होंने केवल तक्षकाय स्वाहा नहीं कहा, इंद्राय तक्षकाय स्वाहा कहा। हमारे खिलाफ जो भी आएँगे, उन सबके सामने संघर्ष खड़ा होगा। शायद आनेवाले दो-तीन वर्षों में इंद्राय तक्षकाय स्वाहा करने की आवश्यकता होगी। उसके लिए भगवान् हमें परिश्रम की ताकत दे। हमें प्रतिभा दे। निरंतर काम करने के लिए आवश्यक आत्मविश्वास दे, यही प्रार्थना करते हुए अपना कथन समाप्त करता हूँ।

□

सांस्कृतिक राष्ट्रवाद

शाब्दिक तौर पर राष्ट्रवाद एक आधुनिक 'पद' है। ऐसा माना जाता है कि आधुनिक राष्ट्र की अवधारणा फ्रांस की क्रांति (1789) के बाद विकसित हुई। सामाजिक विकास या आधुनिक राजनैतिक सिद्धांत के तौर पर राष्ट्रवाद की संकल्पना की ऐतिहासिक व्याख्या हो सकती है, लेकिन मूल स्वीकार्य बात यह है कि राष्ट्रों का अस्तित्व प्राचीन काल से था।

किसी राष्ट्र की पहचान एक राष्ट्र के रूप में कैसे होती है, या दूसरे अर्थों में वे क्या घटक हैं, जिनसे राष्ट्र का निर्माण होता है? राजनैतिक विचारक एंथोनी डी. स्मिथ (जिन्होंने राष्ट्रवाद की संकल्पना पर काफी कुछ लिखा है), ने राष्ट्र को कुछ इस तरह परिभाषित किया है, ''मानव समुदाय, जिनकी अपनी मातृभूमि हो, जिनकी समान गाथाएँ और इतिहास एक जैसा हो, समान संस्कृति हो, अर्थव्यवस्था एक हो और सभी सदस्यों के अधिकार व कर्तव्य समान हों।'' रूपर्ट ईमर्सन ने राष्ट्र को इस तरह परिभाषित किया है, ''एक संबद्ध समुदाय, जिसकी विरासत समान हों और जो एक जैसा भविष्य पसंद करते हैं।''

फ्रांसीसी लेखक अर्नेस्ट रेनन के अनुसार, ''आधुनिक राष्ट्र केंद्राभिमुख घटकों की ऐतिहासिक परिणति है।'' एक जैसा अतीत गौरव, वर्तमान की एक समान इच्छा तथा एक साथ महान् कार्य के निष्पादन व उसे बेहतर करने की इच्छा, ये सभी घटक 'जन' बनने की आवश्यक शर्त है और ऐसे 'जन' की आत्मा राष्ट्र है। राष्ट्रीय स्वयंसेवक संघ के द्वितीय सरसंघचालक श्री गुरुजी ने राष्ट्र-जन के विभिन्न घटकों का उल्लेख किया है : समान इतिहास, एक जैसी परंपरा, बंधुत्व व भाईचारे की एक जैसी भावना, भविष्य के बारे में एकसमान सामूहिक इच्छा और एक जैसे आदर्श पुरुष, इन सभी गुणों से युक्त समाज तथा उसकी मातृभूमि। इन सभी घटकों से राष्ट्र-निर्मित होता है।

हालाँकि जब हम विश्व के इतिहास पर नजर डालते हैं, तो बहुत कुछ राजवंशों व साम्राज्य का इतिहास मिलता है। हम स्वतंत्र संप्रभु राजनैतिक इकाई के रूप में राष्ट्र नहीं पाते। हालाँकि राष्ट्र, सांस्कृतिक अस्तित्व के रूप में नहीं रहा, लेकिन पिछले पाँच सौ सालों के दौरान इसका अस्तित्व स्वीकार किया जाने लगा। यूरोप पवित्र रोमन साम्राज्य के अधीन था। रोमन साम्राज्य के अधीन स्वतंत्र इकाई के रूप में फ्रांस की स्वीकृति की शुरुआत 1648 की वेस्टफेलिया संधि से मानी जाती है। इस संधि के तहत फ्रांस के राजा को पवित्र साम्राज्य से धर्म की स्वतंत्रता और अपनी भाषा इस्तेमाल करने की छूट मिली। 19वीं और 20वीं शताब्दी में आधुनिक यूरोप व राज्य केंद्रित

विश्व के लिए 'वेस्टफेलियन' एक विशेषण के रूप में प्रयोग किया जाने लगा। ऐसा माना जाता है कि 1648 की वेस्टफेलिया की संधि ने आधुनिक अंतर-प्रदेशीय व्यवस्था की आधारशिला रखी। यहाँ तक कि जब राष्ट्र-राज्य के रूप में ब्रिटेन का उदय नहीं हुआ था और इंग्लैंड में केवल राज्यतंत्र था, पिट द् यंगर ने अपील की, 'our existence as nation...our very name as Englishemen.' 1775 के अपने शब्दकोश में जॉनसन ने राष्ट्र को इस तरह परिभाषित किया है, ''लोग, जो अपनी भाषा, उत्पत्ति या सरकार के मामले में दूसरे लोगों से अलग हैं।''

गौरतलब है कि राष्ट्र का अस्तित्व तब भी था, जब राज्य संप्रभु नहीं थे (जैसा कि हम इस समय समझते हैं)। सरकार की अनुपस्थिति में भी राष्ट्रीय समाज का निर्माण करनेवाली एक सामान्य जन संस्कृति और भाई-चारे की भावना थी। ये राष्ट्रीय समुदाय सिर्फ ऐसे समुदाय नहीं थे, जिसके वंश एक समान थे, बल्कि उनकी संस्कृति भी समान थी, जो उनके सामाजिक नियमों व आदर्शों को परिभाषित करती थी।

आधुनिक राष्ट्रवाद फ्रांस की क्रांति के बाद विकसित हुआ, जहाँ राजनैतिक इकाई के रूप में फ्रांस राष्ट्र-राज्य का उदय स्वतंत्रता, समानता और बंधुत्व जैसे स्पष्ट राजनीतिक सिद्धांतों पर हुआ। राष्ट्रवाद पर संपूर्ण तर्क-वितर्क राष्ट्र को एक राजनैतिक इकाई के रूप में मानने लगा। यह दृष्टिकोण, राष्ट्र/राष्ट्र राज्य को आधुनिक इतिहास का उत्पाद कहने लगा। राष्ट्र राज्य के उदय से पहले राष्ट्रों के अस्तित्व को केवल जातीय ग्रुपों के रूप में माना गया। इस पर भी जोर दिया गया कि विश्व के अधिकांश राष्ट्र बहु-जातीय राष्ट्र हैं और इन्हें सोशल नेशंस के रूप में माना गया। Leo Suryadinata द्वारा संकलित पुस्तक 'Nationalism and Globalization East and west' में एक अमेरिकी विद्वान् की टिप्पणी है, ''चीन वास्तव में एक 'सिविलाइजेशन' है, जो राष्ट्र होने का बहाना करता है।''

इन परिस्थितियों में नागरिकता को राष्ट्रीयता के बराबर माना जाता है, लेकिन यहाँ मूलभूत अंतर है। जब कोई राष्ट्रीय समुदाय के अंग के रूप में अपनी राष्ट्रीयता प्राप्त करता है, तो वह इसे जन्मजात प्राप्त करता है। यह एक सामाजिक-राजनैतिक दर्जा है, वहीं दूसरी तरफ नागरिकता कानूनी प्रक्रिया के तहत सरकार के जरिए हासिल की जाती है। जन्मजात नागरिकता मुल्क के कानूनी प्रावधानों से भी संभव है। इस प्रकार यह राजनैतिक-विधिक दर्जा है, लेकिन आज के राष्ट्र-राज्य के दौर में दोनों 'टर्म' एक ही अर्थ में प्रयुक्त किए जाते हैं।

संपूर्ण आधुनिक वाद-विवाद इस दिशा में है कि केवल राष्ट्र-राज्य ही राष्ट्र हैं। संयुक्त राष्ट्र, 1945 का चार्टर सरकारों के समझौतों पर आधारित दस्तावेज है। बाद के सभी चार्टर या परिपाटी सदस्य राज्यों या सहमत सरकारों द्वारा स्वीकार किए गए। इस दृष्टिकोण के परिप्रेक्ष्य में राज्यों का हम एक रोचक वर्गीकरण एडीटर Leo Suryadinata द्वारा पुस्तक 'Nationalism and Globalization East and west' में पाते हैं—

प्रवासी राज्य—ऑस्ट्रेलिया, संयुक्त राज्य अमेरिका, सिंगापुर

देशी राज्य—इंडोनेशिया, मलेशिया

प्राचीन स्थापित राज्य और आधुनिक राष्ट्र —फ्रांस और ब्रिटेन

प्राचीन राज्य और आधुनिक राष्ट्र—जापान, चीन और भारत

राष्ट्र निर्माण और राष्ट्र विनाश— रूस और यूगोस्लाविया

चीन, भारत और जापान को प्राचीन राज्य व आधुनिक राष्ट्र के रूप में वर्गीकृत करते समय वर्गीकरण का दृष्टिकोण स्पष्ट हो जाता है, जबकि वास्तविक वर्गीकरण इस प्रकार है, ये सभी प्राचीन राष्ट्र व नए राज्य हैं।

पूर्ववत् दृष्टिकोण, भारतीय इतिहास की अज्ञानता तथा वर्तमान भारत की अस्पष्ट समझ के कारण राष्ट्र के रूप में भारत की मान्यता हमेशा प्रभावित रही है। ब्रिटिश राज के दौरान हमें यह बताया गया कि उपमहाद्वीप पर ब्रिटिश राज की स्थापना के कारण 'भारत' राष्ट्र-निर्माण की प्रक्रिया में है। साम्यवादी हमेशा यह कहते रहे कि भारत बहुत से राष्ट्रों का समुच्चय है। यह बहुधा कहा गया कि भारत की कोई सामान्य संस्कृति नहीं है, बल्कि तमाम संस्कृतियों का मिलन है, जो इसकी पहचान को बरकरार रखे हुए हैं। इसलिए यह कहा गया कि भारत एक समान धरोहर पर आधारित राष्ट्र नहीं है, बल्कि यह 'सामाजिक व नागरिक' राज्य है।

इसे भलीभाँति समझ लेना चाहिए कि यह सर्वव्यापक रूप से स्वीकार किया जा चुका है कि 'भारत की संस्कृति चिरंतन है, जो 5000 वर्षों से भी अधिक पहले विकसित हुई। इसने आनेवाली भारतीय पीढ़ियों के मानसिक क्षितिज, मूल्य व्यवस्था और जीवन शैली को विकसित किया, जो आज भी अनेक विदेशी आक्रांताओं व विपुल जनसंख्या विस्तार के बाद आश्चर्यजनक रूप से बरकरार है। यह आज भी भारतीय व भारत के मूल लोगों को एक अलग व्यक्तित्व प्रदान करती है, जैसा कि पहले देती आई है।' 'कल्चर ऐंड डेमोक्रेसी इन इंडिया—आर.सी. अग्रवाल'

सर्वोच्च न्यायालय ने डॉ. प्रदीप जैन के मामले में इस वास्तविकता की पहचान की है, जब पी.एन. भगवती ने टिप्पणी की, ''इतिहास का यह रोचक तथ्य है कि राष्ट्र के रूप में भारत का निर्माण न तो एकसमान भाषा के आधार पर हुआ और न ही इसके भू-भाग पर एक राजनैतिक सत्ता के निरंतर अस्तित्व के कारण, बल्कि इसका आधार सदियों से विकसित हुई एक समान संस्कृति के कारण हुआ। यह एक सांस्कृतिक एकता है, देश के लोगों को एकजुट रखनेवाले दूसरे बंधनों से ज्यादा मजबूत व आधारभूत, जिसने इस देश को राष्ट्र में पिरोया।'' इतिहासकार सर विसेंट स्मिथ लिखते हैं, ''बिना किसी संदेह के, भारत के पास अंतर्निहित मूलभूत एकता है, जो राजनैतिक प्रभुता या भौगोलिक विगलन से ज्यादा शक्तिशाली है। यह एकता जाति, धर्म, वंश, रंग, भाषा व रीति-रिवाज की तमाम विभिन्नताओं को पार करती है। यह वेदकाल से ही एक पवित्र घोषणा है : 'पृथिव्यै समुद्रपर्यन्ते एकराळ'।''

यह अंतर्निहित सांस्कृतिक एकता, हमारी राष्ट्रीय पहचान के सभ्यतामूलक आधार के साथ-साथ चरम जीवन-मूल्य है। ये हमारी जीवन शैली की व्याख्या करते हैं और जो हमारी राष्ट्रीयता की आधारशिला है। अतएव राष्ट्रवाद, जिसका हम उद्घोष करते हैं, वास्तव में सांस्कृतिक राष्ट्रवाद है।

यहाँ पर सिद्धांत व विचारधारा के रूप में राष्ट्रवाद के विकास का संक्षिप्त हवाला देना उचित होगा, ''राष्ट्रवाद की विचारधारा राष्ट्र की संस्कृति से ओतप्रोत होती है—इतिहास की पुनःखोज,

देशी भाषाओं का पुनरुज्जीवन, साहित्य का विकास (खासतौर पर कविता और नाटक) और संगीत, लोकनृत्य व लोकगीत के साथ-साथ देशज कला तथा शिल्प की पुन:स्थापना।'' (एंथनी डी. स्मिथ)

यह राष्ट्रवाद राजनैतिक सिद्धांत के रूप में विकसित हुआ, जिसने राष्ट्र को ऐसी सामाजिक संरचना के रूप में देखा, जो एक समुदाय द्वारा एक समान कानूनों के आधार पर एक निश्चित भू-भाग पर निर्मित की जाती है। इसे 'सिविक नेशन' के तौर पर देखा गया और लोगों के राष्ट्रप्रेम की प्रकृति को राष्ट्रवाद, जो समुदाय की बंधुत्व भावना से ज्यादा; शासन की व्यवस्था से प्रेरित था।

सिद्धांत के तौर पर राष्ट्रवाद का विकास दो स्थितियों पर आधारित है :

राष्ट्र की राजभक्ति।

स्वशासित राष्ट्रों का समुदाय विश्व-शांति का आधार है।

विश्व में हुए हाल के बदलाव, राष्ट्रों के सांस्कृतिक अवयव की नई समझ को दर्शाते हैं। पिछली शताब्दी में खासतौर पर शुरुआती दशकों में पाँच साम्राज्यों के ढहने के बाद नक्शों पर लकीरें खींचकर अनेक राष्ट्रों का उदय हुआ। इसके बाद कुछ राष्ट्र साम्यवादी आधिपत्य में चले गए। सोवियत संघ के विघटन के बाद कृत्रिम सीमाएँ टूटीं और एकसमान धरोहर, रीति-रिवाज व मूल्यों के आधार पर बनी ऐतिहासिक एकता से नए राष्ट्रों का उदय हुआ। यह सिर्फ विखंडन नहीं था, बल्कि राष्ट्रों का उदय था, जो राष्ट्र राज्यों के भीतर सुसुप्त थे।

चीन के बारे में यह कहा जाता है कि यहाँ पर राष्ट्रवाद (राजनैतिक अर्थ में) एक नई अवधारणा थी और इसका उभार 19वीं शताब्दी के मध्य से शुरू हुआ। बतौर राष्ट्र चीन शुरू से ही समुदायों का ढीला-ढाला बँध था, जो एक समान जीवन शैली से जुड़ा था, न कि किसी मसीहाई (Messianic) अपील से। अनेक विभिन्न वर्गों के साथ वे एक लोग हैं। चीन में राष्ट्रवाद की सबसे प्रमुख विशेषता है कि यह राजनैतिक से ज्यादा सांस्कृतिक है। यूगोस्लाविया का उदाहरण सुसुप्त राष्ट्रीय पहचान को रेखांकित करता है। सोवियत साम्राज्य के विघटन के बाद सर्ब व क्रोएट की तमाम राष्ट्रीय पहचान सामने आईं। उसके बाद की हिंसा व संघर्ष तथा अमेरिकी हस्तक्षेप की चर्चा किए बगैर जो बात गौरतलब है, वह है सर्बों की चेतना। यह सर्ब चेतना कोसोवा के उदाहरण से स्पष्ट हो जाती है। कुछ शताब्दी पहले सर्ब तुर्कों के हाथों 1389 में कोसोवा की निर्णायक लड़ाई में पराजित होने पर दु:खी थे। उस दौरान तत्कालीन यूगोस्लाविया तुर्की साम्राज्य का हिस्सा बन गया। आज भी सर्ब उसे याद करते हैं और पराजय के दिन को राष्ट्रीय शोक के रूप में मनाते हैं। यूगोस्लाविया के विघटन के बाद तीन राज्यों का उदय दरअसल, एक अलग अध्ययन का मामला है, लेकिन उल्लेखनीय पहलू यह है कि शताब्दियों तक राष्ट्रीय पहचान जीवित रही, हालाँकि कोई राज्य इसका प्रतिनिधित्व नहीं करता था।

वैश्वीकरण के शोरगुल के बाजवूद राष्ट्रवाद विश्व के राष्ट्रों के लिए एक सुसुप्त विचारधारा है। संसार भले ही 'सम' हो जाए, लेकिन राष्ट्रों की व्यक्तिगत पहचान राष्ट्रवाद की आधारशिला पर सर्वोच्च शक्ति के आधिपत्य को बचाए रखेगी।

फ्रांस के नए राष्ट्रपति की घोषणा इसका उदाहरण है। चुनाव के बाद अपने पहले बयान में निकोलस सारकोजी ने वादा किया कि वे फ्रांस की पहचान को सुरक्षित रखेंगे। (अमेरिकी आधिपत्य

से स्वातंत्र्य की रक्षा, वैश्वीकरण की जकड़ से देश की रक्षा और इस्लामी आतंकवाद द्वारा इस्लामीकरण से पहचान की रक्षा)।

यह ऐतिहासिक स्थापित तथ्य है कि एक राष्ट्र का अस्तित्व भूमि, जन व संस्कृति से त्रि-आधार पर टिका होता है। यही त्रि-आधार एक जन, एक भूमि व एक संस्कृति से राष्ट्र का निर्माण होता है। भारतीय संदर्भ में भी यह सच है। बहुधा अवसरों पर अस्पष्ट सोच के कारण संस्कृति की अवधारणा तथा धर्मनिरपेक्षता के सिद्धांत पर धुँध छा जाती है। बाहर से आए अनेकों मत भारत में पलते हैं और तमाम कारणों से कुछ वर्गों ने इसे अपनाया भी, जिसकी व्याख्या हम यहाँ पर नहीं करेंगे। लोग यह भूल जाते हैं कि हजारों छोटी, बड़ी नदियों के समागम के बाद भी गंगा की मूल धारा वही रहती है। इस देश में पूर्णरूपेण आध्यात्मिक स्वतंत्रता है और रीति-रिवाजों के वैभिन्य हैं, लेकिन सभी में मानवीय संबंधों को निर्धारित करनेवाला जीवन-मूल्य एक ही है। इस अनोखी परंपरा का आप कुछ भी नामकरण कर सकते हैं। आप इसे हिंदू कह सकते हैं, भारतीय कह सकते हैं या सनातन या इंडियन का नाम भी दे सकते हैं।

इस राष्ट्र व राष्ट्र के प्रति विशुद्ध प्रेम ही हमारा मूल सिद्धांत है। हम इसके लिए जीते हैं और इसके लिए मरते हैं। हमारी संस्कृति हमारे अस्तित्व को परिभाषित करती है, जैसा कि दीनदयालजी ने कहा था, "हमारी राजनीतिक, आर्थिक व सामाजिक सोच का आधार हमारी संस्कृति ही है।"

हम इसका पहले ही उल्लेख कर चुके हैं कि हमारी सांस्कृतिक एकता हमारी राष्ट्रीय पहचान की सभ्यतामूल आधारशिला है, साथ ही ये निरपेक्ष जीवन-मूल्य भी हैं। इस समस्त भारतीय क्षेत्र की राष्ट्रीय पहचान को हम भारत- माता के रूप में आदर देते हैं, जिसे पिछले हजारों सालों से यहाँ आए लोगों ने समझा। हिमालय से लेकर हिंद महासागर तक भारत सर्वदा से ही एक भूमि है। वे उत्तरी-पश्चिमी सीमा प्रांत के जरिए आए हों या दक्षिणी-पश्चिम से, खैबर से आए हों या केरल के जरिए, सभी ने इसे इंडिया कहा, जिसका अर्थ भारत-भूमि है। इस भूमि की चर्चा वेदों, पुराणों और बाद के साहित्यों में हुई है। महान् एकीकर्ता आदि शंकराचार्य ने इस धरती के चारों कोनों पर चार मठों की स्थापना की।

संस्कृति की आधारशिला हमारी जीवन शैली का निर्माण करती है। यह मानव-मानव के बीच, मानव से राज्य के बीच, मानव व प्रकृति के बीच तथा मानव व उदात्त ईश्वर के बीच के संबंधों के बारे में निर्देशित करती है। यह मूल्यों, व्यवहारों और सामाजिक समरसता की अलिखित संहिता का उल्लेख करती है। यहाँ पर हमारे अस्तित्व व उद्देश्यों में अंतर्निहित एकता है और ऐसा हमेशा महसूस होता है। यह हमारा दृढ विश्वास है कि मानवीय व्यवहारों की यह संहिता, जो धर्म है, विश्व में शांति व प्रसन्नता की राह दिखाएगी। यह विशाल उद्घोष है, लेकिन इस देश की यही नियति है। हटिंगटन, जिन्होंने 'क्लैश ऑफ सिविलाइजेशन' लिखी, का दावा है कि वर्तमान शताब्दी अमेरिकी शताब्दी होगी। वे कहते हैं कि यदि पिछली शताब्दी सैनिक ताकत से अभिभूत थी, तो इस शताब्दी में अमेरिका अपनी जीवन शैली का विस्तार शक्ति से नहीं, बल्कि 1. व्यक्तिगत स्वतंत्रता, 2. लोकतंत्र, 3. मुक्त बाजार-सिद्धांतों के जरिए करेगा। हमारा विश्वास देश की संस्कृति

में है, जो विश्व को निर्देशित करेगी। यह चार सिद्धांतों पर आधारित है—1. विश्व के समस्त चर या अचर में जीव हैं, जिनमें एक ही चेतना और ऊर्जा का निवास है। 2. धर्म मानवीय व्यवहारों का दिव्य आदेश है। 3. परिवार, कुटुंब, 4. सहमति। ये सिद्धांत सामाजिक समरसता व आचार-मूल्य, पारिस्थितिकी व वातावरण संरक्षण, समंगता व संघर्ष संकल्प तथा लोक-कल्याण व शासन के प्रभावकारी उत्तर हैं।

□

अल्पसंख्यक अवधारणा एवं द्वि-राष्ट्रवाद

मित्रवर महेश जी, मान्यवर मुज्जफर हुसैनजी, भाइयो और बहनो, अल्पसंख्यक अवधारणा एवं द्वि-राष्ट्रवाद विषय पर यहाँ बोलने के लिए महेशजी ने कहा तो मुझे लगा परिसंवाद में तीन लोग बोलेंगे, यदि अल्पसंख्यक आयोग के अध्यक्ष हैं, अंत में बोलेंगे, हमें शुरू में कुछ बोलना है। कभी-कभी प्रारंभ में बोलना आसान रहता है, कभी-कभी अंत में बोलना आसान रहता है। यह जो विद्वत् सभा है, इसके सामने प्रवचन की कोई गुंजाइश नहीं, कुछ विचार जरूर रखूँगा। आज 15 अगस्त है। स्वाधीनता का दिवस है और देश के विभाजन की याद दिलानेवाला भी दिन है। कई लोग इसलिए 14 अगस्त की रात को अखंड भारत के दिवस के रूप में मनाते हैं, इस बात को याद रखने के लिए कि अपनी इस मातृभूमि का विभाजन हुआ है। महाराष्ट्र के एक पुराने प्रचारक थे, रामदास कलसकर। वे कहते थे, ''क्या तरुण के लिए जीवन में ऐसी कोई संजीवनी नहीं हो सकती, जिसके लिए वे निरंतर कार्यरत रहें?'' और कहते थे, ''क्या अंखड भारत एक ऐसा विचार नहीं है, जिसके लिए तरुण उद्वेलित हो उठे। मुझे लगता है, इस देश का विभाजन जितना अनैसर्गिक, जितना अनैतिक है और इसलिए अस्थायी है, उसके बारे में सोचते समय हमें इतिहास की ओर जरा अधिक सजग होकर देखने की जरूरत है।''

राष्ट्रों का विभाजन, यह आज की चीज नहीं है। यह खेल साम्राज्यवादी ताकतों ने इसके पहले खेला है। एक दृष्टि से मैं यह कहूँगा कि इतिहास ने भी खेला है, यानी यूरोप के जो दो राष्ट्र हैं, यूगोस्लाविया और चेकोस्लोवाकिया, उनका इतिहास देखें तो गत दो सौ वर्षों में इनकी जो जोड़-तोड़ होती रही, कभी सर्बिया व क्रोशिया एकत्र रहा, कभी उसको बाँटा गया, कभी इस साम्राज्य में गए, कभी उस साम्राज्य में गए। उनको अपनी राष्ट्रीयता की पहचान के लिए समय भी नहीं मिला। सबको पता है प्रथम विश्व-युद्ध के बाद जब पाँच साम्राज्यों का विलय हो गया और तब जो नेता थे, लीग ऑफ नेशन्स का नाम उन्होंने लिया। उन्होंने 1919 में अपने पास सब अधिकार लिये। अपने को मैंडेट्री कहा और दुनिया के नक्शे पर लाइन्स लगाते हुए राष्ट्र बनाए। फिर से यह खेल होता रहा। द्वितीय विश्व युद्ध के पश्चात् कोरिया में संघर्ष हुआ, कोरिया बँट गया। समझौते में जर्मनी पहले बँटा। वियतनाम में संघर्ष हुआ, वियतनाम बँट गया। हिंदुस्तान भी बाँटा गया। हम देखते हैं वियतनाम एक हो चुका है, अपने बूते। जर्मनी एक हो चुका है, कोरिया की होने की

इच्छा है, भारत के एक होने की कोई संभावना नजर नहीं आती, लेकिन इन सब विभाजनों में भारत का केस कुछ अलग है। ऐसा मुझे लगता है, क्योंकि यहाँ राष्ट्र की जो परिभाषा हुई, विशेषकर इस्लाम की, उसके कारण इस देश का बँटवारा हुआ। एक राष्ट्र दो में बँटा, ऐसा नहीं, दो राष्ट्रों का विचार रखा गया और उसके कारण देश बँटा। अल्पसंख्यकवाद के कारण द्वि-राष्ट्रवाद उत्पन्न नहीं हुआ है, उलटा द्वि-राष्ट्रवाद के विचार के कारण अल्पसंख्यकवाद उत्पन्न हुआ और एक दृष्टि से द्वि-राष्ट्रवाद और अल्पसंख्यकवाद एक-दूसरे के साथ मेल नहीं खाते। यह Contradiction in terms है। You are either a separate nation or a minority in a National Society you can't be both. यदि मुसलमान एक अलग राष्ट्र है, तो मुसलमान इस देश में अल्पसंख्यक नहीं हो सकता है। दूसरे राष्ट्र से ही आनेवाला अल्पसंख्यक National Minority है। उसका उल्लेख इंटरनेशनल कंवेंशन में है। भारत के संविधान में ऐसे अल्पसंख्यक को स्थान नहीं। भारत के संविधान में जो अल्पसंख्यक है, वह Religious या Linguistic Minority है, न कि National Minority. इसलिए इस देश के मुसलमान को भी यह सोचना पड़ेगा Whether I belong to a separate Nation or I belong to a National Society?

इस प्रश्न का उत्तर इस देश के मुसलमान को स्वाधीनता के पचास वर्षों के बाद भी खोजने की आवश्यकता उत्पन्न हो गई है। इस्लाम की ये जो अभिव्यक्ति इस देश में हो गई है, यह एक इस्लामी मानविकता की परिचायक है। जो मानसिकता आज दुनिया भर में विद्यमान है। 11 सितंबर के बाद 3 नवंबर को ओसामा बिन लादेन ने एक घोषणा की। 11 सितंबर को जो हुआ, उसके बारे में संतोष व्यक्त करते हुए ओसामा ने कहा कि हमारी मान-हानि, हमारा humiliation अस्सी वर्षों से होता रहा है। ये अस्सी वर्ष कहाँ से आते हैं? 1920 में ऑटोमन साम्राज्य का विलय हो गया। 1924 में खिलाफत नष्ट हो गई। यह अपमान इस्लामिक नेशन का है। इस अपमान का बदला मैं लेना चाहता हूँ, और इस्लामिक नेशन की श्रेष्ठता दुनिया में प्रस्थापित करना चाहता हूँ। ओसामा बिन लादेन इसके लिए कार्यशील है। ओसामा के जो अनुयायी हैं, वे सब बड़े शालीन, बड़े studious, बड़े विद्वान् विद्यार्थी रहे हैं। सार्वजनिक जीवन में उनका व्यवहार बहुत सज्जनता का रहा है, लेकिन वे काम जो कर रहे हैं, पैसे के लिए नहीं, मान के लिए नहीं, सत्ता के लिए भी नहीं। उनको लगता है कि यह मेरा इस्लामिक राष्ट्र का दायित्व है। इस इस्लामिक राष्ट्र की कोई अपनी भूमि अलग से नहीं है। मैं दारुल, अरब और इस्लाम की चर्चा में नहीं जाऊँगा, लेकिन यह वास्तविकता अपने देश की स्थितियों को देखते हुए हमें ध्यान में रखने की जरूरत है। जुल्फिकार अली भुट्टो ने 1971 में बांग्लादेश के बारे में जब संभावनाएँ बढ़ रही थीं कि पाकिस्तान टूटनेवाला है, तब एक पेम्फलेट में लिखा, जिसका शीर्षक है, 'The Great Tragedy' उन्होंने लिखा कि मुहम्मद बिन कासिम ने एक हजार वर्ष पहले हिंदुस्तान की भूमि पर जब कदम रखा, वह पाकिस्तान का Starting Point है। Creation of India and Pakistan was merely a formality. एक हजार साल पहले डिवीजन प्रारंभ हुआ That was formalised by India & Pakistan. भुट्टो 1971 में लिखते हैं। इस द्वि-राष्ट्र का आधार मुसलमानों का भ्रांत राष्ट्रवाद है, जिसके परिणाम यह देश 50 वर्षों से भुगत रहा है, जिसके परिणाम आज दुनिया भुगत रही है। दुनिया में आज जहाँ-जहाँ

violence है, जहाँ-जहाँ आतंक है, वहाँ-वहाँ इस्लामिक आतंक है और कोई नहीं है। हिंदुस्तान में हम देख रहे हैं, अमेरिका उसका पहली बार अनुभव ले रहा है, चेचन्या में यही है। इंडोनेशिया टूटा, वहाँ भी यही है। हमको लग रहा था कि हमारा जो आस-पास का साउथ एशिया का क्षेत्र है, वहाँ का मुसलमान अपने पूर्वजों को भूला नहीं है, अपनी परंपराओं को इस्लाम स्वीकार करने के बाद छोड़ा नहीं है, यानी मलेशिया है, थाईलैंड है, इंडोनेशिया है, लेकिन वहाँ भी ओसामा का भाई हम्बानी आकर बैठा। इंडोनेशिया में जो हुआ, जिसने बम-विस्फोट किया, उसका हँसनेवाला चेहरा आप सबने अखबारों में देखा होगा। तो यह दुनिया भर में भ्रांत राष्ट्रवाद, जो अस्सी साल पहले की पराजय का बदला लेना चाहता है, आज विद्यमान है। इसका आविष्कार आज भी अपने देश में हो रहा है।

इसके बाद ध्यान में आता है अल्पसंख्यकवाद का स्थान। आज अल्पसंख्यकवाद अपने देश में जो आया, उसका भी जो इतिहास है, उसके बारे में मुजफ्फर अलीजी ने कहा कि यह तो Legue of Nations ने विषय उत्पन्न किया, क्योंकि उन्होंने नक्शे पर लाइन लगाते हुए जो देश बनाए, उन देशों में अन्य राष्ट्र के जो स्वाभाविक नागरिक हो सकते हैं, ऐसे लोग अल्पसंख्यक रहें और इस्लाम की, ख्रिश्चानिटी की जो परंपरा है, जिसमें Ethnic Cleansing का उनका जो बड़ा इतिहास है, कहीं भी उनका प्रभाव हो, कोई अल्पसंख्यक सुरक्षित नहीं रह सकता। हिंदुस्तान के मुसलमान जब झगड़ते हैं, तो मैं कहता हूँ They are proving that their ancestors were Hindus. लेकिन दुनिया भर में शिया हो, सुन्नी हो, अहमदी हो, कैथोलिक, प्रोटेस्टेंट हो, आर्थोडॉक्स हो, बेझंटाइन हो और यहूदी हो। ये सब आपस में झगड़ते रहें। ग्रीक आर्थोडॉक्स ने अपना अलग सा चित्र रखा, अलग सा राज्य रखने का हमेशा प्रयास किया। वहाँ आनेवाला कोई और Religious denomination का है तो उसके Identity Card पर उसका Religious denomination लिखना चाहिए, ऐसा संवैधानिक कानून कि because they are proud of their orthodox Church. तो यह इतिहास होने के कारण जब नवीन राष्ट्र 1919 के बाद बने, उनमें जो अल्पसंख्यक रह गए, हंगरी के पोलैंड में, पोलैंड के ऑस्ट्रिया में, उनके लिए League of Nations में अल्पसंख्यकों को सुरक्षा मिलनी चाहिए, उनकी अपनी जो संस्कृति है, उनकी अपनी जो भाषा है, उसमें व्यवहार करने का अधिकार मिलना चाहिए, ऐसा प्रावधान किया। जो प्रावधान बाद में 1966 में United Nations के International convention on civil and political rights है, उसमें आया। उसमें केवल अपनी संस्कृति के साथ जीने के अवसर की बात है। मैं आपको वह पढ़कर सुनाना चाहता हूँ। International covention में कहा गया Ethnic religious or Linguistic Minority, इसमें National Minority का उल्लेख नहीं है। इसके बाद 1990 में जब Human Rights के बारे में Elaborate thought किया, Declaration of rights of persons belonging to international or ethnic religious and linguistic minority, में उसमें national शब्द आया है, Civil और Political rights में नहीं है। उन्होंने कहा—ethnic, religious or linguistic minority shall not be denied, their right, in community with other members of their community (यह सामूहिक अधिकार है, व्यक्ति का नहीं। To enjoy their own culture, to profess & pratice, their own religion (not to propagate), and to use their own language.)

यह अल्पसंख्यकों का अधिकार है। शुरुआत 1919 में हुई। अपने देश में एक ओर देश बँटा, जो मुसलमान अपने लिए अलग राष्ट्र माँगते थे, उनके लिए राष्ट्र बना। कहा जाता है कि जिन्होंने पाकिस्तान नहीं माँगा था, उनको पाकिस्तान में रखा गया और जिन्होंने पाकिस्तान की माँग की, वे हिंदुस्तान में रह गए हैं, जिससे सब समस्याएँ हो रही हैं। ऐसी स्थिति में अपने देश में अल्पसंख्यक की क्या भूमिका रहनी चहिए, कौन होगा अल्पसंख्यक? यह प्रश्न उत्पन्न होता है। संविधान सभा में इस विषय पर चर्चाएँ चलीं। संविधान सभा के पहले जो पहला प्रस्ताव राष्ट्रीय कमेटी ने रखा, उसमें मुसलमानों को विधानसभा में, लोकसभा में आरक्षण का प्रावधान था। भगवान की कृपा से संविधान सभा ने उसको नकारा, क्योंकि अंग्रेजों ने बताया था। हमारा संविधान उनके लिए तो बना, लेकिन संविधान सभा में भाषण करते हुए संविधान सभा के एक मुसलमान सदस्य नजमल हुसैन ने कहा कि अब इस देश में अल्पसंख्यक कोई नहीं है। अल्पसंख्यक का कोई अधिकार यहाँ नहीं होगा। फिर भी अल्पसंख्यकों के लिए प्रावधान दिया गया और प्रावधान का परिणाम यह हो गया कि हिंदुस्तान में अल्पसंख्यक होना एक Privilege हो गया। अल्पसंख्यक होने के कारण असुरक्षा। असुरक्षा के कारण संवैधानिक अधिकार। अब आपको असुरक्षित रहने की जरूरत नहीं। Constitution Protects you. You are more equal than equal. इसलिए इस समाज के स्वाभाविक अंग रहनेवालों को भी अल्पसंख्यक कहलाने का मोह हो गया। जैनों को हो गया, रामकृष्ण मिशन को हो गया। यानी हिंदुत्व की वेदांत की प्रतिष्ठा के लिए जिस मिशन की स्थापना हुई, उस मिशन ने कहा कि हिंदुस्तान में हम एक अल्पसंख्यक समाज हैं, क्योंकि अपने देश में अल्पसंख्यक होना एक Privilege की बात है, यानी मूल कल्पना को उसके सिर पर खड़ा करना। कहते हैं कि मार्क्स ने हेगेल को अपने सिर पर खड़ा किया। वैसे ही सुरक्षा की मूल कल्पना को अपने सिर पर खड़ा करते हुए अल्पसंख्यकवाद ने कहा कि इस देश में अल्पसंख्यक होना तो Privlege की बात है।

यह अल्पसंख्यकवाद जिस यूरोपीय पृष्ठभूमि से अपने देश में उत्पन्न हो गया, उसमें से सब प्रकार के जो प्रश्न उत्पन्न हो गए हैं, उनका उत्तर अखंड भारत के विचार में है क्या, उनका उत्तर अल्पसंख्यकों के अधिकारों के बारे में चर्चा करने का है क्या? यह सोचने की जरूरत है। अपने देश में एक debate होने की जरूरत है। इस देश में रहनेवाले मुसलमानों की मनःस्थिति यह है कि मुसलमान इस देश के राष्ट्रीय समाज का अंग है। यह भी है कि मुसलमान इस देश के राष्ट्रीय समाज के अंग के रूप में इस देश में रहे, यह एक स्वाभाविक चीज है, लेकिन राष्ट्रीय समाज के अंग के रूप में रहते हुए राष्ट्रीय समाज के जो स्वाभाविक दायित्व रहते हैं, उनका निर्वाह करने की भूमिका मुसलमान में कैसे उत्पन्न होगी और मुसलमान की यह भूमिका राष्ट्रीय हित के लिए है, यह विचार हिंदू के मन में कैसे उत्पन्न होगा? एक राष्ट्रीय बहस इस देश में इस विषय पर openly करने की जरूरत है। इस विषय पर बोलनेवाले दो प्रकार से कतराते हैं—एक को ऐसे लगता है कि मुझे तो मुसलमान के बारे में कुछ कहना हो तो मुझे यही कहना चाहिए कि उनकी सुरक्षा होनी

चाहिए। मुझे यही कहना चाहिए कि उन पर अन्याय हो रहा है। मुझे यही कहना चाहिए कि जैसे गुजरात में हुआ, वैसा genocide होनेवाला है। इसमें मेरा राजनीतिक स्वार्थ है, इसमें मेरा राजनीतिक हित है। ऐसा कहनेवाला एक बहुत बड़ा तबका अपने देश में है। दूसरा तबका, जो मुस्लिम मानसिकता का शिकार हुआ है, उसको ऐसा लगता है कि इन्होंने इतना लगातार हम पर अन्याय किया है, इस दृष्टि से majority होने के बाद भी हमारा इस देश में शोषण हो रहा है। विचार यदि किसी को करना है तो केवल मुसलमान को करना है। मेरे विचार करने की कोई गुंजाइश नहीं है।

हम यह कह सकते हैं, जो हर चीज के बारे में है कि सत्य और वास्तविकता इन दो भूमिकाओं के बीच में कहीं है और वह वास्तविकता है, जिसका मैंने उल्लेख किया कि हिंदुस्तान के राष्ट्रीय समाज की परिभाषा में इस देश में रहनेवाला, जिसके पूर्वज हिंदू ही थे, ऐसा मुस्लिम समाज है। इसका एहसास हिंदू और मुस्लिम समाज दोनों को होने की जरूरत है अन्यथा अपने देश में रहनेवाला मुसलमान पाकिस्तानी माना जाता है, पाकिस्तानी कहलाता है। पुराने उसके जो उदाहरण हैं, उसमें जाने की जरूरत नहीं। हिंदुस्तान और पाकिस्तान की लड़ाई में मुसलमान किसकी जीत पर आनंदित होता है, किसकी हार पर दुखी होता है, लेकिन यह मानने का जो तरीका है, इससे यदि हटना है तो कुछ मुसलमान समाज में करने की जरूरत है और कुछ थोड़ा हिंदू समाज में करने की जरूरत है। उसमें एक चीज पर बहस होने की जरूरत है कि यह द्वि-राष्ट्रवाद, जिसके आधार पर पाकिस्तान का निर्माण हुआ, यह एक भ्राँति है, एक Illusion है, एक गलती है। इस्लाम By itself कोई राष्ट्र नहीं है। ऐसा कहते हैं कि राष्ट्र की कल्पना एक आधुनिक विचार है, लेकिन ध्यान में आता है कि आधुनिक विचार है तो 400 वर्ष पहले हुई अपनी पराजय के बारे में आज तक सर्बिया दुःखी क्यों है? 700 वर्ष पहले हुई अपनी स्थिति के बारे में आज का यूक्रेन प्रक्षुब्ध क्यों है? तो इसका अर्थ राष्ट्र एक मॉडर्न कल्पना जरूर है, लेकिन हर राष्ट्र के जीवन में एक भूमि, उस पर रहनेवाला एक जन और उस जन को भूमि से जोड़नेवाला एक विचार, जिसको स्मिथ ने कहा Ethnie है। हर समाज की अपनी एक Ethnie है, यानी उसकी पुरानी Cultural व्यवस्थाएँ, उसकी पुरानी Cultural memories और उस आधार पर उस समाज को जोड़नेवाली मानसिकताएँ।

समाज मानसिकता से जोड़ा जाता है और एक भूमि पर वक्त जब पलता है, तब उसका राष्ट्र निर्मित होता है। इसलिए without ethnie, no nation exists. और यदि आप Nation उत्पन्न करने का प्रयास करें, The nation will crumble. ऐसी स्थिति में उस एथनी का विचार यदि हम करें तो Islam is no ethnie. इस्लाम का भूमि से कोई संबंध ही नहीं है। Islam by itself is not a nation. और यदि ओसामा की कोई मूलभूत भूल है, तो यह है कि वह एक Extra nation की कल्पना कर रहा है। जब भी प्रारंभ में किसी ने कहा कि कोई दो इस्लामिक नेशन्स एक-दूसरे के साथ जाने के लिए तैयार नहीं हैं। उन्होंने जब भी जाने का प्रयास किया, कुछ समय तक भी एक-दूसरे के साथ नहीं रह सके, उनका सबसे बड़ा प्रयास 30-40 साल पहले हुआ, उसके बाद कभी नहीं हुआ। इस प्रयास के बाद उन्होंने जो मार खाई, शायद उनको लगा हम एक साथ आए और अलग रहे, कोई फर्क नहीं है, लेकिन इस्लाम के आधार पर कोई भी दो समुदाय एकत्र नहीं हो सकते, यह पक्का है।

इस्लामिक राष्ट्र जो बने हैं, उनकी कोई एथनी है, ऐसा मैं नहीं मानता हूँ, क्योंकि वह तो अंग्रेजों ने और फ्रेंचों ने एक नक्शे पर लाइन लगाकर बनाया है। इराक जब बनाया उन्होंने 1923 में, उन्होंने सोचा, थोड़ा उसमें सुन्नी डालेंगे, थोड़ा उसमें शिया डालेंगे, थोड़ा उसमें कुर्द डालेंगे और एक ऐसा राष्ट्र बनाएँगे which will always be weak. तीनों हैं, इराक में तीनों बाँटते हैं। इस दृष्टि से जो राष्ट्र बने हैं, उनकी एथनी का विचार अलग होगा, लेकिन वह अलग विषय है। मैं कहने जा रहा हूँ कि Islam by itself can't be a nation.

यदि ऐसा है तो हिंदुस्तान में इस्लाम के नाम पर जो बना, वह Unnatural राष्ट्र है और Unnatural जो है, वह थोड़ा लंबा चलेगा, लेकिन उसका टूटना अटल है। इस दृष्टि से द्वि-राष्ट्रवाद का व्यावहारिक विचार, सैद्धांतिक विचार, अपने देश की पस्थितियों में मूलभूत विचार फिर एक बार करने की जरूरत है। द्वि-राष्ट्रवाद यदि हम नकारते हैं, तो उसके आधार पर बनता अल्पसंख्यकवाद भी नकारने की जरूरत है। अल्पसंख्यकवाद इस देश को आगे नहीं ले जाएगा। अल्पसंख्यकों की सुरक्षा इस देश की भूमिका में निहित है। इस देश के किसी भी अल्पसंख्यक के साथ अन्याय नहीं हुआ, यानी इस देश की चित में वह है नहीं, यानी कभी भी आक्रमण करने का विचार हिंदू समाज में नहीं आता है। हाँ, यह ठीक है कि देश भर में जो दंगे हुए, उनमें दंगा कब शुरू करना है, और कब बंद करना, यह भी मुसलमान तय करता है। अब परिस्थिति बदली है, मुसलमान दंगा शुरू करना तय कर सकता है, बंद करना उसके हाथ में नहीं रहता है। इसलिए अल्पसंख्यकवाद यदि बंद होना है, सुरक्षा की गारंटी हमारे संविधान में है, हमारे स्वभाव में है, हमारी परंपरा में है। Article 14 is not confined to citizens. हम हमेशा कहते हैं। बाकी जो Article 19 के अधिकार हैं, वे Citizens के लिए हैं, लेकिन कानून के सामने समानता का जो अधिकार है, वह हर व्यक्ति को इस देश में रहनेवाले Alien enemy को भी उपलब्ध है। Equality before law, equal protection of the laws to any person यह संविधान की गारंटी है। इसके आधार पर अल्पसंख्यक समुदाय का विचार इस देश में केवल वोट की राजनीति से ऊपर उठकर करना प्रारंभ होगा, तभी इस प्रश्न का उत्तर शायद मिलेगा। यदि यह नहीं होता है, तो देश के समाज की जागृति में इस प्रश्न का उत्तर निहित है।

□

चारित्रिक परिवर्तन

कुछ दिन पूर्व मैं पुणे के नजदीक पिंपरी चिंचवड नगर निगम क्षेत्र में क्रांतिवीर चापेकर स्मारक समिति द्वारा आयोजित एक संगोष्ठी में भाग लेने गया था। दो दिन के संविमर्श का विषय था—'वंचितों की शिक्षा'। जिनको अंग्रेजों के विदेशी शासन ने अपराधी जनजातियाँ करार दिया था, आज भी ऐसी विमुक्त जनजातियों की स्थिति सुधरी नहीं है। ऐसी ही जनजातियों, वेश्याओं की संतानों एवं दलितों/वंचितों के बच्चे व संपूर्ण समाज के गरीब तबके के श्रमजीवी बच्चों के विकास हेतु काम करनेवाले कर्मठ सामाजिक कार्यकर्ताओं का वह चिंतन शिविर था। पंडित दीनदयाल उपाध्याय के जन्मदिवस के अवसर पर उनके जीवन व विचार की सार्थकता के बारे में सोचते हुए मुझे उस चिंतन शिविर का स्वाभाविक रूप से स्मरण हो आया। आखिर दीनदयालजी के अकाल व अनैसर्गिक निधन के 40 वर्ष बाद भी क्या हम अपने समाज के अंतिम छोर पर बैठे वर्ग के बारे में अधिक जाग्रत् हुए हैं, यह विचार मन में उमड़ता है।

1968 से आज तक, उनके जाने के बाद राजनीति, अर्थजगत् तथा सामाजिक जीवन में हर प्रकार की उथल-पुथल होती रही है, संकट आते रहे हैं। आशाएँ जगी हैं और निराशा ने घेरा। भारत विश्व पटल पर एक विशिष्ट स्थान प्राप्त कर रहा है, फिर भी कुछ मूल समस्याएँ वहीं-की-वहीं हैं। वंचितों की न बदलनेवाली दु:स्थिति और उनमें शिक्षा का अभाव ऐसी समस्याओं में से ही एक है।

इनमें से प्रत्येक समस्या के लिए दीनदयालजी के विचार मार्गदर्शक हैं। राजनैतिक क्षेत्र में परिवर्तन का प्रण लेकर उन्होंने एक कर्तव्य भाव से प्रवेश किया और उस व्रत का परिपालन अंत तक किया। जिस दल विशेष के माध्यम से उन्होंने अपना यह जीवन-व्रत निभाया, उस दल के लिए उनका पुन:स्मरण केवल प्रासंगिक ही नहीं, अपितु अत्यंत आवश्यक है।

राजनीति में उनके विचार का बीज वाक्य था—चारित्रिक परिवर्तन। 'हम केवल एक सत्ताकांक्षी दल की भूमिका निभाने के लिए नहीं, अपितु एक व्यापक वैचारिक आंदोलन के अंग के रूप में यहाँ का चरित्र बदलने के लिए आए हैं।' इस वाक्य को सिद्धांतत: आज भी दोहराया जाता है, परंतु हमें सोचना होगा कि इस आकांक्षा की उपलब्धि की तुलना में अनुपलब्धियाँ बहुत हैं। जो ध्येय दीनदयालजी ने हमारे सामने रखा था, उसको प्राप्त करने से हम आज कितने दूर हैं, इसका आकलन आवश्यक है। संगठन में, सत्ता में, चुनाव लड़ते समय तथा चुनावों के बाद वर्तमान प्रचलित

सामान्य सुविधावाले मार्गों को छोड़ने की हिम्मत दिखानी होगी। भ्रष्टाचार हो या सिद्धांतों के विपरीत नीति या कार्यकर्ताओं की अपेक्षाएँ हों, चरित्र बदलने की प्रक्रिया को हिम्मत के साथ आगे ले जाना होगा।

वाम–दक्षिण के द्वैत में हमने जनविरोधी मिथकों के परे देशहित की नीतियों पर बल दिया। महासत्ताओं से या एकमेव महासत्ता से संबंध की कसौटी में भी यही दृष्टि रही है, परंतु हमारी छवि उस प्रकार से सर्वहारा के पक्षधर की नहीं बन पाई, तो इसका एहसास रखते हुए हमें कुछ विशेष प्रयास तथा नीतियों एवं व्यवहार में परिवर्तन करने होंगे। दीनदयालजी ने सत्ता की उपयोगिता और संवैधानिक रचना में सर्वंकषता आँकने में कभी गलती नहीं की। 'जनहित की कीमत पर सत्ता का समीकरण' उनके विचारों ने नकारा। वर्तमान परिस्थितियों में इस सूत्र का भी स्मरण उपयोगी होगा। कार्यकर्ता के लिए विचार की शुद्धता, आचार की पारदर्शिता व व्यवहार की श्रेष्ठता के वे मूर्तिमंत आदर्श थे। आज स्वार्थपरक वातावरण में, उपभोगवादी जीवन–दृष्टि में इन तीनों बातों का अनुसरण आसान नहीं रहा है। विचार में एक शिथिलता आई है, संपूर्णता या एकात्मता का विचार केवल शाब्दिक उपयोग की बात रह गई है। यह नीति विचार की कसौटी पर निखर कर आनी चाहिए, इसके लिए विशेष प्रयासों की आवश्यकता है। वस्तुत: विचार परोक्ष रहता है, आचार ही प्रकट होता है। जहाँ तक व्यवहार की बात है, समाज में अब दो वर्ग बताए जाते हैं, एक सामान्यजन, दूसरे राजनीतिक जन। विचार होना चाहिए कि इसी व्यवस्था को, इसी चरित्र को बदलने के लिए दीनदयालजी राजनीति में रहे, दल का भी वह उद्देश्य रहा। सोचना चाहिए कि आज उस दिशा में और क्या हो सकता है।

वंचितों की एक अपनी दुनिया है। समतुल्यता में भी एक विषमता है। भारत को इन परिस्थितियों में समता और समृद्धि का जो मार्ग ढूँढ़ना है, उसके लिए दीनदयालजी की समग्र दृष्टि से मार्गदर्शन लेना होगा। एकांगी भाव, एकांगी विकास या एकांगी मिथक से मार्ग नहीं मिलेगा। पूँजीवादी बनते हुए सर्वहारा की वकालत करनेवाले कम्युनिस्टों की अंतर्विरोध की स्थिति में पहुँचने की अवस्था से सबक लेना होगा। मार्ग तो अपना ही होगा, दिशा–दर्शक दीनदयालजी होंगे। आज देश सामाजिक बिखराव की स्थिति में है। वोट बैंक की राजनीति अब केवल मुसलमानों के अनुनय तक सीमित नहीं है। वह तो अपने आप में एक राष्ट्रीय संकट है, उस राजनीति का परिणाम राष्ट्रीय सुरक्षा से जुड़ा है, परंतु आज की चुनाव प्रणाली में जातिगत वोटबैंक का जो संकट आया है, वह समाज को विखंडित कर रहा है। एक नया विद्वेष उत्पन्न हो रहा है। वोट के कारण जातीय गुटबंदी हो रही है। इनका उत्तर शायद किसी और प्रकार की जातियों की एकजुटता नहीं होगी। दीनदयालजी द्वारा दिखाए गए सामाजिक एकता का दर्शन ही हमें इस समाज की एकात्मता का विस्मरण नहीं होने देगा।

□

अत्यतिष्ठत् दशांगुलम्

कार्यपद्धति

'जनसंगठनशास्त्र' एवं वर्तमान 'प्रबंधशास्त्र' की परिभाषा में 'यशवंतरावजी केलकर द्वारा विकसित कार्यपद्धति' एक अनुसंधान योग्य विषय बन सकता है।

संगठन की रचना, व्यक्तियों के पारस्परिक संबंध तथा पूरकता, उनकी तथा संगठन की वैचारिक स्पष्टता एवं प्रतिबद्धता, दर्शन एवं व्यवहार का सामंजस्य, सिद्धांतनिष्ठा के साथ मानवीयता का समन्वय, अर्थात् विचार-दर्शन होते हुए भी, यह एक मनुष्यों का संगठन-कार्य होने की व्यावहारिक अनुभूति के कारण 'संयोग व संतुलन' आदि विभिन्न पहलू इस कार्यपद्धति में निहित हैं।

प्रत्येक अखिल भारतीय संगठन का अपना एक संगठनात्मक ढाँचा होता है। परिषद् की रचना प्रदेश तथा उनके अंतर्गत शाखाओं में विकेंद्रित है, जिसकी लघुतम इकाई नगर में स्थित प्रत्येक महाविद्यालय होता है। इन शाखाओं के कार्य का समन्वय एवं सुसूत्रता हेतु जिलों एवं विभागों (विश्वविद्यालय के अधिकारक्षेत्र से समकक्ष) के अनुसार व्यवस्था की जाती है। यशवंतरावजी की धारणा थी कि इनमें से प्रत्येक घटक-इकाई का कार्य पूरे वर्ष भर के लिए चलना चाहिए। सामाजिक संस्थाओं के नियमों के अनुसार 'इकाई-गठन' की जैसी संवैधानिक प्रक्रिया होती है, उसी प्रकार परिषद् में भी प्राय: कई स्थानों पर वर्षारंभ के समय सदस्यता भर्ती, आगे अध्यक्ष एवं मंत्री का चयन, कार्यकारी परिषद् की नियुक्ति होती है। इस प्रक्रिया के अनुसार इकाई का गठन होने के पूर्व कार्य प्रारंभ नहीं होता, अर्थात् सदस्यता-भर्ती का प्राथमिक कार्य ही लंबा खींचा जाने पर न इकाई बन पाती है, न कार्य का प्रारंभ हो पाता है। अत: यशवंतरावजी की मान्यता थी कि अपना कार्य एक निरंतर व्यवस्था के अंतर्गत होने के कारण जो इकाई वर्षभर नियमित रूप से कार्यरत है उस का अगले वर्ष का कार्य-संचालन या अस्तित्व भी नए सिरे से कार्यकारिणी का गठन होने तक रुका रहना ठीक नहीं। सदस्यता-भरती, पदाधिकारियों का चयन, कार्यकारिणी की नियुक्ति आदि प्रक्रियाएँ निरंतर चलनेवाले कार्य का एक अंश मात्र होता है, प्रत्यक्ष काम की रचना-योजना-वृद्धि-विकास कार्यकर्ताओं की सामूहिक जिम्मेदारी पर निर्भर होती है। उसी में से कोई एक अध्यक्ष बनेगा, कोई मंत्री, किंतु उसकी औपचारिकता पूरी होने तक कार्य का रुकना या विलंब होना उचित नहीं अर्थात् निरंतर कार्यरत प्रत्येक इकाई का कार्य या रचना प्रतिवर्ष पुन: इकाई-गठन की प्रक्रिया पूरी होने पर निर्भर रखना यशवंतरावजी की मान्यताओं के विपरीत था।

एक शाखा

संपूर्ण वर्ष भर में कार्यरत रहना, न कि केवल प्रासंगिक एवं तत्कालीन मुद्दों को लेकर आंदोलन करना, विद्यार्थी परिषद् जैसे संगठन का स्वभाव है। उसे प्रत्यक्ष व्यावहारिक रूप देने हेतु आवश्यक है कि परिषद् की प्रत्येक शाखा का स्वरूप इस प्रकार निरंतर कार्यरत व्यवस्था का हो। परिषद् की अखिल भारतीय प्रतिमा निर्भर होगी इस प्रकार से अस्तित्व रखनेवाली शाखा, उसकी कार्यक्षमता, कार्यकर्ताओं को निर्माण करने का कृतित्व, निरंतर कार्य एवं सक्षम निर्दोष व्यवस्था आदि पर। विद्यार्थी परिषद् की अखिल भारतीय प्रतिमा का प्रत्यक्ष दर्शन स्थानीय शाखा के कार्य में से होता है अतएव परिषद् की एक शाखा ही उसका मूलाधार रहता है।

यशवंतरावजी ने इसी दृष्टि से एक शाखा के कार्य के प्रत्येक पहलू का विस्तार से विवरण अपने प्रारूपों द्वारा प्रस्तुत किया। निर्णय-प्रक्रिया, कार्यालय, कोष, बैठकें, कार्यकर्ताओं से व्यक्तिगत संपर्क, कार्यक्रमों का आयोजन, अग्रिम एवं पूर्ण योजना, अनुवर्तन, नवागतों का स्वागत, कार्यकर्ता प्रशिक्षण, लोकसंपर्क, पुराने कार्यकर्ता, परिवार एवं अन्य संगठन आदि विभिन्न पहलुओं पर विस्तृत रूप से विचार रखते हुए उन्होंने यह दृष्टि भी प्रदान की कि परिषद् का कोई भी कार्यकर्ता एकदम प्रांतीय या अखिल भारतीय स्तर का नहीं होता, मौलिक रूप से उस की जड़ें, कार्य एवं सहभाग की दृष्टि से, किसी एक शाखा में कुछ मात्रा में अवश्य ही बनी रहनी चाहिए। मूलत: वह किसी शाखा का होने पर ही अखिल कहलाएगा। हवा में न कार्य खड़ा होगा, न कार्यकर्ता।

बैठकें

बैठकों के संचालन एवं निर्णय-प्रक्रिया में हरेक पहलू पर वे किसी साहित्यकार की परिपूर्ण सृजनात्मकता के साथ रस लेते थे। बैठक को वे एक कलाकृति मानते थे, जिस का उचित ढंग से प्रारंभ, मध्य एवं समाप्ति करना वे आवश्यक समझते थे अर्थात् इस हेतु पर्याप्त पूर्व योजना एवं गृहकार्य (होमवर्क) करने पर उनका आग्रह रहता था। बैठक में रखे जानेवाले विषयों का पूर्वनिर्धारण, उनमें निहित विभिन्न पहलुओं पर अपेक्षित सदस्यों में पहले से ही अनौपचारिक विचार-विमर्श, इसी माध्यम से बैठक में सभी का सहभाग संभव है अर्थात् प्रत्येक सदस्य द्वारा बैठक का गृहकार्य तैयार करना ही बैठक की सफलता का लक्षण होता है। प्रत्येक बैठक के संदर्भ में अखिल भारतीय एवं प्रांतीय, तथा वैचारिक या संगठनात्मक परिप्रेक्ष्य के साथ-साथ, स्थानीय शाखा के विकास का भी एक आयाम ध्यान में रखते हुए बैठकों का संचालन किया जाना चाहिए। बैठक के संचालन का काम सर्कस के जोकर जैसा होता है, सब कुछ जानकर भी वह सबके साथ चलता है, सबके तनावों को भी सहलाता है। बैठक में हास-परिहास एवं व्यंग्य सहज रूप से विद्यमान हो, न कि केवल राष्ट्रीय समस्याओं के गांभीर्य का ऊबाऊ बोझ। गहन चर्चा के भारी वस्त्र की किनार स्वस्थ व्यंग्य से सजनी चाहिए। वे अपने अनुभवों के पाथेय से कई रोचक घटनाएँ सुनाते थे जिनमें एक ओर कार्यकर्ता गंभीरता से ओत-प्रोत भाषण के भारीभरकम हमले करता था,और दूसरी ओर उसकी मार से बचने के प्रयास में लगे हुए अन्य सदस्यों की दयनीयता नजर आती थी। बैठकों में होना चाहिए विचार-विमर्श, न कि केवल कार्यक्रमों, व्यवस्थाओं एवं कार्यविभाजन की चर्चा । ऐसा

होना भी उचित नहीं कि कोई एक बोलता जा रहा है और बैठक में अन्य सभी उसे स्वीकार कर रहे हैं। इसीलिए उनका प्रयास रहता था कि नित्य साप्ताहिक बैठकों में भी सप्ताहांतर्गत घटनाओं एवं समाचारों के संदर्भ में अपने राष्ट्रीय विचारों, नीतियों एवं सिद्धांतों की चर्चा हो, जो बैठक के अतिरिक्त भी चलती रहे।

इस प्रकार की पूर्वसिद्धता के साथ संचालित बैठक हमेशा जिवंत, चहल-पहल के साथ एवं उत्साहपूर्ण होती है। आम सहमति से ही निर्णय होते हैं, बैठक से लौटते हुए कार्यकर्ता नए विचार से भरे होते हैं। पूर्व चर्चा-विमर्श एवं बैठक के पश्चात् भी चलनेवाले अनौपचारिक वार्त्तालाप के कारण मतभिन्नता का पैनापन कम होता है। कटुता का तो स्थान ही नहीं, अपने विचार से एकदम विपरीत निर्णय होने पर भी उसे मन से स्वीकारने की, खिलाड़ी भाव से भरपूर, लोकतंत्र की आस्था पनपती है। किंतु अपने मतभेदों को आग्रह के साथ प्रकट रूप से घोषित करनेवाली लोकतंत्र की 'समाजवादी' धारणा को यशवंतरावजी ने नकारा। वैसे ही किसी एक के द्वारा अकेले निर्णय करने की प्रवृत्ति को भी उन्होंने पनपने नहीं दिया। इस रवैये के दोष जताते हुए वे उदाहरणों से समझाते थे—'एक प्राध्यापक कार्यकर्ता कहने लगे— बच्चे मेरे पास एक कार्यक्रम का प्रस्ताव लेकर आये थे, लेकिन मैंने मना कर दिया!'…एक अन्य प्रमुख अनुभवी कार्यकर्ता किसी विषय पर छिड़ी हुई बैठक में या अन्यत्र भी चल रही चर्चा को टोककर कहता था कि अंतिम निर्णय मैं बताऊँगा।'… एक अन्य कार्यकर्ता की बैठक में केवल पूर्वनियोजित व्यवस्थाएँ समझाकर कार्य-वितरण की बात होती थी, बस! मानो बैठक यानी उसी का नजरिया और उसी के आदेश के अनुसार काम का बँटवारा!

इस प्रकार के दोष कार्यपद्धति में पैदा होने पर कार्य की सामूहिकता एवं उद्यमशीलता समाप्त होकर काम निष्प्राण होता है, विकास नहीं होता। अतएव इस रहस्य को जाननेवाले यशवंतरावजी ने बैठक के आयोजन को किसी विशाल कार्यक्रम के आयोजन से भी बढ़कर अधिक महत्त्व प्रदान किया। उनकी अपनी हास-परिहास की विशेषता थी। भाई हेमंत का फाउंटन पेन 'सुरक्षित किंतु पता नहीं किसके पास!' कहकर उस के साथ ठिठोली करते थे।

टीम

पच्चीस-पचास कार्यकर्ताओं की बैठकों में किसी विषय पर प्रभावी भाषण मात्र देने से उचित निर्णयों पर पहुँचना संभव नहीं। आवश्यता होती है एक छोटी टीम की, जो बड़ी बैठक में विषय चर्चा एवं निर्णय हेतु प्रस्तुत किए जाने के पूर्व ही समग्रता से तैयारी कर ले। इस प्रकार का छोटा समूह, संगठन की एक आवश्यकता होती है। वही कार्य, टीम का कार्य बनता है, जिसकी महत्ता असीम है। प्रत्येक स्थान के कार्य का स्तर वहाँ की टीम के चिंतन एवं व्यवहार पर निर्भर करता है। समरस, समविचारी, पारस्परिक सामंजस्य एवं सहकार रखनेवाले कार्यकर्ताओं की यह छोटी केंद्रवर्ती टीम ही संगठन की जड़ एवं मूलाधार होती है। यही टीम एक निरंतर ऊर्जा का स्रोत बन सकती है यदि उसके घटकों की पारस्परिकता पारदर्शी रहे एवं उनकी आत्मविश्वासपूर्ण अनुभूति यही हो कि वे अलग-अलग अंशमात्र होकर, इकट्ठे की पूर्णता प्राप्त कर सकते हैं।

कार्यकर्ता-विकास

यशवंतरावजी का आग्रह रहता था कि कार्यकर्ताओं का एक-दूसरे के घर जाना एवं व्यक्तिगत परिचय रखना आवश्यक है, न कि केवल महाविद्यालय, कार्यालय या बैठकों में ही आपस में मिलना-जुलना। जब तक कार्यकर्ता आपस में व्यक्ति एवं मानवीय नाते से नहीं जुड़ेंगे, उनकी पारस्परिकता अधूरी अर्थात् विकास-प्रक्रिया भी थम जाएगी, ऐसी यशवंतरावजी की मान्यता थी। अत: वे चाहते थे कि समय कम उपलब्ध होने पर भी कार्यकर्ता एक-दूसरे के घर जाने की परिपाटी डालें।

व्यक्ति-निर्माण एवं कार्यकर्ता का विकास इसी प्रकार व्यक्तिगत संपर्क के माध्यम से ही होता है, न कि केवल सिद्धांतों, दर्शनों, चिंतन एवं व्याख्यानों से। पारस्परिक संवाद एवं बातचीत आवश्यक है। आखिर कार्यकर्ता भी एक मनुष्य है; उसके गुणों का विकास एवं दोषों में कमी तभी संभव होगी जब वह खुलकर बोलेगा, खुला आत्मनिवेदन करेगा, जिसके फलस्वरूप अपनी मर्यादाएँ, कमियाँ, दोष एवं कटीलापन वह समझ सकेगा और हम उसे सुधार की दिशा में सहायता कर पाएँगे। किसी के इस अहं का भी कि 'मैंने कार्यकर्ताओं को गढ़ा है' इलाज यशवंतरावजी के पास था; वे स्पष्ट रूप से कहते थे कि कार्यकर्ता स्वयमेव होकर अपना विकास करता है, हमें केवल उसकी सब प्रकार से सहायता करनी होती है।

विभिन्न प्रकार से उन्होंने यही धारणा प्रस्तुत की कि परिषद् की कार्यकर्ता-निर्माण की प्रक्रिया में से केवल उसकी क्षमता एवं प्रतिभा का विकास करते हुए उसका हर कार्य में सहयोग एवं उपयोगिता बढ़ाना नहीं है, बल्कि उसे एक जीवननिष्ठा भी प्रदान करना है जिसके बल पर, वह परिषद् की विचारधारा से प्रतिबद्ध होकर जिस क्षेत्र या सामाजिक कार्य में जाएगा, उसमें पूर्ण रूप से रमकर भारतमाता की सेवा में समर्पित होगा।

छात्र-जीवन एवं परिषद् में कार्य करने का समय सीमित होगा, किंतु परिषद् द्वारा अर्जित ध्येयनिष्ठा एवं साधना निरंतर बनी रहेगी। उनका आग्रह था कि जीवन के आगामी तीस-चालीस-पचास वर्ष हरेक को इस मातृभूमि की सेवा में खपाने का बीड़ा उठाना होगा। देशभक्ति एवं देशसेवा एक आजीवन और अनंत साधना होगी, न कि सीमित समय के लिए या फुरसत से करने का काम।

कार्यकर्ता सभी मोर्चों पर

उनके द्वारा इस प्रकार के प्रबोधन के ही फलस्वरूप परिषद् के व्यापक आयाम स्पष्ट होते थे। वे कहते थे, जो कार्यकर्ता हमारे पास आते हैं और आते रहेंगे, वे विद्यार्थी-अवस्था पूरी होने के पश्चात् जीवन के एवं व्यवसाय के भिन्न-भिन्न क्षेत्रों में कदम रखेंगे। अवश्य ही वे विभिन्न समाजकार्यों में भी जाएँगे। राजनीति से लेकर वनवासी कल्याण तक सभी समाज-सेवा के मार्ग उनके लिए खुले हैं अर्थात् परिषद्-कार्यकर्ता में सामाजिकता एवं प्रतिबद्धता का निर्माण यदि परिषद् की यशस्विता का एक पहलू है,तो दूसरा उतना ही महत्त्वपूर्ण पहलू होगा कि वह अपने विद्यार्थी-जीवन के पश्चात् का जीवन किस प्रकार ढालता है। अत: उनका आग्रह था कि यहाँ की निर्माण-प्रक्रिया के माध्यम से, कार्यकर्ता का भविष्य में सक्षम सामाजिक नेतृत्व के रूप में खड़ा होने योग्य विकास करने की व्यवस्था, परिषद् में ही होनी आवश्यक है।

अत: परिषद् के साध्य एवं लक्ष्य के बारे में उनका निवेदन उच्च महत्त्वाकांक्षा से भरा होता था। उनकी दृष्टि से केवल इतना पर्याप्त नहीं था कि शिक्षा क्षेत्र का वायुमंडल स्वस्थ बने, राष्ट्रीय पुनर्निर्माण के संदर्भ में शैक्षिक परिवर्तन हो, छात्र-संगठन शक्ति के द्वारा सामाजिक अंकुश की प्रतिस्थापना हो, और छात्रों में देशभक्ति, रचनात्मकता एवं ध्येयनिष्ठा के संस्कार पड़ें। उनके विचार से परिषद् का दायित्व इससे भी बढ़कर व्यापक है। समाजजीवन के सभी क्षेत्रों के लिए सही सामाजिक सूझबूझ, आवश्यक परिवर्तन के लिए कष्ट उठाने की सिद्धता, प्रतिभा और प्रामाणिकता का मानो संगम बने हुए समर्थ नेताओं का निर्माण, परिषद् का ही दायित्व है, और उन्हें विश्वास था कि हम इसे करके दिखाएँगे!

आज परिषद् के कार्य की बेल आकाश तक पहुँची है, अनेकानेक कार्यकर्ता जनसंगठन का प्रशिक्षण लेकर जीवन के विभिन्न क्षेत्रों में चमक रहे हैं; किंतु जब कुछ भी ठिकाना नहीं था, उस समय से यशवंतरावजी ने यह आकांक्षा सँजोई और प्रस्तुत की, और यही उनकी दूरदर्शिता का प्रमाण है।

कार्यकर्ता : कुछ भी नहीं किंतु सब कुछ

बिना किसी समझौते के यशवंतरावजी की मान्यता थी कि संगठनात्मक कार्य में संगठन का हित ही सर्वोपरि होते हुए भी, कार्यकर्ता मात्र एक यांत्रिक पुर्जा या किसी बड़े ढाँचे का भावहीन अंग नहीं होता। उसकी मानवीयता का स्थान वे महत्त्वपूर्ण मानते थे। उनकी इस धारणा में किसी को कुछ असंगति लग सकती है, क्योंकि वे आग्रह के साथ एक ओर तो कहते थे कि कार्यकर्ता व्यक्ति के नाते कुछ भी नहीं। प्रत्येक स्तर पर अध्यक्ष या सचिव पद पर चुनकर आनेवाले कार्यकर्ता को भी वे केवल अनेकों में से एक मानते थे। तीन दशक पूर्व मुंबई स्थित कार्यालय के सूचना-पट्ट पर किसी कार्यकर्ता की उत्तम परीक्षा-फल के उपलक्ष्य में सराहना के वाक्य लिखते हुए सचिव श्री राजा मोगल ने अपने नाम के आगे, व्यंग्य से लिखा था—'याने क्ष!' कार्यकर्ता का संगठन की दृष्टि से सही स्थान, इसी तरह अनाम रहना अपेक्षित था।

1985-86 के मध्य यशवंतरावजी के स्वयं न चाहते हुए भी, उनकी इकसठवीं वर्षगाँठ के उपलक्ष्य में स्थान-स्थान पर समारोह आयोजित किए गए। व्यक्तिगत प्रतिष्ठा एवं गौरव के इन सभी समारोह में यशवंतरावजी के भाषण संपूर्ण रूप से व्यक्तिनिष्ठा से हटकर केवल परिषद् की मौलिक विचारधारा को ही प्रस्तुत करनेवाले रहे। उनके बोधवाक्य—'मैं राष्ट्रमालिका का मोती अगणित, केवल एक नहीं' या 'वंदना के इन स्वरों में एक स्वर मेरा मिला दो' अर्थात् 'मैं नहीं—तू ही' की अनन्य धारणा के परिचायक थे। उन्होंने व्यक्तिविशेष का संपूर्ण समर्पण ही प्रस्तुत किया। अपने निजी व्यवहार से उसे चरितार्थ किया। कार्यकर्ता की श्रेष्ठता उसके 'स्व' की समाप्ति (Self-effacement) में होने की बात उन्होंने स्वयं 'जैसी कथनी वैसी करनी' के माध्यम से रखी। परिषद् के विभिन्न अधिवेशनों के समय आयोजित शोभायात्राओं के संकेत भी इसी मानसिकता के आधार पर तय होते गए। वैसे सभी संगठनों के अधिवेशनों में अध्यक्ष एवं महामंत्री की शोभायात्रा निकाली जाती है, किंतु परिषद् की शोभायात्रा होती है समस्त प्रतिनिधियों की जिनके साथ अध्यक्ष एवं महामंत्री

भी पैदल चलते हैं, वाहनों में नहीं। उन पदों की गरिमा का समादर अवश्य रखते हुए भी उन्हें साधारण प्रतिनिधियों के साथ एक समानता के भाव से देखा जाता है। कार्यकर्ताओं को जोड़ने हेतु पर्याप्त लचीलापन रखनेवाले यशवंतरावजी इन स्वस्थ प्रथाओं के बारे में बहुत आग्रही और हठी थे, क्योंकि बात केवल अध्यक्ष पद की नहीं, परिषद् के संगठनात्मक चरित्र-निर्माण की थी। वे कहते थे—अध्यक्ष 'अधिकारी' नहीं होता, मात्र समान कार्यकर्ताओं में 'प्रथम' होता है। (First among the equals.)

1967 का अधिवेशन रियासती पृष्ठभूमि के इंदौर नगर में था, जिस समय यशवंतरावजी राष्ट्रीय अध्यक्ष बने। सजधज के साथ बग्गी का प्रबंध किया था—किंतु यशवंतरावजी उसमें से गायब थे! वे शोभायात्रा में उपस्थित होने पर पैदल चले वैसी ही परिपाटी आज तक चलती आई है। जुलूस में केंद्रस्थान में वाहन पर विराजमान होती हैं श्रीसरस्वती एवं स्वामी विवेकानंद की प्रतिमाएँ और अखिल भारतीय अध्यक्ष एवं महामंत्री उनकी अगुआई करते हुए ससम्मान आगे-आगे पैदल चलते हुए जाते हैं। कार्यकर्ता की व्यक्तिअस्मिता का, अर्थात् व्यक्तिगत क्रोध-मोह, हर्ष-खेद, पसंदगी-नापसंदगी एवं स्वार्थी अहं का संपूर्ण रूप से विलीन होना ही संगठन-शक्ति का मूलाधार है। व्यक्ति की उपयोगिता का निकष है उसका 'सत्य के प्रति समर्पित स्वयंसेवकत्व'! इस धारणा पर यशवंतरावजी ने कभी समझौता नहीं किया। अत: अपनी विशेषताओं के अभिमान के कारण यदि कोई व्यक्तिश: नाराज भी हुआ, तो भी यशवंतरावजी ने कभी अपने इस मापदंड को न झुकने दिया, न उस संदर्भ में समझौते की बात भी चलने दी। उनका कहना था, 'कार्यकर्ता निरंतर मित्र, मार्गदर्शक एवं विचारक (Friend, Guide and Philosopher) बना रहे'।

मानवीयता

इस पृष्ठभूमि में उनके द्वारा की गई व्यक्ति-व्यक्ति की परवरिश, एक विरोधाभास लगती थी। वे कार्यकर्ता को यंत्र का पुरजा नहीं, एक मानवीय इकाई मानते थे। उनका आग्रह था कि उसे मनुष्य के रूप में ही समझ लेना आवश्यक है। इसी धारणा के कारण वे प्रत्येक कार्यकर्ता के अंतरंग में प्रवेश कर उसे उदार आदान-प्रदान का अवसर दे सके। हरेक को विश्वास था कि अपने से बड़ी-से-बड़ी गलती होने पर भी, वे उसे माँ के समान पी जाएँगे। साथ-साथ वे उसका आत्मविश्वास भी जगाते थे कि तुम कुछ कम नहीं हो। कठिन समय आने पर किसी भी अपूर्ण, अज्ञानी या दोषी कार्यकर्ता की भी उन्होंने सहायता की, उसके लिए अपना घंटों समय एवं सीमित कमाई के रुपए भी खर्च किए; ऐसे मौके पर 'उस कार्यकर्ता की कार्य में उपयोगिता' (Utility) वाली अमानवीय कसौटी न उन्होंने लगाई, न उस सहायता के न लौटाने की संभावना आड़े आने दी। कानोकान खबर न लगने देते हुए उन्होंने व्यक्ति को सँभाला, मानवीयता को सँजोया। मानवीय दृष्टि के इस महायज्ञ में कई प्रसाद प्राप्त कर गए, किंतु उन्हें पता तक नहीं चला कि दे कौन रहा है!

मानवीय की कला और संगठनशास्त्र के अनोखे समन्वय से ही उन्होंने कार्यनिष्ठ कार्यकर्ताओं की शृंखला खड़ी की। यशवंतरावजी के मानवीय सहारे के अभाव में कई सक्षम कार्यकर्ता आज

अपनी-अपनी व्यक्तिगत दुनिया में गुम हो गए होते। उससे उनकी एवं देश की असीमित हानि हो जाती। उनके लिए यशवंतरावजी की कठोर कर्तव्यपरायणता के साथ घुली हुई असीम क्षमाशीलता का अद्‌भुत रसायन, संजीवनी मंत्र के समान अमृतमयी सिद्ध हुआ। उन सभी कार्यकर्ताओं के जीवनों को स्नेहवर्षा से भर देने के बाद भी जो शेष रहा, वह यशवंतरावजी का व्यक्तित्व नहीं, संपूर्ण परिषद् एवं उसकी विचारधारा! मनुष्य जुड़ गया यशवंतरावजी के कारण, किंतु उसके हृदय में कृतज्ञता का भाव जगा 'राष्ट्रवादी विचार के साथ प्रतिबद्धता' के रूप में। उसे मावनीयता का सहायताकारी हाथ देते हुए यशवंतरावजी ने स्वयं के व्यक्तित्व को परिचयहीन (Faceless) बना डाला। व्यक्ति बाँधा अपने कृतित्व से, किंतु जोड़ा दर्शन, संगठन एवं ध्येयनिष्ठा से। उनकी धारणा थी कि 'किसी महान् कार्य में प्रत्येक व्यक्ति का महत्त्वपूर्ण स्थान अवश्य है किंतु कोई भी व्यक्ति अपरिहार्य नहीं होता' इसका एहसास हरेक को होना चाहिए। 'Everybody is important, but nobody is indispensable'!!

'व्यक्ति कुछ भी नहीं, किंतु मनुष्यता सब कुछ है' इस धारणा में निहित विरोधाभास बहुत ही हृदय को छूने वाला है, अतुलनीय है। यही यशवंतरावजी की कार्यपद्धति की नींव थी। टीमवर्क, उसके सदस्यों की पारस्परिक संवेदना, पारदर्शी प्रामाणिकता, व्यक्तित्व की समाप्ति, मानवीयता को सँजोना आदि के फलस्वरूप में कभी भी, कार्यकर्ता का उपयोग कर उपयोगिता घटने पर फेंक देनेवाला 'उपयोगितावाद' पनपा नहीं। यहाँ मनुष्य का केवल सुविधा हेतु एवं उसकी क्षमता के अनुसार उपयोग नहीं किया जाता, उसकी मानवीयता को देवत्व की ओर ले जाने का प्रयास होता है।

दश-अंगुल शेष व्यक्तित्व

यद्यपि 'परिषद् का वैचारिक विकास' एवं 'शास्त्रशुद्ध कार्यप्रणाली' यशवंतरावजी के व्यक्तित्व के दो परिचायक पहलू हैं, उनके अतिरिक्त अन्य परिपुष्ट पहलुओं द्वारा उनका शेष व्यक्तित्व भी उभरकर सामने आता है। 'स भूमि विश्वतो वृत्त्वा अत्यतिष्ठत् दशांगुलम्' इन शब्दों में सर्वव्यापी 'पुरुष' तत्त्व का वर्णन पुरुषसूक्त में आता है, जिसका अभिप्राय है कि विश्व में दृष्टिगोचर होनेवाले विभिन्न आयामों के अतिरिक्त भी सर्वव्यापी पुरुषतत्त्व दश-अंगुल शेष रह ही जाता है। यशवंतरावजी के व्यक्तित्व के इसी प्रकार अन्य पहलू भी शेष बचते हैं।

उनकी कार्यपद्धति का एक विशेष पहलू था स्वयं के हाथ प्रधानता न लेते हुए काम करना। स्वाभाविक ही, विचारों की प्रस्तुति, व्यवस्था तथा समन्वय कार्यों में, वैसे ही उनकी पूर्वयोजना करते समय, यशवंतरावजी ने कइयों से सहभागी होने की अपेक्षा रखी और सहभागी बनाया भी। 1964 में महाराष्ट्र के प्रथम अधिवेशन से, (बल्कि 1958 में मुंबई में कार्य प्रारंभ करते ही) उन्होंने इस 'सहभागी प्रक्रिया' का सूत्रपात किया था। 1964 के अधिवेशन के अंतर्गत परिषद् के विविध सैद्धांतिक पहलुओं पर अलग-अलग चर्चासत्र आयोजित थे, जिनका स्वतंत्र रूप से संचालन विभिन्न कार्यकर्ताओं द्वारा किया गया था। प्रतिदिन क्रमशः अन्यान्य विषयों पर जो व्याख्यान तय हुए थे, वे भी अलग-अलग कार्यकर्ताओं ने दिए। समग्र अधिवेशन की पूर्वयोजना

में यशवंतरावजी का सहभाग अवश्य था किंतु प्रत्यक्ष अधिवेशन में उनका भाषण केवल एक बार हुआ, जिसका उस समय उपस्थित प्रत्येक कार्यकर्ता को आजीवन स्मरण रहेगा। उस का निचोड़ भी 'सामूहिकता' ही था। बद्री-केदार की यात्रा में चढ़ाई चढ़ते समय होनेवाली सामूहिकता का आचरण उन्होंने सुनाया था। शीतप्रकोप, ग्लानि या थकावट के कारण हरेक चढ़नेवाले को सहारे की आवश्यकता होती है। किंतु उसके लिए निरंतर चढ़ते रहना भी उतना ही आवश्यक होता है। थकने, रुकने या पिछड़ने से नहीं चलनेवाला। जो रुकेगा, वह समाप्त हो जाएगा। उस चढ़ाई में प्रकृति की प्रतिकूलता का यही तकाजा होता है। ऐसे समय एक-दूसरे को ढाढस बँधाते हुए, जगाते हुए और सहारा देकर, 'चलते चलो-चलते चलो' (चरैवेति) का आह्वान करते हुए मार्गक्रमण करते रहना पड़ता है। यशवंतरावजी की वह 'चलते चलो' की पुकार उस व्याख्यान के हर श्रोता के कानों में आजीवन गूँजती रहेगी, इतनी उसकी प्रेरणा, आवेश, आह्वान एवं तड़पन मौलिक तथा हृदय को छूनेवाली थी!

निस्संदेह ही कहा जा सकता है कि यह 'चलते चलो' के सामूहिक जागरण का सूत्र यशवंतरावजी के संपूर्ण व्यक्तित्व का सारगर्भित निचोड़ था। चाहे कार्यकर्ताओं का नवनीतरूप छोटा समूह हो, कार्यक्रम भव्य हो या साधारण, यशवंतरावजी यदि बोलते भी थे तो केवल एकाध बार। अन्यथा विचार-प्रस्तुतीकरण का काम नियोजित कार्यवितरण के अनुसार भिन्न-भिन्न कार्यकर्ताओं से ही कराया जाता था। यही बात थी व्यवस्थापन की। पिन्स या मोमबत्ती तक सभी वस्तुओं की ओर विस्तार से ध्यान देते हुए भी उनका प्रयास रहता था कि प्रत्येक विभाग का प्रमुख कार्यकर्ता स्वतंत्र रूप से स्वयं विचार करे, योजना बनाए, जिस हेतु वे हरेक के साथ अलग-अलग समय भी लगाकर अपने पैरों पर खड़ा करते थे।

उनका आग्रह था कि विचार-प्रस्तुति, व्यवस्थाओं की समायोजना एवं साधारण व्यक्तियों के काम, तीनों का महत्त्व समान रूप से मानते हुए इन प्रक्रियाओं के प्रारंभिक आयोजन में सभी का सहभाग आवश्यक होता है। संपूर्ण व्याख्यान, बौद्धिक वर्ग या आम सभा में प्रभावी भाषण, समय तथा जिम्मेदारी के अनुसार करना आवश्यक है ही, किंतु उनके ख्याल से छोटी-छोटी बैठकों एवं नए कार्यकर्ताओं के कार्यक्रमों में विचारधारा के विभिन्न पहलुओं का विस्तार से विवेचन करना अधिक महत्त्वपूर्ण था। उनका कहना था कि कार्यकर्ताओं के बीच कार्य की योजना करते समय केवल 'काम का बँटवारा' करने से बात नहीं बनती। स्वयं निमंत्रण-पत्रों पर नाम-पते लिखकर डाक-टिकटें चिपकाकर किसी को साथ लेकर डाकखाने जानेवाले यशवंतरावजी को कार्यकर्ताओं ने पीढ़ी-दर-पीढ़ी देखा है; और किसी का नहीं, इसका अनुभव उन्होंने स्वयं के आचरण से कराया। चाय के बाद भोजन करने पर अपना गिलास या थाली स्वयं माँजने का संस्कार उन्होंने स्वयं निरंतर सँजोया। अपना यात्रा-सामान स्वयं उठाने का उनका आग्रह रहता था। नित्य जीवन एवं सामूहिक कार्यक्रमों में से इस प्रकार के अनगिनत छोटे-छोटे सबक उनसे प्राप्त होते थे।

उनके व्यक्तित्व की इस कृतिशीलता के द्वारा असीमित संस्कार कार्यकर्ताओं को मिले। उन्होंने दैनंदिन व्यवहार का वस्तुपाठ दिया, न कि केवल मौलिक चिंतन। इतना ही नहीं, गहरा संस्कार भी दिया कि वही चिंतन स्थिरपद होता है जिसका दैनंदिन व्यवहार के द्वारा प्रकटीकरण होगा।

इस संस्कार को प्राप्त करनेवाले सारे प्राथमिक रूप से 'मनुष्य' होने का एहसास भी उन्होंने निरंतर रखा और कराया। अर्थात् उन मानवों को जोड़ने-सँभालने एवं गढ़ने के काम की मौलिकता एवं प्राथमिकता उन्होंने पहचानी थी। वे तो उपने ढंग से कहते थे कि गढ़ेगा-विकसित होगा वह मानव स्वयं ही, अपना काम तो उसे उन प्रयासों में सहायता मात्र करना है! उनका आग्रह था कि यह मनुष्य-निर्माण का काम ही मूलाधार है, अत: अतीव महत्त्वपूर्ण है।

इसी मनुष्य-निर्माण के कार्य की प्राथमिकता एवं वरीयता को यशवंतरावजी ने, परिषद् के संपर्क में आनेवाले हरेक व्यक्ति को इन विशेषताओं से प्रशिक्षित करने के अपने प्रयासों द्वारा प्रस्थापित किया। किंतु साथ-साथ यह भ्रम भी फैलने नहीं दिया कि परिषद् का कार्य केवल इन सद्गुणों से प्रेरित व्यक्तियों तक ही सीमित है। वे आग्रहपूर्वक जताते थे कि परिषद् का कार्य आम विद्यार्थियों के समूह का काम है, न कि चुनिंदा विशेष-वर्ग का अर्थात् यहाँ किसी के लिए प्रतिबंध नहीं, सबका स्वागत है। सबको अपनत्व से जोड़ना है-स्वीकारना है। अन्यथा हमारे कार्यकर्ताओं का छोटा-सा गुट चाहे जितना सद्गुणसंपन्न हो, किसी काम का नहीं। चुने हुए गुणवान चंद कार्यकर्ताओं का स्वयंभू जनसंगठन होने का भान उन्होंने निरंतर जगाया। केवल इसलिए कि कोई छात्र धूम्रपान करता है, उसे नकारना नहीं है; उसे साथ लेकर चलते-चलते अपनी उस लत की चिंता वह आप ही करेगा, इसका उन्हें विश्वास था। अपनी आकांक्षा संपूर्ण छात्र-समुदाय को नेतृत्व प्रदान करने की होने के कारण हम किसी को मना नहीं करेंगे, यही सर्वव्यापी दृष्टि उन्होंने निरंतर दी।

इसका अर्थ यह नहीं कि सर्वसमावेशक संगठन का चित्र खींचते हुए उन्होंने कार्यकर्ता के गुण-विकास एवं परिपूर्णता की अनदेखी की हो। वे इस विषय को इस प्रकार रखते थे—'संगठन का उत्तरदायित्व है कि कार्यकर्ता को परिपूर्णता की ओर बढ़ने में सहायता करे और इसके बावजूद यदि उसमें कमी रह गई तो वह हमारी, संगठनकर्ता की त्रुटि माननी चाहिए कि हम उसकी पर्याप्त सहायता नहीं कर पाए। अपने काम में संस्कार-प्रक्रिया के दोष (Factory defect) के कारण अधूरे रहनेवालों की गिनती नहीं होनी चाहिए। अथक प्रयासों की आवश्यकता है कि परिषद् से निकलनेवाला हरेक कार्यकर्ता मँजा हुआ और समाजोन्मुखता का पाठ लेकर निकला हुआ हो। मानवीय प्रकृति परिवर्तनीय है, न कि केवल अचल और न बदलनेवाली। कोई भी धातु पिघल सकती है, पर्याप्त गरमाहट का प्रयोग करने पर।' इस विश्वास के पीछे निहित प्रयासों एवं जिम्मेदारी की अनुभूति के कारण कार्यकर्ताओं में यह एहसास यशवंतरावजी ने निरंतर बनाए रखा कि किसी के दोष पर केवल कौवे जैसी चोंच मारने से कोई लाभ नहीं, उसकी कमी की जिम्मेदारी अपनी भी है! यशवंतरावजी ने कर दिखाया कि यह आत्मपरीक्षण का अर्थात् 'प्रथम-पुरुष-लक्षी' भाव अत्यंत कठिन किंतु संभव है। यशवंतरावजी के ये वचन, व्यवहार एवं अपनत्व के भाव प्राथमिकता से अनुकरणीय थे।

यशवंतरावजी का दिनक्रम, एक जिम्मेदार नागरिक के रूप में उनके द्वारा निभाई हुई विभिन्न भूमिकाएँ तथा उनके द्वारा जोड़े हुए अनगिनत व्यक्तियों को देखते हुए कुछ विश्लेषण का प्रयास करने पर उनकी कई विशेषताओं को उजागर किया जा सकता है, उनके असाधारण स्तर के कारण! पौ फटते ही चार-साढ़े चार बजे से निरंतर चलनेवाला उसका दिनक्रम, एक 'सतीत्व का व्रत' ही

था। वे कभी अपने-आपको क्षमा नहीं करते थे, न अपनी थकावट के कारण सामने वाले पर कोई निरुत्साह का साया पड़ने देते थे। अत: हरेक की आवभगत, हँसते हुए और सहजता से उस मिलने में आनंद का अनुभव कराते हुए होती थी। इसी कारण उसके साथ निकट संबंध प्रस्थापित होते थे। मानो यशवंतरावजी के संपर्क में आनेवाले हरेक व्यक्ति को लगता था कि उनके साथ मेरा संबंध कोई खास (Special) है, कोई अटूट रिश्ता है। उनसे मिलनेवाले प्रत्येक व्यक्ति के साथ उनका अपनत्व इतना सहज उमड़ पड़ता था कि उस भाव से जोड़े गए लोगों में भिन्न-भिन्न प्रकारों, स्वभावविशेषों एवं राजनीतिक धारणाओं के व्यक्तियों का अनोखा समावेश था। यशवंतरावजी की स्नेह-गंगा के प्रवाह में परिषद्-कार्यकर्ताओं, विभिन्न क्षेत्रों के संघ-कार्यकर्ताओं, सहयोगी प्राध्यापकों एवं उनके महाविद्यालयीन छात्रों की कई पीढ़ियों ने भरपूर अवगाहन किया। अपनी स्नेहवर्षा में वे केवल मानवीयता की कसौटी रखते थे, न कि सामनेवाले की उपयोगिता की! भले उनके अन्य सहयोगियों ने उनके इस प्रकार हरेक की कहानियाँ सुनते रहने में समय 'व्यर्थ गँवाने' जैसे व्यंग्य उन पर कसे हों, यशवंतरावजी हँसकर बात टालते थे किंतु अपना निरपेक्ष स्नेहवर्षा का रवैया जारी रखते थे। शायद इसी कारण, उनके पश्चात् कइयों को व्यक्तिगत जीवन में एक शून्य, एक रिक्तता की टीस लगी!!

प्रत्येक व्यक्ति अपने जीवन में प्रतिदिन 'समझौते' करने की मजबूरी को निभाते हुए अच्छी तरह से जानता है कि 'अपना कर्तव्य निर्दोष रीति से पूरा करने' की बात, सतही रूप से आसान दीखते हुए भी कितनी कठिन होती है। किंतु यशवंतरावजी ने स्वयं किसी व्यवहार में इस अहंभाव की मिलावट नहीं होने दी कि 'मैं तो काई विशेष सामाजिक कार्यकर्ता (सोशल वर्कर) ठहरा!' अंग्रेजी के प्राध्यापक के रूप में भी वे संपूर्ण यशस्वी रहे। यदि उनका अपने छात्रों से भी निकट अपनत्व था, तो वह भी एक शिक्षक के कर्तव्य-भाव से, न कि ठीक-ठीक पढ़ाने से कतराने वाले की वैकल्पिक चतुराई से। प्राध्यापक के नाते नेशनल महाविद्यालय की विभिन्न प्रशासकीय जिम्मेदारियों को भी उन्होंने उसी सामूहिक भाव एवं निर्दोष रीति से निभाया। व्याख्यानों की समय-सारिणी बनानी हो या अपने विभाग के पुस्तकालय को विकसित करना, महाविद्यालयीन प्रवेश-प्रक्रिया हो या वार्षिक सम्मेलनों का आयोजन करना, हरेक काम उन्होंने उसी प्रामाणिकता एवं मौलिकता के साथ पूरा किया।

साथ-साथ अपने पति, पिता एवं परिवार-प्रमुख के रूप में अपेक्षित कर्तव्यों का भी समान प्रयासों से निर्वाह किया। 'कार्यकर्ता' यशवंतरावजी, दूसरी ओर 'परिवार-प्रमुख यशवंतरावजी' से अभिन्न रहे। संपर्क एवं स्नेहवर्षा की कार्यकर्ता की कसौटियों को अपने परिवार के लिए और स्वयं के लिए भी चरितार्थ किया। घर में भी वे सबके 'मित्र' बने थे, परिवार की भी एक 'टीम' बन चुकी थी। एक बार 'एक' को अपनाने के बाद वे सबके 'अपने' बन गए। यद्यपि आगे चलकर 1984 में उन्होंने 'नारी एवं पुरुष में समानता' का प्रारूप लिखा, उस अनुभूति का प्रत्यक्ष व्यवहार उन्होंने अपने परिवार में पहले से ही किया था। परिवर्तन के मार्ग पर, सर्वाधिक कठिन परिवर्तन होता है अपने मन का, और घर का! हम सभी जानते हैं कि यह कितना दुष्कर है, जो यशवंतरावजी ने सहज रूप से कर दिखाया।

'प्रारुप'-प्रक्रिया

यशवंतरावजी द्वारा प्रचलित की गई 'प्रारूपों की प्रक्रिया' का परिचय परिषद् के अंतर्गत स्वाभाविक रूप से हो चुका था। यह संकल्पना, नासिक रोड मध्यवर्ती कारागार में स्थित महाराष्ट्र के हजार-बाहर सौ राजबंदियों ने जनवरी 1976 में पहली बार सुनी होगी। यह शब्द वहाँ यशवंतरावजी की कार्यप्रणाली का संकेत-शब्द (Watch-word) बन चुका था। कारागार में आयोजित विभिन्न उपक्रमों एवं अनुभवों में उनके साथ काम करनेवाले कई नए कार्यकर्ताओं को इस शब्द एवं संकल्पना के माध्यम से उनकी कार्यशैली का जो अनोखा दर्शन हुआ, उन कार्यकर्ताओं ने मुक्त होने के पश्चात् उसका प्रयोग अवश्य ही अपने-अपने क्षेत्र में काम करते हुए किया।

किसी भी छोटे-मोटे कार्यक्रम का भी संपूर्ण पूर्व-आयोजन करने के साथ-साथ उसके पश्चात् 'अनुवर्तन क्रिया' अर्थात् क्रियान्वयन की भी चिंता करनी पड़ती है। Planning in advance, planning in detail, and follow-up action—यशवंतरावजी की कार्यशैली का यह त्रिसूत्र था। इस सभी पहलुओं के शब्दांकन के लिए उनका शीर्षक था—'पुस्तक'। प्रत्येक कार्यक्रम की 'पुस्तक' बननी चाहिए। कार्यक्रम संपन्न होने के पूर्व सभी संयोजकों द्वारा सामूहिक विचार-विमर्श द्वारा उसका संचालन 'कागज' पर करने पर वे विशेष बल देते थे। इस पूर्वाभ्यास में दीप-प्रज्वलन हेतु आवश्यक माचिस-मोमबत्ती और दीपक के तेल से लेकर ध्वज के समीप 'वंदे मातरम्' गायन करनेवाले के लिए माइक की व्यवस्था तक सभी बातें विभागों के अनुसार सम्मिलित हुआ करती थीं। कार्यक्रम के मुख्य अंश की भी योजना पूर्वाभ्यास में निहित होती थी। गीतगायक, समयानुकूल गीत का चयन, गायक ने उसे पूरा पढ़ एवं सुनकर स्वर-तर्ज आदि का अभ्यास किया हुआ और साथ-साथ प्रमुख भाषण का विषय (theme) समयानुकूल होना जैसे पहलुओं पर अग्रिम विचार तथा संयोजन अपेक्षित रहता था। एक प्रकार से उनका किसी भी कार्यक्रम की सफलता हेतु समग्र पूर्वचिंतन के बारे में आग्रह, असीम और कभी-कभी अत्यधिक लगनेवाला रहता था। किंतु इसी अत्यधिक आग्रह के फलस्वरूप सुनियोजित तथा व्यवस्थित कार्यक्रमों एवं उसके लिए आवश्यक परिश्रम करने की एक परंपरा-सी ढाली गई। यद्यपि समय पर यकायक आयोजन करते हुए किसी कार्य को संपन्न करनेवाले मेधावी कार्यकर्ता की वे सराहना करते भी थे, उनकी स्थायी मानसिकता यही थी कि जो बातें समय पर सोची गईं, अच्छा होता कि पहले से ही नियोजित की जातीं!

इस पूर्वनियोजन के लेखन को वे 'पुस्तक' कहते थे। 'प्रारूप' शब्द का अभिप्राय कुछ भिन्न था। चर्चा-बैठक या व्याख्यान में रखे जानेवाले बिंदुओं को वे अवश्य पहले ही लिखते थे, भले वह व्याख्यान पाँच मिनट का भी क्यों न हो। अभ्यास-वर्गों में रखने योग्य विषयों एवं चर्चा-बैठक आदि में उपयोगी मुद्दों पर कई 'प्रारूप' परिषद् में बनते गए। बार-बार संशोधित होते रहे। 'सैद्धांतिक भूमिका', 'एक शाखा', 'कार्यकर्ता की मानसिकता', 'कार्यक्रमों के तीन प्रकार', 'सहभाग की संकल्पना', 'राष्ट्रीय पुनर्निर्माण के व्यापक आयाम', 'रचनात्मक कार्य', 'आंदोलन आदि', 'छात्र-संघ', 'परिवार-धारणा', 'सामाजिक सहभाग' आदि विविध विषयों पर नए-नए प्रारूप पुनः-पुनः रचे गए। उसी प्रक्रिया से विषयों की गहराई एवं समृद्धता विकसित होती गई। इन प्रारूपों के माध्यम

से परिषद् की वैचारिक नींव ठोस एवं मजबूत होती गई। प्रत्येक कार्यकर्ता की प्रतिभा एवं प्रेरणा को प्रर्याप्त खुलापन मिलने के साथ-साथ सभी विचारों में एक सूत्र बना रहा, जिसके फलस्वरूप परिषद् की व्याप्ति संदर्भपूर्ण एवं स्पष्ट होती गई। अन्यथा हाल वही बन जाता जैसा कि विख्यात मराठी कवि 'केशवसुत' ने कहा है—'विश्व की व्याप्ति उतनी ही, जितनी कि सोचने वाले के मस्तिष्क की'!

1974 में मुंबई में संपन्न परिषद् के रजत जयंती अधिवेशन का आयोजन यशवंतरावजी के पूर्वनियोजन एवं पूर्वविचार के सर्वोत्तम उदाहरण के रूप में स्मरण किया जा सकता है। 1974-75 का रजत जयंती वर्ष और लगभग छह हजार कार्यकर्ताओं की उपस्थिति अपेक्षित! नवंबर 1974 में आयोजित इस अधिवेशन का समग्र 'प्रारूप' यशवंतरावजी जून 1973 में भोपाल में संपन्न राष्ट्रीय कार्यकारिणी में ही विस्तार से प्रस्तुत कर चुके थे।

अधिवेशन में सचमुच छह हजार कार्यकर्ता उपस्थित हुए भी। पक्की संख्या थी 5890, जिसे ज्यों-की-त्यों समाचारपत्रों में प्रकाशन हेतु भेजने का यशवंतरावजी का आग्रह रहा और वैसी ही संख्या पत्र-पत्रिकाओं को सूचित की गई। अन्य किसी ने कुछ बढ़ा-चढ़ाकर लिखे हुए आँकड़ों पर यशवंतरावजी के कहने से किए गए वास्तविक संशोधनों के कागज आज भी देखने पर हृदय गद्गद हो उठता है क्योंकि उनका यह सही-सही सूचना देने का आग्रह जनसंगठनों की परंपरा एवं वृत्तपत्रीय प्रचार-गणित की चकाचौंध में अनोखा, कुछ विक्षिप्त सा, किंतु परिषद् के परिप्रेक्ष्य में क्रांतिकारी रहा। इसके फलस्वरूप परिषद् झूठी प्रसिद्धि से एवं स्वयं धोखे में रहने से बच गई। जो भी असली रहा, उसी पर आत्मविश्वास सँजोए रखने की आदत संजीवनी बनकर सामने आई। 1985 में अंतरराष्ट्रीय युवा-वर्ष के उपलक्ष्य में दिल्ली में विशाल अधिवेशन संपन्न हुआ जिसकी 10772 प्रत्यक्ष संख्या ही परिषद् के प्रचार-पत्रक में दी गई थी। उसी समय कुछ अन्य संस्थाओं के आयोजन इससे आधी संख्या में किंतु उनके समाचार दुगनी संख्या में प्रकाशित हुए देखकर कार्यकर्ताओं को क्या लगा होगा? असली और नकली का भेद एवं 'वास्तविकता' की ताकत यशवंतरावजी ने सिखाई। आँकड़ों की 'नकली जनतांत्रिकता' के वर्तमान समय में, प्रत्यक्ष गिने हुए व्यक्तियों का बल एवं मूल्य ही असली होने का यशवंतरावजी द्वारा दिया गया संस्कार, परिषद् को आगे भी अपने आप का अत्यधिक मूल्यांकन (over-estimation) करने के धोखे से सुरक्षित रख पाएगा।

स्वावलंबन

यशवंतरावजी की श्रद्धा थी कि विद्यार्थी परिषद् को स्वावलंबी होना चाहिए। कोई भी संगठन समाज को नेतृत्व नहीं दे सकता, जब तक वह अपने पैरों पर खड़ा न हुआ हो। यद्यपि विद्यार्थी परिषद् संघ परिवार का ही एक अंग है, दूसरों के कंधों पर निर्भर होकर वह अपनी व्यापक संदर्भ की भूमिका का सफल निर्वाह नहीं कर पाएगा। उनका आग्रह था कि परिषद् अपनी निधि स्वयं संकलित करे, अपने कार्यकर्ता अपने ही बलबूते खड़े करे एवं अपने कार्यक्रम भी स्व-शक्ति पर संपन्न करे। इस धारणा के पीछे कोई अलगाव, स्वतंत्रता या संस्थागत थोथे अहं का भाव नहीं था। वे स्वयं एक संपूर्ण 'स्वयंसेवक' होते हुए भी भलीभाँति जानते थे कि संगठन का यश एवं हित

स्वावलंबन में ही निहित है। वे कभी मान्यता प्रदान न करते कि कोई भव्य उपक्रम परिषद् तय मात्र करे और उसके संचालन का ठेका संघ को सौंप दे। यद्यपि मातृ-संस्था से सहायता का अधिकार हमें स्वाभाविक स्नेह के फलस्वरूप निरंतर प्राप्त है, हमें चाहिए कि आत्मनिर्भर होकर आगे बढ़ने का अपना कर्तव्य हम वहन करें। उनके विचार की गहराई इस तरह की थी। इसी आग्रह के फलस्वरूप 1973 का कर्णावती अधिवेशन परिषद् द्वारा अपने बल पर रचकर, पूरी शक्ति लगाकर संपन्न किया गया, जिसमें से स्वावलंबन की परंपरा का सूत्रपात हुआ। अब राष्ट्रीय कार्यकारी परिषद् बैठक हो या राष्ट्रीय अधिवेशन, उसी स्थान का चयन किया जाता है जहाँ की इकाई उस हेतु पर्याप्त क्षमता रखती हो।

पारिवारिक सामंजस्य

1982 के अभ्यास वर्गों में 'परिवार' विषय का आयोजन इसी उद्देश्य से हुआ कि स्वावलंबी, स्वयंपूर्ण एवं स्वायत्त होते हुए भी परिषद् अपने व्यापक राष्ट्रीय पुनर्निर्माण के आयाम का विस्मरण न होने दे। परिवार-धारणा, सामंजस्य, लोकसंगठनों की भूमिका, पारस्परिक संपर्क सूत्र आदि पहलुओं में परिषद् कार्यकर्ता निश्चय ही कनिष्ठ होने के कारण, उचित ही था कि वे 'अनुज' भाव से स्वयं होकर बड़ों के पास जाएँ जैसाकि यशवंतरावजी की मंत्रणा थी। वे आदर्श थे इसी नम्रता के, जो अपने वैचारिक आग्रह के बावजूद उचित ही थी। परिवार-सामंजस्य की बैठकों में इसी भूमिका के कारण परिषद्-कार्यकर्ता सारगर्भित योगदान करते हुए नजर आते हैं।

विद्यार्थी-निधि

इस कल्पना का उदय 'स्वावलंबन' की मौलिक धारणा का स्वाभाविक परिणाम है। बीस-पच्चीस लाख रुपयों की स्थायी निधि एक न्याय बनाकर उसके सुपुर्द करे, जिसका उपयोग विभिन्न कार्यों में आर्थिक सहायता देने हेतु करने के ही उद्देश्य से विद्यार्थी-निधि-न्याय की स्थापना की गई। उसके प्रधान यशवंतरावजी रहे। अपनी षष्ठिपूर्ति मनाने के आयोजनों की उन्होंने स्वीकृति केवल इसलिए दी कि उस माध्यम से निधि-संकलन हो सकेगा; चूँकि न्यास उनके नाम से राशि एकत्रित करनेवाला था, उन्होंने अपना अध्यक्ष-पद छोड़ दिया। इन सत्कार-समारोहों के उपलक्ष्य में शायद पहली बार विद्यार्थी-परिषद् ने कुछ लाख रुपयों की राशि संकलित की, जिसका व्यय पूर्व-ऋणों को चुकाने के लिए नहीं करना था। उसके पक्के हिसाब-किताब की यशवंतरावजी की चिंता एवं परिश्रमों का अनुभव सर्वज्ञात है।

पूर्णकालिक कार्यकर्ता

वे तीव्रता से चाहते थे कि परिषद् के पूर्णकालिक कार्यकर्ता की मानसिकता वैसी ही विकसित हो, जैसी संघ के प्रचारक की; हालाँकि उन्होंने गलती से भी कभी परिषद् के पूर्णकालिक कार्यकर्ता को 'प्रचारक' की उपाधि नहीं दी, उनकी उससे आशाएँ वही थीं। उसके आचरण के संबंध में वे कठोर अनुशासन के पक्षधर थे। वे कभी पसंद नहीं करते कि वह कार्यक्षेत्र छोड़ इधर-उधर घूमे, बिना कारण या सकारण भी बार-बार घर जाए, अतिरिक्त या आवश्यकताओं से अधिक धन खर्च

करे। वे चाहते थे कि दीपावली जैसे त्योहारों में भी वह घर न जाए। उनका यह आग्रह था, जिसमें ढील, नरम रुख या क्षमाशीलता के लिए कोई स्थान नहीं था। इस आग्रह की परिसीमा की अनुभूति कराने हेतु इतना बताना पर्याप्त है कि पूर्णकालिक कार्य के एक असिधाराव्रत होने, न कि कोई खेल-मजाक होने, की बात को लेकर वे क्रोध भी किया करते थे।

शायद इसी अत्यधिक आग्रह के कारण मुंबई में पूर्णकालिक कार्यकर्ताओं की बैठकें वे स्वयं लेते थे। इसी उद्देश्य को लेकर 1979-80 में पूर्णकालिक कार्यकर्ताओं के कर्णावती तथा अमृतसर में आयोजित प्रारंभिक अखिल भारतीय वर्गों का संचालन उन्होंने स्वयं बहुत कड़ाई एवं सूत्रबद्धता से किया। इन वर्गों में कार्यकर्ताओं ने अनुभव किया कि ढीले-ढाले कार्यकता पर वे गुस्सा करने में भी हिचकिचाते नहीं थे।

एक अंतर्मुख कार्यकर्ता

षष्ठिपूर्ति समारोहों के आयोजनों पर प्रारंभिक असहमति व्यक्त करते हुए उन्होंने एक तर्क यह दिया था कि मैं कोई 'सार्वजनिक व्यक्तित्व' (Public figure) तो हूँ नहीं! बात सही थी कि वे न सार्वजनिक नेता थे, न बहिर्मुख व्यक्तित्व। प्रारंभ से ही उन्होंने तय कर रखा था कि वह मार्ग अपना नहीं हैं अर्थात् न उन्होंने कभी तूफानी दौरे रचे, न बाजी मारनेवाले भाषण किए। प्राय: पत्रकार-वार्त्ताएँ या जनसंपर्क हेतु मिलना-जुलना भी ये यथासंभव टाल जाते थे। उनका कार्यक्षेत्र तय सा था : 'मुंबई के पीढ़ी-दर-पीढ़ी के कार्यकर्ता, प्रदेश के प्रांतीय एवं जिला-स्तर के कार्यकर्ता तथा अखिल भारतीय 'टीम' के कार्यकर्ता! इनमें से हरेक के साथ उनका सघन परिचय था, सुसंवाद था। इसी श्रेणी के सैकड़ों कार्यकर्ताओं पर उनके संस्कार अमिट रहे। किंतु इसके अतिरिक्त औरों को उनके व्यक्तित्व का परिचय कम ही था। उनके देहांत के पश्चात् श्री दत्तोपंत ठेंगड़ीजी के उद्‌गार सारगर्भित थें कि 'बहुतांश लोग यह भी नहीं समझ पाएँगे कि यशवंतरावजी के हमारे बीच न रहने से हमने कौन सी मौलिक वस्तु खोई है, संभव है कि शायद इसे आगे भी कभी नहीं जान पाएँगे··· !'

मराठी भाषा में 'यशवंत' शीर्षक से बनी मूल पुस्तक का विमोचन डॉक्टर हेडगेवार जन्मशताब्दी के वर्ष में हुआ। संपूर्ण देश में विजयदशमी (20.10.1988) से लेकर वर्षप्रतिपदा (6.4.1989) के बीच जन्मशताब्दी समारोहों का आयोजन हुआ। उनका परिचय संपूर्ण विश्व में (लगभग 50 विभिन्न देशों में) राष्ट्रीय स्वयंसेवक संघ के संस्थापक के रूप में प्रस्तुत किया गया है। संघ को भिन्न-भिन्न रूपों में दुनिया जानती है, किंतु डॉक्टर हेडगेवार फिर भी अज्ञात ही रहे हैं। डॉक्टरजी जैसे महापुरुष का यह अदभुत कृतित्व विश्व के समाजशास्त्रियों के अध्ययन योग्य है! संगठन-कार्य में अपने व्यक्तित्व का डॉक्टरजी द्वारा किया हुआ समग्र समर्पण एक आश्चर्य की परिसीमा है जैसाकि श्रीगुरुजी ने कहा था—"डॉक्टर हेडगेवार पूर्ण रूप से 'ध्येय' ही थे!"

यद्यपि तुलनाएँ बहुत अधिक मायने नहीं रखतीं, विद्यार्थी-परिषद् कार्य की परिधि में यशवंतरावजी की स्थिति कुछ-कुछ ऐसी ही थी। छात्र-वर्ग चूँकि प्रवाही होता है, परिषद् के अंतर्गत कार्यकर्ताओं की पीढ़ियाँ जल्दी-जल्दी बदलती रहती हैं। स्वाभाविक ही आज के कई कार्यकर्ता भी यशवंतरावजी को नहीं जानते, बाहर संसार की तो बात ही क्या? किंतु परिषद् की वर्तमान

विचार-व्यवहार-कार्यप्रणाली आदि परंपराओं पर यशवंतरावजी की छत्रच्छाया निश्चय ही विद्यमान है। उपरोक्त प्रत्येक परिच्छेद इसी छाया का प्रभावी दर्शन है।

यह चित्रांकन अधूरा अवश्य है, परिपूर्ण तो है ही नहीं, क्योंकि 'यशंवतरावजी' नामक दर्शन शब्दों में नहीं बाँधा जा सकता। जिन्हें उनका सत्संग प्राप्त हुआ, वे शायद उस भाग्य को हस्तांतरित नहीं कर पाएँगे क्योंकि शायद यशवंतरावजी की विरासत ज्यों-कि-त्यों सौंपना संभव नहीं थी। किंतु इस निवेदन के माध्यम से प्रस्तुत उनके व्यक्तित्व एवं समग्र दर्शन की झलक भी यदि पाठकों तथा अगली पीढ़ियों तक पहुँच सकी, तो वह निश्चय ही हरेक के जीवन को दिशा देनेवाली प्रेरणा बनेगी!!

□□□